감정은 우리의 먹기를 어떻게 틀 짓는가

감정은
우리의 먹기를
어떻게
틀 짓는가

먹기의 감정사회학

박형신 지음

한울
아카데미

차 례

머리말 _ 7

제1부 맛집 열풍, 음식 향수, 음식 취향

제1장 맛집 열풍: 맛집 찾기의 감정사회학   15

    음식과 맛집 열풍 연구의 새로운 시도: 감정사회학적 접근   15
    먹기, 맛집 찾기, 맛집 열풍: 단골손님과 맛집 탐방자   19
    맛집 탐방의 감정 원리: 자기 환상적 쾌락주의   24
    맛집 열풍 발생의 사회적 메커니즘: 쾌락의 해방   27
    맛집 열풍의 감정동학: 열망하기   30
    맛집 열풍의 사회동학: 대화 자원과 대화 권력   34
    쾌락 나눔과 먹기 민주주의   42

제2장 음식 향수: '어머니 손맛'의 사회동학과 감정동학   45

    음식 향수와 향수 연구   45
    집밥, 식당밥, 어머니의 손맛   48
    음식 향수: 어머니 손맛의 감정구조   53
    어머니 손맛의 사회동학   58
    어머니 손맛의 감정동학   63
    먹기의 공동체성을 회복하기 위하여   71

제3장	음식 취향의 미학 투쟁: 감각과 감정의 대립	74
	음식 취향의 감정사회학	74
	음식 취향: 의미 부여의 미학 투쟁	78
	음식 취향 형성의 사회적·개인적 감정 메커니즘	89
	음식 미학 투쟁: 감각과 감정의 대립	97
	'미식'과 '윤리적 먹기' 간의 대립: 어디로 가고 있는가?	114

제2부 함께 먹기와 혼자 먹기

제4장	식사와 사회적 연대: '함께 먹기'의 감정사회학	121
	음식 먹기의 역설	121
	식사 행위의 사회학	125
	식사공동체의 감정구조와 감정동학	131
	식사 초대의 이율배반: 믿음과 '탈'믿음의 감정동학	140
	혼밥과 소셜 다이닝: 자기 찾기와 자기 확인 사이에서	152
	감정 성찰을 넘어 감정 '승화'시키기	160

제5장	혼술의 감정동학: 탈사회 시대의 하나의 취향?	166
	술과 홀로임, 어울리지 않는 조합?	166
	술, 의례, 함께하기	170
	개인화, 접대, 사회적 자본	174
	일상, 술, 감정	178
	혼술: 일탈에서 취향으로	184
	탈사회 시대 혼술의 감정 메커니즘	188
	혼술, 과연 탈사회적인가?	200

제3부 먹기, 감정, 가치 정치

제6장 음식과 먹기의 감정정치: 공포와 희망의 변증법　　207

음식정치와 감정정치　　207
먹기와 국가: 식생활 정치와 욕구의 대립　　210
혼분식 장려운동의 감정정치　　215
무상급식 논쟁의 감정정치　　226
감정정치를 넘어 가치정치로　　242

제7장 슬로푸드 운동의 가치정치와 감정동학　　248

'슬로' 그리고 푸드　　248
속도의 가치정치: 빠름 대 느림　　250
슬로푸드와 슬로푸드 운동　　255
슬로푸드 운동의 가치 지향과 감정동학　　262
슬로푸드 운동과 자연식품 운동 사이에서　　277

제8장 동물권리운동의 가치정치와 먹기의 감정동학　　281

동물권리운동 연구　　281
동물권리의 윤리학과 동물 정치　　283
동물권리운동과 먹기의 감정동학　　295
생명정치의 확장을 위하여　　314

참고문헌 _ 320
찾아보기 _ 331

머리말

나는 2009년에 제자이자 동료 학자인 정수남 선생과 함께 한 학술지에 「거시적 감정사회학을 위하여」라는 논문을 발표하고 감정사회학 연구에 몰두하면서 우리 사회학계에 감정사회학이 뿌리내릴 수 있는 기반을 마련하는 작업을 계속 진행해 왔다. 우리가 '거시적 감정사회학'을 제시하고 나서자 당시에 상당한 의구심을 가지고 여러 질문이 제기되었는데, 그 질문들은 크게는 두 가지로 나뉘었다. 하나는 여전히 중요한 사회학적 빅 이슈들이 산적해 있음에도 불구하고 왜 감정과 같은 지극히 비합리적인 (심지어는 사소한) 개인적 문제에 집중하는가 하는 것이었고, 다른 하나는 심리학의 주요 연구 대상이라고 할 수 있는 감정을 '거시'사회학적으로 다룬다는 것이 대체 무엇을 의미하는가라는 것이었다.

우리는 2015년에 우리의 감정사회학적 연구를 중간 정리하는 책 『감정은 사회를 어떻게 움직이는가』를 펴내면서 그 책의 서론에 해당하는 장에서 이에 대해 길게 답변한 적이 있다. 당시에 우리는 사회학은 개인 또는 사회의 합리성을 연구하는 학문이 아니라 이른바 '사회적인 것(the social)'을 연구하는 학문이라는 논거하에 극히 육체적이고 개인적인 것처럼 보이는 감정이 가지는 사회적 성격에 대해 피력했다. 하지만 감정의 사회성은 사회학에서 감정의 사회적 구성이라는 측면에서 이미 다루어져 온 주제였다. 그러나 그러한 사회구성론적 입장에서는 감정은 사회가 만들어내는 것, 즉 사회적 결과였고, 따라서 감정 또는 감정적 행위가 사회 속에서 수행하는 적극적인 역할은 무시되었다. 반면 거시적 감정사회학은 감정을 종속변수에서 독립변수의 지위로까지 끌어올린다. 즉, 거시적 감정사회학은 감정이 어떻게 사회현상의 원인이 될 수 있는지를 설명하는 것을 목적으로 한다. 다시 말해 거시적 감정사회학은 감정이 사회를 어떻게 구성하고 변화시키는지, 그리고 그 변화를 어떻게 지체시킬 수 있는지를 논의한다.

그 후 근 10년이 지난 지금 이제 후속작으로 『감정은 우리의 먹기를 어떻게 틀 짓는가』를 내놓는다. 아마도 이 책에 대해서도 왜 사회학자가 지극히 사적인 현상인 것으로 보이는 '먹기'를, 그것도 감정사회학적으로 연구하는가라는 질문이, 인기영합적인 주제를 다룸으로써 세간의 주목을 받고자 하는 것은 아닌가 하는 의구심과 함께, 제기될 것으로 보인다. 이번에는 긴 서론 대신 이 머리말에서 간략히 답하고자 한다.

우선은 전략적인 것이었다. 다시 말해 먹기가 감정사회학적 시각을 보여주고 전파하는 데서 아주 좋은 소재가 될 수 있다고 판단했기 때문이다. 먹기 행위는 우리 인간에게 보편적인 동시에 지극히 주관적이다. 우리는 생존을 하기 위해 누구나 똑같이 먹어야 하면서도 무엇을 누구와 함께 어떻게 먹을 것인지는 개인적으로 그것도 (일반적으로는) 하루에 세 번씩 결정해야 한다. 그리고 그 결정은 합리적 선택보다는 감정적 선택에 의해 지배된다. 먹기의 이러한 측면은 우리의 핵심 개념의 하나인 감정동학을 분석하는 데서 유익한 현장을 제공한다. 또한 우리의 매일의 일상적인 먹기 행위와 관행을 사회학적으로 분석함으로써 사회학의 위기가 논의되는 시대에 사회학의 '쓸모'를 넘어 그 매력을 보여주고 싶다는 욕심도 한몫했다.

　그다음으로는 보다 중요한 것이자 실제적인 사회학적 관심으로, 먹기의 (거시적) 감정사회학을 통해 사회학의 본령 — 사회질서와 사회변화 설명하기 — 으로 들어갈 수 있다고 판단했기 때문이다. 사실 사회학자들이 함께 먹기를 사회적 연대의 원초적 토대로 간주한 것은 오래전의 일이다. 하지만 그간 우리는 그러한 가정을 그냥 당연한 것으로 전제할 뿐, 식탁 공동체에서 그러한 연대감이 형성되는 과정을 본격적으로 연구하지는 않았었다. 나는 먹기 행위에서 작동하는 사회적·감정적 메커니즘을 통해 사회적 연대 형성의 한 단편을 탐색하는 것은 물론 그러한 감정 메커니즘이 우리의 먹기 및 삶의 양식을 어떻게 규정하고 변화시키는지를 밝혀보고 싶었다. 이는 또한 먹기라고 하는 사람들이 매일 접하는 소재를 통해 우리의 삶을 설명함으로써 사회학이 우리와 멀리 떨어진 학문의 세계에만 존재하는 것이 아니라 우리 모두의 삶과 함께하고 있음을 보여주기 위한 노력의 일환이었다.

　이 책은 이러한 목적에서 그간 학술지에 발표한 글들을 책의 형식으로 수정하여 엮은 것이다. 의욕만 앞섰지 의도에는 훨씬 미치지 못하는 작업들이었지만, 한 번쯤은 다시 정리하고 싶었다. 원래는 앞서의 책에서와 마찬가지로 "왜 먹기인가"라는 제목의 서론격의 장을 써서 붙이고 글을 다듬어서 책을 완결 지을 예정이었다. 하지만 이 책의 본문에 해당하는 글들을 논문으로 거의 발표하고 나서 코로나19 시기로 접어들며 몸에 이상이 감지되기 시작했고, 결국 긴 병원 생활까지 해야 했다. 그 과정에서 그간 약속하고 출간하지 못한 책들에 우선순위가 밀리다 보니 이 책은 많이 지체될 수밖에 없었고, 결국은 논문 모음집의 형태가 되고 말았다. 게다가 시대와 함께 호흡하며 썼던 글들은 사회가 너무 빠르게 변하다 보니 낡은 글처럼 보이기도 했다(이를테면 맛집 열풍은 '인증샷'이라는 단어도 존재하지 않던, 그리고 음식 사진을 찍는 것을 놓고는 레시피를 훔치려는 것으로 의심받아 식당 주인과 말싸움이 일기도 했던 시기에 연구되었다). 하지만 그 표층이 아닌 심층에서는 여전히 동일한 논리가 작동하고 있다고 판단되고 또 다른 글들과도 연계되어 집필된 까닭에 그런 글들도 일정 부분을 손질하여 이 책에 실었다. 인용과 관련해서도 한 가지 언급해 둘 것이 있다. 같은 책이 어디에서는 우리말 번역본으로 그리고 다른 곳에서는 영문판으로 인용되고 있어서 독자들이 의아해할 수도 있는데, 번역본이 아닌 영문판을 인용한 경우는 내가 이 책에서 사용하는 용어 및 문맥에 맞추어 다시 번역하여 인용했기 때문이다.

다른 어느 때보다도 미흡하다는 생각이 드는 책을 내다 보니 나와 연구 여정을 함께하는 분들에 대한 미안함과 고마움이 동시에 몰려온다. 우리 환경에서 비제도권 학자가 한 분야의 연구를 계속하기란 쉽지 않다. 내가 이 연구를 계속 이어갈 수 있었던 것은 한국연구재단으로부터 공동연구비를 여러 차례 연속해서 지원받을 수 있었기 때문이다. 지금까지 공동연구에 함께한 모든 선생님께 감사하지만, 특히 계속해서 연구책임자를 맡아 연구 분위기를 이끌어주신 김왕배 선생님, 그리고 함께 감정사회학 연구를 해나가는 학문적 동지인 하홍규, 정수남 선생께는 신뢰와 함께 특별한 감사의 인사를 전한다. 이분들이 없었다면 아마도 나의 작업은 벌써 중단되고 말았을 것이다. 그리고 자신들의 먹기 경험을 나와 공유함으로써 먹기 행위에 대한 나의 생각을 정리하고 이어나갈 수 있게 해준 학생들과 (서면) 인터뷰 응답자들에게도 감사한다. 그들의 이야기가 이 책에서 씨줄과 날줄로 이어져 있다.

한울엠플러스(주)와는 30년 전에 나의 첫 저서를 출간하며 연을 맺었던 것 같다. 이제 보니 '한울'은 그간 나의 학문적 작업의 후원자였다고 할 수 있겠다. 출판보다도 나의 작업을 어떻게 지원할까를 먼저 생각하는 것 같은 김종수 사장님과 윤순현 부장님에 대한 고마움은 따로 표현해야 할 것 같다. 그리고 이 책을 다듬어가는 과정에서 나의 편집 파트너 신순남 팀장은 책을 출판하는 데서 왜 좋은 편집자가 중요한지를 더더욱 느끼게 했다. 여기에 한 번 더 고마움을 표시해 둔다.

   감사말의 끝에 이르니 나의 투병 생활을 걱정스럽게 지켜보던 분들의 모습이 떠오른다. 그분들에게 부족하나마 이 책으로 감사의 선물을 할 수 있게 되어 기쁘다. 특히 나와 병원 생활을 함께했다고 할 수 있는, 그리고 지금도 나의 건강을 위해 산책길을 함께하는 나의 형제들 그리고 친구들과는 이 책으로 누릴 수 있는 기쁨이 있다면 더 크게 나누고 싶다. 나와 이 세상을 가장 오랜 시간 함께하는, 그래서 그 중요성을 가끔 잊기도 하는 이 소중한 분들과 함께하는 식탁 위에 이 책이 놓일 날이 기다려진다. 더 넓게는 산책길에 마주하는 사색가들의 식탁에서도 이 책이 생각의 메뉴의 하나가 되었으면 좋겠다는 바람을 가져본다.

2025년
때 이르게 따뜻한 봄날에
박 형 신

제1부

맛집 열풍, 음식 향수, 음식 취향

제1장

맛집 열풍
맛집 찾기의 감정사회학

음식과 맛집 열풍 연구의 새로운 시도: 감정사회학적 접근

음식은 항상 모든 사람에게 지대한 관심사였다. 먹기는 인간이라는 동물에게도 생존의 조건이기 때문이다. 그러나 어느 순간부터 우리 사회에서는 단순한 생존을 위한 수단으로서의 음식 먹기가 아니라 '맛있는' 음식 먹기가 열풍처럼 불어닥쳤다. '빨리빨리'를 외치는 한국 사람들이 그 짧은 점심시간에 일명 '맛집' 앞에 길게 줄을 서서 기다리는 모습이라든가, 한적한 시골길의 허름하지만 맛집으로 알려진 어느 가게 옆에 자동차가 빽빽이 들어서 있는 모습 등, 어딘가 모순적으로 보이는 현상은 이제 우리 사회에서 일상적인 풍경이 되었다.

다른 한편 한국 사회에서는 몸짱 신드롬과 함께 '살빼기 열풍' 또한 동시에 발생했고, 비만은 사회적 비난을 넘어 하나의 죄악으로 간주되기도 한다. 따라서 사람들은 제아무리 맛있는 음식을 먹을 때에도 자기 자신의 몸에 대해, 죄의식까지는 아니더라도, 미안함을 느낀다. 이러한 역설적 상황 속에서 한 재외 언론인은 우리 사회의 맛집 열풍을 목도하고는 일찍이 '국외자의 눈'이라는 전제하에 한국을 "전 국민이 식탐증에 걸린 나라"라고 표현하면서 한국이 미국과 같은 '비만의 나라'가 되지 않을까 하고 걱정하기도 했다(≪한겨레≫, 2005.3.23).

이 언론인은 맛집 앞에 길게 줄을 서 있는 모습과 과식과 비만에 대한 우려라는 이중의 모습을 '탐욕스러운 식욕'이라는 관념을 통해 하나로 곧장 연결하고 있다. 그렇다면 이 맛집 찾기의 긴 행렬을 스스로 먹기를 통제하지 못하는, 충동적이고 강박적인 행동을 하는 사람들이 만들어내는 기이한 사회병리적 모습으로 치부할 수 있을까? 맛집 탐방자들이 이러한 설명을 눈앞에서 듣는다면, 아마도 그들은 자신들이 모독받고 있다고 느낄 것이다.

그렇다면 이렇듯 건강과 웰빙, 다이어트에 대한 관심이 고조되고 있는 상황에서도 왜 사람들은 맛집을 찾아 나서고 있는 것일까? 우리 사회에서 맛집 찾기 열풍이 사회적으로 주목받는 것에 비하면 이 현상이 발생한 이유를 직접적으로 다룬 사회과학적 연구는 이상하리만큼 찾아보기 힘들다. 하지만 우리는 음식 소비와 관련된 문헌들(이를테면 박상미, 2003)을 통해 맛집 열풍을 설명하는 몇 가지 접근방식을 추론해 볼 수 있다.

첫째는 경제적 접근방식으로, 과거보다 물질적으로 풍요로운 사회가 되면서, 사람들은 단순히 생리학적 욕구를 넘어 맛있는 음식이라는 '질적' 음식 소비를 추구하게 되었다고 설명할 수 있다(이를테면 인태정, 2009: 148~149). 하지만 이러한 '생활수준 향상론'은 당연한 것 같으면서도 한국 사회에서는 경제적으로 어려웠던 IMF 시절이나 최근의 글로벌 경제 위기 시대에도 맛집 열풍이 식지 않았다는 것을 설명하지 못한다.

둘째는 영양학적 접근방식으로, 웰빙 등 건강과 관련한 의식이 고양됨으로써 사람들이 건강한 먹을거리를 찾아 나서게 되었다고 추단해 볼 수도 있다. 이러한 설명을 시도하는 사람들은 아마도 맛집으로 소문난 보양음식 전문점 앞에 긴 줄이 늘어서 있는 모습을 그 증거로 들고, 이를테면 앞서 언급한 생활수준 향상론과 같은 이론으로 그러한 사실을 뒷받침하려고 할 것이다. 하지만 이 설명은 맛집 열풍을 특징짓는 보다 일반적인 사실 앞에서 힘을 잃고 만다. 맛집 탐방자들은 건강한 먹을거리를 넘어 맛있는 음식을 찾아다니며, 자신들이 발견한 맛있는 음식 앞에서 자주 "오늘은 다이어트 포기했다"라는 슬픈 결단을 입으로 표현하는 와중에도 그 입가에 피어오르는 즐거움을 숨기지 못한다.

셋째는 문화적 접근방식으로, 부르디외(Bourdieu, 1984)식으로 '구별짓기'의 기제로서의 음식 소비에 착안할 수도 있다(박재환, 2009: 20~25; 함인희·이동원·박선웅, 2001: 99~110). 즉, 음식 소비 열풍을 핑켈스타인(Finkelstein, 1989)이 말하는 '부르주아적 감수성'의 발현으로 인식하는 것이다. 그러나 이러한 상징적 신분 기제로서의 음식 소비는 어제오늘의 일이 아니다. 그리고 이러한 고급 음식 소비는 과시적 소비라는 사회적 비난에서 자유로울 수 없었고, 따라서 이것은 맛집 열풍을 형성하기보다는 특정한 값비싼 음식과 관련한 유행을 불러일으켰다가 사라지게 하는 정도에 그쳤다. 또한 이러한 논의는 현대 맛집 기행의 또 다른 모습, 즉 사람들이 왜 시장 골목에서 돼지 껍데기를 찾아 헤매고 다니는지를 설명하지 못한다.

넷째는 방금 언급한 시장 골목 맛집이나 전통 음식 맛집을 찾는 사람들이 흔히 말하는 것으로, 일명 '어머니의 손맛', 즉 '향수'를 맛집 탐방의 원인 가운데 하나로 상정할 수도 있다. 그러나 이러한 설명은 아직 향수를 간직하지 않은 젊은 세대들이 맛집 열풍 대열에 대거 참여하고 있다는 점과, 그들은 과거의 '추억 찾기'를 하는 것이 아니라 새로운 '추억 만들기'를 하면서 끊임없이 새로운 맛을 찾아 떠돈다는 점을 설명할 수 없다.

마지막으로는 '미디어 영향론'을 들 수 있다. 이를테면 언론 매체의 맛집 소개 홍수와 "디지털 IT 기술의 발전과 인터넷의 등장, 그리고 블로그 같은 SNS 서비스의 등장과 발전은 맛집을 전파하고자 하는 사람들에게 날개를 달아주게 되었다"(≪광주드림≫, 2010.8.11)라는 설명이다. 하지만 이 설명에 이미 내재되어 있듯, 미디어는 맛집 열풍이 확산되는 원인을 설명할 수 있을 뿐 맛집 열풍의 원인이 되지는 못한다.

그렇다면 무엇이 사람들로 하여금 맛집을 찾아 발걸음을 옮기게 하고, 또 인터넷이나 트위터에 사진과 음식 비평을 올리면서 맛집 열풍을 만들어내게 하는가? 한 에티오피아 레스토랑에서 서양인들이 식사하는 과정, 그리고 특히 그들이 나눈 대화를 묘사한 다음의 진술은 맛집 탐방과 맛집 열풍에 대한 새로운 설명에 단서를 제공해 준다.

> 도로(doro)와 키트포(kitfo)가 나오고, 손님들은 즉시 그 요리의 모양, 빛깔, 향에 대해 의견을 나눈다. 그중 한 사람이 그 요리에 대해 잘 알고 있어서, 몇 가지 설명을 해주고 마크렙 지역과 유럽의 요리가 어떻게 다른지도 비교해 말한다. 나머지 일행들은 가이드가 되어버린 그 친구의 말을 귀담아 들으면서 한 입 먹어본다. 그중 몇 명은 요리 가까이에 코를 대고 킁킁거리면서 마지못해 소스 맛을 본다. 그들은 함께 그 요리를 먹는 사람들과 낄낄거리면서 의견을 말하고 질문도 던진다. 그런 뒤에 마음을 다잡고 다들 먹기 시작한다. 물론 계속해서 그 새로운 요리에 대한 이야기를 하고, 친숙하게 먹는 여타 음식들과 비교한다. 그러나 한 사람은 향이 강하고 매운, 날로 저민 쇠고기(키트포)를 삼킬 수가 없다. …… 그들은 아주 진한 커피를 마신 후, 새로운 요리와의 만남에 대해 매우 흡족해하며, 그곳을 나온다. 다음 날 그들은 친구와 동료들에게 독특한 에티오피아 음식을 먹어본 경험을 얘기해 준다. 어떤 이는 매우 들뜬 기분으로, 또 어떤 이는 아주 무

심하게 말이다. 그들 중 한 사람은 인터넷에 호의적인 비평을 올린다.(스콜리에, 2009: 333)

이 긴 인용문은 서양인들이 이국 음식을 경험한 상황에 대해 묘사하고 있지만, 이것은 우리가 새로운 음식을 경험하는 상황과 다르지 않다. 새로운 음식 경험은 단지 한 끼의 식사를 넘어 "음식에 대해 이야기를 나누고, 요리 정보를 퍼뜨리고, 감정과 의견을 표현할 수 있는 기회가 된다"(스콜리에, 2009: 333). 그렇다면 음식은 어떤 감정을 어떻게 만들어내고, 사람들은 왜 음식 및 맛에 대한 자신들의 의견을 피력하는가? 이 장은 바로 이러한 현상을 추동하고 있는 감정동학과 사회동학을 밝히는 것을 목적으로 한다. 구체적으로 말하면, 이러한 현상의 행위 주체인 맛집 탐방자들을 만들어내는 감정 원리는 무엇인지, 그리고 시간적·공간적·경제적 제약에도 불구하고 사람들을 맛집 탐방 대열에 동참하게 하여 맛집 열풍이라는 하나의 사회문화적 현상을 만들어내는 사회적 메커니즘은 무엇인지를 밝혀보는 것이다.

먹기, 맛집 찾기, 맛집 열풍: 단골손님과 맛집 탐방자

음식과 먹기는 인간 역사에서 중요하지 않은 적이 없었다. 왜냐하면 음식과 먹기는 인간 개개인의 생존을 결정짓는 것임은 물론, 더 나아가 사회적·정치적 신분을 드러내주는 것이었기 때문이다. 그러나 근대 이전에 먹기는, 연회나 축제 등 집단적 먹기의 경우가 아니라면, 언제나 가정이라는 사적 공간 내에서 이루어지는 것으로, 사회적 논란거리가 아니었다. 그리고 사람들에게 '무엇을 먹을 것인가'는 중요한 선택지가 되지 않았다. 왜냐하면 개인이 먹을 수 있는 것이 이미 사회경제적으로 결정되어 있었기 때문이다. 개인에게 중요한 것은 그 개인이 '무엇을 먹고 사는' 집안에 속하는 사람인가, 다시 말해 어떤 '음식 신분(food status)'에 속하는가 하는 것이었다.

하지만 현대사회에서 개인에게 음식과 관련하여 중요한 문제는 '무엇을 먹을 것인가' 하는 것이다. 왜냐하면 현대 생활 속에서 사람들은 공적 공간에서 먹기 위해 다양한 음식 가운데서 선택을 해야 하기 때문이다. 이제 현대인들은 음식 선택과 먹기 양식을 개인적으로 구성하는 이른바 '메뉴 다원주의(menu pluralism)'의 상황에 놓여 있다(비어즈워스·케일, 2010: 121). 근대 시대에 '미식가' 또는 '식도락가'를 탄생시킨 것도 이러한 상황 변화였다. 게다가 음식은 공산품처럼 동일하게 찍어낼 수 없는 것이기에, 만드는 사람에 따라 독특한 맛이 생산된다. 따라서 단지 무엇을 먹느냐가 아니라 '어디에서 무엇을 먹느냐'가 중요한 관심사가 되었고, 이것이 이른바 '맛집'을 탄생시켰다.

맛집 열풍은 '맛'이라는 기준이 양, 질, 가격 등 여타의 모든 선택 기준을 무력화시키고 가장 강력한 기준이 됨으로써 발생하는 하나의 사회적 현상이다. 물론 맛이 음식의 중요한 선택 기준으로 작동한 것 역시 어제오늘의 일은 아니다. 하지만 맛집 열풍이 항상 발생한 것은 아니었다. 현재 한국 사회에서 맛집 열풍이 발생하는 까닭은 맛집을 찾는 것과 관련한 음식 소비자들의 가치 지향과 태도에 중대한 변화가 발생했기 때문이다. 이러한 변화를 보여주는 두 음식 소비자의 행위 유형이 '단골손님'과 '맛집 탐방자'이다.

〈표 1-1〉로 요약되는 이 두 유형의 행위자의 이상형(ideal type)을 잠시 간략하게 비교해 보자. 같은 음식점을 계속해서 찾는 단골손님의 경우에는 과거 자신이 그 음식점에서 먹었던 음식의 맛 및 그와 관련된 즐거운

〈표 1-1〉 단골손님과 맛집 탐방자

	단골손님	맛집 탐방자
시간 지향	과거	미래
소비 지향	익숙한 맛	새로운 맛
소비 행태	소극적	적극적
특정 맛집을 찾는 기간	장기적	단기적
쾌락의 소재	기억	환상
음식점 선택 기준	사람	음식 자체
사회적 현상	대박집	맛집 열풍

이 두 행위 유형의 중간에 해당하는 것으로 '맛집 배회자'를 설정할 수 있다. 맛집 배회자들은 적극적으로 맛집을 찾아 나서지는 않지만, '기왕이면 맛있는 집'이라는 선택 기준으로 가까운 맛집을 찾는다. 이들은 대박집을 만들어내는 데서도 또한 맛집 열풍을 이끄는 데서도 중요한 기여를 하는 것으로 볼 수 있다.

기억이 음식점 선택의 가장 핵심적인 기준이다. 그리고 음식의 맛과 그것이 주는 즐거움을 넘어 음식을 만드는 사람과의 정(情)이라는 감정이 단골손님 행위의 중요한 요소를 이룬다. 반면 맛집 탐방자는 과거의 맛과 즐거움이 아니라 새로운 맛과 즐거움을 찾는 사람으로, 한결같은 맛을 탐닉하는 것이 아니라 자신이 상상하는 새로운 맛을 끊임없이 찾는다. 따라서 이들은 동일한 맛있는 음식점보다는 맛집이라고 알려진 여러 음식점을 계속해서 기행한다. 다시 말해 단골손님보다는 맛집 탐방자가 너욱 적극적인 행위자이다. 또한 음식점 선택의 기준이라는 점에서 볼 때, 단골손님은 동행할 사람을 먼저 고려한다면, 맛집 탐방자는 음식의 맛 자체를 우선시한다. 다시 말해 단골손님이 음식을 접대할 사람이 정해진 상태에서 예를 다하기 위해 맛이 어느 정도 '보장된' 음식점을 찾는다면, 맛집 탐방자는 새로운 맛을 경험하기 위해 자신과 함께할 동행자를 찾는다. 종합해 볼 때, 단골손님이 이른바 '대박집'을 만든다면, 맛집 탐방자들은 맛집 열풍을 일으킨다.

그간 음식 또는 음식점과 관련한 열풍이 우리 사회에 존재하지 않았던 것은 아니다. 패밀리 레스토랑 열풍, 이국 음식 열풍, 매운 음식 열풍 등이 있었으며, 이들 열풍 역시 맛집 열풍을 얼마간 형성하기도 하고 이끌어오기도 했다. 하지만 이러한 열풍들은 유행처럼 지나가거나 또다시 반복되기만 할 뿐, 장기적으로 지속되지는 못했다. 이들 열풍은 맛집 열풍이라는 더 큰 나무의 한 가지를 이룰 뿐이었다. 그렇다면 우선적으로 설명이 요구되는 것은 이러한 음식 열풍이 대박집을 만들어내지도 못하고 맛집 열풍으로 발전하지도 못하고 일시적 유행에 그치고 만 이유가 무엇인가 하는 것이다.

먼저, 한때 우리 사회에서 예약하기조차 힘들 정도로 인기를 끌었던 패밀리 레스토랑의 경우를 살펴보자. 당시 그곳에서 식사하고자 하는 열망에 깔려 있는 동기는 사실 음식 맛을 추구하는 것이기보다는 고급스러운 분위기를 '감정적으로 소비'하는 것이었다. 이것은 에바 일루즈(Eva Illouz)가 말하는 '낭만적 유토피아 소비'의 일종이다(일루즈, 2014: 제4장). 하지만 현재 이러한 소비는 과거처럼 신분을 상징하지 않는다. 메넬(Mennell, 1985)에 따르면, 레스토랑 소비는 중상계급에게 귀족적인 식사의 질과 스타일에 대해 일정한 식견을 가질 수 있게 해주었다는 점에서 '사치의 민주화(democratization of luxury)'를 이루는 과정이었다. 이 같은 상황에서 고급 레스토랑에서 '감정적 분위기'를 소비하는 것은 자신이 남보다 낫다는 것을 과시하기 위해서가 아니라 자신이 남에게 뒤진다는 것을 보여주고 싶지 않은 심리에 의해 추동된다(리포베츠키, 2009: 53). 이러한 소비 심리는 먹기에서 행복감을 얻기 위한 것이라기보다는 다른 사람들과의 동일한 경험을 통해 동류의식을 느끼거나 비(非)경험이 주는 심리적 불안감을 없애는 것을 목적으로 한다. 이 같은 '하나의 경험으로서의 소비'는 반복의 욕구를 수반하지 않으며(다시 말해 나도 한번 해봤다는 것으로 족하다), 감각적인 맛보기와 세련된 미각이 주는 즐거움을 재생산하지도 않는다.

둘째, 이국 음식점을 찾아 나서는 행위의 경우에는 새로운 맛을 경험하고자 욕망한다는 점에서는 맛집 탐방자의 논리가 작동한다. 그러나 사람들의 미각과 음식 기호는 이미 길들여져 있기 때문에, 이국 음식 먹기가 단지 이국 음식을 경험한다는 것 이상의 미각적 행복을 가져다주는 경우는 그리 흔치 않다. 또한 외국의 식사 예법이 주는 압박감은 먹기의 즐거움을 떨어뜨린다. 이처럼 이국 음식 소비 행위의 경우에도, 앞서 논의한 패밀리 레스토랑의 경우와 마찬가지로, 음식 또는 음식의 맛보다는 외부의 환경이 음식 소비 경험을 재촉할 뿐이지, 내부에서 기인하는 소비 욕망이 그 속에서 계속해서 꿈틀거리며 작동하는 것은 아니다. 따라서 이국 음식점 찾기는 반복적으로 탐방되는 형태로 존속하기보다는 맛집 기행의 한 항목으로 남게 된다.

셋째, 매운 음식 열풍은 앞서의 경우들과는 달리 내적 욕망을 가지고 있다. 흔히 말하는 것처럼, 매운 음식에 대한 욕구는 스트레스 해소라는 내적 욕망과 결합되어 있지만 이 욕구는 그 스트레스를 만들어낸 외부 요인과 결합되어 있기도 하다. 이렇듯 매운맛에 대한 욕구는 외적 자극에 따른 생리적 욕구이지 감정적 욕구가 아니다. 그렇기 때문에 일시석으로 욕구가 충족되고 나면 행위의 동력을 상실한다. 즉, 그 열풍의 내부에는 자체의 반복적인 소비 욕구도, 또한 새로운 매운맛 — 더 매운 맛이 아닌 — 을 추구하고자 하는 욕구도 포함되어 있지 않다(그리고 누군가가 매운 음식 마니아라는 것과 매운 음식 열풍은 다른 차원의 문제이다).

이처럼 일시적인 음식 유행은 그 음식점을 가봐야 한다는 강박관념, 나도 먹어봐야 한다는 외부로부터 오는 강한 충동, 또는 매운맛을 요구하는 또 다른 외부 자극에서 기인하는 것이었다. 따라서 그러한 외적 자극이 사라지면, 그 유행도 (비록 다시 시작될 수는 있지만) 일단은 멈춘다. 그렇다면 우리는 반대로 일시적 유행을 넘어서서 장기적으로 지속되는 맛집 열풍은 외적 자극에서 비롯되는 것이 아니라 자기 내부의 욕망에서 분출되는 것이 아닐까 하는 가정을 해볼 수 있다. 그럼 이제부터 이 가정의 노선을 따라 무엇이 맛집을 탐방하고픈 욕구를 내적으로 거듭해서 생산하는지를 탐색해 보자.

맛집 탐방의 감정 원리: 자기 환상적 쾌락주의

콜린 캠벨(Colin Campbell)은 "근대 소비의 특징은 그것이 외관상 끝없는 욕구 추구를 수반하는 활동이라는 데에 있으며, 근대 소비의 가장 특징적인 점이 바로 이 같은 만족할 줄 모르는 성격"이라고 지적한다(캠벨, 2010: 76). 캠벨에 따르면, 근대 소비 행동의 이 같은 특징은 근대 인간의 욕구와 획득 간에 존재하는 간극이 소비를 통해 결코 메워질 수 없다는 사실에서 기인한다(캠벨, 2010: 78). 왜냐하면 하나의 욕구 충족은 새로운 욕구를 끝없이 창조하는 탓에 욕구 충족은 "보장된 불만족"(그라프·왠·네일러, 2004: 191)을 내장하고 있기 때문이다. 캠벨은 이 같은 소비를 추동하는 의식적인 동기를 이상형적으로 구성한다. 캠벨에 따르면, 근대 소비주의 정신을 특징짓는 것은 바로 그가 '자기 환상적 쾌락주의(self-illusory hedonism)'라고 지칭한 근대적 쾌락주의이다.

이를 입증하기 위해 캠벨은 전통적 쾌락주의와 근대적 쾌락주의를 구분한다.

> 보다 전통적인 유형의 단순한 쾌락주의적 행동에서는, 상상이 별로 중요한

역할을 하지 않는다. 왜냐하면 예견되는 쾌락의 성격이 과거의 경험을 통해 알려져 있기 때문이다. 쾌락에 대한 기대가 욕망을 촉발하지만, 사람들이 '기대하는' 즐거움은 대체로 그 사람들이 즐거운 것으로 '기억하는' 것이다. 따라서 새로운 대상이나 활동들은 그것이 가져다줄 수 있는 쾌락이 아직 알려져 있지 않기 때문에 그 잠재력을 의심받는 경향이 있다. 다른 한편 근대적 쾌락주의에서는, 만약 어떤 제품이 미지의 특성을 가지고 있다는 것을 보여줄 수 있다면, 그것은 쾌락 추구자로 하여금 그것이 주는 만족의 성격을 상상하게끔 하고, 따라서 그것은 몽상할 수 있는 하나의 기회가 된다. 쾌락주의자가 비록 기억으로부터 소재를 이용하고 있기는 하지만, 그는 이제 앞으로의 만족과 즐거움을 상상을 통해 사색할 수 있으며, 따라서 자신이 호감을 가지고 있는 몽상을 욕망의 실제 대상에 부착시킨다. 이런 식으로, 이미 경험한 쾌락에다가 상상에 의한 쾌락이 더해지고, 알려진 것보다 알려지지 않은 것에서 더 큰 욕망을 경험한다.(캠벨, 2010: 165)

캠벨의 이러한 소비 일반에 대한 논의는 음식 소비와 맛집 열풍에도 그대로 적용 가능하며, 캠벨의 전통적 쾌락주의와 근대적 쾌락주의의 구분은 우리가 앞서 논의한 단골손님과 맛집 탐방자의 음식 소비 동기의 구분과도 부합한다. 또한 "풍족한 현대 소비자들이 변화하는 요리에 대해 갖는 취향은 자신의 입맛에 맞는 익숙한 요리에서 완벽을 추구하는 대신 새로운 감각을 느낄 수 있는 낯선 요리에 대한 열망을 드러내는 경향이 있다"는 한 연구자의 지적(프리드먼, 2009: 10)은 전통적 쾌락주의에서 근대적 쾌락 추구로 음식 추구 감정이 역사적으로 변화해 왔음을 잘 설명해 준다. 결국 맛집 탐방의 감정 원리 역시 자기 환상적 쾌락주의에 기반하고 있다고 할 수 있다.

그렇다면 이렇게 소비와 쾌락 추구 간의 일반적인 관계에 대한 논의가 우리의 음식 소비 및 맛집 열풍 현상과도 논리적 정합성을 보이는 이유는 무엇인가? 그것은 음식이 인간에게 주는 즐거움 때문이다. 인간은 성욕과 식욕이라는 본능을 즐거움을 위해 이용하는 '감정적 능력'을 가진 유일한 동물이다. 그중에서도 "맛있는 음식은 섹스보다 유혹적이다"(쿨란스키, 2009: 13)라고 표현할 정도로 음식 또는 맛의 유혹은 가히 뿌리치기 어렵다. 이를 뒷받침하기라도 하듯, 중국의 작가이자 문명 비평가인 린위탕(林語堂)은 "세상에서 기쁨을 주는 것 중 확실히 첫손가락에 꼽히는 것은 음식"이라고 말하기도 했다. 하지만 인간은 쾌락 추구라는 감정적 능력과 함께 그 같은 감정을 사회적으로 통제하는 메커니즘 역시 개발해왔다. 바로 이러한 개인적 '감정 추구' 능력과 사회적 '감정 통제' 노력 간의 긴장이 인간이 음식과 그것의 맛을 추구하는 양식을 변화시켜 왔다.

역사적으로 살펴보면, 이전에는 이 두 긴장 중 사회적 통제 노력이 우위에 섬으로써 음식 소비에서 감정적 측면이 탈각된 채 그 음식에 부여된 '지위적 속성'이 사회적으로 부각되어 왔었다. 하지만 현재는 음식 속에 각인시켜 놓은 사회적 의미가 깨져나가고 먹기의 감정적·감각적 속성이 전면에 등장했는데, 이것이 맛집 열풍을 이끌고 있다고 할 수 있다. 맛집을 소개하는 책자들의 제목은 이를 분명하게 보여준다. 이를테면 예전에는 『잘나가는 그들은 여기서 먹는다』(유지상, 2004)와 같이 음식과 사회적 지위를 결부시키는 제목이 주를 이루었다면, 최근 들어서는 책 제목이 『까칠한 여우들이 찾아낸 맛집 54』(신예희, 2006), 『이걸 안 먹고 죽을 수 있을까』(김혜진·에릭 모드랜드, 2007) 등과 같이 맛의 유혹과 쾌감을 강조하는 쪽으로 이동하고 있다. 그렇다면 어떤 사회적 메커니즘이 이러한 변화를 일으켰고, 또 맛집 열풍을 발생시키고 있는 것일까?

맛집 열풍 발생의 사회적 메커니즘: 쾌락의 해방

인간의 먹기 행위는 원래부터 단순히 식욕을 충족시키는 것을 넘어 쾌락 추구를 포함하는 활동이었고, 인간은 먹기가 주는 쾌락을 여러 형태로 추구해 왔다. 이를테면 로마인들은 포식 상태를 넘어서까지 계속해서 먹는 쾌락을 즐기기 위해 일부러 자신들을 화나게 만들기도 했고, 중세 시대에는 먹은 것을 토하여 속을 비우고 나서 다시 먹기도 했다. 또한 상류계급 사람들은 먹기의 부차적인 쾌락을 끌어올리기 위해 식탁을 장식하기도 했고 음악을 연주하게 하기도 했다. 하지만 전자는 탐식가의 개인적 기행으로 간주되고 후자는 상류층의 사치스러운 삶의 한 단편으로 묘사되는 - 물론 그러한 삶을 부러워하면서도 - 등 음식 쾌락은 내밀한 사생활의 영역에 머물러 있었다.

그렇다면 왜 근대 시기에 들어와서야 음식을 통한 쾌락 추구가 사적인 공간을 뚫고 나올 수 있었는가? 그것은 바로 전근대 시기에는 쾌락이라는 감정 일반에 대해, 그리고 특히 음식을 통한 쾌락 추구에 대해 사회적 금지가 작동했기 때문이다. 이를테면 기독교는 탐식을 7대 죄악으로 올려놓았고, 식도락도 그 죄악에 포함시켰다. 르네상스 시대에 바르톨로메오 플라티나(Bartolomeo Platina)는 『올바른 쾌락과 건강에 대하여(De honesta voluptate et valetudine)』에서 탐식과 겉치레를 삼가고 값비싼 재료에 너무 의존하지 말라고 충고한 바 있다(프리드먼, 2009: 11, 14~15). 이는 음식물 부족이라는 당시의 시대적 상황을 반영하는 것으로 해석할 수도 있지만, 그 당시에 식도락은 신분사회에서 풍요한 상류계급의 사생활이었다는 점을 고려할 때, 경제적 문제와는 직접적으로 관계가 없는 것으로 보인다. 따라서 그보다는 오히려 당시에는 탐식이 쾌락이라는 감정을 추구하는 행위로 간주되었고, 그리하여 감정 일반을 억압하는 차원에서 금지의 대상이 되었기 때문이라고 보는 것이 더 타당할 것이다.

음식 쾌락을 해방시킨 것은 1825년에 출간된 장 앙텔므 브리야 사바랭(Jean Anthelme Brillat-Savarin)의 『미각의 생리학(Physiologie du goût)』이라는 책이었다. 브리야 사바랭은 그 책에서 '대식'이나 '탐식'과 혼동되던 '미식'의 개념을 분명히 하고 미식을 쾌락의 구성요소로 전환시켰다. 그에 따르면, 미식은 "아테네의 우아함과 로마의 사치와 프랑스의 섬세함의 결합이며, 통찰력 있는 배치, 교묘한 기술, 열정적인 감상이자 심오함의 판단이다. 그것은 고귀한 자질로서 덕(德)이라 할 수 있을 것이며, 적어도 확실히 우리의 가장 순수한 쾌락의 원천이다"(브리야 사바랭, 2004: 195~196). 브리야 사바랭은 또한 이를 종교적으로도 다음과 같이 정당화한다. "미식은 조물주의 질서에 대한 암묵적인 인종(忍從)이다. 조물주는 우리로 하여금 살기 위해 먹도록 명령하였으며, 식욕으로 그것을 권고하고 맛으로 지원하며 쾌락으로 보상한다"(브리야 사바랭, 2004: 196).

하지만 이렇게 해방된 맛의 쾌락도 일부 미식가의 식도락에만 머물렀을 뿐, 현재와 같은 맛집 찾기 열풍을 불러일으키지는 못했다. 그렇다면 현대 한국 사회에서 무엇이 맛의 쾌락 찾기를 하나의 열풍이라고까지 지칭되는 사회적 현상으로 '현상'하게 하는 것일까? 여기에는 몇 가지 요인이 작동하고 있는 것으로 보인다.

첫째로 들 수 있는 요인은 먹기 행위에서 계급적 요인이 탈각되었다는 것이다. 현대사회에서는 계급의 경계로서의 음식 등급(차별화)이 더 이상 엄격하게 존재하지 않게 되었다(김광억, 1994: 19). 우리 시대에 들어와 음식은, 일부 하급 식품을 제외하곤, 엄격한 계급적 속성이 아니라 개인의 스타일로 정의되고 있다(프리드먼, 2009: 17). 얼마 전까지만 해도 음식과 관련한 유행은 이른바 값비싼 고급 음식과 관련되어 있었다. 가령 호텔이나 강남의 고급 음식점, 또는 외국계 패밀리 레스토랑에서 식사하는 것이 선망의 대상이 되었고, 따라서 그러한 음식을 소비하는 것은 쾌락 추구보다는 지위 추구의 속성이 강했다. 그것은 음식의 맛을 소비하기보다는 특정한 음식점이라는 '장소'를 소비하는 것이었으며, 소비자들은 그곳을 가보았다는 것 자체로 만족했다. 따라서 특정 고급 음식점이 '유명 음식점'이 되기도 했지만, 그 자체가 맛집 열풍을 형성하지는 못했다.

둘째 요인으로는 현대 맛집 탐방자들은 특정한 음식을 추구하는 것이 아니라 같은 종류의 음식 중에서도 특정한 맛 자체를 추구한다는 것을 들 수 있다. 즉, 맛집 탐방자들은 단지 색다른 음식 경험만을 추구하는 것이 아니다. 이를테면 과거의 음식 탐색자들은 이전에 먹어보지 않은 새로운 이국 음식을 추구하는 경향이 있었다. 그러나 이것은 이국 문화에 접촉함으로써 음식 경험을 확대하는 것이었지, 그것 자체가 맛을 통한 쾌락을 보장하지는 않았다. 이러한 이색 음식 추구 경향 역시 오늘날 이국 음식점이 증가하는 추세에 영향을 미쳤을 뿐이지 맛집 열풍을 형성하는 데까지 이르지는 않았다.

셋째로는 맛집 탐방자들이 사람 냄새 진하게 풍기는 편안한 장소에서 제공하는 저렴하고 일상적인 음식에서 맛과 먹기의 쾌락을 그저 즐긴다는 것이다. 과거에는 호화롭고 값비싼 음식을 파는 고급 레스토랑 소개가 맛집 소개 책자의 단골 메뉴였다면, 최근에는 시장 골목의 국수집과 같은 서민적이면서도 독특한 맛을 자랑하는 친숙한 음식이 맛집 탐방의 대상이 되고 있다는 것이 이를 증명해 준다. 이를테면 『대통령의 맛집』(강대석·이춘성·최영기, 2010)이라는 제목을 달고 있는, 최고위층이 즐겨 다녔다는 음식점을 다루는 책조차도 맨 앞에 막걸리집을 소개하고 있을 정도이다. 가격과 장소의 제약을 탈출한 이 같은 새로운 형태의 맛집 찾기 경향은 정장 차림의 나이 지긋한 중년의 식도락가가 아니라 청바지 차림의 젊은 층과 시장바구니를 든 주부에 이르기까지 다양한 계층의 사람이 맛집 탐방자로 나설 수 있게 해주었고, 이는 맛집 찾기가 더욱 하나의 열풍처럼 보이게 하는 데 일조했다.

넷째는, 그리고 가장 중요한 것은, 앞서의 요인들이 작용한 결과 쾌락적 음식 소비 행태에 가해지던 도덕적 비난이 제거되었다는 것이다. 이를테면 예전의 패밀리 레스토랑 열풍 같은 경우에는 비싼 음식 가격 때문에 사회적으로 과소비라는 비난이 뒤따랐고, 그 열풍에 가담한 소비자들 또한 타인의 경험에 뒤지지 않겠다는 경쟁 심리를 기반으로 하는 경우가 많았기 때문에(떠밀려서 소비했기 때문에) 주체적 소비자로서의 지위가 약했다. 따라서 그들은 적극적 음식 소비자들이 만들어내는 맛집 열풍의 분위기를 형성하지 못했다. 요컨대 앞서 언급한 요인들은 그간 유명 음식점을 찾는 행위에 따라다니던 사회적 비난을 제거함으로써 맛을 통한 쾌락 추구를 하나의 트렌드로 만들어가면서 맛집 찾기를 하나의 열풍으로까지 키웠다고 할 수 있다.

맛집 열풍의 감정동학: 열망하기

그렇다면 이러한 맛집 열풍의 기저에 깔려 있는 감정적 동력은 무엇인가? 그것은 앞서 언급한 자기 환상적 쾌락주의에서 찾을 수 있다. 캠벨에 따르면, 현대 소비자들을 추동하는 기본 동기는 상상 속에서 이미 맛본 즐거운 드라마를 현실 속에서 직접 경험하고자 하는 욕망이며, 각각의 '신'제품은 그 같은 열망을 실현시킬 가능성을 제공해 주는 것으로 여겨진다. 하지만 현실은 몽상 속에서 마주친 완벽한 쾌락을 결코 제공할 수 없다(캠벨, 2010: 170~171). 따라서 캠벨에 따르면, 환상과 현실의 간극이 근대 소비주의를, 그리고 실제로는 근대적 쾌락주의 일반을 이해하는 열쇠이다. 이 둘 간의 긴장은 '현재 상태'에 대한 불만족과 '더 나은 것'에 대한 갈망을 동시적으로 인식하게 하면서, 하나의 항구적 양식으로 열망을 낳는다(캠벨, 2010: 172). 그에 따르면, 바로 이 '열망하기(longing)'가 근대적 쾌락주의의 요체이다.

하지만 이러한 설명은 또한 현대 소비 행동 일반에 대한 설명으로, 음식 소비에만 국한되는 것이 아니다. 그럼에도 불구하고 이러한 설명이 먹기에 관한 설명에서 더욱 설득력을 지니는 것처럼 보이는 것은, 허시먼(Hirschman, 1982)의 지적대로, 음식과 음료와 같은 비내구재는 "끝없이 이어지는 강력한 기쁨"을 주는 놀라운 특징이 있기 때문이다. 가구나 자동차와 같은 내구재는 구매의 순간이나 구매 초기에만 기쁨을 주며, 그 후에는 기쁨이 경감된다. 또한 내구재의 긴 수명은 단기적 시간 내에 쾌락을 반복적으로 거듭 경험하기 어렵게 한다. 반면 현대의 외식 생활 속에서 거의 매일 선택해야 하는 음식은 현대인이 쾌락을 추구하기에 좋은 대상일 수밖에 없다. 하지만 음식의 선택은 다른 선택보다 더욱 신중할 수밖에 없다. 왜냐하면 음식은 미각적 쾌감, 포만 등을 제공하지만, 또한 미각적 불쾌감, 소화불량, 메스꺼움, 구토를 낳을 수도 있기 때문이다(비어즈워스·케일, 2010: 263).

하지만 현대인이 음식을 선택해 온 것이 어제오늘의 일이 아님에도 불구하고 어째서 오늘의 시점에서야 맛집 열풍이 발생하는가? 우리는 그 이유를 바로 음식 선택의 기준이 감각에서 감정으로 이동했다는 데서 찾을 수 있다. 과거에는 음식이 식사 때가 되면 먹어야만 하는 것이었고, 먹기 행위는 주로 가격과 장소라는 금전과 공간에 의해 규정되었다. 현대의 많은 사람은 이제 일정 정도 이러한 제한에서 해방되었고, 이로 인해 음식 선택의 기준이 자신의 기호와 맛으로 이전되었다. 사람들은 자신의 기호의 범위에서 자신이 가진 맛의 기준에 따라 음식을 선택해 왔다. 그

중 가장 신뢰할 수 있는 기준은 과거에 경험했던 맛과 그 맛이 가져다준 감각적 쾌락이었다. 이것은 각자의 미각에 따라 단골집을 만들어냈고, 또한 '어머니의 손맛'이라는 향수를 통해 정당화되기도 했다. 하지만 이것은 과거의 맛에 고착되어 있었으므로 현재와 같은 맛집 열풍을 만들어내지는 못했다.

이 같은 단골집 가기와 맛집 찾기라는 두 음식 추구 양식을 가르는 데서 작동하는 것이 이른바 '잡식 동물의 역설'이라고 지칭되는 것, 즉 새로운 음식을 시식해 보고자 하는 충동인 새것 애호증(neophilia)과 새로운 식품이 맛이 없거나 심지어는 건강에 해롭지는 않을까 두려워하는 새것 우려증(neophobia) 간의 긴장이다(Rozin, 1976; Fischler, 1980). 현재 맛집 열풍의 감정동학을 이끄는 동력의 근원을 이루는 것 중 하나가 바로 먹기 행위자들이 새것 우려증을 털어내고 새것 애호증을 적극적으로 개발하고 있다는 것이다. 하지만 소비자들이 새로운 것을 찾는 경향은 음식의 경우에서만 나타나는 것이 아니다. 시토프스키(Scitovsky, 1977)는 새로운 것이야말로 만족감을 주는 가장 근본적인 동기라고 지적한다. 따라서 소비자들은 항상 신제품의 출시를 기다리며, '얼리 어답터(early adoptor)'와 같은 신제품 마니아들도 존재한다. 그리고 어떤 사람들은 이를 혁신의 동력으로 추켜세운다.

그러나 일반 소비재에서 새로운 것을 찾는 것의 양상과 음식에서 새로운 것을 찾는 것의 양상은 다르다. 음식의 경우 새로운 상품이 나오기를 기다리는 것이 아니라 새로운 음식(점)을 찾아 나서야 한다. 다시 말해 보다 적극적인 행위가 필요하며, 이것이 바로 맛집 찾기가 다른 소비 행위보다 사회적으로 더욱 뜨거운 현상으로, 즉 하나의 열풍으로 보이는 이유이다. 맛집 열풍을 특징짓는 이러한 '찾아 나서기'와 관련이 있는 것이 바로 매스미디어의 맛집 소개, 맛집 소개 책자, 인터넷 맛집 블로그와 동호회이다. 이들 매체는 맛집 탐방자에게 일종의 안내판 역할을 하며, 새로운 음식 맛 찾기를 도와줄 뿐만 아니라 새로운 음식 지도도 생산한다.

이렇듯 새로운 맛 열망하기가 현대 맛집 열풍의 감정동학을 형성하고 있다. 이 감정동학에는 두 가지 감정 메커니즘이 작동하고 있다. 하나는 음식을 접하기 전의 메커니즘이고, 다른 하나는 음식을 접한 후의 메커니즘이다. 먼저 식사 전에 작동하는 감정 메커니즘은 '상상'과 '흥분'이다. 맛집 탐방자들은 단지 자기 앞에 소개되어 있는 새로운 음식물 이미지의 자극에 단순하게 반응하는 것이 아니라 그 음식의 맛이 자신에게 줄 것으로 기대되는 쾌락을 상상하고 (그 음식이 가져다줄 수도 있는 불쾌감은 상상에서 제거한 채) 그 음식물을 욕망한다. 그리고 그 상상은 그 음식의 맛에 대한 기대치를 한껏 끌어올리고, 새로운 맛에 대한 기대는 흥분을 자아낸다. 우리가 익히 경험한 음식물은 차분히 기다리지만 새로운 음식은 주문하고 나서 설렘으로 흥분하다가 음식이 나오면 박수를 치고 열광하는 것도 바로 이 같은 이유 때문이다.

하지만 식사 후에는 정반대의 감정 메커니즘이 작동한다. 그것은 바로 '보장된 불만족'의 발생과 새로운 '갈망'의 형성이다. 왜냐하면 그러한 환상적 쾌락은 결코 현실에서 실현될 수 없기 때문이다. 그러나 이러한 만족되지 못한 쾌락은 단순히 하나의 쓰라린 실패의 경험으로 저장되는 것이 아니라, '연기(延期)된 만족'을 찾아 나서는 밑거름이 된다. 왜냐하면 그러한 좌절된 욕구는 우리로 하여금 욕구를 충족시키려는 시도를 반복하게 만들기 때문이다.

이러한 거듭되는 욕구 좌절과 반복되는 욕구 충족 시도는 여타 다른 소비에서와 달리 음식 소비에서는 맛집 열풍을 만들어내는데, 그 이유로는 두 가지를 들 수 있다. 하나는 특히 음식의 맛은 다른 공산품의 경우와 달리 결코 정형화될 수 없는 것이기에 언제든 새로운 맛이 어딘가에 존재할 것이라고 기대할 수 있다는 것이고, 다른 하나는 맛집 탐방자는 주어진 선택지에 머무르는 수동적인 소극적 소비자가 아니라 선택지 자체를 발굴하는 적극적 탐구자라는 것이다. 바로 이같이 결코 만족될 수 없는 음식 쾌락을 끊임없이 갈망하는 행렬이 맛집 열풍 감정동학의 근본을 이룬다고 할 수 있다. 이런 점에서 맛집 탐방은 기쁨 없는 정형화된 사회에서 기쁨을 추구하는 또 하나의 방식이라고도 할 수 있다.

하지만 우리가 여기서 상상적으로 기대된 맛과 만족되지 못한 쾌락 간의 불가피한 간극을 강조하고 있을 뿐이지 동일한 음식이 식객 모두에게 아무런 만족감도 가져다주지 않는 것은 아니다. 식사 후의 포만감 역시 하나의 만족감이라는 것은 부정할 수 없는 사실이며, 우리는 또한 기대보다 더 맛있는 음식을 먹었을 경우 쾌감을 느낀다. 그리고 현대 음식 소비는 포만감보다는 쾌감을 추구하는 경향이 있다. 이는 과거에는 식사 후에 "아, 배부르다" 또는 "잘 먹었다"라고 포만감을 표현했으나, 현재는 먼저 음식을 맛보고서 "끝내준다" 또는 "죽여준다"라는 감탄사를 연발하고, 식사 후에는 "기분 좋다"라며 자신의 쾌감을 드러내는 데서 잘 드러난다. 이것 역시 음식 소비의 쾌락주의적 속성을 잘 보여준다. 그러나 이러한 쾌감은 새로운 음식을 찾기보다 과거의 쾌감을 찾는 경향을 만들어내고, 이는 맛집 열풍이 아니라 자신의 단골집을 만들어낸다. 맛집 열풍을 만들어내는 것은 단골손님이 추구하는 '안정적' 쾌락이 아니라 맛집 탐구자가 추구하는 끝없는 '도전적' 쾌락이다.

맛집 열풍의 사회동학: 대화 자원과 대화 권력

원래 음식에 대한 사회학적 연구는 음식 자체보다는 먹기에 주목해 왔다. 왜냐하면 '먹기공동체'(터너, 2010: 798)를 사회적 연대의 원초적 토대로 보아왔기 때문이다. 하지만 현재는 가족 내에서조차 '같이 먹기'를 실행하기가 어려울 정도로 개인화된 먹기 형태가 정착되었다. 그리하여 사회학적 연구들은 가족 밖에서 누구와 먹는가를 사회적 네트워크를 연구하기 위한 중요한 소재로 삼았다. 그렇지만 그러한 연구에서는 그들이 무엇을 먹는지는 그리 중요한 요소가 되지 못했다. 지금은 먹기 행태가 더욱 개인화되었다. 개개인의 음식 취향과 맛의 기준은 밖에서 먹기가 일반화되면서 가족 성원들끼리도 달라졌다. 또한 과거 포디즘적으로 표준화된 (그렇지만 겉으로는 세련되어 보이는) 음식을 함께 먹음으로써, 또는 자신의 단골집에 지인들을 초대하여 음식과 맛을 공유함으로써 동류의식을 만들어내던 시대도 지났다. 따라서 이제 먹기 연구에서는 누구와 먹느냐가 아니라 무엇을 먹는가가 중요할 수 있다. 하지만 이러한 개인화된 먹기 상황에서도 맛집 기행과 미식을 즐기는 사람들은 자신의 블로그에 맛집을 소개하기도 하고, 인터넷 동호회를 만들기도 하고, 직접 만나 맛집을 함께 탐방하기도 한다. 그리고 그들은 그것을 위해 자신의 경제적·시간적 자원을 기꺼이 소비 – 혹자가 보기에는 낭비 – 한다. 그렇다면 이러한 현상은 어떻게 설명할 수 있는가? 그리고 거기에는 어떤 사회적 동학이 존재하는가?

우선적으로 설명을 필요로 하는 것이 왜 사람들은 아주 개인적인 사생활에 해당하는 음식 기행 사진을 자신의 블로그에 올리고 자신의 미각 경험을 기록해 놓는가 하는 것이다. 이것은 음식 쾌락 추구가 가지는 독특한 특징과 관련이 있다. 다른 내구성 소비재와 달리 음식 소비는 순간적인 쾌락이다. 그러므로 그 쾌락을 오랫동안 느낄 수 없다. 음식의 이러한 속성은 앞서 언급했듯이 또 다른 순간적인 쾌락을 찾게 만들기도 하지만, 다른 한편으로 그 당시의 쾌락을 '저장'하고 싶은 욕망을 산출하기도 한다. 이는 여행 사진을 찍어 앨범에 정리하던 것과 동일한 맥락이다. 해외 여행 경험을 친밀한 사람들이나 여타 다른 사람들에게 장황하게 이야기할 때, 사진은 정당화의 근거로 작동한다. 음식 경험과 음식 사진 역시 동일한 맥락에서 이해할 수 있고, 우리는 이로부터 왜 사람들이 음식을 먹기에 앞서 사진부터 찍는지를 이해할 수 있다.

그렇다면 아주 개인적인 쾌락 추구 행위라고 할 수 있는 맛집 탐방을 블로그에 올리는 것을 넘어, 인터넷 동호회를 만들고 처음 만나는 사람들과 함께 맛집을 탐방하는 것은 어떻게 설명할 수 있는가? 사실 우리는 음식을 공유할 수는 있어도 맛 자체를 공유할 수는 없다. 사람들은 각기 자신들의 식생활 역사를 통해 자신만의 맛의 구조를 틀 지어 왔기 때문이다. 다시 말해 맛의 소비는 지극히 개인적이다. 누군가는 그 음식의 단맛에 기쁨을 느끼고, 누군가는 그 음식의 매운맛에 기쁨을 느끼며, 누군가는 그 맛들의 공존에 기쁨을 느낀다. 게다가 거듭된 맛집 탐방은 맛에 대한 주관적인 취향을 강화한다. 따라서 그들이 공유하는 것은 맛이 아니라 그 '기쁨'이다. 이른바 새로운 '맛 부족민'이라고 평가되기도 하는 새로운 미식가 커뮤니티(인태정, 2009: 151)는 이러한 새로운 쾌락 추구 방식을 보여준다. "개인주의적 세분화 현상이 지배하던 자리에 이제 서로 강렬한 감정과 정서를 함께 나누는 모호한 작은 공동체들이 등장한다"라는 질 리포베츠키(Gilles Lipovetsky)의 지적은 이를 잘 설명해 준다(리포베츠키, 2009: 239).

하지만 이러한 맛집 탐방의 감정적 요인만으로는 맛집 열풍을 제대로 설명할 수 없다. 왜냐하면 감정적 요인은 맛집을 탐방하는 행위의 동기일 뿐이고, 맛집 탐방을 행위로 실천하기 위해서는 시간적·경제적 자원의 소비가 요구되기 때문이다. 따라서 맛집 탐방이 하나의 열풍으로까지 확대되는 데에는 또 다른 사회적 동학이 작동하고 있음이 틀림없다. 우리는 이와 관련된 하나의 요인으로, 앞서의 여행 사진에 대한 논의가 암시하듯이, 음식 경험과 음식 사진이 랜들 콜린스(Randall Collins)가 말하는 '대화 자원(conversational resource)'(콜린스, 1995: 213)으로서의 가치를 획득했다는 것을 들 수 있다. 여기서 중요한 것은 우리가 음식이 대화의 화제가 되지 않던 상황에서 음식이 늘 대화의 화제가 되는 상황으로 이동해 왔다는 사실이다(Mennell, Murcott and Van Otterloo, 1992: 4). 과거 신분사회에서는 우리가 지위와 체면에 적합한 음식을 먹었기 때문에, 다시 말해 먹는 것이 이미 결정되어 있었기 때문에, 그리고 그것은 내밀한 사생활이었기 때문에 무엇을 먹었는가는 대화의 대상이 되지 않거나 회피의 대상이었다.

근대사회에서 우리가 취향, 경제적 여건, 사회적 지위 등에 따라 음식을 선택할 수 있게 되자 무엇을 먹었는지는 우리의 '음식 신분'을 드러내는 중요한 대상이 되었다. 그렇기에 여기서 중요한 것이 특정한 음식이 지니는 '상징성'이었다. 다시 말해 어느 고급 음식점에서 얼마짜리 음식을 어떤 지위를 가진 사람들과 먹었는가가 중요했다. 즉, 사람들은 음식의 맛보다는 그 음식과 관련한 상징성을 소비했다. 따라서 음식이 대화의 소재로 등장하기는 하지만, 대화 속에서도 음식이 지니는 중요한 가치는 그 음식이 지닌 '상징적 자원'이었다. 그 대화에서 음식 자체는 대화를 끌어가는 소재이기보다는 누군가가 자신의 지위를 표현하기 위한 수단이었고, 그 말을 듣고 있는 사람에게 음식은 동경의 대상이거나 시기심을 불러일으키는 대상이었다.

하지만 현재 맛집 탐방자들에게 음식이 가지는 중요한 가치는 독특한 맛 그 자체이다. 그들은 맛 그 자체를 음미하고 그 음식의 맛을 매개로 대화한다. 이제 음식의 맛은 대화 공동체의 중요한 자원이다. 맛집 탐방자들이 자신들의 경제적 자원과 시간적 자원을 소비하여 추구하는 것이 개인적으로는 맛이라면, 사회적으로는 바로 이 '대화 자원'이다. 특히 개인화된 현대사회에서 다양한 생활을 하는 현대인들에게 본능적 욕구인 음식과 그 음식의 맛은 다른 무엇보다도 공통의 분모를 제공한다. 나의 수업에서 언니와 함께 일본 오사카의 맛집을 탐방했던 한 학생이 제출한 리포트는 이를 잘 보여준다.

> 우리는 왜 그렇게 일본 오사카의 '맛집'을 찾아다녔을까? 어쩌면 음식은 사람들의 공감을 끌어내기 쉬운 주제인 것 같다. 이번 일본 여행 이후 사람들에게 나의 일본 여행을 설명하면서 '유니버셜 스튜디오'에 대해 이야기를 늘어놓았다. "관객들에게 물을 던지는 쇼도 있었고, 주로 영상을 이용한 놀이기구들이 많더라"라는 나의 설명에 사람들의 반응은 미지근했다. 그러다가 내가 오사카에서 먹고 온 것들에 대해 얘기를 꺼내자 사람들의 반응이 달라졌다. "오사카역 근처에 치즈 케이크 진짜 맛있게 하는 곳이 있는데, 거기 치즈 케이크가 진짜 입에서 살살 녹더라", "고베 한우 요리 가게 찾아다닌다고 엄청나게 힘들었는데, 가서 먹고 나니까 진짜 맛있더라." 이런 얘기에 사람들은 "진짜? 나도 가서 먹어보고 싶다"라는 반응을 보였다.

이제 음식은 단지 신체적 욕구를 충족시키는 것을 훨씬 넘어선다. 먹기 행위 그 자체와 먹은 음식에 대한 지식과 그 음식에 대한 자신만의 평가는 상호작용에서 중요한 '대화 자원'이 된다. 바로 이러한 대화 자원의 양과 질은 상호작용 과정에서 개인의 지위를 결정하는 것은 물론, 특정 공동체 성원의 자격 기준이 된다.

그리고 음식이 대화 자원이 됨에 따라 사람들은 이제 '입'으로 음식을 먹는 것만이 아니라 '말'로, 즉 표현으로 음식을 먹는다. 과거에는 식사 시간만큼 조용한 적이 없었다면, 그리고 그다음 시대에는 식사 시간이 여유 있게 개인사나 공적 관심사를 이야기하는 시간이었다면, 오늘날의 식사 시간은 같이 먹는 음식에 관해 대화를 나누는 시간이다. 사실 과거에도, 비록 소수의 미식가에게만 해당되었지만, "식사를 하면서 음식에 관해 대화를 하는 것은 멋지고 아름다운 일이었으며, 절대적으로 식사의 즐거움에 포함되는 것이었다. 그들은 음식을 먹고 그것을 말로 표현함으로써 그 즐거움을 두 배로 만들었다"(메르클레, 2005: 350). 메르클레(Merkle)의 지적대로 단순히 "수프를 먹는다"가 아니라 "초록의 봄 수프를 먹는다"라고 표현한다면, 색깔과 향기가 떠오르면서 훨씬 환상적이고 즐거워질 수 있다(메르클레, 2005: 345). 이렇듯 음식에 대한 대화는 음식 쾌락주의의 또 다른 측면이다.

오늘날 사람들은 음식의 맛과 다양한 식감을 세련된 말솜씨를 통해서는 물론 식재료의 영향학적 가치와 음식의 역사와 문화, 지역성을 드러내는 해박한 지식을 통해서도 표현하고 있다. 따라서 이제 맛집 탐방자들은 단순한 미식가로서의 자질뿐만 아니라 '음식 지식(food knowledge)'도 필요로 한다. 현재 매체들이 음식 관련 프로그램에서 음식을 조리하는 과정을 소개하기보다는 그 음식의 독특한 맛을 맛깔스럽게 표현하고 출연자로 전문 학자들(영양학자, 요리 평론가, 심지어는 의사까지)을 동원하는 것도 바로 이 때문이다.

그렇다면 왜 사람들은 이렇게 음식 지식을 추구하는가? 과거에도 음식 지식은 같은 음식을 소비하는 사람들에게 중요한 대화 자원이었다. 놀랍게도 중국의 지식 계층과 엘리트 학자들에게 음식에 대한 예리한 지식은 시나 예술만큼이나 중요한 지식이자 필수 요건이었다. 따라서 귀중한 손님을 대접할 때 필요한 요리책과 음식 이야기가 등장했으며, 종종 엘리트들과 학자들이 직접 글을 쓰기도 했다(프리드먼, 2009: 14). 또한 브리야 사바랭은 "미식가들은 대부분 학식을 갖춘 사람들"이라고 평하기도 했다(브리야 사바랭, 2004). 이것은 먹기공동체에서도 음식 지식이 '대화 권력(dialogue power)'을 형성한다는 것을 보여준다.

그렇다면 다시 다음과 같은 질문이 제기된다. 음식 지식은 어째서 이렇게 권력을 형성하기까지 하는가? 음식 지식이 하나의 권력 자원이 될 수 있는 까닭은 맛이 갖는 주관적 성격 때문이다. 음식 지식은 주관적인 맛 평가에 신뢰를 부여하고, 음식에 관한 대화를 하는 사람들로 하여금 맛을 '미각적'으로 공유하는 것이 아니라 '인지적'으로 공유하게 함으로써 먹기의 즐거움을 공유하게 한다. 이를테면 음식의 정확한 재료와 성분, 원산지를 알고 있다면 단순한 음식 그 이상의 맛을 소비할 수 있다. 포도주 애호가들이 포도주를 음미하면서 사용된 포도의 종류, 생산지, 생산연도, 이름을 거론하며 즐기는 이유도 여기에 있다.

이러한 점에서 맛집 블로그나 동호회에서는 자신이 얼마나 많은 맛집을 탐방했는가가 아니라 얼마나 정확한 음식 지식을 가지고 어떻게 그 맛을 표현하는가가 게시자의 음식 권위(food authority)를 상징한다. 따라서 맛집 소개자들에게는 단순히 맛있는 식당을 소개하는 것을 넘어, 그 음식 맛에서 무엇이 중심을 이루고 있는지 그리고 그 음식의 어떤 맛이 왜 맛있다고 이야기할 수 있는지를 밝힐 수 있는 지식과 분별이 요구된다. 이러한 맥락에서 일명 맛객 김용철(2010)은 『맛객의 맛있는 인생』에서 맛을 알기 위해서는 "식재의 특성 같은 실제적인 부분은 물론이고 역사와 문화, 사회와 풍습, 그 지역의 자연환경까지 두루 깨우쳐야" 하며, 이것이 "천재 꼬마 요리사는 나올 수 있어도 천재 꼬마 미식가가 나올 수 없는" 이유라고 지적한다. 파워 블로거들 역시 각종 매체와의 인터뷰에서 음식 지식과 음식 공부를 강조하고 있다. 이것은 사람들에게 지칠 줄 모르는 맛집 탐방과 계속적인 음식 공부를 요구하고, 맛집 열풍을 그간의 일시적인 단순한 음식 유행을 넘어서게 한다.

하지만 음식 권력에도 권력투쟁은 존재한다. 바로 자신들의 미식 능력의 과시와 다툼, 그리고 음식 지식을 둘러싼 논쟁이 그것이다. 인터넷상에서 특정 음식과 음식점을 둘러싸고 맛집 탐방자들 사이에 벌어지는 논쟁은 이를 잘 보여준다. 이러한 권력투쟁이 존재하는 까닭은 맛 표현은 그 자체로 음식 비평을 포함하기 때문이다. 하지만 이러한 음식 권력투쟁 역시 쾌락 추구적 음식 기행의 산물이다. 과거에 음식 권력은 유명 요리사에게 부착되어 있었다. 왜냐하면 음식 지식은 그들의 전유물이었기 때문이다. 하지만 현재 음식 권력은 음식 지식을 과시하는 파워 블로거들과 맛집 탐방자들에 의해 분할되어 있고 또 공유되고 있다. 이러한 음식 권력은 미셸 푸코(Michel Foucault)가 말하는 '세력 관계'로서의 권력, 즉 '관계적 권력'의 전형적인 모습을 보여준다. 이러한 관계적 권력은 어느 누구에게 고착되어 있는 것이 아니라 담론 형성과 지식을 통해 작동한다(고든, 1991: 122, 130). 그렇기 때문에 "저항 없는 권력관계는 결코 존재할 수 없다. 그리고 저항은 권력관계가 행사되는 바로 그 지점에서 형성되기 때문에 더욱더 실제적이고 효과적이다"(고든, 1991: 177). 개인들은 항상 이 권력을 행사하는 동시에 받아들여야만 하는 위치에 있다.

현재 음식 권력관계는 맛을 추구하는 요리사와 맛집 블로거, 맛집 탐방자 간의 투쟁으로 나타난다. 블로거는 음식 맛을 비판하고, 요리사와 음식점 주인은 그러한 비판을 방어하고, 맛집 탐방자는 제각기 자신이 느낀 맛을 표현하면서 앞서 언급한 사람들의 의견에 동의하기도 하고 정반대의 견해를 제기하기도 한다. 몇몇 음식점의 음식 맛을 둘러싼 논쟁을 다룬 언론 기사의 제목, 이를테면 ≪시사IN≫의 "맛있다, 아니다 누구 말이 진짜일까"(제69호, 2009.1.5.)와 KBS 〈30분 다큐〉 "당신 오늘도 맛집에 낚였습니까?"(2009.5.7)는 이를 잘 보여준다. 하지만 같은 음식 − 비록 매번 똑같은 음식이 제공되는 것은 아니지만 − 을 놓고 벌이는 싸움은, 맛은 주관적이기 때문에, 실제로는 서로 다른 음식 맛이 벌이는 싸움이 아니라

서로 다른 음식 지식과 음식 경험이 벌이는 싸움이다. 그리고 맛은 주관적인 까닭에 요리사와 파워 블로거의 음식 권력은 맛집 탐방자의 주관적 지지에 의해 음식 권위를 확보한다. 푸코의 말을 원용하면 이들 맛집 탐방자는 "음식 권력을 만들어내는 구성물이면서 동시에 음식 권력을 실어 나르는 매개체이다"(고든, 1991: 130). 그렇지만 개별 맛집 탐방자의 입장에서 맛집 기행은 단지 '맛있는 음식 먹기를 추구하는 것'만이 아니라 자신이 소유한 '음식과 관련된 권력과 신분' — 하지만 일반적으로 사회적 지위를 추구하는 것은 아닌 — 을 유지하기 위한 자기 노력의 과정이기도 하다.

쾌락 나눔과 먹기 민주주의

지금까지 이 장에서는 맛집 열풍의 감정동학과 사회동학을 음식과 먹기의 가치 및 지위 변화와 관련하여 포착해 왔다. 그 결과는 다음과 같이 명제화할 수 있다. 첫째, 그간 '먹기'의 목적은 효용 추구에서 쾌락 추구로 무게중심을 이동해 왔다. 둘째, 쾌락으로서의 먹기는 사람들로 하여금 그간 특정 음식 자체가 갖던 사회적 상징성이 아니라 음식의 '맛'을 추구하게 했다. 셋째, 맛집 탐방에 경제적·시간적 비용이 동반됨에도 불구하고 사람들로 하여금 끝없는 맛집 찾기에 열중하게 하는 것은 먹기가 갖는 대화 자원으로서의 성격이다. 넷째, 대화 자원을 놓고 벌이는 음식 권력투쟁이 맛집 열풍을 가속화시킨다.

한마디로 표현하면, 맛집 열풍은 쾌락 추구를 둘러싼 개인적 음식 권력투쟁이 사회적으로 발현하는 근대적 현상이다. 이러한 맛집 열풍 현상이 확산될 수 있었던 까닭은 먹기가 그러한 쾌락을 추구하는 것에 대해 가해지던 도덕적 비난에서 벗어날 수 있었기 때문이다. 하지만 그러한 쾌락 추구에도 여전히 비난의 여지는 남아 있다. 하나는 이 장의 서두에서 언급한 언론인의 논급에 내재한 보수적 비판으로, 이러한 끝없는 음식 쾌락 추구는, 다른 쾌락 추구와 마찬가지로, 개인적으로 과도하게 이루어질 경우 좌절과 중독을 낳을 수 있다는 것이다. 이와 관련하여 존 더 그라프(John De Graaf), 데이비드 왠(David Wann) 그리고 토머스 네일러(Thomas Naylor)는 이를 소비 중독 바이러스 '어플루엔자(affluenza)'라고 이름 붙이고, 이는 "고통스럽고 전염성이 있으며 사회적으로 전파되는 병으로, 끊임없이 더 많이 추구하는 태도에서 비롯하는 과중한 업무, 빚, 근심, 낭비의 증상을 수반한다"라고 정의하기까지 했다(그라프·왠·네일러, 2004). 그리고 다음으로는 진보적 비판으로, 아직도 쾌락으로서의 음식 추구가 아니라 욕구로서의 음식 추구를 충족하지 못한 사람들이 많이 있다는 것이다.

하지만 맛집 열풍에는 이 두 가지 비판적 평가 ― 이 두 비판이 얼마나 타당한지는 차치하고 ― 를 동시에 넘어설 수 있는 방법이 존재한다. 맛집 열풍에 대한 비난이 타당할 수 있는 경우는 아마도 먹기 및 맛집 추구가 과도하게 개인적으로 이루어질 때일 것이다. 따라서 이 문제를 극복하는 방법은 음식을 통한 쾌락 추구를 '사회화'하는 것이다. 그것이 바로 '쾌락 나눔'과 '먹기 민주주의'이다. 다시 말해 음식 나눔을 통해 먹기의 쾌락을 다른 사람들과, 특히 효용으로서의 먹기조차 충족하지 못하는 사람들과 함께 나누는 것이다. 프랑스 철학자 로제 폴 드루아(Roger-Pol Droit)는 나눔에는 두 가지가 있다고 말한다(드루아, 2007). 하나는 유한한 것을 양적으로 '분할'하는 나눔이고, 다른 하나는 나눔으로써 다른 사람들과 공유하게 되는 '결합'으로서의 나눔이다. 하지만 음식 나눔은 먹을 것과 즐거움을 동시에 나눔으로써 이 두 형태의 나눔을 결합한다. 이러한 쾌락의 나눔은 쾌락을 약화시키는 것이 아니라 나눔이 주는 쾌락으로 쾌락을 배가시킨다.

이러한 나눔의 바탕을 이루는 것이 바로 "타인에 대한 인정"이다(위젤, 2007: 8). 그간 먹기공동체에서 배제된 가난한 이들, 극빈자들, 소외된 이들을 공동체 내로 다시 통합시키는 것이 바로 음식 나눔이다. 이러한 음식 나눔은 '남에 대한 배려'로서의 민주주의를 강화하고, '나눔의 민주주의'(나라야난, 2007)의 토대로서의 먹기 민주주의를 실현할 수 있게 해줄 것이다. '밥퍼나눔운동'을 비롯하여 우리 사회에서 활동하는 다양한 먹기 나눔 공동체는 맛집 열풍에 빠져 있는 우리 사회에 시사하는 바가 크다고 할 것이다. 맛집 열풍이, 앞서 언급한 메넬의 표현으로, 일종의 '사치의 민주화'를 더욱 확산시켰다고 할 수 있다면, 이제 맛집 공동체들이 자신들의 맛과 멋과 정을 함께 나누는 음식 나눔 운동의 열풍 역시 일어나기를 기대해 본다.

제2장

음식 향수
'어머니 손맛'의 사회동학과 감정동학

음식 향수와 향수 연구

우리는 앞 장에서 맛집 열풍의 사회동학과 감정동학을 추적하고 그 원인을 "끝없이 새로운 것을 갈망하는" 음식 소비 경향에서 찾았다. 하지만 최근 음식 소비 경향에서는 또 다른 추세가 관찰되고 있다. 바로 과거로의 회귀 경향, 즉 '음식 향수'이다. 이러한 현상은 '시골밥상', '어부밥상', '종갓집 음식' 등의 표현에서 잘 드러난다. 이제 TV의 카메라도 재래시장의 골목집을 찾는 사람들의 모습을 넘어, 낡은 고택과 산골 쓰러져가는 집 부엌에서 음식을 만드는 할머니의 모습과 어선 위에서 투박한 한 끼 식사를 하는 어민의 모습까지 열심히 담고 있다. 앨런 워드(Allen Warde)가 말한 '미각의 이율배반' 중의 하나인 "새로운 것과 전통"의 이율배반이라고 일컬을 수 있는 현상이 발생하고 있는 것이다(Warde, 1997). 그렇다면 우리 사회에서 한편에서는 새로운 음식과 맛을 찾는 행렬이 길게 늘어서고 있는 와중에 그와 동시에 전통적인 음식에 대한 향수가 사회적으로 강력하게 발현하고 있는 이유는 무엇인가?

이러한 분위기를 반영하듯, 현재 '어머니의 손맛'은 음식 관련 TV 프로그램에서 하나의 중요한 테마가 되었으며, TV 화면에서도 그리고 현실에서도 식객들 또한 전통적인 음식을 먹고 나서 이구동성으로 "그래, 이 맛이야, 어머니의 맛!"이라고 말하며 즐거워한다. 하지만 손수 음식 만들기의 경우 그 특성상 동일한 맛은 생산될 수 없기 때문에, 자신의 '어머니의 맛'은 다른 어느 곳에도 있을 수 없다. 그렇다면 왜 사람들은 전통적인 음식에 대한 애착을 '어머니의 손맛'으로 규정하고 그것을 '향수화'하는가? 이 장의 목적은 이러한 음식 향수 현상을 감정사회학적으로 설명하는 것이다.

사회학에서 향수에 관한 연구는 지지부진해 보인다. 서구에서는 프레드 데이비스(Fred Davis)의 개척적인 연구가 있었지만(Davis, 1979), 그 후 향수 현상을 직접적으로 다룬 사회학적 저작은 눈에 띄지 않는다. 향수는 사회학보다는 주로 문학, 역사학, 심리학 분야에서 더욱 연구되어 온 것으로 보인다. 하지만 그러한 연구들 가운데에서도 향수의 사회적 측면을 다룬 것을 찾아볼 수 있는데, 스베틀라나 보임(Svetlana Boym)의 연구는 그중 하나로 꼽을 만하다(Boym, 2001). 국내에서도 향수는 주로 문학평론(박자영, 2004; 구재진, 2007; 임철규, 2009)과 영화평론(문재철, 2002), 그리고 관광학(황병일, 1999)의 소재였다. 사회학에서 향수를 직접적으로 다룬 것으로는 골목길 풍경의 향수를 다룬 김홍중(2008)의 연구와 노동자의 향수 감정을 다룬 김준(2010)의 연구를 꼽을 수 있다[이는 필자가 이 장을 첫 집필할 때까지의 상황이다. 필자는 이 책에 앞서 동료 연구자들과 함께 한국 사회의 향수 현상을 연구하고 그 연구 결과를 『향수 속의 한국 사회』(한울, 2017)라는 제목으로 공동 출간한 바 있다. 이 장은 그 책에서 가져온 것이다]. 하지만 음식 향수를 다룬 사회학적 연구는 찾아볼 수 없다. 음식 향수는 다만 수필(고경일 외, 2004)과 소설(최일남, 2004b)의 소재로 등장했을 뿐이다.

전통적인 음식에 대한 향수는 다양한 각도에서 설명될 수 있을 것으로 보인다. 첫째는 포드주의적 식품 생산체계가 만들어낸 "맛의 단일화에 대한 반발"로 해석할 수 있다. 음식 소비자들이 '음식의 상업화'가 파괴한 과거의 고유하고 독특한 맛을 찾아 나선다는 설명이 그러한 것이다. 하지만 이러한 설명은 음식 소비자들이 과거의 음식뿐만 아니라 끝없는 식품 혁신을 통해 만들어지는 새로운 음식과 맛을 찾아 나서기도 한다는 것, 그리고 어쩌면 이것이 욕망을 충족하는 좀 더 손쉬운 방법일 수도 있다는 것은 설명하지 못한다.

둘째로는 음식 소비자들이 자연과 건강에 대해 가지는 관심이 증대한 데서 기인하는 것으로 설명할 수도 있다. 이러한 설명은 지역의 조리법, 지역의 음식 및 향신료에 대한 관심을 불러일으키는 '슬로푸드 운동'과 관련지어질 수도 있다. 하지만 이러한 설명은 전통적인 음식과 건강을 직접 연결시킨다는 데 문제가 있다. 특히 건강에 관심을 기울이는 사람들은 전통적인 음식보다도 유기농 식품이나 건강식품에 더 많은 관심을 기울일 수도 있기 때문이다.

셋째로는 '전통 음식의 상업화'를 강조할 수도 있다. 최근에 현대 먹거리 체계와 관련한 위험 의식이 증대하면서 '위험의 상품화'(벡, 2006)가 이루어졌고, 그와 동시에 안전한 음식으로서의 전통 음식이라는 이미지를 부각시키는 먹거리 산업이 번창해 왔기 때문이다. 그러나 이러한 설명은 그러한 음식 역시 원래의 전통 음식이라기보다는 새롭게 상업화된 '만들어진' 전통 음식(홉스봄 외, 2004)일 뿐이라는 점에서, 그리고 왜 사람들이 과거의 음식에 향수를 품는지는 설명해 주지 못한다는 점에서 여전히 한계를 지닐 수밖에 없다.

이러한 설명방식들은, 앞서 지적한 한계에도 불구하고, 전통 음식에 대한 음식 소비자들의 선호를 구조적 측면에서 설명하기는 한다. 하지만 이 장에서 초점을 맞추고 있는 음식 향수 자체에 대해서는 설명하지 못한다. 특히 앞서 지적했듯이 어머니의 손맛은 집 밖 어느 곳에도 존재할 수 없음에도 불구하고 사람들은 왜 음식 향수를 어머니의 손맛을 통해 표현하는지를 설명하지 못한다. 이 장은 바로 어머니의 손맛이라는 음식 감정의 구조를 형성하는 메커니즘을 밝힘으로써 음식 향수를 감정사회학적으로 (재)구성하는 것을 목적으로 한다.

이 작업을 실행하기 위해 필자는 어머니 손맛/음식 향수와 관련한 기존의 담론들 ― 학술적 논의는 물론이고, 소설, 수필, 다양한 언론 보도 및 음식 관련 방송 프로그램까지 ― 을 분석하고, 필자가 그간 비공식적으로 학생 및 지인들과 나눈 수많은 대화, 그리고 학생들의 보고서를 적극 활용했다.

집밥, 식당밥, 어머니의 손맛

어머니 손맛의 감정적 (재)구성: 집밥과 식당밥 사이에서

우리의 먹기 행위는 일반적으로 집에서 먹기와 외식으로 구분된다. 그리고 흔히 이 두 먹기 양식은 사적 공간에서의 생존을 위한 일상적 먹기와 공적 공간에서의 식도락적인 즐거움을 위한 먹기로 이분법적으로 이해되기도 한다. 하지만 근대사회에서의 집과 일터의 분리는 '일상적으로 집 밖에서 먹기'를 관행화해 왔다. 그리고 '거듭되는 밖에서 먹기'에 대한 싫증은 또 다른 구분, 즉 집밥과 식당밥이라는 차원을 먹기 관행에 도입하게 했고, 이는 감정적으로 집밥에 대한 그리움을 생산해 왔다. 그리고

〈표 2-1〉 집밥과 식당밥의 이상형

구분	집밥	식당밥
음식 속성	자연적/전통적/토속적	인공적/현대적
외형적 모습	투박함/소박함	세련됨/화려함
차림의 모습	단출함/정갈함	풍부함/깔끔함
맛의 속성	독특함/특이함	평균적/보편적
먹기의 지향점	정/그리움	맛/색다름
식사의 분위기	자연스러움	격식적
음식 감정	정성과 사랑	미각의 즐거움

이러한 갈망의 정점에 있는 것이 바로 어머니의 손맛이다.

앞의 논의에서도 암시되듯이, 일반적으로 집밥의 특징은 식당밥을 준거점으로 하여 그 역의 특징에 의해 규정된다. 그 까닭은 학문적으로는 개별적이고 사적인 집밥은 어떤 정의(定義)적 특성의 준거점이 될 수 없기 때문이기도 하지만, 또한 근대도시에서 상업화된 비슷비슷한 음식을 먹는 것에 대한 지겨움이 어머니가 해준 과거의 음식을 인지적·감정적으로 이상화함으로써 집밥의 특성을 규정짓게 했기 때문이다. 실제로는 우리가 여진히 어머니 음식에 투덜대고 또 어머니가 만든 음식으로부터 일시적으로 벗어나기 위해 온 가족이 외식을 하러 간다는 사실 — 그리고 특히 아이들은 외식이라는 말에 환호성을 지른다는 것 — 은 집밥의 이 같은 이상화된 성격을 잘 보여준다.

〈표 2-1〉은 우리가 통상적으로 말하는 집밥과 식당밥을 상호 대립적 속성을 부각시켜 이상형적으로 구성한 것이다. 이 범주화가 이상형적인 까닭은 그 속성에 완벽하게 부합하는 집밥과 식당밥은 실제로 찾아보기 힘들기 때문이다. 이를테면 가정의 요리에서도 일상적으로 인공 조미료를 사용하고, 어떤 식당은 천연 조미료만을 고집하기도 한다. 그리고 보

다 많은 사람의 입맛에 맞게 평균적이고 보편적인 맛을 추구하는 식당 음식의 맛 ― TV 맛집 프로그램에서 인터뷰하는 요리사들은 한결같이 "간의 기준은 손님들에게 맞게 한다"라고 말한다 ― 이 가족의 입맛에 맞게 간을 하는 어머니의 독특한 음식 맛 ― 어머니들은 (음식의 간을 다른 사람에게 봐달라고 하지 않는 한) 실제로는 음식의 간을 자신의 입맛에 맞출 수밖에 없음에도 불구하고 항상 가족 성원의 입맛에 맞춘다고 말하고, 그 음식을 먹는 가족들 또한 그것이 자신의 입맛이 아니라 어머니의 손맛이라고 말한다 ― 과 서로 일치하기란 쉽지 않다. 이처럼 집밥과 식당밥 간에는 일정 정도 또는 상당한 간극이 있을 수밖에 없다. 하지만 식객과 식당 주인은 항상 이 인지적 부조화를 감정적으로 조화시키고자 하는데, 그 상상적 융합의 산물이 바로 어머니의 손맛이라는 인지적·감정적 구성물이다.

소설가 최일남의 표현을 빌리면, 어머니의 손맛은 "회상하는 자의 자유로움으로 다시 초 치고 된장을 풀어 상상의 천하진미를 저 좋을 대로 만들고 빚는 것이다." 그리고 그 상상의 음식은 "눈으로 그려 혀로 담되, 가슴도 덩달아 같이 먹자고 덤비기 일쑤이다. 홀로 먹은들 나쁠 것이 없으나 여럿이 공감하며 헛제삿밥을 먹듯 우르르 달겨들면 더욱 감칠맛이 난다. 시도 때도 없고 물리는 법도 없다"(최일남, 2004b: 115). 그럼 이제부터는 이러한 어머니 손맛이 집밥과 식당밥 사이에서 어떻게 감정적·인지적·사회적으로 구성되고 재구성되는지를 살펴보자.

어머니 손맛의 몇 가지 의미

현실에서 사용되는 어머니의 손맛이라는 용어는 서로 다른 의미들을 포함하고 있다. 첫째는 자신의 어머니가 만든 '실제' 음식에서 현실적으로 느끼는 맛이다. 이때 어머니의 손맛은 앞서 범주화한 집밥의 구성요소에 부합하지 않으며, 식객 또한 이 사실을 알고 있다. 그러나 이 경우에도 사람들은 맛있는 음식을 자신의 어머니의 손맛과 상상적으로 일치시킨다. 이를테면 한 젊은 여성은 식당에서 순두부찌개를 맛있게 먹고 나서 "깔끔하고 조미료가 안 들어가 엄마가 집에서 만든 것 같다"라고 말하지만(KBS 〈생생정보통〉, 2014.6.19), 어머니가 집에서 음식을 만들 때 조미료를 사용한다는 것을 알고 있다. 또 다른 방송분에서는 한 대학생이 음식 맛에 대한 평가를 부탁받고 "엄마가 해준 맛!"이라고 자연스럽게 말하지만 "엄마 음식 잘해요?"라는 PD의 질문에 "앗! 못해요"라고 말한다(KBS 〈생생정보통〉, 2013.12.31). 이들 사례의 경우 사람들은 식당에서 먹은 맛있는 음식과 그에 미치지 못하는 어머니의 음식을 맛이 아니라 '마음'으로 등치시키고 이상화한다. 그렇지만 이 용례에서 어머니의 실제의 손맛은 여전히 현실에 근거하여 판단된다.

둘째는 음식점 주인의 입장에서 또는 식품 생산업자나 광고업자의 입장에서 식당밥 또는 자신이 생산한 식품을 인위적으로 '집밥화'하기 위해 사용하는 '상업화된' 어머니의 손맛이다. 이것의 결과물이 전통/토속 음식점과 어머니의 손맛을 이용하는 편의식품 광고들이다. 특히 '대박집'으로 소문난 음식점 가운데서 많은 곳이 '대를 이은' 어머니의 손맛을 자랑하고 그것이 자신들의 성공 비결이라고 내세우는 것은 이를 잘 보여준다. 그리고 이러한 음식점들은 여전히 허름한 시골 고향집의 모습을 그대로 유지하거나 새로 건축을 하더라도 예스러운 건축양식을 적극 반영한다. 또한 편의식품들 역시 공장 내에서 대량생산됨에도 불구하고 가정 내에서 자신들의 식품이 생산되는 모습을 광고에서 보여주며 자신들이 어머니의 손맛을 구현하고 있음을 암시한다. 심지어는 인공 조미료 광고에도 어머니의 손맛을 이용하기까지 한다. 그러나 이러한 식으로 현실에서 '제조되는' 어머니의 손맛은 그 손맛의 생명, 즉 특별함을 상실한 '감동 없는'

어머니의 손맛이다.

  그럼에도 불구하고 어머니의 손맛을 내세우는 음식점과 식품이 성공을 거두는 이유는 무엇인가? 이것이 바로 어머니 손맛이 지닌 셋째 의미, 즉 '향수'로서의 어머니의 손맛 때문이다. 이 셋째 의미 유형의 특징은 자신이 상상하는 어머니의 손맛이 실제로 존재한다고 믿으면서 특정한 음식 맛과 어머니의 손맛을 일체화시키거나 그 특정한 음식 맛을 찾는다는 데 있다. 하지만 그것은 여전히 상상된 기억이자 어린 시절의 음식 기억을 낭만화한 것일 뿐이다. 이는 호주의 사회학자 데버러 럽턴(Deborah Lupton)이 인터뷰하여 분석한 다음의 사례에서 분명하게 드러난다.

> 독일에서 태어나고 자란 유르겐(Jurgen)이 좋아하는 음식은 크림소스를 친 붉은 고기이다. 그는 그러한 요리가 어린 시절 어머니가 해준 요리에 대한 즐거운 기억을 불러낸다고 말했다. "나의 어머니는 구운 고기 요리를 하곤 했어요. 그리고 어머니는 항상 야채에 화이트소스를 뿌려줬어요. 그리고 화이트소스가 고기 국물과 육즙과 합쳐졌을 때, 그것은 정말 내 입에 딱 달라붙는 맛이었고, 따라서 나는 지금도 얼마간 그것을 좋아해요." …… 하지만 최근에 유르겐이 가족을 만나기 위해 독일에 갔을 때, 그가 자신의 어머니가 준비한 음식을 싫어한다는 것에 놀랐다. "나는 더 이상 그 음식을 견딜 수가 없었어요. 왜냐하면 그것은 너무나도 조리되어 흐물흐물해졌고, 고기는 너무 메마르고 맵고 질겼기 때문이에요. 따라서 이제 내게 어머니 음식은 끔찍해요."(럽턴, 2015: 98)

  그렇다면 향수로서의 어머니의 손맛은 어떻게 창조되어 작동하는가? 이제 절을 바꾸어 이를 구체적으로 분석해 보자.

음식 향수: 어머니 손맛의 감정구조

'육체화된' 음식 기억과 어머니에 대한 그리움

우리 사회에 먹기와 관련해 회자되는 말 중에 "음식을 먹는 것은 추억을 먹는 것"이라는 말이 있다. 이것만큼 음식 향수를 잘 표현해 주는 말은 아마도 없을 것이다. 그리고 음식 기억만큼 강력하고 강렬한 기억도 찾아보기 힘들다. 그 이유는 음식은 단순히 머릿속에만 기억되는 것이 아니기 때문이다. 음식 기억은 음식의 '체내화'를 통해 몸에 각인되어 자신의 먹기 습관과 음식 선호를 틀 짓는다. 그리고 그러한 기억은 혀(맛), 코(냄새), 귀(음식을 만들 때 나는 소리, 먹을 때 나는 소리)라는 신체 기관 모두를 통해 자극된다. 그리하여 특정한 음식의 냄새, 맛, 소리가 행복했던 또는 이상화된 어린 시절의 기억과 연결될 때, 그 음식은 강력한 향수를 불러일으킨다.

음식 향수는 '제거'와 '재연결'이라는 이중의 과정을 통해 발생한다. 먼저 먹기로부터 경험한 즐거움과 관련한 요소들(음식 제공자(주로 어머니), 함께 먹은 사람, 식사 분위기 등)을 제거하고 음식이라는 대상 자체에 이상화된 그 즐거움의 기억을 이전시킨다. 그다음으로 특정한 음식이 그 기억의 욕구를 충족시키는 순간 그간 제거되어 있던 요소들을 다시 조합하여 음식과 연결하면서 자신의 음식 욕구를 인지적·감정적으로 완성시킨다. 전자의 과정에서 만들어지는 것이 개인들의 음식 선호와 먹기 습관이며, 후자의 과정에서 동원되는 것이 어머니/할머니, 시골집, 그리고 생일 등 특별한 날의 음식 이벤트이다. 그리고 이 둘의 결합이 음식 향수를 발생시키며, 그 결합의 핵심에 자리하고 있는 것이 바로 어머니의 손맛이다.

그렇다면 왜 '어머니'의 손맛인가? 이것은 어머니가 집안에서 음식을 제공하는 사람이라는 것만으로는 결코 설명될 수 없는 은유적 표현이다.

왜냐하면 세상에 음식 맛의 종류는 어머니의 숫자만큼 존재하고, 모든 어머니가 음식 솜씨가 좋지도 않으며, 모든 자식이 어머니의 모든 음식을 좋아하지도 않기 때문이다. 어머니와 음식을 결합하고 있는 이 어머니의 손맛은 어머니 - 젖 - 음식의 삼각관계가 만들어내는 또 다른 이상형을 의미한다. 젖으로 상징되는 어머니가 제공하는 음식은 영양분을 제공하는 것을 넘어 이상형적으로 "순수성, …… 오염되지 않은 자연, 무조건적인 사랑과 헌신, 모든 음식 중 가장 고귀한 음식"을 상징한다(럽턴, 2015: 92). 이러한 방식으로 개념화된 어머니의 음식은 앞서 논의한 집밥의 이상형과 그 속성을 상당 부분 공유하지만, 식당에서 마주친 이 집밥의 맛은 어머니 음식만이 지니는 고유성은 지니고 있지 못하다. 바로 이 간극이 어머니에 대한 그리움으로 채워지며 향수를 불러일으킨다. 하지만 이 어머니의 손맛은 젠더와 생애주기에 따라 서로 다른 감정으로 경험된다.

어머니 손맛과 젠더

우리는 맛있는 음식을 접하고 나서 그 음식의 맛있음을 어머니 손맛으로 표현하는 사람이 주로 중년 이상의 남성임을 볼 수 있다. 그렇다고 여성들이 어머니의 손맛을 그리워하지 않는 것은 결코 아니다. 그렇다면 왜 이러한 현상이 일어나는가? 그것은 바로 어머니 손맛에 대한 그리움의 구조에서 파생하는 감정이 젠더별로 다르기 때문이다. 이 차이는 기본적으로는 음식 만들기와 관련한 현실 세계의 성별 분업구조와 관계되어 있다. 그렇지만 어머니 손맛이 지니는 절대성에는 젠더별로 차이가 전혀 없다. 어머니 손맛과 관련하여 젠더 차이가 만들어지는 까닭은, 현실의 상품화된 음식이나 자신이 만든 음식의 맛과 절대화된 어머니 음식의 맛 간의 간극을 메우는 감정양식이 다르기 때문이다.

음식의 맛은 언제나 기억에 의해 평가된다. 즉, 새로운 음식의 맛도 항상 자신이 먹어본 음식의 맛과 비교해 인식된다. 음식 향수에 관한 한, 어머니의 손맛은 모든 평가의 절대 기준이다. 그것은 "비교의 차원을 넘는 불가침의 영역"이다(최일남, 2004a: 38). 그렇다면 이 절대 기준과 현실 간의 간극을 중년 이상의 남녀들은 어떻게 메우는가? 우선 중년 남성들은 어떤 맛있는 음식을 먹고 어린 시절 어머니가 해주었던 '음식'이 떠오를 때(사실 어머니가 해주었던 음식의 '맛'과는 무관할 수도 있다) 자신이 먹은 그 음식의 맛을 어머니의 손맛으로 규정한다. 그리고 그것을 정당화하기 위해 어머니가 그 음식을 어떻게 만들었는지를 마치 수다 떠는 여성처럼 장황하게 그리고 자랑스럽게 떠벌린다. 하지만 곧바로 음식의 모양이나 차림새 그리고 허름한 음식점 분위기가 고향집의 어머니를 생각나게 하지만 어머니의 손맛에는 미치지 못한다고 말한다. 그런 다음 그 이유는 그 음식 속에는 '어머니'의 사랑과 정성이 없기 때문이라고 단언한다. 이처럼 남성이 느끼는 어머니 손맛의 감정 속에는 항상 사랑과 정성의 느낌이 자리 잡고 있다. 그렇기에 자신들이 느끼는 이른바 '감정적 허기'를 채우기 위해 계속해서 어머니 음식을 찾는 기행을 떠나기도 한다.

반면 여성, 특히 기혼 여성이 어머니 손맛에 대해 느끼는 감정구조는 좀 더 복잡하다. 집 밖의 장소에서 맛있는 음식을 접할 때, 여성의 머리에 먼저 떠오르는 생각은 '나는 왜 이렇게 만들지 못하지?'라는 것과 '어떻게 이렇게 맛있게 만들 수 있지?'라는 것이다. 그렇지만 그와 동시에 그것은 더더욱 맛있었던 어머니의 음식과 중첩되고, 이는 어머니에 대한 그리움을 생산한다. 여성에게도 역시 그 음식의 맛은 어머니의 손맛에는 미치지 못한다. 음식을 만드는 여성에게 어머니의 손맛은 애써 배워보고자 하지만 "흉내도 내지 못하는"(홍미숙, 2002: 250) 그런 것이다. 이는 여성에게 이중의 감정을 가지게 한다. 다시 말해 여성은 한편으로는 어머니의 솜씨에 대해 '부러움'을 느끼고 다른 한편으로는 그것에 한참 뒤지는 자신의 음식 맛에 대해 '수치심'을 느낀다. 이것이 바로 여성들이 어머니의 손맛에 대해 잘 이야기하지 않고 또 남편의 어머니 손맛 타령을 좋아하지 않는 이유이다.

하지만 여성이 음식과 관련하여 어머니에 대해 느끼는 그리움은 남성 못지않게 간절하다. 여성의 경우에, 꼭 그러하지는 않지만 대체로, 음식 만들기는 결혼을 시간적 경계로 하여 '하고 싶을 때' 즐기던 여가 활동에서 급식 노동으로 전환된다. 여성은 바로 그러한 기쁨을 잃은 음식 노동 속에서 어머니를 연상하며, 그 간극을 어머니에 대한 '그리움'으로 채운다.

> 그러나 오로지 잃어버린 마음만 있는 것은 아니다. 입을 다물고 묵묵히 파를 썰거나 마늘을 찧다보면, 수십 년 재래식 부엌에서 그 복잡한 절차를 거쳐서 끊임없이 따뜻한 음식을 만들어내던 어머니가 떠오른다. 예전에는 그냥 한순간의 어머니였는데, 이제는 그 재래식 부엌에서 보낸 어머니의 전 생애가 떠오른다. 따뜻한 음식을 만들어 가족에게 먹이는 일로 전 생애를 보내신 어머니. 그래서 불행했다고 단 한 번도 말씀하신 적이 없지만, 그래서 딸인 나조차도 당연하게 여겼던 어머니의 음식 만들기가 이제야 침묵 속에서 이루어진 희생으로 다가와 마음이 복받치는 것이다.(신경숙, 2004: 65)

이 인용문이 보여주듯, 딸은 같은 어머니로서의 처지에 대한 공감과 동감을 통해 어머니에 대한 '미안함'과 '부끄러움'을 느끼는 것은 물론, 그 음식에 담긴 정성과 사랑을 되새긴다. 하지만 남성과 달리 여성에게 그 정성과 사랑은 '맛'보다는 어머니가 들인 '시간'과 '노력'이다.

어머니 손맛과 생애주기

흔히 말하기를, 어렸을 때 먹었던 음식을 찾게 되면 나이가 들었다는 증거라고 한다. 이렇듯 통상적으로 어머니 손맛 찾기는 중년 이상의 현상으로 인식된다. 그리고 이것이 앞에서 어머니 손맛과 젠더의 관계를 나이 든 사람들을 대상으로 삼아 논의한 이유이기도 하다. 하지만 젊은 사람들이라고 어머니 손맛을 찾지 않는 것은 아니다. 다음에서 논의하듯이, 가족의 '이산공동체적' 성격, 그리고 개인화·파편화된 라이프스타일은 음식 향수의 연령을 낮추고 있다.

특히 필자가 대학생들과 가진 대화 및 그들이 제출한 보고서에 토대하여 분석해 볼 때, 집을 떠나 있는 젊은이들은 식당에서 밥을 먹다가 문득 어머니 손맛을 느낄 때 집의 포근함과 안락감에 빠져들고 그리하여 자신이 처한 낯선 환경과 음식에서 비롯되는 불안감을 잠시나마 잊곤 했다. 그러나 그들의 이야기에서 나타나는 가장 큰 특징은 그들이 어머니의 음식이 밖에서 먹은 음식보다 반드시 더 맛있지는 않다는 점을 인정한다는 것이었다. 한 학생은 자신이 처한 먹기의 상황을 다음과 같이 솔직히 기술하기도 했다.

> 나는 어린 시절 할머니께서 해주신 밥을 먹고 자랐고, 무엇보다 쌀로 이루어졌던 할머니께서 해주신 밥은 나의 편식하는 음식에 대한 태도로서는 '즐겨' 먹기가 상당히 어려웠다. 할머니는 …… 내가 열 살 때 75세의 연세이셨으므로, 나에게 맛있는 반찬을 해주기도 어려운 나이이셨다. 그 당시 겨우 밥을 넘길 수 있는 최고의 반찬은 계란 프라이였던 것으로 기억이 나는 것을 보니, 나의 특수한 상황은 여기서 그치지 않았다. 어머니께서 초등학교 5학년 때 신장암 투병을 하신 이후 우리 집의 반찬은 그나마에서 더욱 악화되어

온갖 건강식으로 바꾸어버려 나를 식탁에 앉을 수 없게 만들었다. 발암 음식에 치를 떨고 항암 음식만을 찾아 엄마가 해준 된장찌개는 온갖 몸에 좋다는 것을 다 빻아놓은 갖가지 이상한 가루들이 들어가고 국물 색깔이 검게 변한 형태였고, 그것을 보는 나의 시각이 또 거부감을 일으켜 결코 맛있다고 느끼지 않았다. 이런 악순환이 반복되어, 통탄스럽지만 나는 엄마가 해준 밥을 맛있다고 생각해 본 적이 거의 없다.(서울 소재 대학 대학생 최ㅇㅇ)

이러한 상황은 매우 극단적일 수 있지만, 모든 어머니의 음식이 맛있지는 않다는 것을 역설적으로 보여준다. 그렇지만 이 학생은 곧바로 어머니의 손맛을 어머니 음식의 '상대적'인 맛이 아니라 어머니의 '절대적'인 사랑과 연결시킨다. 바로 이 같은 어머니 음식의 '상대성'이 어머니 사랑의 '절대성'과 연결되는 방식이 다음에서 설명할 어머니 손맛의 핵심 메커니즘을 구성한다.

어머니 손맛의 사회동학

'상상적 공존체'로서의 가족: 어머니 손맛의 시간성과 공간성

앞서 언급한 생애주기 개념은 가족의 시간적·공간적 구성에서 중요한 의미를 지닌다. 출생, 교육, 결혼, 직업 수행, 사망이라는 생애주기는 가족 내의 성원들이 결합, 분산, 재결합, 사별하는 과정을 만들어내고, 그 결과 실제로 현실에서 부모와 자식이 한집에 거주하는 '이상형적' 가족생활이 이루어지는 시기는 생애주기의 일정 기간에 불과하다. "가족의 실제 성원들은 지리적으로 멀리 떨어져 있거나 심지어는 죽었다." 따라서

실제 가족관계가 항상 대면적 상호작용으로 구성되는 것은 아니다. 하지만 가족 성원들은 항상 "상상적으로 공존"(Urry, 1990: 170)하며, '상상의 가족'(Cooper, 1972)을 형성한다.

이러한 '상상적 공존체'로서의 가족은 '실존적 뿌리 없음'이라는 공허함의 상태에 놓이고 항상 허전함의 감정을 불러낸다. 이상형적 가족생활에 문화적으로 부여되어 있는 행복감과 현실에서 상상적으로 공존하는 가족 밑에 깔려 있는 공허감은 '심리적 모순'(Elster, 1985: 44)을 야기한다. 이러한 심리적 부조화를 감정적으로 극복하는 방법 가운데 하나가 다시 뿌리내리기이다. 그중에서 특히 가족의 토대로 상징되는 어머니의 따뜻함과 어머니의 음식이 주는 위안감은 이 간극을 메워줄 수 있는 가장 대표적인 기제의 하나이다. 어릴 적 먹은, 어머니의 손맛이 담겨 있는, 마음을 달래주는 음식이라는 의미의 '컴포트 푸드(comfort food)'의 등장은 이를 상징적으로 보여준다.

역사적으로 음식 향수는 주로 시간적 차원을 지니는 것이었다. 집과 일터가 결합된 농업공동체에서는 죽음만이 가족관계를 단절시켰고, 시간 이동의 불가능성은 특히 어머니에 대한 그리움과 갈망을 더욱 강렬하게 만들었다. 근대사회에서는 떠나온 고향이 어머니와 결합되며 더욱 향수를 불러일으키기도 하지만, 고향은 어머니의 손맛을 달래주는 또 다른 기제로 작동하기도 한다. '향토' 음식점의 번성은 이러한 향수를 반영하는 또 다른 현상이다.

근대사회에서 어머니의 손맛 현상은 더욱 공간적인 성격을 띤다. 현대사회에서 나타나는 높은 이동성은 가족을 '이산공동체'로 만들고 있으며, 어린 시기부터 교육을 위해 지리적으로 이동하는 것은 어머니 손맛에 대한 기억이 없는 상태에서 가족을 공간적으로 분리시키기도 한다. 그리하여 음식 향수는 젊은 세대로까지 시간적으로 확장되지만, 그 강도는 약화된다. 왜냐하면 어머니의 손맛은 공간 이동을 하면 직접 실제로 경험할 수 있고, 또한 재평가의 대상으로 남아 있기 때문이다. 그럼에도 불구하고 직장과 학교 주변에 '어머니 식당'이라는 간판이 빠지지 않는다는 점은 어머니 손맛에 대한 그리움이 항존한다는 것을 보여준다.

이처럼 어머니의 손맛은 시간적·공간적 이질성(불연속성) 속에서 심적 안정감을 얻고자 하는 욕구에서 표현되는 감정이다.

메뉴 다원주의: 강요된 먹기에서 음식 선택으로

앨런 비어즈워스(Alan Beardsworth)와 테레사 케일(Teresa Keil)은 현대 식생활의 특징을 '메뉴 다원주의'라고 규정한 바 있다(비어즈워스·케일, 2010: 121). 메뉴 다원주의는 "개인들이 대안적인 메뉴들 사이에서 얼마간 신중하게 선택함으로써 자신만의 개인적 식생활을 구성하고, 자신의 메뉴 선택을 자신의 기분이나 경제적 여건 또는 식사가 이루어지는 장소에 적합하도록 조정할 수 있는" 상황을 의미한다. 이는 어머니의 손맛 분석에서 중요한 의미를 지닌다. 왜냐하면 어머니의 손맛이 나는 음식을 찾는 것은 기본적으로 선택을 전제로 하기 때문이다. 하지만 여기에는 하나의 모순적 상황이 존재한다. 왜냐하면 어머니의 음식은 선택의 여지가 없는 이미 결정되어 있는 음식이기 때문이다.

대부분의 사람은 어릴 적 어머니가 만든 음식을 먹는 것이 강요된 먹기였던 기억을 가지고 있다. 그것이 강요된 것이었던 까닭은 한편으로는 먹기 싫은 음식도 다 먹어야 한다는 어머니의 엄명 때문이었고, 다른 한편으로는 배고픔을 달랠 다른 선택의 여지가 없었기 때문이었다. 하지만 집을 떠난다는 것은 앞서 언급한 것처럼 "공간과 거리의 재질서화와 관련하여 하나의 전환점"(모건, 2012: 227)일 뿐만 아니라, 어머니의 강요된 음식으로부터 해방되어 자유롭게 음식을 선택할 수 있다는 것을 의미한다. 이러한 집 밖에서의 음식 먹기는 새로운 음식에 대한 끝없는 갈망을 만들어내고 그 갈망을 일정 정도 충족시킬 수 있게 해준다.

그러나 상업화된 식당밥은 앞서 언급했듯이 보다 많은 손님의 욕구를 충족시키기 위해, 그리고 편의성을 위해 점점 더 표준화·규격화된다는 특징이 있다. 각각의 식당은 각자의 독특한 맛을 선전하고 심지어 어머니의 손맛을 자랑하지만, 식객의 입장에서는 그 맛이 그 맛이다. 이른바 식당밥은 "다양성 속의 비슷함"을 특징으로 한다. 그 까닭은 표준화·대량화 과정에서 그 식당만의 '고유성'을 상실하기 때문이다. 이것이 맛집으로 소문난 대형 체인 음식점이 식객들에게, 그리고 특히 미식가나 음식 평론가들에게 평범한 음식으로 평가받는 이유이기도 하다.

반면 어머니의 손맛은 고유성을 특징으로 하며, 그것의 유일함은 '진정함'으로 감정적으로 채색된다. 그리고 어머니의 손맛만이 진정한 맛을 찾는 식객의 유일한 기준이 된다. 시골 장터의 허름한 작은 국밥집이 어머니 손맛 집으로 소문나고 식객들로 붐비는 것도 바로 이러한 이유에서이다. 이처럼 메뉴 다원주의 상황이 초래한 표준화와 고유성의 역설은 어머니 손맛 찾기의 또 다른 원천이다.

음식 평가 기준의 변화: '자연성'에 대한 숭배

인간의 먹기 활동이 생존을 위한 것이라는 데는 누구도 이의가 없을 것이다. 하지만 그것에 시간의 차원을 도입하면, 여러 가지 논의가 가능해진다. 이를테면 먹기 활동은 단기적 욕구 충족이라는 생존을 위한 먹기와 장기적인 건강한 삶을 위한 먹기로 구분되어 설명되기도 한다. 이 두 먹기 양식의 차이는 지금까지 두 가지 측면에서 접근되어 왔다. 하나는 시대적 상황에 따라 결핍의 시대와 풍요의 시대라는 구분에 근거하여 설명하는 것이고, 다른 하나는 같은 시대라고 하더라도 계급 상황에 따라 먹기 양식이 다르다는 점에 근거하여, 즉 계급 차원에서 노동계급과 중간계급의 먹기 양식의 차이로 설명하는 것이다. 하지만 이 문제는 영양학적 측면에서 몸에 에너지를 전달하는 '연료'로서의 음식의 '양'과 '질'의 문제로 수렴된다. 그리고 역사 발전에 따라 포만감을 중시하는 양적인 먹기에서 건강을 고려하는 질적인 먹기로 전환해 온 것은 당연한 것으로 간주된다.

하지만 오늘날 음식의 질적 차원에서도 조리에 걸리는 시간이라는 측면과 관련하여 인식상의 중요한 변화가 일어났다. 근대 식품 산업의 발전은 편리한 가공/편의식품들을 양산하며 근대사회의 '빠른' 시간성에 부합해 왔고, 이 식품들은 영양학적·위생학적 지식에 의해 건강에 좋은 음식으로 광고되었다. 하지만 '고도 근대' 사회에서 자연 - 음식 - 몸 간의 관계의 중요성이 인식되면서 '인공성'과 '자연성'의 대립이 음식 평가의 질적 차원을 한 단계 끌어올렸다. 이러한 인식은 사회 속에서 '자연식품'을 선호하는 경향을 낳았고, 유기농 식품, 로컬푸드, 슬로푸드라는 이름을 등장시켜 왔다. 이러한 이름으로 불리는 음식들은 집밥의 특성과 중첩되며, '자연성'에 대한 숭배를 핵심적인 특징으로 한다.

하지만 이러한 음식들도 가공식품보다는 자연과의 거리가 가까울 뿐, 인공성으로부터 완전히 자유로울 수 없다. 그럼에도 불구하고 이 자연성 숭배는 사람들로 하여금 건강에 좋은 음식은 아닐지라도 건강에 '덜 나쁜' 음식을 찾게 했다. 이 자연성의 공백을 메워주는 것이 바로 '자연으로서의 어머니'라는 은유와 어머니의 손맛 찾기이다. 그러나 위생학적 측면에서 보면, 어릴 적 어머니의 음식은 식품 과학에 기초하여 엄격한 가공 처리를 거친 식품보다 건강에 좋지 않을 수도 있다. 하지만 어머니 음식의 위생 상태는 음식을 준비하던 어머니의 정성과 노력으로 감추어진다.

그리고 자신이 지금까지 건강하게 살고 있는 것은 그 어머니의 음식 때문인 것으로 추단된다. 그리하여 어머니의 음식은 자연적이고 건강한 것이 되고, 그러한 어머니의 음식은 숭배의 대상이 된다.

어머니 손맛의 감정동학

기억에서 추억으로

시인이자 교수가 쓴 「어머니가 해주시는 밥」이라는 짧은 (그러나 인용문으로는 긴) 단상은 음식 향수의 성격을 아주 잘 보여준다.

> 어렸을 때 밥상머리에서 반찬 투정, 밥투정을 많이 했다. 문방구점을 처음에는 소매로, 나중에는 도매로 하신 어머니는 부엌살림을 살 형편이 아니었다. 큰 밥솥에 밥을 하면 나중에는 고두밥이 되는데, 그 밥을 사나흘간 먹어야 했다. 국 하나에 반찬 네 가지를 넘어간 적이 없었다. 김치는 기본 반찬이고, 시금치나물과 계란찜, 멸치조림과 콩자반 중 세 가지가 나왔다. 국은 콩나물국, 김칫국, 미역국 중 한 가지였다. 고깃국이 나오거나 생선구이가 나오면 그날 밥상은 성찬이었다. 상차림이 늘 이러니 나는 깨지락깨지락 밥을 먹기 일쑤였다. ……
> 중학교에 가서 어묵요리와 계란말이를 처음 먹어본 것 같다. 된장찌개와 김치찌개, 생선찌개도 자주 먹지 못했다. 어머니가 가족의 불만을 잠재우기 위해 고안한 요리는 떡만둣국과 떡라면이었다. 끓는 물에 재료 몇 가지만 넣기만 하는 이 음식을 나는 계절을 안 가리고 먹어야 했다. 아침부터 밤까지 가게를 봐야 하는 어머니로서는 재빨리 음식을 해 식구들에게 먹이

는 것이 우선 과제였다. 영양가에나 맛에는 신경을 쓸 겨를이 없었지만 그런 것을 이해할 수 있을 만큼 나는 철들지 않았다. 그저 우울한 얼굴로 작은 밥 한 공기만 먹고 한숨을 내쉬며 숟가락을 내려놓곤 했다.

고등학교를 두 달 만에 그만둔 뒤 객지 생활을 하면서 어머니가 해주신 음식들이 왜 그렇게 그리운지 알다가도 모를 노릇이었다. 사람들은 한 음식을 오래 먹으면 질린다고 하는데 나는 이상하게도 앞서 열거한 음식 맛에 길들여져 그런지 지금도 시금치나물과 계란찜, 멸치조림과 콩자반을 좋아한다. …… 간간이 먹어본 고깃국보다 허구한 날 먹었던 콩나물국, 김칫국, 미역국을 훨씬 더 좋아한다. 지금도 분식집에 가면 떡만둣국을 시킨다. …… 어머니의 손맛이 그립다. 2년 반 전에 …… 돌아가신 어머니.
"왜 그것밖에 안 먹노?" 근심어린 표정으로 나를 보시던 눈빛이 잊히지 않는다. …… 이 세상에서 제일 맛있는 음식은 어머니가 해주시는 밥이다.
(이승하, 2009: 84)

이 인용문은 앞서 논의한 어머니 손맛의 거의 모든 특징을 포함하고 있다. 하지만 이 기억 속에서 단출한 상차림은 항시 어릴 적 불만과 좌절과 불행의 원인이었고, 언제나 바빴던 어머니의 음식은 정성과 노력보다는 편의식품에 가까울 정도의 신속성을 특징으로 한다. 이 인용문의 저자 역시 왜 그러한 어머니의 음식이 그리운지 궁금해 한다. 이 인용문의 저자가 언급하고 또 사람들이 흔히 말하듯 "입안에 인이 박혀서" 그런 것은 아닐 것이다. 그렇다면 대체 왜 그러할까?

데이비스(Davis, 1979: 14)에 따르면, "향수라는 감정에는 우리가 흔히 부정적인 것으로 생각하는 감상들(이를테면 불행, 좌절, 절망, 증오, 수치심, 학대)이 거의 조금도 스며들어 있지 않다." 향수는 "과거가 이제 다시 얻을 수 없는 기쁨을 주었다는 느낌"에 집착한다. 향수 속에서 과거는 그러한 느낌을 위해 이상화된다. 그리하여 과거는 더욱 생생해지지만, 그 어떠한 부정적인 흔적도 탈각한다(Stern, 1992: 11). 그 결과 "향수에서는 기억이 조금도 작용하지 않는다"(래시, 2014: 92). 개인적 향수는 실제로 행복했던 어린 시절에 의지하는 것이 아니라 오히려 재구성된 허구에 의존한다(Stern, 1992: 16). 이렇듯 과거의 실제 삶은 향수화 과정을 통해 "기억에서 추억으로" 전환된다. 바버라 스턴(Barbara Stern)은 바로 이러한 점에서 "개인적 향수는 특정한 음식의 소비가 좋은 시절의 추억을 되살아나게 할 경우 평범한 음식도 신성시하게 한다"라고 지적한다(Stern, 1992: 19). "가난했지만 행복했던 시절의 음식"이라는 형용모순적인 진부한 표현은 음식 향수의 이러한 특성을 잘 보여준다.

우리는 어머니의 손맛에서 작용하는 기억의 탈각화 과정을 주변에서 흔히 발견할 수 있다. 먼저 동료들의 회식 자리에서 맛있는 음식을 먹었을 때 이구동성으로 어머니의 손맛이라고 칭찬하는 경우를 살펴보자. 당연히 가족 배경이 서로 다르고 각자의 어머니의 음식을 먹고 살아온 '개인적 전기'가 있음에도 불구하고, 사람들은 자신의 어머니가 만든 음식을 망각한 채 식당의 음식을 자신의 어머니 음식과 일체화시킨다.

정반대의 경우, 즉 각자의 가정을 꾸린 형제들이 오랜만에 음식점에서 가족 모임을 하는 경우를 예로 들어보자. 어느 형제는 음식을 먹으면서 어머니의 손맛이라고 말하는가 하면, 다른 형제는 말도 안 되는 소리라며 반발하다가, 급기야 어머니의 손맛을 놓고 말다툼을 벌인다. 그리고 맏형의 맛 평가로 그 언쟁은 일단락된다. 이 과정에도 음식 향수, 더 구체적으로는 어머니 손맛 현상을 이해할 수 있는 중요한 단서가 숨어 있다.

그 하나는 어머니의 손맛은 어머니의 실제 손맛이 아니라 자식들에 의해 편집되고 추가되고 윤색되어 어머니의 음식에 부여된 의미라는 것이다. 다른 하나는 그 의미 부여의 권력은 추억화의 정도 ― 나이 많은 맏형이 이를 상징한다 — 에 의해 결정된다는 것이다. 이는 앞서 논의한 어머니의 손맛과 생애주기의 관계를 통해서도 뒷받침된다. 음식점에서 누군가가 어린아이들에게 "엄마가 해준 것이 더 맛있니, 아니면 지금 먹은 이 음식이 더 맛있니?"라고 물으면 서슴없이 "이 음식이요!"라고 답하는 것도 이러한 점에 비추어 보면 쉽게 이해할 수 있다. 일반적으로 우리는 아이들의 이러한 반응에 대한 답을 아이들의 '순진무구함'에서 찾지만, 그들이 순진무구한 까닭은 바로 아직 아이들에게는 음식과 관련한 추억화의 과정이 일어나지 않았기 때문이다.

맛에서 정으로

앞의 인용문에서도 언급되었듯이, 대부분의 사람은 어릴 적 어머니의 음식과 관련하여 맛있었던 기억보다 반찬 투정한 것, 먹지 않는다고 꾸지람을 듣고 심지어 매까지 맞은 것, 음식 때문에 형제들과 싸운 것 등에 대한 기억을 더 많이 가지고 있다. 그렇지만 향수는, 앞서 살펴보았듯이, 하나의 조화로운 과거를 구성해 냄으로써 그러한 부정적인 감정을 숨긴다. 그렇다면 기억 속에 각인된 그러한 부정적인 감정은 향수를 통해 어떻게 표현되고, 또 어떠한 과정을 통해 마음속에서 배제되는가? 데이비스는 이를 다음과 같이 설명한다.

> 향수는 여전히 슬픔 또는 우울함으로 물들어 있다. 그렇지만 그것은 '기분 좋은 종류의 슬픔'으로 묘사되는 경향이 있다. '좋기도 하고 슬프기도 한'이라는 때때로 사용되는 말이 이를 표현하는 적절한 용어이다. 이것은 슬픔의 요소가, 되찾은 기쁨과 만족감의 질을 강화하는 데 기여할 뿐이라는 것을 함의한다. …… 실제로 향수적 분위기는 과거에 고통스러웠거나 매력

적이지 않았을 수도 있는 모든 것을 …… 자애로운 아우라로 덮어 가리는 것이다. 상처, 불쾌감, 실망, 노여움은 '다 잘되라고 그랬던 거야/그것 때문에 잘됐다'라는 태도를 통해 너그럽게 걸러내어진다.(Davis, 1979: 14)

그렇다면 음식 향수에서 부정적 감정을 탈각시키고 긍정적 감정을 고양시키는 '아우라'는 무엇인가? 그것이 바로 어머니가 음식 속에 투여한 것으로 상상되는 '정'이다. 그리하여 어릴 적 먹었던 음식과 관련한 기억은 '맛'에서 '정'으로 변하고, '추억'으로 표현된다. 우리는 이러한 감정적 전환을 우리 주변의 대화에서 쉽게 발견할 수 있다. 이를테면 사람들은 자신이 편식하며 음식 투정을 할 때 어머니가 꾸짖었던 것은 자식의 올바른 발육과 성장을 걱정했기 때문이고, 자신을 야단치긴 했지만 무척이나 예뻐했다고 추억한다. 그리하여 어머니는 억압자/통제자에서 따뜻한 자식 지킴이가 된다. 그리고 음식 못한다고 그렇게도 구박했던 시어머니는 손맛을 전수하기 위해 무던히 애쓰신, 그리하여 지금의 내가 있게 만든 고마운 분으로, 존경의 대상이 된다.

그리고 어릴 적 먹었던, 질리고 심지어는 토할 것 같기도 했던, 그리고 당시에는 초라해 보이기만 했던 음식들, 이를테면 보리밥과 청국장은 향수화를 거치며 새로운 생명을 부여받는다. 그토록 싫어했던 청국장 냄새는 '정겨운' 시골집을 연상시키는 감각적 자극제가 되고, 지겹도록 먹었던 깔깔한 보리밥은 건강에 좋은 자연식품으로 별미의 대상이 된다. 그 결과 어린 시절 음식과 관련하여 자신이 벌였던 반항 행동과 가난했던 초라한 식생활의 모습은 '숨기고' 싶은 창피한 일이 아니라 이제는 자신이 극복해 온, 충분히 '드러낼' 수 있는 아름다운 과거가 된다. 그리고 어렸을 적 먹었던 보잘것없던 음식을 자랑스럽게 말할 수 있는 것은 자신이 이룬 현재의 성공을 보여주는 징표이며, 그러한 성공의 토대가 된 것은 바로 어머니의 걱정과 배려와 정성이었다.

그러나 아직 과거의 어려운 시절을 극복하지 못했거나, 그 상태에서 벗어났다고 하더라도 기억을 추억으로 전환시키지 못한 경우에는 과거가 여전히 하나의 고통으로 남아 있다. 만화가 홍승우는 자신의 아버지의 경험을 이렇게 기록하고 있다. "아버지는 청국장을 드시지 않는다. 사업에 실패하고 여관을 전전할 때 한동안 드셨던 음식이 청국장이다. 음식은 기억이다"(홍승우, 2004: 107). 청국장과 함께 대표적으로 거론되는, 그리고 청국장과 함께 먹기도 하는 추억의 음식이 보리밥이다. 구활은 『죽어도 못 잊을 어머니의 손맛』에서 어린 시절 가난 때문에 먹을 수밖에 없었던 보리밥을 이렇게 표현한다. "보리밥은 맛으로 먹는 음식이 아니라 추억으로 먹어야 제맛이 나는 아주 멋진 음식이다"(구활, 2010: 79). 그런데 필자가 아는 지인의 아버지는 보리밥을 드시지 못한다. 그 이유는 어릴 적 질리게 먹었던 보리밥의 기억이 지금도 소화불량을 야기하기 때문이다. 이 사례에서 기억은 강력하게 '육체화'되어 있다. 이는 어머니 손맛의 추억화 과정을 반증해 준다.

근대적 쾌락주의에서 전통적 쾌락주의로의 회귀?

지금까지 논의한 어머니의 손맛 찾기는 우리의 먹기 활동이 '생존을 위한 먹기'에서 '즐김을 위한 먹기'로 전화하고 있음을 보여준다. 그리고 이러한 음식 향수는 어렸을 때 억지로 음식을 먹던 고통과 불쾌함마저도 기쁨과 쾌감으로 바꾸어놓고, 식객들로 하여금 '그리운 옛 맛'을 찾아 떠나게 하기도 한다. 이는 음식 향수를 새로운 맛을 찾는 식도락 기행과는 정반대의 현상처럼 보이기도 한다. 그렇다면 과연 음식 추구의 이 두 경향은 서로 모순되는 것인가? 우리가 제1장에서 논의한 바 있는 콜린 캠벨의 전통적 쾌락주의와 근대적 쾌락주의의 구분은 이 같은 논의를 하는 데 중요한 준거점을 제공해 준다.

캠벨에 따르면, 전통적 쾌락주의가 자신이 과거에 경험했던 즐거움을 재차 추구하는 것을 특징으로 한다면, 근대적 쾌락주의는 새로운 것이 가져다줄지도 모를 즐거움을 끝없이 추구하는 것을 특징으로 한다. 언뜻 보기에 이러한 구분은 음식 향수를 근대적 쾌락주의에서 전통적 쾌락주의로 회귀하는 것으로 바라보게 할 수도 있다. 하지만 보다 면밀한 탐구는 전혀 다른 해석을 가능하게 한다. 캠벨이 이 두 쾌락주의를 구분할 때 중요한 기준으로 삼은 것 중의 하나가 바로 '상상'의 역할이다(캠벨, 2010: 165). 그에 따르면, 전통적 쾌락주의자들이 '기대하는' 즐거움은 대체로 그들이 즐거운 것으로 '기억하는' 것이다. 따라서 그들에게서 상상은 그리 중요한 역할을 하지 않는다. 반면 근대적 쾌락주의자들은 비록 기억으로부터 소재를 이용하고 있기는 하지만, 새로운 것이 가져다줄 만족과 즐거움을 상상을 통해 사색하고 그 만족과 즐거움을 실제의 욕망 대상에 부착시킨다.

우리가 즐거움의 초점을 대상이 아닌 상상에 맞출 경우, 어머니 손맛을 창조하는 과정은 캠벨이 '자기 환상적 쾌락주의'라고 지칭하는 근대적 쾌락주의와 맞닿아 있다. 앞서 설명했듯이, 어머니의 손맛은 이미 추억화의 과정을 통해 만들어진 것으로, 현실에서는 충족할 수 없는 '환상의 영역'이다. 소설가 박완서(2004: 25~26)가 기록하고 있는, 어릴 적 먹었던 참게장의 맛 — 그녀의 표현으로는 "맛의 오지, 궁극의 비경" — 을 찾아 헤매다 느꼈던 실망은 이를 잘 보여준다. 자기 환상적 쾌락주의의 특징은 이처럼 욕구와 획득 간의 간극이 실제로 결코 메워질 수 없다는 데 있다(캠벨, 2010: 78).

이론적으로 볼 때, 향수로서의 어머니 손맛은 결코 현실에서 실현될 수 없다. 사람들은 실제로 어머니 손맛 찾기 기행에서 그 맛을 찾을 수 없다. 그 음식에 대한 '갈망'은 욕구를 '환상적 쾌락'의 수준으로 끌어올리고, 그 높아진 기대는 실망을 낳을 수밖에 없기 때문이다. 이는 우리가 소문난 맛집을 찾아가서 음식을 먹을 때 또는 멋진 레스토랑에서 외식을 할 때, 한껏 기대했다가 더 큰 실망으로 음식점을 나서는 것과 같은 이치이다(이 책 제1장을 보라). 그렇다면 사람들은 언제 왜 이 어머니의 손맛을 느끼고 환호하는가?

현실에서 느끼는 향수로서의 어머니 손맛의 특징은 우선 '갑자기' 다가온다는 데 있다. 즉, 기대하지 않고 먹은 뜻밖의 맛있는 친숙한 음식이 어머니 손맛을 불쑥 '감정적으로' 연상시킨다는 것이다. 몇 가지 실례를 살펴보자. 첫째는 많은 사람이 경험하는 경우로, 혼자 지친 몸을 이끌고 허기진 배를 채우러 그냥 근처의 식당에 들어가 음식을 주문하고 무심코 앉아 있다가 힘없이 수저를 들고 먹은 음식에서 익숙한 구수한 맛을 느낄 때이다. 이 경우 어떤 사람은 어머니 생각에 복받쳐 울컥하기도 한다.

둘째는 예상과는 전혀 다른 볼품없는 음식에서 뜻밖의 맛을 느낄 때이다. 한 예를 들어보자. 모 TV 방송에는 음식 전문가들이 소문난 맛집을 탐방하고 실제로 그 맛을 평가하는 프로그램이 있다. 한 방송분에서 전문가들은 그들 앞에 나온 음식의 투박함과 생소함에 실망감을 잔뜩 드러내며 잘못된 정보를 듣고 찾아온 것이 아닌가 의아해한다. 그러나 그 음식을 먹어보고는 한결같이 외친다. "이거 정말 어머니 손맛이야!"

셋째는 낯선 곳에서 익숙한 맛을 느끼는 경우이다. 해외여행 중에 한 식당에서 '우연히' 발견한 우리 음식을 먹을 때가 대표적이다. 심지어 모 방송 프로그램에서는 정글에서 밥과 된장을 먹고 각기 어머니의 손맛을 외치며 환호한다.

넷째는 음식과는 별개의 상황에서 어머니 손맛을 느끼는 경우이다. 이를테면 누추해 보이고 심지어 불결해 보이는 욕쟁이 할머니의 음식점을 들 수 있다. 그저 평범한 음식 맛에 수저를 놀리고만 있는데, 멀리서 들리는 할머니의 욕하는 소리가 어머니를 떠올리게 한다. 갑자기 들리는 욕쟁이 할머니의 거친 욕설은 음식 깨지락거린다고 꾸짖던 어머니의 모습과 중첩된다. 그리고 그 욕쟁이 할머니 집은 정이 있는 단골집이 된다.

이처럼 어머니의 손맛 찾기는 전통적 쾌락주의가 아니라 캠벨이 말하는 '자기 환상적 쾌락주의'의 또 다른 형태이다. 이제 식객이 찾는 어머니의 손맛은 희미한 기억의 옛것이 아니라 환상을 통해 생생하게 머릿속에 재창조된 새것이다. 그리하여 어머니의 손맛은 시간과 공간의 바깥에, 즉 사람들의 마음속에 자리 잡는다. 그렇기 때문에 어머니의 손맛은 현실에 존재하지 않는다. 하지만 앞서의 설명처럼, 어머니의 손맛은 어디에서든 어느 때나 '우연히' 그 창조의 조건들과 결합될 때 '갑자기' '밀려온다'. 이것 또한 어머니의 손맛이 마음속에 존재하기 때문이다. 그렇기에 어머니의 '손맛'은 어디에도 존재하지 않지만, 어머니의 손맛 '현상'은 어디에나 항상 존재한다. 이것이 바로 어머니의 손맛이 지닌 '신비성'의 근원이다.

먹기의 공동체성을 회복하기 위하여

음식 향수의 배후에는 사별, 이산, 분산의 슬픈 그림자가 드리워져 있다. 하지만 현재는 그 슬픈 드라마마저 상실되지나 않을까 하는 우려가 가득하다. 편의식품이 확산하고 그로 인해 정성과 배려의 순간들을 느끼지 못하면서, 많은 사람이 어머니의 손맛 감정이 사라지지는 않을까 걱정한다. 다음의 인용문은 그 같은 우려를 직설적으로 표현하고 있다.

> 그런데 요즘 아이들은 엄마의 손맛을 제대로 알고 크기나 할까. 밥상의 기본이 되는 김치, 된장, 고추장을 사다 먹는 것은 기본이다. 철마다 간장이

나 된장, 고추장에 박아두었다 수시로 밥반찬으로 올려주시곤 했던 깻잎장아찌, 콩잎장아찌, 마늘장아찌 같은 음식들도 시장에서 사다 먹는다. 간식은 또 어떤가? 패스트푸드나 인스턴트식품으로 대체한다. 이런 식생활을 하는 아이들에게 기억되는 엄마의 손맛이라는 게 있을까. 행여나 무슨 무슨 표 회사의 무슨 무슨 음식을 엄마의 손맛으로 기억하는 것은 아닐까 걱정스럽다.(홍쌍리, 2008: 70)

이 인용문이 시사하는 것은 어머니 손맛 향수의 '향수화' 가능성이다. 편의식품이 범람하는 현실에서 이제 어머니 손맛은 그리운 옛 시절의 이야기에 등장하는 신화 같은 것이 될 수도 있다는 것이다.

그러나 이러한 걱정은 일견 예견되는 사실일 것 같지만, 그 가능성은 그리 없어 보인다. 왜냐하면 앞서 길게 인용했던 글에서도 볼 수 있듯이, 편의식품과 유사한 어머니의 음식 속에서도 어머니에 대한 그리움은 유발되기 때문이다. 즉, 음식 향수의 핵심은 무엇을 먹는가에 있지 않다. 그리고 음식의 맛 자체에도 있지 않다. 더구나 아이들은 어머니가 해준 건강에 좋은 음식보다도 햄버거 등 편의식품을 더 좋아하고, 그 맛에서 더 즐거움을 느끼기도 한다. 그리고 부모님이 금지한 음식을 '몰래' 먹으면서 느꼈던 기쁨은 또 다른 음식 향수를 만들어내기도 한다. 이른바 '불량식품'에 대한 향수가 그것이다. 그렇지만 그러한 즐거움에는 어머니에 대한 '거부와 저항'이 자리하고 있기 때문에(럽턴, 2015: 113), 그러한 음식은 어머니의 손맛에 대한 그리움을 만들어내지 못한다.

따라서 어머니 손맛 향수의 향수화에 대한 우려는 다른 곳에서 찾아야 한다. 앞서도 분석했듯이 음식 향수의 요체는 음식의 맛을 가장한, '정'으로 표현되는 가족 감정이다. 따라서 어머니 손맛의 감정구조에서 보다 중요한 것은 무엇을 먹는가가 아니라 누구와 어떻게 먹는가 하는 것이다.

현대 가족 성원들의 먹기 관행이 지닌 특징 중 하나는 먹기가 개별화되었다는 것이다. 현재 우리가 일주일에 온 가족과 식사하는 횟수는 과연 몇 번이나 될까?

게오르크 짐멜(Georg Simmel)에 따르면, 가장 원초적이고 이기적이며 자연주의적인 먹기를 초개인적인 사회적 상호작용의 영역으로 고양시킨 것이 바로 공동의 식사이다(짐멜, 2005: 142~143). 이 '먹기공동체'가 갖는 사회학적 의미는 맛을 공유한다는 것이 아니라 먹기가 감정적 유대를 만들어낸다는 것이다. 먹기 행위를 공유하는 것은 사람들을 하나의 공동체로 만들어낸다(럽턴, 2015: 49~50). 하지만 그것은 단지 함께 먹는다는 사실에서 나오지 않는다. 특히 '가족 식탁공동체'는 어머니가 음식을 만들며 내는 달그락거리는 소리, 부엌에서 나는 코끝을 자극하는 냄새, 그리고 그 기다림의 초조함과 즐거움 등이 복합적으로 생산하는 정겨움, 바로 이 정겨움에 기초한다. 이것의 중심에 어머니가 있고, 어머니의 손맛은 그 정겨움의 다른 표현이다.

따라서 어머니 손맛 향수는 먹기의 공동체성의 상실 속에서 개별화·파편화된 현대인의 마음속에 생성된 감정적 반응이며, 그 희미한 기억 속에서 추억화된 그리운 옛 시절에 대한 갈망이다. 어머니 손맛 향수의 향수화에 대한 우려는 그 우려를 넘어 먹기의 공동체성을 복구하기 위한 노력으로 나아가야 한다. 오늘날 가족 내의 요리 담당자들은 가족이 함께 식사할 수 있는 시간을 만들어내기 위해 가족 성원들의 다양한 일정과 계획을 조정하는 데 따르는 어려움을 호소하고 있기는 하지만(DeVault, 1991: 90), 이러한 맥락에서 '가족과 함께 식사하기' 운동의 필요성은 시사하는 바가 크다 할 것이다. 최근 가족 식사의 중요성을 강조하는 책들(이를테면 와인스타인, 2006; 파일러, 2014)이 꾸준히 출간되는 것도 아마도 이 때문일 것이다.

제3장

음식 취향의 미학 투쟁
감각과 감정의 대립

음식 취향의 감정사회학

일명 '맛집' 앞에는 긴 행렬이 서 있고 사람들은 오랜 시간을 당연하다는 듯이 기다린다. 그러나 식사를 마친 후 어떤 사람은 음식 맛을 극구 칭찬하는 데 반해, 다른 사람은 얼굴에 불만이 가득한 채 기다린 시간이 아깝다고 말하며 누가 이따위 음식점으로 안내했느냐고 따진다. 안내자인 듯한 또 다른 사람은 네 입맛이 문제라며 불편해한다. 이처럼 입맛 따지는 일이 일어날 수 있는 까닭은 아마도 그들이 즐김으로서의 먹기 행위를 했기 때문일 것이다. 만일 그들이 그저 고픈 배를 채우기 위해 식당을 찾았다면 아마도 달랐을 것이다. 그들은 그 긴 시간을 기다리지도 않았을 것이고, 무엇을 먹었어도 맛있게 먹었다고까지 말하지는 않았을지라도 포만감에 얼마간은 만족했을 것이다. 이를 잘 설명해 주는 우리말이 "시장이 반찬이다"라는 말이다. 왜 이런 일이 일어날까?

가스트로피직스Gastrophysics; gastronomy(미식학)와 physics(물리학)

의 합성이라는 용어를 만들어낸 찰스 스펜스(Charles Spence)는 다음과 같이 말한다. "하지만 현존하는 어떤 학문도 왜 음식이 그런 맛을 내는지, 왜 사람들이 어떤 음식에는 탐닉하는 반면 다른 음식에는 그렇게 하지 않는지를 설명하지 못한다"(스펜스, 2018: 20). 그의 전자의 질문, 즉 왜 음식이 그런 맛을 내는지는 우리 사회과학의 연구 범위를 넘어선다. 스펜스 역시 그 질문에 직접 답하는 것이 아니라 우리가 맛을 느낄 때 그것이 우리의 감각 경험에 영향을 미치는 여러 요인을 경험적으로 탐구할 뿐이다.

하지만 후자의 문제, 즉 우리가 음식 취향이라고 부를 수 있는 문제와 관련해서는 사회과학에서 주목받기에 충분한 연구들이 있어왔다. 가장 대표적인 연구가 바로 부르디외(Bourdieu, 1984)의 『구별 짓기: 취향 판단의 사회적 비판(Distinction: A Social Critique of the Judgement of Taste)』이다. 부르디외는 자신의 아비투스(habitus) 개념을 통해 사회계급들이 서로 다르게 음식을 소비한다는 점을 밝혀냄으로써 이 분야에서의 사회학적 후속 연구를 이끌었다(이를테면 DeVault, 1991).

그러나 부르디외의 연구에서는 '개인'이 아니라 '계급'이 음식을 먹고 있다. 개인들이 사회적·경제적·문화적 제약하에서 음식을 먹는 것도 사실이다. 그러나 특정 계급이 음식에 대한 특별한 감각 능력, 즉 미식력을 지니고 있을 수도 있지만(경제적 여건상 그 음식을 자주 먹기 때문에), 각 계급이 주로 먹는 음식이 꼭 그 계급의 성원들이 좋아하는 음식이라고 할 수는 없다. 다시 말해 노동계급이 자주 먹는 음식이라고 해서 그것이 그들의 취향이라고 할 수는 없는 것이다. 그들도 생활상의 제약에 의해 특정 음식을 먹을 뿐 다른 음식을 더 좋아할 수도 있기 때문이다. 그리고 같은 계급 내에서도, 그리고 심지어는 동일 가족 내에서도 음식 취향은 서로 다를 수 있다. 따라서 부르디외가 말하는 음식 취향은 개인의 음식 취향이기보다는 계급의 먹기 관행이라고 할 수 있다.

실제로 음식 취향은 개인적이고 매우 주관적이다. 따라서 음식 취향은 음식 선택의 자유를 전제로 한다. 그렇지 않을 경우 개인의 음식 취향은 진정한 개인의 취향이 아니라 전기(傳記)를 같이하는 집단, 즉 가족의 먹기 관행이거나 개인의 먹기를 제약하는 계급의 먹기 관행일 수 있다. 이런 의미에서 개인의 음식 취향은 근대 개인주의 사회의 산물이며, 개인이 느끼는 음식의 맛은 '자유의 맛'이다(민츠, 1998). 따라서 음식 취향과 관련한 문제는 개인적 차원에서 살펴볼 필요가 있다. 왜냐하면 음식 취향에서 집단적 성격이 드러날 수도 있지만, 특정 음식을 좋아하고 싫어하는 것은 실제로는 개인이기 때문이다.

노르베르트 엘리아스(Norbert Elias)는 『문명화과정(Civilizing Process)』에서 개인들의 먹기를 감정이라는 측면에서 예리하게 고찰한 바 있다(엘리아스, 1996). 그는 식탁 위에 놓여 있는 음식물에서 개인들이 느끼는 혐오감과 식사 자리에서 일어나는 행동들에 대해 느끼는 수치심이 어떻게 테이블 매너를 형성해 왔는지를 '문명화 과정'이라는 이름으로 연구했다. 그러나 그는 먹기 행위를 통한 감각적 쾌락 추구와 식탁에서 불쾌감을 유발하는 신체적 행동에 대한 통제가 강화되어 온 방식을 추적함으로써 근대 테이블 에티켓이 형성되어 온 과정을 밝혔을 뿐, 개인적 음식 취향이 형성되는 과정을 연구했다고 할 수는 없다. 음식 취향은 음식의 '감각적 즐김'을 통해 형성되는 것이지 음식 '감정의 통제'를 통해 형성되는 것이 아니기 때문이다.

따라서 우리가 음식 취향의 형성을 연구하고자 한다면 우리는 직접 몸으로 맛을 느끼는 개인의 감정적 차원에 주목할 필요가 있다. 이때 중요한 것이 바로 음식, 감각, 감정의 관계이다. 즐김이라는 의미에서의 음식 먹기에는 모든 감각이 총동원되고, 그 속에서 우리의 신체적 감각들이 충돌하면서 음식 감정이 발생하고 음식 기호가 발전하기 때문이다. 이와 관련하여 럽턴은 중요한 지적을 한 바 있다.

> 많은 사람에게 음식에서 얻는 즐거움은 그들의 일상적인 감각적 경험에서 최고점을 차지한다. 미각 및 후각과 인간 경험의 감정적 차원 간에는 특히 강력한 연관성이 존재한다. 분명 음식의 물리적 속성은 그것이 불러일으키는 감정적 반응에서 하나의 필수적인 요소이다. 음식을 만지고 냄새 맡고 준비하고 입으로 가져가서 씹고 삼키는 행위 모두는 의식적 수준과 무의식적 수준 모두에서 특정한 감정을 불러일으킬 수 있는 감각적 경험들이다. (럽턴, 2015: 60~61)

그렇다고 해서 럽턴이 음식에 부여된 사회적 의미를 무시하는 것은 아닙니다. 롤랑 바르트(Roland Barthes)가 지적하듯이, 음식은 단지 먹는 것이 아니라 "의사소통 체계이고 이미지의 구현체이자 관례와 상황과 행동의 시발점"이기 때문이다(Barthes, 1997: 29). 매우 사적이고 주관적인 음식 먹기 역시 사회에서 벗어날 수 없다. 그렇기 때문에 사회 속에서 개인들은 먹기가 주는 즐거움과 사회가 음식에 부여하는 의미 사이에서 갈등을 경험하고, 그 의미에 지배되거나 도전하기도 한다. 하지만 음식의 사회성이 음식 취향을 결정하지는 못한다. 결국 음식의 맛을 느끼는 것은 개인들의 감각이기 때문이다. 음식이 개인에게 주는 감각적 속성과 사회적 의미 모두 ― 그리고 이 둘의 일치와 대립 ― 가 불러일으키는 감정이 개인의 음식 취향을 틀 짓는다.

그러나 사람들이 모든 음식에서 즐거움을 얻는 것은 아니다. 어떤 사람은 특정 음식에서 즐거움은커녕 불쾌감과 혐오를 느낀다. 따라서 음식 취향의 차이로 인해 즐거워야 할 식사 자리에서 어색한 분위기가 연출되는가 하면, 심지어 식탁이 분란의 장이 되기도 한다(이 책 제4장 참조). 그렇다면 이러한 개인적 취향의 차이를 만들어내는 것은 무엇인가? 그리고 사람들은 자신의 음식 취향에 어떠한 의미를 부여하고, 서로 대립되는 음식 취향 사이에서는 어떠한 의미 투쟁이 일어나는가? 이 장은 이러한 질문에 대해 감정사회학의 시각에서 이론적·실증적으로 답한다. 다시 말해 음식 취향의 미학을 감각과 감정의 대립을 통해 설명하는 것이 이 장의 목적이다.

이 작업을 수행하기 위해 먼저, 음식 취향의 미학에 관한 연구가 왜 계급 간의 미식력 투쟁에 관한 연구가 아니라 개인들 간의 의미 부여 투쟁에 관한 연구여야 하는지를 밝힌다. 둘째로, 감정과 감각을 통해 개인의 음식 취향이 사회적·개인적으로 형성되는 과정을 음식 금기라는 개념을 축으로 하여 설명한다. 셋째로, 이 연구를 위해 실시한 서면 인터뷰와 심층 인터뷰 자료에 근거하여, 감각과 감정의 대립을 통해 개인들의 독특한 음식 취향이 어떻게 형성되는지를 밝히고, 그 과정에서 음식 취향의 미학 투쟁이 어떤 방식으로 전개되는지를 살펴본다. 마지막으로 결론부에서는 이 장에서 논의한 내용을 토대로 현 단계 음식 취향의 경향 ― 미식과 윤리적 먹기 간의 대립 ― 을 포착하고 그 의미를 탐색한다.

음식 취향: 의미 부여의 미학 투쟁

먹기 관행에 대한 계급적 미학 투쟁: 부르디외의 경우

음식 취향을 논의하기 위해서는 취향 개념에 포함되어 있는 두 가지 의미를 분석적으로 구분할 필요가 있다. 아래의 인용문은 이 같은 구분을 위한 하나의 전거를 제공한다.

'taste'라는 단어는 음식과 먹기에 적용될 때 일반적으로 사람들이 음식 또는 음료를 입안에 넣을 때 느끼는 감각 — 혀의 미뢰의 배치 및 감도와 연결되어 있는 — 을 나타내기 위해 사용된다. 음식 또는 음료는 단맛, 신맛, 쓴맛, 짠맛을 포함하는 다수의 구체적인 맛 범주를 통해 묘사되거나 또는 레몬이나 바닐라와 같은 향미를 이용하여 묘사되거나, 아니면 보다 일반적으로는 맛있는, 구역질나는, 자극적이지 않은, 썩은 등등으로 묘사된다. 'taste'의 또 다른 정의는 어떤 상품의 스타일이나 양식의 감각이라는 좀 더 광범위한 인식을 나타낸다. 따라서 'good' taste('좋은' 취향) 또는 'bad' taste('나쁜' 취향)라는 말은 적절하거나 '우아한' 스타일의 감각 또는 부적절하거나 저속하거나 '저급한' 스타일의 감각을 표시하기 위해 사용될 수 있다. 일반적으로 두 용법 모두에서 taste는 특정한 좋아함과 싫어함에 따라 어떤 사람에게서 나타나는 전적으로 사적이고 개인화된 성향으로 제시된다.(럽턴, 2015: 180~181)

위 인용문이 보여주듯이, 음식 취향은 한편으로는 사람들이 특정 음식에서 감각적으로 느끼는 독특한 맛(flavor)과 관련된다. 이 경우 음식 취향이라는 단어는 개인적으로는 특정 음식에 대한 기호, 즉 좋아함과 싫어함, 다시 말해 음식 호오로 표현된다. 다른 하나는 일반적인 취향의 개념을 음식에 적용한 것으로, 음식 자체보다는 먹기의 스타일이나 관행에 대해 사람들이 지닌 감각적 인식과 관련되어 있다. 즉, 음식 먹기는 우아함과 세련됨을 보여주는 신뢰할 만한 지표의 하나로 인식된다. 전자의 음식 취향 역시 음식에 대한 각자의 선호를 포함하므로 심미적일 수밖에 없지만, 후자의 음식 취향은 훨씬 더 심미적이며, 따라서 후자는 '음식 미학'과 동의어라고도 할 수 있다. 하지만 두 음식 취향 모두의 기저에는 음식 또는 먹기와 관련하여 작용하는 우리 몸의 감각이 자리하고 있다.

후자의 음식 취향에 관한 연구를 대표하는 저작이 바로 부르디외의 『구별 짓기』이다. 그의 연구가 이루어낸 사회학적 성과는 취향의 근원을 이루는 심미적 평가의 기준이, 칸트가 주장하는 것처럼 인간이 가진 '공통 감각'에 근거하는 것이 아니라, 사회적으로 구성된다는 점을 밝혔다는 데 있다(홍성민, 2012: 38~40 참조). 그렇다고 해서 이 같은 취향의 사회적 구성성이 단순히 음식 문화에 대한 문화적 상대주의를 의미하는 것은 아니다. 문화적 상대주의자들 역시 모든 인간의 공통 감각까지는 아니지만 인종적·민족적 공통 감각은 전제하는 것으로 보인다. 왜냐하면 그들 역시 한 문화의 공통적 취향을 전제하기 때문이다. 반면 부르디외는 한 사회 내에서 나타나는 서로 다른 음식 취향에 의거하여 한 사회 내에서의 사회적 구별 짓기를 논의한다. 그가 지표로 삼은 것이 바로 계급이었다.

부르디외는 1960년대에 1000명이 넘는 프랑스 사람을 대상으로 실시한 질문지 조사에 기초하여, 음식 습관과 음식 선호에서 나타나는 독특한 사회계급별 차이를 발견했다. 이를테면 그는 노동계급의 "꾸미지 않은 자유롭고 편안한 식사"와 부르주아의 "격식을 갖춘 식사"를 대비시킨다(Bourdieu, 1984: 194~196). 부르디외에 따르면, 노동계급의 식사는 푸짐함과 자유로움을 특징으로 한다. 노동계급의 식탁은 많은 음식으로 가득 채워져 있고, 그들은 식탁에서 테이블 매너에 거의 신경 쓰지 않고 손님들과도 허물없이 먹는다. 반면 부르주아는 격식을 중시한다. 이를테면 그들은 음식을 마지막으로 제공받은 사람이 먹을 준비가 될 때까지 기다리고, 음식을 조금씩 덜어 먹고, 지나치게 탐하는 것처럼 보이지 않도록 하고, 음식을 심미적으로 표현한다. 부르디외는 이 같은 부르주아 식사의 양식화에 대해 음식 소비가 주는 즉각적인 만족을 탐닉하는 사람들의 비천한 물질적 저속함을 거부하는 것으로 해석한다.

부르디외에 따르면, 음식에 대한 이러한 심미적 감각은 구별 짓기의 감각이다(Bourdieu, 1984: 56). 음식 취향은 각 계급이 몸에 대해 가지는 생각과 음식이 몸(구체적으로는 힘, 건강, 아름다움)에 미치는 효과에 대해 가지는 생각, 그리고 그 효과를 평가하기 위해 각 계급이 사용하는 범주에 의존한다(Bourdieu, 1984: 190). 이를테면 몸매보다는 몸에서 나오는 힘에 더 관심이 있는 노동계급은 값싸면서도 영양가 있는 제품을 찾는 경향이 있는 반면, 전문가들은 맛있고 건강에 좋고 가볍고 살찌지 않는 제품을 선호한다. 이처럼 계급문화를 자연화·육체화한 취향이 계급의 몸을 틀 짓는다. 따라서 부르디외에 따르면, 몸은 계급 취향의 가장 분명한 물질화된 표현이다.

부르디외는 바로 이 취향의 육체화에서 계급 대립의 계기를 포착한다. 왜냐하면 각 계급은 취향을 자연화하는 과정에서 자신의 취향을 자연스러운 것이라고 생각하게 되기 때문이다. 따라서 자신과 다른 취향은 비자연적이고 비난할 만한 것이 된다. 부르디외는 다음과 같이 말한다.

> 취향은 다른 사람의 취향을 거부하는 것에 의해 철저하게 부정적으로 확인된다. …… 취향은 어쩌면 무엇보다도 불쾌감, 즉 다른 사람들의 취향에 대한 강한 반감 또는 본능적 불관용('구역질')이 불러일으킨 혐오감일 수도 있다. …… 다른 라이프스타일에 대한 혐오는 아마도 계급 간에 설정된 가장 강력한 장벽의 하나일 것이다.(Bourdieu, 1984: 56)

이처럼 부르디외가 볼 때, 음식 취향 역시 계급투쟁의 장이다. 부르주아의 취향이 노동계급의 취향을 특징짓는 '단순하고' '통속적인' 즐거움을 거부하는 것에 기초한다면, 노동계급의 아비투스 또한 부르주아 문화를 특징짓는 자제심의 요구를 거부하는 것에 기초한다(애슬리 외, 2014: 104). 이렇듯 각 계급은 다른 계급의 취향에 대해 '심미적 불관용'을 드러낸다.

더 나아가 부르디외에 따르면, 음식 취향은 노동계급이 드러내놓고 도전할 수 있는 몇 안 되는 영역 가운데 하나이다. 노동계급은 사회적 위계의 최상층이 제시하는 절제의 윤리에 맞서 '주연적 탐닉의 윤리'를 유지했다(Bourdieu, 1984: 179). 그리고 이들 노동계급이 보기에 즐거운 삶을 추구하는 사람들은 단지 먹고 마시기를 즐기는 사람들이 아니었다. 그들은 자제와 삼가기를 일소한 쾌활함 속에서 함께 먹고 마시는 것에 의해 고무되고 상징화되는, 관대하고 친숙한 관계를 맺을 수 있는 능력을 지닌 사람들이다. 그러나 현실에서 문제가 되는 것은 노동계급이 자신의 취향에 어떠한 의미를 부여하는지가 아니라 "무엇이 부당하거나 부적절하고 또는 심지어 일탈적인지를 결정하는" 문화 권력을 가지고 있는 것은 부르주아라는 것이다(Ross, 1989: 61; 애슬리 외, 2014: 104에서 인용).

부르디외의 이론은 음식 소비 관행을 보다 광범위한 계급 불평등과 계급투쟁의 틀 내에 위치시키고 있으며, 일상적인 음식 관행이 계급 정체성을 '표현하는' 동시에 계급 정체성을 생산·재생산한다고 시사한다(애슬리 외, 2014: 104). 하지만 스티븐 메넬(Stephen Mennell)은 그의 저작 『음식의 모든 매너(All Manners of Food)』에서 중세시대부터 현재까지 영국의 먹기 관행에서 나타나는 중요한 장기적인 역사적 추세는 "음식 습관과 요리 취향에서 대립은 감소하고 다양성은 증가해 왔다"는 것이라고 주장한다(Mennell, 1985: 322). 다시 말해 메넬은 상이한 사회계급들의 음식 습관과 취향 간에 존재하던 대립이 감소해 왔다고 주장한다.

한편 워드는 영국의 음식 취향에 관한 연구에서 음식 소비에 유의미한 계급 차이가 존재하기는 하지만 그러한 차이가 갖는 의미를 단순하게 구별 짓기의 추구와 등치시킬 수는 없다고 시사한다. 워드에 따르면, 음식 선호는 개성(개인적 취향)이나 사회적 우위성(집단 간의 구별 짓기)을 강력하게 주장하는 것이라기보다는 개인이 특정 집단의 성원임을 드러내는 것이다(Warde, 1997: 125). 이러한 논의들은 음식 취향에서 계급 차이가 사라졌음을 보여주는 것은 아니지만, 계급 정체성을 생산하는 데서 음식 취향의 힘이 약화되고 있음을 보여주는 것이라고 할 수 있다. 또한 핑켈스타인의 지적대로, 사람들이 물질적 재화를 더 쉽게 소유할 수 있게 됨에 따라 소유물과 먹는 음식이 계급과 사회적 구별 짓기의 지표로 덜 신뢰받게 되었을 수도 있다(핑켈스타인, 2019: 89).

또 다른 측면에서는 칸트가 인간의 공통 감각을 전제로 했다면, 부르디외의 논의는 계급의 공통 감각을 전제로 했다고 볼 수 있다. 그럼으로써 부르디외는 각 계급 내에서도 개인들의 취향이 다르게 구성될 수 있다는 것을 놓치고 있다. 음식 취향이 부르디외의 주장처럼 문화자본의 정도에 따라 다른 모습으로 계발될 수도 있지만, 음식 취향의 형성에서 각 개인이 느끼는 음식 감각, 즉 개인이 느끼는 음식의 맛은 결코 무시할 수 없다. 음식 취향의 이 같은 차원, 즉 맛에 대해 개인들이 가지는 취향은 또 다른 접근방식을 요구한다. 왜냐하면 맛에 대한 취향은 계급 차원보다는 몸의 차원에 더 직접적으로 의존하기 때문이다. 사람들은 자신의 음식 취향을 몸으로 말하지 계급으로 말하지 않는다. 개인의 음식 취향 속에 계급적 공통성도 존재하기는 하지만 말이다.

음식 취향을 둘러싼 개인적 의미 부여 투쟁: 부르디외를 넘어 존슨으로

지금까지 살펴본 부르디외의 논의는 각 계급이 무엇을 먹는가보다는 어떻게 먹는가와 관련되어 있었다. 실제로 부르디외가 각 계급별로 주로 무엇을 먹는지에 대해 논의하지 않은 것은 아니다. 이를테면 그의 연구에 따르면, (경제자본은 많이 소유했지만 문화자본은 비천한) 벼락부자의 성원들은 사냥해서 잡은 고기와 푸아그라 같은 아주 느끼하고 값비싼 음식을 먹을 가능성이 더 큰 반면, (문화자본과 경제자본 모두를 소유한) 많은 보수를 받는 전문직 계급에 속하는 사람들은 조악하고 지방이 많은 음식을 거부하고 소화가 잘되는 부드러운 음식을 먹는 경향이 있었다. 교사와 같은 (경제자본보다는 문화자본을 더 소유한) 덜 부유하지만 교육 수준이 높은 사람들은 과시적 소비보다는 금욕적 소비를 하는 경향이 있고, 값이 비싸지 않은 색다르고 이국적인 음식(이를테면 이탈리아 음식과 중국 음식)과 전통적인 농민 요리를 선호했다(Bourdieu, 1984: 185). 그러나 부르디외는 개인들이 왜 그 음식을 먹는지에 대해서는 논의하지 않고 있다. 굳이 추론해 보면, 부르디외는 그 계급의 개별 성원들이 특정한 음식을 소비하는 것은 각 계급이 특정한 음식에 대한 공통의 감각을 가지고 있기 때문이고, 그러한 공통 감각은 문화자본에 의해 길들여진 결과라고 보고 있는 듯하다.

다른 한편 음식 취향을 둘러싼 계급투쟁에 대한 부르디외의 논의에서 중요한 요인으로 작동하는 것이 바로 식사 양식 또는 먹기 관행의 미학화, 페더스톤(Featherstone, 1991)의 표현으로는 '일상생활의 미학화(aestheticization of everyday life)'이다. 이는 테이블 에티켓의 발전을 문명화 과정으로 바라보는 엘리아스의 논의에서도 이미 지적된 바 있다. 하지만 핑켈스타인이 외식과 관련하여 지적했듯이, 예의바름과 매너라는 제약은 먹기 행위에서 '실제' 감정을 질식시키는 결과를 초래한다. 우리는 에티켓이라는 이름하에 "우리의 감정에 반하여 말하고 행동하도록, 그리고 실제로 우리의 열정을 통제하"도록 강요받는다(Finkelstein, 1989: 130).

하지만 앞에서도 한 번 언급했던 표현, 즉 "맛있는 음식은 섹스보다 유혹적이다"라는 표현(쿨란스키, 2009: 13)이 직설적으로 보여주듯이, 먹기의 주요한 측면은 쾌락이다. 이러한 맥락에서 볼 때, 부르디외의 논의를 뒤집으면, 부르주아계급에서는 먹기의 감각적·육체적 측면이 엄격한 격식과 좋은 매너 뒤에 숨겨져 있는 반면, 노동계급은 일반적으로 먹기를 드러내놓고 쾌락주의적으로 즐긴다(Gronow, 1993: 283). 부르디외는 취향의 육체화를 논의하면서도 음식 취향이 몸의 감각적 차원과 감정적 차원을 매개로 하여 개인적으로 형성된다는 사실을 놓치고 있다. 바로 이 같은 몸의 차원이 음식 취향과 집단정체성 사이의 거리를 벌려놓고 있다. 이것이 또한 같은 집단의 성원 간에 그리고 심지어는 같은 가족의 성원 간에 음식 취향이 다른 이유이기도 하며, 또한 개인과 자신이 속한 집단 간에 그리고 개인과 개인 간에 취향 투쟁이 발생하는 이유이기도 하다.

개인적 음식 취향은 개개인이 특정 음식을 좋아하고 싫어함의 문제, 즉 음식 기호 내지 음식 선호의 문제이다. 사회학자들은 개인의 음식 취향 역시 생물학적이거나 개인적이라기보다는 사회적이고 문화적이라고 주장하기를 좋아한다. 하지만 한국 사람이 모두 김치를 좋아하는 것은 아닌 것에서 알 수 있듯이, 개인의 음식 취향은 사회적·문화적이지만은 않으며, 그럴 수도 없다. 음식을 먹는 것은 사회 또는 문화가 아니라 개인이고, 개인의 음식 취향은 개인의 몸이 그 음식을 어떻게 받아들이느냐에 따라 달라지기 때문이다. 그럼에도 불구하고 개인의 음식 취향은 사회적·문화적일 뿐만 아니라 심미적·도덕적이기도 하다. 왜냐하면 음식의 선호는 몸 자체가 아니라 뇌의 작동, 즉 사고 과정에 의거하여 틀 지어지기 때문이다.

그렇다면 사람들은 어떤 음식을 좋아하고 어떤 음식을 싫어하는가? 마빈 해리스(Marvin Harris)는, 이 문제를 문화유물론적 관점에서 설명하면서도, 음식의 선호와 기피의 문제는 "음식 그 자체의 본질"에서가 아니라 "사람들의 근본적인 사고 유형"에서 찾아야 한다고 지적하는데(해리스, 1992: 15), 그의 이 지적은 현재 우리의 논의의 맥락에서 매우 의미 있다.

우리가 좋아하는 음식들이 꼭 영양가가 높거나 건강에 좋은 음식은 아니다. 그러나 각자가 좋아하는 음식에는 공통점이 있다. 그것이 바로 맛이다. 즉, 그 음식이 맛있다고 느낀다는 것이다. 그러나 문제는 그 음식의 맛이 모두에게 공통적이지 않다는 것이다. 누군가에게는 아주 맛있는 음식이 다른 누군가에게는 질색하는 음식이기도 하다. 맛 자체도 음식에 내재하는 것이 아니라 우리의 사고 작용에 의거한다. 왜냐하면 우리는 음식에 대해서도 특정한 의미를 부여하고, 그 부여된 의미에 의거하여 음식을 먹기 때문이다. 개개인이 느끼는 음식의 맛, 이것이 개인들의 음식 취향을 틀 짓는다. 이 같은 과정을 통해 형성되는 음식 취향을 미학적으로 이해하는 것이 이 장의 목적 중 하나이다.

여기서 우리가 전거로 삼는 미학은 부르디외가 의거하는 미학이 아니라 마크 존슨(Mark Johnson)이 말하는 의미에서의 미학이다. 존 듀이(John Dewey)의 주장을 따르는 존슨에서 "미학은 의미를 만들고 경험할 수 있는 인간의 능력에 유입되는 모든 것에 관한 연구"이다(Johnson, 2007: x). 존슨에 의하면, "의미는 삶과 신체 조건에 대한 우리의 본능적인 관계로부터 나오며", "의미는 우리의 신체적 지각, 운동, 감정, 느낌을 통해 가능해지고 그 형태를 취한다"(Johnson, 2007: ix). 이처럼 존슨에서 미학은 예술이론을 의미하는 것이 아니라 사람들이 의미를 만들어내고 경험하는 방식, 그리고 몸이 그 과정에서 하나의 근본적인 요소가 되는 방식에 대한 연구를 의미한다(버킷, 2017: 22). 이 미학이론은 의미를 만들어내고 경험하는 과정의 중심에 크게는 신체감각과 감정이 자리하고 있다고 인식한다.

특정 음식에 대한 개인들의 호불호 역시 그 음식에 대해 각자가 부여하는 의미에 따라 달라진다. 허버트 블루머(Herbert Blumer)가 일찍이 지적했듯이, 대상의 본질은 그 자체로 존재하는 것이 아니라 그 대상에 사람들이 어떤 의미를 부여하는지 그리고 그 대상에 대해 사람들이 어떻게 지향하고 행동하는지에 달려 있다(Blumer, 1969). 특히 음식이라는 대상이 개인에 대해 갖는 의미는 몸과 신체감각을 통해 개인이 느끼는 맛에 의존하며, 이러한 감각적 느낌이 만들어내는 맛이 특정 음식에 대한 감정을 틀 지음으로써 개개인의 음식 취향을 형성한다.

그렇다면 개인들의 음식 선호를 결정하는 맛은 어떻게 지각되는가? 그리고 우리의 음식에 대한 감정은 어디에서 기인하는가? 우리가 음식의 맛이라고 부르는 것은 복잡 미묘하고 수없이 다양하다. 왜냐하면 우리의 미각이 '사회적'이기 때문이다(애커먼, 2004: 189). 즉, 미각 신호는 홀로 작동하는 것이 아니라 청각을 포함하여 촉각, 시각, 후각 등 몸의 다섯 가지 감각이 예기치 않은 방식으로 모두 합쳐져서 발생한다(유진규, 2018: 71). 여기서 중요한 것은 미각이 혀나 코와 같은 기관을 통해 판단되는 것이 아니라 철저히 의식의 산물이라는 점이다. 미각을 평가하는 궁극적인 심급은 혀와 미뢰가 아닌 두뇌로 간주되고 있다(최은아, 2009: 307). 음식의 맛은 "지각체계로서의 감각들"(김슨, 2016)이 다차원적으로 작동한 결과이다. 우리는 감각기관을 통해 외부 대상을 즐거운 것, 고통스러운 것 등으로 느낀다. 즉, 감각은 우리에게서 느낌을 생산한다. 일부 학자는 이러한 의미에서 감각 또는 육체화된 느낌들의 집합을 감정으로 간주하기도 한다(럽턴, 2016: 24~25 참조). 그러나 이러한 생득적 감정이론은 신체감각 역시 사회적·개인적 경험을 통해 변화된다는 점을 놓치고 있다. 이를 잘 보여주는 것이 바로 개인들의 음식 취향이 사회적·문화적 압력 속에서 변화하기도 한다는 것이다.

그럼에도 불구하고 이안 버킷(Ian Burkitt)이 지적하듯이, 이러한 신체감각의 느낌이 감정의 본질적인 부분을 이룬다는 사실을 부정할 수는 없다(버킷, 2017: 99). 음식에 대한 감정 – 특정 음식에 대한 좋아함과 싫어함

– 은 특히 더 그러하다. 그렇다면 음식 선호는 어떻게 형성되는가? 앞서의 논의가 시사하듯이, 특정 음식을 좋아하거나 싫어하는 이유는 특정 음식에 대해 개인의 오감이 어떻게 결합하는지에 달려 있다. 그리고 그 오감이 일치하는 정도가 사람들에게서 개인의 음식에 대한 좋아함과 싫어함의 정도를 결정한다. 감각의 일치는 개인에게 특정 음식에 대한 긍정적인 감정을 만들어내고, 감각의 불일치는 부정적인 감정을 만들어낸다. 그리고 특히 이렇게 만들어진 부정적인 음식 감정은 그 음식에 대한 맛보기(감각)를 거부하게 하며, 그럼으로써 개인적 음식 취향을 고착시킨다. 그러나 의도하지 않게 경험된 음식 감각은 음식 감정을 변화시키며 음식 선호를 바꾸어놓기도 한다. 결국 음식 취향은 음식 감각과 음식 감정의 변증법적 관계에 의해 형성된다.

하지만 음식 감정은 감각 없이, 구체적으로는 맛에 대한 경험 없이 사회적·문화적으로 형성되기도 한다. 왜냐하면 사회 또는 문화가 음식에 이미 의미를 부여해 놓았기 때문이다. 대표적인 것이 음식 금기이다. 한편 개인들이 가지는 음식 감정은 또한 단순히 감정에 그치는 것이 아니라 개인으로 하여금 음식 감각으로부터 자립하여 음식에 대한 자신만의 독특한 의미를 부여하게 하며, 그 의미를 통해 음식 세계를 바라보게 하기도 한다. 이 경우 음식 감정은 감각을 넘어 심미적 가치를 지니게 되며, 그리하여 자신과는 다른 음식 취향은 부정의 대상이 된다. 이것이 바로 개인적인 음식 취향의 대립이 의미 부여의 미학투쟁이 되는 이유이다. 그리고 이것이 그러한 미학 투쟁이 음식 감각과 음식 감정의 대립으로 표출되는 이유이기도 하다. 아래에서는 이러한 음식 감각과 음식 감정의 대립 사이에서 의미 부여를 통해 음식 취향이 형성되고 변화되는 과정을 탐색한다.

음식 취향 형성의 사회적·개인적 감정 메커니즘

음식 금기와 탈주: 감정에서 감각으로

에밀 뒤르켐(Émile Durkheim)은 모든 사회는 허용되는 활동과 금지되는 활동을 구별하고 있으며 이는 전체 사회를 유지하기 위한 것이라고 주장했다(Durkheim, 1976). 이는 음식에서도 마찬가지였다. 음식 금기가 그것으로, 이 같은 금기는 약화되기는 했지만, 여전히 존재한다. 전통사회, 특히 종교적 전통사회에서 음식을 선택하는 기준은 좋아하는 것과 싫어하는 것이 아니라 허용되는 것과 금지되는 것이었다. 우리가 어떤 음식을 좋아한다는 이유로 욕망하게 된 것은 단지 현대에 들어서부터였다.

많은 학자가 음식 금기의 다양한 성격을 규명하며 음식 금기가 지닌 상징적인 의미들을 탐색해 왔다(Simoons, 1961; 해리스, 1992; 더글러스, 1997; 앨런, 2005; 최창모, 2016; 정한진, 2008). 그러나 그러한 상징적 의미 자체가 특정한 음식을 먹지 않게 하지는 않는다. 왜냐하면 음식에 대한 인간의 반응은 몸에 의해 이루어지기 때문이다. 따라서 우리는 음식 자체가 지닌 상징적인 의미보다는 그 상징이 유발하는 감정에 보다 주목할 필요가 있다. 여기서 중요한 것이 금기가 선험적이라는 것이다(최창모, 2016: 31). 금기는 개별 인간의 음식 경험과는 무관하게 종교적·문화적으로 주어진다. 이는 개인이 지닌 맛에 대한 감각과는 무관하게 음식이 '감정적으로' 기피된다는 것을 의미한다. 기존의 연구를 통해 우리는 음식 금기와 관련한 감정으로 다음과 같은 감정들을 추출할 수 있다.

첫째는 성스러움이 유발하는 '경외감'이다. 이를 잘 보여주는 것이 힌두교의 암소 숭배이다. 농경사회에서 소가 갖던 중요성이 현재 크게 감소되었음에도 불구하고 지금도 인도사회에서 소고기의 식용을 금지하는 것은 소고기 식용 금지의 경제적 유용성 때문이 아니라 소에 여신, 어머니의 의미가 부여되어 있기 때문이다. 힌두교의 암소 숭배자들에게는 너무 늙어서 송아지를 낳을 수 없거나 우유를 짤 수 없는 암소를 도살한다는 것은 늙은 어머니를 도살장에 보내는 것과도 같다(해리스, 1992: 56). 그들에게 성스러운 존재인 소의 고기를 먹는다는 것은 범죄이다. 따라서 그들에게 소의 고기를 먹지 못하게 만드는 것은 바로 '죄책감'이다.

둘째는 불확실함이 유발하는 '불안'과 '공포'이다. 이를 보여주는 것이 유대교의 돼지고기 금기이다. 구약성서의 식생활 계율에 따르면, 인간에게 먹는 것이 허용되는 동물은 새김질을 하는 동시에 발굽이 갈라져 있어야 한다. 돼지는 발굽이 갈라져 있지만 새김질을 하지 않기 때문에 먹어서는 안 된다. 마찬가지로 비늘과 지느러미가 있는 것이 물고기이기 때문에 비늘이나 지느러미가 없는 물에 사는 생물은 먹어서는 안 된다. 이를 구조주의적으로 해석하고 있는 메리 더글러스(Mary Douglas)에 따르면, 이처럼 분류체계에 맞지 않는 것은 불확실한 것이고, 그러한 불확실한 것을 먹는 것은 어떤 결과를 초래할지 모르기 때문에 위험한 것이며, 따라서 사람들에게 불안과 공포를 초래한다(더글러스, 1997).

셋째는 특정 음식에 부여된 '더럽다'는 의미가 유발하는 그리고 특정 음식의 혐오스러운 외양이 유발하는 '혐오감'이다. 이를테면 이슬람교도들은 돼지가 자신들의 배설물을 먹을 정도로 그 습성과 먹이가 더럽다는 이유로 돼지를 불결한 것으로 본다. 그리고 심지어 티베트에서는 혐오스러운 외양을 하고 있는 먹을거리를 먹지 않는 것을 넘어 닭이 혐오스러운 벌레를 먹는다는 이유로 닭을 '사악하고' '불결한' 것으로 본다(Simoons, 1961: 70). 따라서 돼지고기와 닭고기를 금기로 삼는 사람들은 그 음식뿐만 아니라 그 음식을 먹는 사람들에 대해서까지 경멸감과 혐오감을 가지기도 한다.

이처럼 음식 금기는 특정 음식의 영양학적 가치나 맛과는 무관하게 사람들로 하여금 그 음식에 감정적으로 접근하지 못하게 한다. 이처럼 음식 금기는 감각 없는 감정을 특징으로 한다. 하지만 금기 음식에 대한 감각적 접근이 주는 쾌락은 그 욕망의 유혹을 이기지 못하고 금기를 위반하게 하기도 한다. 이른바 '위반의 쾌락'(Falk, 1991)이 불안과 공포 그리고 혐오감을 넘어서게 하기 때문이다. 감각적 쾌락이 식재료에 대한 경외감을 넘어서지 못할 경우에는 죄책감으로 인해 금기가 계속되기도 하지만, 사람들은 극단적으로는 개종을 통해 '감정적 모순'을 해소하기도 한다.

지금까지의 논의가 종교를 기반으로 한 사회적·문화적 금기와 관련한 것이었다면, 그와는 무관하게 개인들도 금기 음식을 가지고 있고 또 새로운 금기 음식을 스스로 만들어내기도 한다. 이를 설명할 수 있게 해주는 유용한 틀이 제1장에서도 언급한 바 있는 '네오필리아(neophilia)'와 '네오포비아(neophobia)'라는 개념이다(Rozin, 1976). 네오필리아가 새로운 것을 좋아하고 추구하고자 하는 충동이라면, 네오포비아는 새롭고 낯선 것에 대해 두려워하여 거부하는 심리를 일컫는다. 음식과 관련해서 보면, 전자가 새로운 음식을 먹어보고 그 맛을 탐닉하고자 하는 성향이라면, 후자는 새로운 음식을 접하기를 기피하거나 거부하는 성향을 말한다.

개인에게서 금기 음식을 만들어내는 것이 바로 네오포비아이다. 네오포비아적 성향을 가진 사람들은 앞서 사회적 금기에서 언급한 혐오감이나 공포가 개인적으로 작동하는 탓에 그 음식을 먹을 엄두를 내지 못한다. 이들은 그러한 감정에 의해 특정 음식이 주는 감각적 즐거움과 쾌락을 경험하는 것을 사전에 차단당한다. 그렇기 때문에 네오포비아가 심한 경우에는 그 음식을 먹기보다는 차라리 굶는 쪽을 택한다. 몸 자체가 그 음식을 거부하기 때문이다. 한 심층 인터뷰 참여자에 의하면, 그의 동료

중 한 사람은 자신이 한 달 전에 먹었던 음식이 자신의 금기 음식인 개고기였던 것을 알게 되자 곧바로 토하기도 했다(권○○, 남, 44세, 회사원). 또 다른 서면 인터뷰 응답자는 싫어하는 음식(동물 내장과 발)은 냄새를 맡는 것은 물론 사진을 보는 것만으로도 인상이 확 찡그러진다고 말했다(박○○, 여, 40세, 사무직 종사자).

그렇다고 해서 네오포비아가 있는 사람들이 자신이 먹지 못하는 음식을 먹는 사람들을 혐오하거나 경멸하는 것으로 보이지는 않는다. 필자가 실시한 조사의 결과에 따르면, 어떤 사람은 자신이 먹지 못하는 음식을 먹는 사람들이 지닌 음식 감각을 부러워하기도 했고 그들을 용기 있는 사람으로 평가하기도 했다. 이처럼 강한 네오포비아를 지닌 사람들과 달리 약한 네오포비아를 지닌 사람들은 사회생활 속에서 인간관계를 유지하기 위해 불가피하게 또는 우연히 음식을 먹기도 했고, 의식적으로 그 음식을 먹음으로써 기존의 음식 감정을 떨치고 새로운 음식 감각을 가지게 되기도 했다. 열대 과일 중 많은 사람이 거부하는 두리안을 처음 먹고 난 다음의 감각과 그 후 다시 두리안을 먹고 나서의 감각을 이야기한 서면 인터뷰 응답자의 진술은 이를 아주 잘 보여준다.

그녀는 중국에서 두리안을 처음으로 먹었던 경험을 다음과 같이 기술했다.

> 두리안 특유의 고리한 향이 입안에서 코로, 다시 몸속으로 넘나들며, 실핏줄을 타고 도는 것 같았다. 내 몸에서도, 실내에서도, 푹푹 쏘아대는 그 냄새에 취하여 곧 질식할 것만 같았고, 아주 오랜 시간 동안 그 향내는, 나 자신이 어떤 외딴 감옥 속에서 '두리안 향의 형벌'을 받고 있다는 느낌이 들 정도였다.(이○○, 여, 60세, 주부)

그러나 그녀는 후일 과일 가게 앞을 지나며 두리안의 향에 알 수 없이 이끌려 두리안을 다시 먹고 두리안 마니아가 되었다고 말했는데, 그때의 느낌을 다음과 같이 기술했다.

> 처음에 경험했던 역겨움이 잠시 혀끝에 머물더니, 그 향내는 금세 오묘한 고소함으로 입안 가득 퍼졌다. 은은함이 목 안 깊숙이 넘어가는 순간, 매혹적인 그 느낌은 한동안 나를 황홀하게 해주었다. 통째로 서너 덩이 먹고 나니 온몸의 세포가 살아나고 있었다. 지금도 두리안을 생각하면, 아련한 그리움 같은 안개가 내 안 깊숙한 곳에서 아른거리며, 내 미각을 자극하곤 한다.

이러한 사례들은 필자의 주변에서도 발견할 수 있다. 피로 만든 순대를 먹지 못하다가 필자가 자주 찾는 순댓집에서 처음 그 음식을 접하고선 지금은 그 맛을 찾아 필자를 찾아오는 사람들도 많다. 그리고 한 서면 인터뷰 응답자는 이전에는 고수를 먹지 못했지만 "고수를 먹으면 동남아와 중국의 요리 절반을 정복한다는 말을 듣고 억지로 씹어 먹은 후 지금은 고수를 팍팍 넣어달라고 부탁할 정도로 좋아하게 되었다"라고 기술했다(박○○, 남, 38세, 사무식 송사자). 이저넘 음식 경험이 음식 삼성을 넘어 음식 감각으로 나아갈 수 있게 한다는 사실은 금기 음식이 대학생들보다는 일반인에게서 훨씬 적게 나타난다는 것에서도 알 수 있었다. 몇몇 학생은 자신도 더 어른이 되면 지금 먹지 못하는 음식도 먹을 수 있지 않겠는가 하는 기대감을 드러내기도 했다.

이처럼 개인적인 음식 기피 역시 선험적이며, 사람들은 감정에서 감각으로의 전환을 통해 음식 쾌락을 경험한다. 반면 네오필리아 성향을 가진 사람들은 새로운 음식을 찾아 끝없이 감각적 쾌락을 추구한다. 그러나 이들의 특징은, 우리가 제1장에서 살펴보았듯이, 역설적이게도 자신이 기대한 쾌락을 경험하지 못한다는 데 있다. 왜냐하면 그들이 상상한 쾌락을 현실이 그대로 만족시킬 수 없기 때문이다(캠벨, 2010: 78). 네오포비아를 벗어난 사람들이 자신이 새로 경험한 쾌락을 찾아 새로 경험한 그 음식을 찾는다면, 네오필리아 성향을 가진 사람들은 자신이 경험하지 못한 음식 쾌락을 찾아 끝없이 방랑한다.

나만의 음식 금기 만들기: 감각에서 감정으로

우리 대부분은 먹기 성향에서도 네오포비아와 네오필리아 사이의 어딘가에 위치한다. 하지만 최근 또 다른 경향이 발생하고 있다. 그것이 바로 자신이 이미 경험한 쾌락적 감각을 감정으로 억압하고 자신만의 음식 금기를 만들어내는 것이다. 여기에 속하는 사람들은 자신의 건강, 먹을거리 지식, 공정무역, 동물복지 등 다양한 이유에서 이미 먹고 있던 음식을 기피하거나 금지한다. 네오포비아적 성향의 사람들의 경우 음식 경험의 부재가 그 음식을 금기시하게 했다면, 이 새로운 경향을 추구하는 사람들의 경우에는 음식 경험이 유발한 감정이 그 음식을 금기시하게 한다. 이들이 자신만의 금기 음식을 만드는 이유는 다양하지만, 그들의 음식 소비를 지배하는 감정은 일반적인 음식 금기와 유사하다.

첫째는 현대인의 건강과 관련된다. 이 중 가장 직접적인 것이 식생활 관련 질병과 연관되어 있다. 음식은 신체 에너지의 원천이고 활력과 건강의 토대이기도 하지만 또한 질병 유발 물질이나 유기물을 몸으로 끌어들일 수도 있다(비어즈워스·케일, 2010: 264). 우리는 맛있게 먹은 음식으로 인해 알레르기 반응이 나타나기도 하고 체하거나 탈이 나기도 한다. 이 경우 우리의 몸은 그 음식을 거부한다. 이러한 반응은 생물학적 위험에 대한 중요한 안전장치일 수도 있다(Fischler, 1988: 282~284). 이때 우리가 갖는 감정은 불안과 공포이다. 이 음식 금기와 관련된 또 다른 사실은 음식이 신체 에너지의 원천이기도 하지만 과도한 에너지의 누적은 비만을 유발한다는 것이다. 날씬함이라는 문화적 이상이 지배하는 현대사회에서 비만의 '질병화'와 사회적 '비만 혐오증'은 몸의 이미지에 대한 불안과 자기 혐오감을 불러일으키고, 거식증을 유발하기도 한다. 필자의 서면 인터뷰 응답자들 가운데서도 더 이상 특정 음식을 먹지 않는 이유로 가장 많이 언급되고 가장 다양한 음식과 관련하여 언급된 것이 건강 및 다이어트와 관련된 것이었다.

둘째는 먹을거리에 관한 지식과 관련된다. 근대 먹을거리 체계의 특징은 그 먹을거리의 생산자, 생산과정, 그리고 조리환경을 알 수 없다는 것을 특징으로 한다. 하지만 최근 건강에 대한 관심이 증대하면서 먹을거리 지식과 관련한 출판물이 많이 간행되었고, 비위생적인 생산과정과 조리과정이 매스컴에 자주 노출되면서 특정한 먹을거리 및 음식에 대한 불신이 증폭했다. 이로 인해 대안 먹을거리 운동이 발생하는 등 먹을거리에 대한 신뢰를 회복하고자 하는 움직임이 있기도 했지만, 여전히 자신이 먹는 먹을거리에 대한 생산 및 유통 과정을 알 수 없다는 것은 '미지의 것'에 대한 공포를 유발한다(푸레디, 2011). 먹을거리와 관련된 사건이 발생한 이후에 특정 음식에 대한 소비가 감소한다는 것은 익히 알려진 사실이기도 하다(박형신, 2010). 서면 인터뷰에서는 일본 대지진 이후 아직까지 생선을 먹지 않는 경우도 보고되었다. 또한 육류의 도축 과정과 유통 실태를 알게 되면서 고기 먹기를 기피하고 있는 사례도 보고되었다.

셋째는 먹을거리 윤리와 관련된다. 앞서 언급한 먹을거리 지식이 주로 먹을거리 생산의 물리적 측면과 관련되어 있다면, 먹을거리 윤리는 먹을거리 생산의 사회적 과정과 관련된다. 이를 아주 잘 보여주는 것이 공정무역이다(리트비노프·메딜에이, 2007; 브라운, 2014). 제3세계의 아동 등 직접 생산자들의 고통을 대가로 하여 자신들이 먹을거리 쾌락을 즐겼다는 자각과 그로부터 결과하는 죄책감은 사람들로 하여금 달콤한 감각적 쾌락을 포기하고 '윤리적' 소비를 채택하게 했다. 비록 마케팅적 차원에서 이루어진 연구이기는 했지만, 여러 연구에서 실제로 한국의 소비자들은 공정무역 인증제품인 경우 그렇지 않은 제품보다 프리미엄 가격을 지불하고서라도 소비하려는 성향이 있음이 입증되기도 했다(이를테면 김민희·김민호·오한모, 2016; 홍나리·김인신, 2017). 이 음식 기피 유형은 우리의 서면 인터뷰에서는 전혀 나타나지 않았다. 이는 아마도 그 음식 자체를 기피하는 것이 아니라 대안적인 제품을 소비하기 때문에 이것을 자신의 음식 취향으로 인식하지 않기 때문인 것으로 보인다.

넷째는 생명윤리와 관련된다. 이는 음식이 생명의 유지에 필수불가결하지만 우리의 먹기 행위는 다른 유기체의 죽음과 소멸을 수반한다는 사실에서 발생한다(비이즈워스·케일, 2010: 264). 그간 동물은 고통을 알지 못하는 것으로 간주되었고, 그렇기 때문에 도덕적 고려의 경계 밖에 있는 것으로 간주되었다. 하지만 피터 싱어(Peter Singer)가 1975년에 자신의 책 『동물해방(Animal Liberation)』에서 '종차별주의(speciesism)'라는 용어를 제시하는 것과 함께 동물 학대의 충격적인 이미지와 증거들을 내놓으면서, 동물도 인간과 마찬가지로 고통과 쾌락을 느끼는 감각능력을 지닌 존재임을 밝혔는데, 이것은 우리 인간에게 충격을 주기에 충분했다. 특히 동물에 대한 인간의 폭정에 견줄 수 있는 것은 흑인에 대한 백인들의 폭정뿐이라는 싱어의 선언(싱어, 2012: 14)은 우리로 하여금 인간의 육식에 대해 성찰하게 한 것은 물론 그간 인간이 동물에 대해 행한 행동에 대한 죄책감을 불러일으켰고, 이것은 동물권리운동의 기폭제가 되었다(이에 대해서는 제8장에서 자세히 다룬다).

이러한 동물윤리적 음식 금기는 필자가 실시한 인터뷰에서도 일정 부분 나타났다. 좋아하는 소고기를 즐겁게 먹으면서도 소의 눈망울이 떠오를 때면 죄책감을 느낀다는 응답이 있는가 하면, 사적인 자리에서 한 응답자는 돼지를 잡는 아버지를 본 후 도살자의 이미지 때문에 돼지고기를 더 이상 먹지 못한다고 말했다. 그리고 다수의 서면 인터뷰 응답자가 죄의식 때문에 개고기를 더 이상 먹지 않게 되었다고 응답했다. 하지만 이러한 동물권리 의식을 가장 분명하게 대변하는 사람이 채식주의자임에도 불구하고, 이번 조사의 응답자 가운데 채식주의자는 포함되어 있지 않았다. 이 부분에 대한 논의는 다음의 연구로 미루어두고자 한다.

음식 미학 투쟁: 감각과 감정의 대립

감각과 감정, 그리고 맛

지금까지 살펴보았듯이, 개인의 음식 취향은 음식 감각과 음식 감정 사이에서 어떻게 자신의 금기를 만들어내는지를 통해 형성된다. 다시 말해 좋아하는 음식을 먹는 것이 아니라 싫어하는 음식을 먹지 않는 것을 축으로 하여 형성된다. 그렇다면 왜 같은 음식에 대해 어떤 사람은 맛있다고 느끼고 다른 사람은 맛없다고 느끼는 것일까? 필자는 맛 역시 감각과 감정의 조합에 의해 틀 지어진다고 본다.

하지만 감각은 사회학적 연구의 대상에서 감정보다도 더 금기시되어 온 주제이다. 단지 예외가 있다면 짐멜의 연구이다. 짐멜은 자신의 에세이 「감각의 사회학」에서 심리학적 현미경을 통한 감각에 대한 연구가 왜 사회학에서 필요한지를 다음과 같이 피력한다.

경험세계에 주어진 실제적인 사회적 삶은 전통적으로 사회과학의 인식대상이었던 객관화된 커다란 구조들로부터는 구성될 수 없다. 그럴 경우 사회적 삶은 수많은 다양한 시스템으로 분리되고 말 것이다. 그것은 마치 인간을 단지 분화되고 직접 인지될 수 있는 커다란 기관들로만 구성된 존재로 간주하고, 현미경에 의해서 비로소 모습을 드러낼 다양하고 복잡한 수많은 세포 내에서의 과정들은 생략하는 경우와 유사할 것이다. …… 본 연구는 우리가 감각기관을 통해 우리가 서로를 인지하고 서로에게 영향을 미치는 과정이 인간들의 공동체 삶, 다시 말해 그들 사이의 공존관계, 협력관계 및 적대관계에 대해서 어떤 의미를 가지는지를 다루고자 한다.(짐멜, 2005: 155)

이렇듯 짐멜은 인간의 생물학적 특성과 거리를 두고자 했던 여타 사회학자들과는 달리 인간 상호작용의 연구에 감각을 도입하고자 한다. 짐멜에 따르면, 인간의 관계 맺음에서 감각이 중요한 이유는 먼저 감각적 인상이 주체의 내부에 영향을 미치면서 유쾌함과 불쾌함의 감정을 불러일으키기 때문인데, 여기에서 인식해야 하는 또 하나의 중요한 사실은 누군가가 다른 사람의 감각 인상에 대하여 그 같은 감정으로 반응하는 것은 사실 그 사람 자체와는 무관하다는 것이다(짐멜, 2005: 156~157).

실제로 개인에 대한 감정은 보편 감각에 의해서가 아니라 개개인이 특정한 사람에 대해 갖는 감각 인상과 그 감각 인상들의 통일체에 의해 형성된다. 이를테면 누군가를 좋아한다는 감정은 어떤 사람의 외모(시각)만으로 결정되지 않는다. 아무리 외모가 출중하더라도 귀에 거슬리는 목소리(청각)는 그를 멀리하게 할 수 있고, 그에게서 나는 나쁜 냄새(후각)는 그를 더더욱 멀리하게 할 수도 있다(하지만 다른 사람에게는 그의 목소리가 거슬리지 않을 수 있고 그에게서 나쁜 냄새가 나지 않을 수도 있다). 이렇듯 긍정적 감각 인상들이 하나로 결합할 때 좋은 감정이 들고, 어느 하나의 감각이라도 부정적일 경우 나쁜 감정이 유발된다. 그리고 사람들은 그 좋고 싫음에 대해 스스로 의미를 부여한다. 사람들은 좋아함의 경우에는 대상이 주는 즐거움으로 인해 대상에 감정적으로 몰입함으로써 좋아하는 데 무슨 이유가 있냐고 반문하기도 하지만, 특히 싫어함의 경우에는 자신과 그 대상 간에 생기는 거리감으로 인해 유발되는 불편함 때문에 그리고 그 불편함을 해소하기 위해 자신이 그 대상을 싫어하는 이유를 제시하고 정당화하고자 한다.

음식 선호에서도 마찬가지의 감각과정이 작동하고, 그 결과 음식 감정이 발생한다. 사람들은 신체 감각들의 조화와 부조화의 정도에 따라 음식의 맛을 달리 느끼고 그 음식에 대해 감정적 의미를 다르게 부여한다. 특히 우리가 음식의 맛을 느끼는 데서는, 앞서 언급했듯이, 우리의 모든 감각이 작동한다. 우리는 눈으로 보기에 혐오스럽지 않고 향기도 좋고 식감이 좋을 때에야 즐거움을 느끼고 맛있다고 느낀다. 그러나 사과를 맛있게 먹다가도 자신의 이에 잘린 벌레를 발견할 경우 불쾌감을 느끼고 심지어는 토하기까지 한다. 그리고 같은 재료로 만든 음식이라고 하더라도 우리의 감각 중 어느 하나가 부정적 반응을 일으킨다면 그 음식을 입에 넣을 수 없게 되기도 한다. 폴 로진(Paul Rozin)에 따르면, 식사는 외부 물질을 몸 안에 넣는 위험한 행동이기 때문에 이처럼 특별한 감정을 불러일으키는 것은 당연한 것이다(벤더빌트, 2016: 35에서 인용).

아래에서는 이 감각들이 음식 맛의 지각에 어떻게 작동하여 음식 감정을 발생시키는지를 탐구한다. 하지만 미각은 다른 감각과 통합적으로 작동하므로, 다른 감각들, 즉 시각, 후각, 촉각과의 관계에서 논의한다. 소리 동물인 인간은 무엇보다도 청각을 자극하는 음식을 좋아한다고 알려져 있다. 이를테면 신선한 당근을 와삭와삭 씹는 기분 좋은 소리, 고기 구울 때 맛있게 지글거리는 소리, 시리얼을 먹을 때 나는 상쾌한 바삭거리는 소리는 우리의 식욕을 자극한다(애커먼, 2004: 210~211). 하지만 필자가 수행한 조사에서 청각은 개인들의 기호를 강화하는 데 작동하기는 하지만 그 반대의 경향을 드러나게 하는 요인으로는 나타나지 않아 논의에서 제외했다.

시각과 감정: 날것과 요리된 것 사이에서

다이앤 애커먼(Diane Ackerman)은 『감각의 박물학(A Natural History of the Senses)』에서 머리 정면에 똑바로 붙어 있는 인간의 눈은 '포식자의 눈'이라고 말한다(애커먼, 2004: 339). 사냥꾼을 연상시키는 이 지적은 우리 인간이 식탁에 고기를 통째로 올려놓고 먹던 방식에 대한 엘리아스의 묘사를 떠올리게 한다.

> 중세사회의 상류층에서는 종종 죽은 동물이나 동물의 커다란 부위 전체가 식탁 위에 올려졌다. 생선과 일부 조류 등 깃털까지를 포함하여 통째로, 토끼나 양도 한 마리 전체가, 송아지는 4등분하여 한 토막이 식탁 위에 차려졌다. 물론 사냥한 짐승고기나, 꼬치에 꿰어 통째로 구운 돼지나 황소 등은 말할 것도 없다. (엘리아스, 1996: 263)

엘리아스가 지적하듯이, 오늘날의 대부분의 사람은 자신이 식탁에서 직접 송아지나 돼지를 반 토막으로 자르거나 깃털로 장식된 꿩에서 고기를 잘라내야만 한다면, 또는 그 광경을 목격한다면 상당히 불쾌한 감정을 느낄 것이다. 엘리아스는 이처럼 혐오감을 일으키는 식사 원천들을 우리의 시야에서 멀어지게 하고 조리과정을 통해 그 형태를 변형시킴으로써 사람들이 그 동물성을 느끼지 않게 한 것을 '문명화 과정'으로 파악한다. 다시 말해 엘리아스는 혐오감을 느끼는 수준이 높아지는 것을 문명화가 이루어지는 과정의 하나로 파악한다.

필자가 수행한 조사에서도 응답자들은 식재료가 그것이 동물성임을 직접적으로 드러내거나 연상시킬 경우 그것에서 느끼는 혐오감과 거부감 때문에 특정 동물을 음식으로 받아들이지 못했다. 특히 거부감을 보이는 경우가 날것이 음식으로 제공될 때였다. 어떤 사람은 요리된 고기에 대해서는 거부감이 없으면서도 육회나 생선회에 대해서는 혐오감을 느꼈다. 사람들은 날것이 방금 전까지 살아 있던 생물체의 일부라는 점에서뿐만 아니라 날고기의 색깔, 즉 붉은색이 피를 연상시키기 때문에 거부감을 느꼈고, 덜 익은 고기에서 얼핏 비치는 핏기에서도 심한 혐오감을 드러냈다. 김이태는 소설「식성」에서 그러한 감정 상태를 다음과 같이 표현한다.

> 언니는 …… 고기 한 덩어리를 얹어 같이 익기가 무섭게 가위로 대강 잘라 먹기 시작했다. 나는 입맛이 완전히 가시는 것과 같은 느낌이었다. 그냥 가볍게 양념된 돼지갈비를 먹는 것뿐인데 그녀에게서는 그런 짐승의 냄새가 났다. 완선히 굽히시노 않은 채 늠성늠성 입안으로 늘어가며 그녀의 볼을 발그레하게 만드는 저 육질. 통닭 다리에 털이 그대로 붙어 있는 것처럼 불결해 보였고 구역질나는 느낌을 자극했다. (윤명희, 2004: 107에서 인용)

위 인용문에서 강조되는 것은 익지 않은 고기에서 배어나오는 불그스레한 핏물이 주는 구역질나는 혐오스러운 감정 상태이다. 여기서 거부감의 근원은 날것이기보다는 피를 상징하는 붉은색이다. 잘 요리된 고기에서 나오는 갈색의 액체나 '즙'보다도 붉은 빛으로 남아 있는 피의 표시가 그 고기의 출처가 온혈동물이었음을 보여주는 강력한 표지이기 때문이다(럽턴, 2015: 235).

실제로 서면 인터뷰에서도 붉은색이라는 이유로 육회를 먹지 않는 사람이 흰색의 생선회는 싱싱하다고 인식하고 아무런 죄책감 없이 즐기는 경우도 있었다(이○○, 여, 22세, 학생). 하지만 그 응답자는 연어회는 주황색깔이 왠지 모를 거부감을 주기 때문에 먹지 않는다고 기술했다. 또 다른 여학생은 육회의 붉은 색이 육회를 먹는 것을 거부하게 하지만 돼지고기는 "완전 빨간색이 아니라 분홍기가 도는 색상이라서 불판에 올려지면 좋다"라고 응답하기도 했다(이○○, 여, 22세, 학생). 그리고 육회를 즐기는 사람들은 육회를 붉은 색이 아니라 선홍색이라고 표현하고, 그 색깔이 식욕을 자극한다고 기술하기도 했다(박정배, 2015: 78~114).

이 음식 거부에서 중요한 것이 바로 피와 그 붉은 색이 상징하는 생명이다. 그러나 음식에서 피와 살은 전혀 다른 의미를 부여받기도 한다. 롤랑 바르트는 『현대의 신화(Mythologics)』에서 비프스테이크에 대해 다음과 같이 묘사한다.

> 비프스테이크는 포도주와 동일한 피의 신화학에 속한다. 그것은 고기의 중심이고 순수 상태의 고기이다. 그것을 먹는 사람은 황소의 힘을 제 것으로 만든다. 명백히 비프스테이크의 명성은 그것이 거의 날것이라는 점에서 기인한다. 거기에서 피는 눈에 보이고 자연스럽고 농도가 짙으며 밀도가 높은 동시에 자를 수도 있다. 우리는 이러한 종류의 묵직한 물질에서 고대 신들의 양식을 상상할 수 있는데, 그 물질은 인간의 핏속으로 넘쳐흐르게 되는 그 조형성과 그 근원적인 힘을 동시에 생생히 느끼도록 이빨 아래에서 잘게 썰려 나간다. 피가 보이는 것은 비프스테이크의 존재 이유이다. …… 따라서 피가 흐르는 스테이크를 먹는다는 것은 하나의 본성인 동시에 윤리

이다.(바르트, 1997: 107)

실제로 붉은 고기가 요리 및 음식물 문화에서 갖는 지위와 힘의 위계는 실로 막강했다. 줄리아 트위그(Julia Twigg)에 따르면, 붉은 고기가 그처럼 높은 위치에 오른 것은 그 고기에 피의 함량이 많기 때문이며, 붉은 고기에 힘과 매력이 부여되는 것은 바로 피가 가진 강력한 상징적 의미 때문이다(Twigg, 1979: 17). 피는 사람과 동물의 특별한 정수를 담고 있는 것으로 파악되며, 생식력, 강인함, 공격성, 남성성과 연관되어 있다(비어즈워스·케일, 2010: 362~363). 필자의 인터뷰 응답자 중에서 소고기를 즐기는 사람들 역시 거의 동일한 느낌과 감정을 드러냈다. 특히 남성들이 이와 관련하여 에너지, 힘, 강자, 야생 등을 언급했다. 반면 여성들은 붉은 고기가 상징하는 남성성과는 반대로 덜 익은 고기의 부드러움, 즉 그 질감에 끌렸다. 다시 말해 좋아하는 이유가 시각적이기보다는 촉각적이었다.

이처럼 동물의 살과 피가 갖는 상징성(즉, 생명)을 둘러싼 의미 투쟁, 즉 죽임과 새로운 생명의 탄생과 유지를 둘러싼 의미 대결이, 생명윤리가 부각되고 있는 오늘날과 같은 시대에도, 여전히 음식 취향을 형성하는 데서 수요한 죽이 되고 있음은 분명하다. 그리고 축산물의 포장과 요리방식이 음식과 생명체 간의 직접적인 관계를 은폐하는 방향으로 발전해 왔지만, 요리된 음식이라고 하더라도 그 음식의 출처를 완전히 숨길 수 있는 것은 아니었다. 요리된 음식이라고 하더라도 생물체의 원형을 그대로 유지하거나 생물체의 일부임이 시각적으로 분명하게 드러날 때에는 거부감을 보이는 경우가 많았다.

이를테면 한 학생은 순살 치킨은 즐겨 먹으면서도 "닭백숙과 삼계탕은 닭의 모양이 적나라하게 드러나고 닭 껍질은 혐오감을 준다"라고 응답했다(정○○, 여, 23세, 학생). 또한 생선의 경우 머리가 제거되지 않고 나오면 살아 있는 물고기를 연상시켜 거부감을 가지는 경우가 있었다. 그 응답자는 생선의 눈과 자신의 눈이 마주쳤을 때 특히 당혹감을 드러냈다(김○○, 남, 25세, 학생). 또 다른 학생은 산낙지의 경우 음식임에도 불구하고 여전히 살아서 움직이는 근원적인 형태를 띠고 있어서 거부감을 더욱 많이 느끼는 것 같다고 진술했다(황○○, 여, 22세, 학생).

또한 동물의 내장과 발(족발, 닭발)에 대해서도 역시 같은 이유에서 커다란 거부감을 드러냈다. 럽턴이 호주에서 실시한 인터뷰에는 이를 적나라하게 보여주는 사례가 존재한다.

> 그것은 구역질이 나요. 그리고 내장을 먹는다는 생각만으로도 그래요. 내가 말하고자 하는 것은, 그러니까 간과 콩팥은 콩팥을 통과하는 물질과 같은 것이라는 거예요. 그것은 콩팥을 통과한 후에 소변으로 배출돼요. 그것은 정말 구역질나요. 콩팥의 냄새를 맡을 때 심지어 소변 냄새를 맡을 수도 있어요. 그리고 간의 냄새조차 …… [그런 음식을 억지로 먹을 때 나는 토할 것만 같아요.(럽턴, 2015: 234)

위의 인용문은 그 이유를 후각적으로 표현하지만, 시각적으로는, 럽턴의 지적처럼, 그것들이 살아 있던 동물의 일부임을 눈으로 쉽게 식별할 수 있기 때문이다(럽턴, 2015: 233). 럽턴이 채식주의자가 된 한 여성과 나눈 인터뷰는, 아래에서 논의할 후각과도 관련되어 있기는 하지만, 시각이 음식 취향에 미치는 영향을 분명하게 보여준다.

> 돼지의 족은 요리할 때 매우 구역질나는 냄새가 났어요. 그것은 정말 연분홍색이고 살 같았어요. 그리고 그것은 정말로 돼지의 발처럼 보였어요. 불

쑥 올라와 있는 작은 발들, 알죠. 나는 그것이 발이었다는 것을 생각조차 할 수 없어요. 아마도 그것이 내가 고기를 먹지 않는 이유일 거예요. 오우, 그것은 정말로 혐오스러워요.(립턴, 2015: 243)

이는 필자의 조사에서도 분명하게 드러났다. 특히 한 여성 취업 준비생은 "족발은 돼지 다리 살을 잘라 놓아 돼지 발 모양이 덜 선명하지만, 닭발의 경우에는 진짜 닭의 발이라는 것이 너무나도 선명하여 먹을 수 없다"라고 말하기도 했다.

동물의 내장과 발 이외에도 그 자체로 혐오스러운 모습을 하고 있는 것들 역시 심한 거부의 대상이 되는 경우가 많았다. 특히 눈으로 그 형태를 쉽게 알 수 있는 벌레(번데기 포함)로 만든 요리나 징그럽다고 생각되는 해산물들(해삼, 개불, 장어)로 만든 음식은 조리된 경우라고 하더라도 혐오의 대상이 되었다. 이처럼 시각적으로 느끼는 혐오감은 그 음식을 체내화하는 것을 거부하게 만들었다.

하지만 혐오스러운 식재료로 만든 음식을 먹지 않는 사람들은 자신은 그 음식에서 불쾌감을 느끼더라도 그것을 먹는 사람들을 혐오하기보다는 그들에 대해 '대단하다', '용감하다', '부럽다'고 표현하는 경우가 종종 있었다. 우리는 여기서, 응답자들이 직접 드러내지는 않았지만, 또 다른 의미 부여의 대립을 발견할 수 있다. 바로 소심함과 용감함의 대립이다. 실제로 다른 사람들이 혐오스러워하는 음식을 먹는 것은 당혹, 경멸, 혐오를 불러일으키고 그 행위를 야만적으로 바라보게 할 수도 있지만, 그것을 먹는 사람이 용기 있고 모험적이라는 인상을 줄 수도 있다. 현재의 의미 부여는 후자 쪽으로 이동하고 있는 것으로 보인다. 립턴에 따르면, "그러한 먹기에서는 음식이 역겨우면 역겨울수록, 식도락적으로 용감하고 모험적이라는 이유로 더 많은 점수를 얻는다. 어쨌든 그러한 음식을 주문하여 먹을 수 있는 능력은 자기통제의 극단을 상징하며, 일반적으로 받아들여지는 규범과 그 자신의 몸을 자신이 지배하고 있다는 것을 그것[그러한 먹기]의 매우 관례 위반적인 성격을 통해 입증한다"(럽턴, 2015: 250).

이러한 모험적 식도락이 요리의 세계를 확장하고 사람들의 음식 취향을 확대한 것도 사실이다. 이를테면 과거에 장어나 아귀는 징그럽게 생겼다는 이유로 버려지던 생선이었지만, 그리고 지금도 그러한 이유에서 여전히 기피하는 사람도 있지만, 현재 주요한 요리 재료로 대접받고 있다. 그러나 이처럼 단순한 시각적 혐오스러움이 미식과 건강의 이름으로 극복되기는 하지만, 혐오감과 미식 간의 의미 부여 투쟁은 계속될 것으로 보인다.

후각과 감정: 탈취와 착취 사이에서

짐멜은 후각과 관련하여 다음과 같이 언급한다.

> 우리는 무언가 냄새를 맡으면서 그것이 주는 인상이나 그것이 발산하는 객체를 우리 안으로 깊숙이, 곧 우리의 중심으로 끌어들이며, 이를 호흡이라는 생명 과정을 통해서 …… 다른 모든 감각에서는 불가능할 정도로 우리 자신과 매우 밀접하게 동화시킨다. 누군가의 몸에서 나는 냄새를 맡는다 함은 그를 가장 내밀하게 인지하는 것이다. 그는 말하자면 기체의 형식을 통해서 우리의 감각적이고 가장 내면적인 존재로 들어오는 것이다. 그리고 후각 인상들 일반에 대한 예민성이 점차 증가함에 따라서 이들 인상에 대한 선택과 거리가 생겨날 수밖에 없다. 이 선택과 거리는 어느 정도 현대인의 사회학적 신중함을 위한 감각적 토대들 가운데 하나를 구성한다.(짐멜, 2005: 173)

짐멜의 이러한 지적은 우리가 왜 음식을 먹는 데서도 그 냄새에 끌리거나 그 냄새 때문에 음식을 혐오하게 되는지를 잘 보여준다. 이를테면 우리는 쇼핑몰에서 빵과 비스킷 굽는 냄새에 유혹되기도 하고, 길을 가다가 음식점에서 나는 고기 삶는 냄새에 역겨워하기도 한다. 우리는 바로 이 냄새 때문에 음식을 좋아하기도 하고 싫어하기도 한다. 아마도 향 때문에 우리가 즐기는 것 중의 하나가 커피일 것이다. 커피는 우리에게 위험을 알리는 쓴맛을 내지만, 우리는 그 향의 유혹을 견디지 못해 커피를 즐겨 마신다.

하지만 우리가 즐겨 먹는 음식의 재료들이 꼭 좋은 냄새를 내는 것은 아니다. 대부분의 사람은 고기의 누린내와 생선의 비린내를 싫어한다. 우리가 음식을 만든다는 것은 불쾌한 감정을 유발하는 불편하거나 싫은 냄새를 제거하고 즐거운 감정을 유발하는 좋은 냄새를 가미하는 과정이다. 그리고 우리는 그 가미된 냄새를 음식의 맛으로 인식한다. 왜냐하면 음식은 우리가 그 음식을 맛보기도 전에 호흡을 통해 우리의 내부로 들어와 감정을 유발하기 때문이다. 따라서 우리가 '맛'이라고 부르는 것은 사실은 '냄새'를 의미한다고 말해진다(애커먼, 2004: 29). 그러나 반대로 우리가 음식의 냄새를 우리의 감각기관을 통해 거부할 수 없기 때문에(다시 말해 우리는 혐오스러운 음식을 눈을 감고 먹을 수도 있고 또 그 음식 재료의 시각적 혐오감을 제거하여 우리의 인식 세계를 교란시킴으로써 그 음식이 주는 불쾌감을 줄일 수 있지만 코를 막고 계속해서 음식을 먹을 수는 없기 때문에) 냄새는 음식에 대한 호오를 형성하는 데서 결정적이다.

그런데 음식 냄새에 대한 사람들의 반응이 천차만별이라는 데 문제가 있다. 앞서 언급했듯이, 요리의 과정이 탈취와 착취의 과정임에도 불구하고, 사람들은 조리과정과 음식에서 나는 냄새에 대해 전혀 다르게 반응한다. 이번 조사에서도 사람들은 일반적으로 요리되는 과정에서 재료 특유의 냄새가 제거되고 나서 첨가제를 통해 새롭게 발생하는 냄새를 좋아했다. 그리고 심지어는 첨가된 냄새를 그 음식 자체의 냄새로 생각하기도 했다. 하지만 날것을 특히 좋아하는 사람들은 고기의 누린내와 생선의 비린내를 제거하기 위해 양념과 향료를 첨가하는 과정을 원재료가 오염되는 것으로 파악하고, 날것을 순수한 것으로 인식했다.

이를테면 육회를 좋아하는 사람들은 육회에서 "소고기 살의 '향'이 난다"라고 표현하는가 하면(고○○, 남, 25세, 학생), "육회의 향을 오래 즐기기 위해 입안에 최대한 머금는 것을 좋아한다"라고 답했다(김○○, 남, 25세, 학생). 생선회를 좋아하는 한 사람은 생선회를 순수하다는 의미에서 '신의 음식'이라고 표현하기까지 했다(김○○, 남, 25세, 워홀러). 그리고 또 다른 응답자는 "육회, 삼겹살이나 목살구이 등은 고기 그 자체를 느낄 수 있지만 양념된 고기는 그 고기의 맛과 향을 방해한다"라고 지적했다(박○○, 여, 25세, 학생). 특히 양고기를 애호하는 한 사람은 "선입견을 내려놓고 양고기의 향 자체를 즐기게 된다면 그때는 '누린내'가 아니라 '향기'로 느껴질 것"이라고도 말했다(류○○, 남, 24세, 학생). 반면 날것을 먹지 않는 사람들에게는 날것이 누린내와 비린내 그 자체였고, 고기와 생선을 싫어하는 사람들은 요리된 고기에서도 여전히 누린내와 비린내가 난다고 역겨워했다.

반면 요리화되는 과정에서 더 격한 혐오감을 유발하는 음식도 있다. 이른바 삭힌 음식들이다. 그중에서도 사람들의 호오가 분명하게 갈리는 음식이 홍어이다. 이와 유사한 음식이 그린란드상어 고기를 발효시켜 만드는 '하칼'이라는 아이슬란드 음식이다. 하칼은 홍어와 마찬가지로 발효 과정에서 생성되는 암모니아 냄새로 악명 높다. 한 유명 요리사는 하칼을 "단일 음식으로는 가장 역겹고 끔찍한 맛이 나는 최악의 음식"이라고 말했고, 한 여행 채널의 사회자는 "지금까지 살아오면서 먹었던 것 중 가장 끔직한 것들이 떠올"랐지만 그럭저럭 먹을 만했다고 평했으며, 한 요리사이자 방송인은 하칼을 먹다가 뱉어냈다고 한다(매쿼이드, 2017: 220).

홍어에 대한 응답자들의 반응도 대체로 마찬가지였다. 한 응답자는 "여름철 화장실에서 밥을 먹는 듯한 심각한 불쾌감을 느낀다"고 답한 반면(김○○, 여, 26세, 취업준비생), 홍어회와 홍어무침은 먹지만 홍어찜, 홍어애탕, 홍어튀김 같은 냄새가 더 강한 음식은 먹지 못하는 경우도 많았다. 특히 홍어를 전혀 먹지 못하는 사람들은 홍어 음식을 발효된 음식이라기보다는 부패한 것, 즉 썩은 것으로 보는 경향이 강했다(박○○, 남, 29세, 스타트업 종사자).

반면 온라인 공간에서 필자가 발견한 홍어 예찬론자들은 홍어의 냄새와 맛을 이렇게 평가하고 있다. "홍어의 진가는 고약한 향취이다. 처음에는 코끝이 찡하고 다음에는 입안이 상쾌하고 끝맛은 청량하다. 퀴퀴한 암모니아 냄새가 코를 통해 뇌 속으로 파고들면 처음 먹어본 사람들은 '즐거운 고통'을 경험하게 된다. 하지만 이 맛에 길들여지면 입맛이 향기를 쫓게 되고 '별스러운 중독성'에 다시 찾는다"(http://cafe.daum.net/tnghtls69/I377/257?q=%ED%99%8D%EC%96%B4%EC%98%88%EC%B0%AC). 따라서 "적당히 삭힌 홍어는 '오랜 친구'이고"(http://www.lrclub.com/bbs/vx2.php?id=nikon_d1_forum&no=985024&category=4), "홍어의 곰삭은 살덩어리는 살아 있는 살덩어리이다"(http://cafe.daum.net/chso32/9DRt/180?q=%ED%99%8D%EC%96%B4%EC%98%88%EC%B0%AC).

사실 홍어를 즐기는 사람들은 그 식감 때문에 냄새를 잊는 것으로 보인다. 왜냐하면 한 응답자의 경우 "암모니아 냄새가 좋아서 홍어를 먹는 걸까? 참으로 신기하다"며 이의를 제기하지만(하○○, 여, 45세, 주부), 다른 응답자는 "씹는 맛이 일품이어서 홍어를 즐긴다"고 말하기 때문이다(그러나 이 응답자는 "미역 줄기는 비린내 때문에 그 근처에도 가지 않는다"고 말한다)(박○○, 남, 38세, 사무직 종사자). 한 음식평론가의 지적대로, "홍어는 맛으로 먹는 음식이 아니라 식감으로 먹고 그 역한 암모니아 냄새를 박하향으로 바꾸어가며 먹는 음식"인지도 모른다(박정배, 2013: 228).

냄새 때문에 호불호가 갈리는 야채와 과일 중 대표적인 것이 오이와 두리안이다. 두리안에 대해서는 앞에서 논의한 바 있으므로 여기서는 오이에 대해서만 논의하기로 한다. 오이는 서양에서는 아이들의 식생활 교육에서 식습관을 들일 때 꼭 등장하는 음식이며, 우리의 경우에도 인터넷 상에 '오이를 싫어하는 사람들의 모임'이 여럿 있을 정도로 취향이 크게 갈린다. 오이를 좋아하는 사람들은 "오이처럼 시원하고 아삭한 향 좋은 야채"(박○○, 여, 29세, 타투이스트)를 왜 안 먹는지에 대해 의아해 하지만, 오이를 싫어하는 사람들은 오이에서 나는 비린내를 혐오스러워할 정도로 싫어한다. 한 응답자는 오이가 들어간 모든 음식은 '오이화'되었다고, 즉 오염되었다고 생각하고, "오이가 세상에서 사라져버렸으면 좋겠다"고 말한다. 그러나 이 응답자는 일반적으로 더 많은 비린내를 풍기는 생선은 아주 좋아했다.

이렇듯 사람들은 동일한 음식에서 서로 다른 냄새를 맡고서 그 음식을 좋아하기도 하고 싫어하기도 한다. 왜 그런지 이유를 알 수는 없지만, 이상의 논의에서 우리는 우리가 음식과 그 냄새에 부여하는 의미에서 순수와 오염이 대립하고 있음을 발견할 수 있다. 다시 말해 사람들은 순수한 것으로 생각하는 음식을 좋아하며, 오염된 것으로 생각하는 음식은 먹지 않는다. 코르뱅(Corbin, 1986: 5)에 의하면, 고약한 냄새는 썩음과 불결함을 의미하고 따라서 몸에 위험한 것이다. 그렇기에 그러한 음식을 무분별하게 체내화하는 것은 자신을 오염시키는 것이다(Fischler, 1988: 281). 따라서 음식 취향의 차이는 거의 극복할 수 없는 차이로 인식되고, 심지어는 상대방을 적으로 취급하게 하기도 한다. 우리는 자신이 싫어하는 집단을 음식에 빗대어 경멸적으로 표현하는 데서 이를 알 수 있다(이를테면 프랑스인들이 개구리 다리를 식용으로 먹는다고 프랑스 사람들을 '프로그(frog)'라고 부르는가 하면, 우리 사회에서도 어떤 사람들은 특정 지역 사람을 '홍어'로 지칭하여 눈살을 찌푸리게 하기도 한다).

촉각과 감정: 경계적인 것에 대한 거부

음식 자체의 속성과는 무관하게 사람들의 음식 취향을 결정짓는 중요한 차원이 촉감이다. 찰스 다윈(Charles Darwin)의 『동물과 인간의 감정 표현(The Expression of the Emotions in Man and Animals)』에 등장하는 다음과 같은 기술은 촉감이 어떻게 음식 감정을 유발하는지를 아주 잘 보여준다.

> 야영지에서 내가 먹고 있던 냉동고기를 손가락으로 툭 만져보던 티에라델프에고의 한 원주민은 그 고기의 물컹함에 혐오감을 드러냈다. 반면 나는 그의 손이 더럽지 않았는데도 벌거벗은 원주민이 만진 고기에 혐오감이 느껴졌다. 수프 자체는 혐오감을 줄 이유가 없지만 수염에 수프가 묻어 있는 모습은 혐오감을 주기에 충분하다.(다윈, 2014: 286)

이 인용문에서 다윈은 자신의 음식이 원주민과의 접촉에 의해 오염되었다는 생각에 혐오감을 느끼지만, 필자가 여기서 더 주목하는 것은 원주민이 다윈이 먹던 고기의 물컹함에서 느낀 혐오감이다. 사람들은 동일한 식재료와 음식에서도 서로 다른 식감 내지 질감을 느끼고 그 감각에 따라 호불호가 갈린다. 왜냐하면 우리의 입이 외부 물질을 감별하고, 그 감각에 의거하여 우리가 그 물질에 우리의 감정을 담기 때문이다. 그간의 경험적 연구에 따르면, 부드럽고 매끄럽거나 뽀송뽀송한 질감의 감각은 즐거움을 가져다주는 경향이 있지만, 흐물거리고 끈적거리고 미끈거리는 질감의 물질은 빈번히 극심한 불쾌감과 혐오감을 유발한다(럽턴, 2016: 67; 럽턴, 2015: 215~225; Miller, 1997: 60~64).

이는 필자의 서면 인터뷰에서도 분명하게 드러났다. 생선회를 좋아하는 한 학생은 "신선한 회가 가지는 식감은 언어로 표현하기 어려울 것 같다"라고 말하기도 했지만(이○○, 남, 24세, 학생), 사람들은 대체로 좋아하는 음식의 식감은 '쫄깃하다'(육회, 생선회), '쫄깃하고 탱탱하다'(굴·조개 등의 구이), '쫀득쫀득하다'(대게), '아삭아삭하다'(야채) 등으로 표현한 반면, 싫어하는 음식의 식감은 '물컹물컹하다'(생선회, 생굴, 해삼, 멍게 등), '미끌미끌하다'(삼계탕 속의 닭 껍질, 생선회, 해삼, 멍게), '물컹물컹하고 미끌미끌하다'(가지, 버섯), '흐물흐물하다'(멍게, 가지), '끈적끈적하다'(해삼, 멍게) 등으로 표현했다.

앞의 진술에서도 알 수 있듯이, 흥미로운 사실은 같은 음식에 대해서도 좋아하는 사람과 싫어하는 사람이 느끼는 식감이 전혀 다르다는 것이다. 즉, 날 음식(육회, 생선회)을 좋아하는 사람들은 그 식감을 쫄깃하다고 표현하는 반면, 날 음식을 싫어하는 사람들은 그 식감을 물컹하다거나 미끈거린다고 표현한다. 그리고 같은 사람이라고 하더라도 유사한 범주의 식재료에 대해 자신이 좋아하는 재료와 싫어하는 재료에서 전혀 다른 식감을 느낀다. 이를테면 한 응답자는 생선회에 대해서는 "쫄깃하고 신선한 맛에 건강해지는 느낌"이라고 말하지만, 육회에 대해서는 "미끈거리고 기생충이 생각나서 먹지 못한다"라고 답했다(하○○, 여, 45세, 주부). 다른 응답자들은 생선회는 "쫄깃하고 깔끔해서 좋아하"지만 굴, 조개, 홍합, 꼬막 등의 패류는 "물컹한 식감이 싫고 비린내가 나서 싫어한다"라고 답했다(이○○, 여, 24세, 학생; 강○○, 남, 39세, 회사원). 반대로 한 여성 응답자는 회는 혀에 닿는 느낌이 물컹해서 불쾌하지만, 산낙지, 조개, 새우, 굴 등은 식감이 쫄깃해서 좋다고 답했다(박○○, 여, 31세, 대학원생).

사람들이 동일한 음식에 대해 왜 서로 다른 식감을 느끼는지를 사회과학적으로는 알 수 없을지도 모른다. 하지만 우리는 물컹거리거나 흐물흐물하고 미끈거리는 것을 싫어하는 이유는 알고 있다. 기존의 연구에 따르면, 두 가지 이유를 들 수 있다. 첫째는 그러한 것들이 애매모호한 상태의 것, 즉 고체와 액체 사이의 반반의 상태이고(Falk, 1991: 781), 너무나도 불확정적이어서 안심하고 먹을 수 없기 때문이라는 것이다(Visser, 1991: 311). 다시 말해 그러한 물질은 애매하여 무엇인지 알 수 없는 의심스러운 것이며, 따라서 메스꺼움과 토하고 싶은 충동과 함께 불안과 불쾌감을 유발한다는 것이다. 이는 이번 조사에서도 익힌 당근의 경우 "식감이 아삭한 것도 아니고 물렁한 것도 아닌 애매한 느낌이라서 싫다"는 답변이나(이○○, 남, 28세, 원전 엔지니어) 단호박이나 단팥죽이 "애매한 단맛이라서 싫다"는 답변으로 나타났다(권○○, 남, 26세, 학생). 그리고 물컹거리거나 미끈거리는 음식을 모르고 먹었을 경우 빨리 뱉고 싶다거나 토할 것 같았다는 답변도 이를 입증해 주었다.

둘째는 '미끈미끈한', '물컹한', '끈끈한', '흐물흐물한'과 같은 형용사는 고체도 아니고 액체도 아닌, 즉 체액의 질감을 갖는 경계 음식에 적용되는 것으로(럽턴, 2015: 222), 그러한 농도의 물질들은 또한 침, 정액, 배설물, 고름, 가래, 구토물 같은 오염되어 있는 것으로 간주되는 육체의 액체를 연상시키기 때문에 싫어한다는 것이다. 필자의 조사에서도 한 응답자는 굴이나 조개구이를 먹을 경우 그것들의 흐물흐물한 식감으로 인해 "음식을 먹는 건지 콧물을 먹는 건지 의심이 들 정도로" 느낌이 싫다고 말했다(이○○, 남, 28세, 원전 엔지니어). 럽턴에 따르면, 사람들이 그러한 음식에 혐오감을 느끼는 것은 그러한 음식이 우리의 몸을 더럽히고 따라서 자아의 고결성과 자율성에 위협을 가한다고 생각하기 때문이다(럽턴, 2015: 221).

하지만 럽턴은 모든 문화에서 미끈미끈한 또는 물컹물컹한 질감을 혐오하는 것은 아니라고 말한다(럽턴, 2015: 225). 일본인들은 미끈거리는 질감의 음식이나 끈적끈적한 음식을 특히 좋아하고, 서구문화에서도 자주 먹고 즐기는 음식 - 특히 어린아이와 환자에게 제공되는 음식 - 중에서 끈적끈적한 것, 물컹물컹한 것, 미끈미끈한 것이 공히 발견된다는 것이다. 럽턴은 이들의 경우에 그러한 음식의 명성이나 인지된 영양가 또는 단순한 습관, 그리고 어린 시절부터 그 음식들이 야기한 기분 좋은 맛이나 즐거운 감정과 감각이 혐오를 압도할 수도 있다고 말한다. 그러나 필자가 인터뷰를 통해 수집한 자료에 견주어 볼 때, 그들이 물컹거리고 미끈거리는 음식을 좋아한다는 것은 제3자나 이방인의 시각에서 바라본 것일 뿐이고 그들은 실제로는 그러한 음식들의 질감을 다르게 (이를테면 부드럽다고) 느낄 것이 틀림없어 보인다.

'미식'과 '윤리적 먹기' 간의 대립: 어디로 가고 있는가?

지금까지의 논의에서 볼 수 있듯이, 개인들의 먹기는 매우 사적이고 주관적일 뿐만 아니라 대립적이기도 하다. 그럼에도 불구하고 그들의 먹기 취향에는 그들 나름으로 해석된 사회적·문화적 의미가 각인되어 있으며, 서로 다른 취향을 가진 사람들이 벌이는 의미 부여 투쟁 역시 분명하게 드러난다. 왜냐하면 음식은 체내화되어 자신과 동일한 것이 되는 까닭에 개인들의 음식 취향은 쉽게 바뀌지 않고 또 바꿀 수도 없기 때문이다. 따라서 어떤 사람이 자신과 음식 취향이 같지 않다는 것은 그가 적

(敵)임을 의미한다고 보기도 한다. 실제로 몇몇 문화권에서는 '적'에 해당하는 낱말을 풀어보면 글자 그대로 '입맛이 다른 사람'을 뜻하기도 한다(앨런, 2005: 113).

그러나 필자가 조사한 결과를 놓고 볼 때, 음식 취향을 둘러싼 의미 투쟁은 내부 투쟁에 머무를 뿐 겉으로는 잘 드러내지 않는 '조용한 투쟁'인 것으로 보인다. 필자는 조사에서 음식 취향을 둘러싸고 실제로 갈등이 있었는지, 그리고 먹지 않거나 싫어하는 음식을 회식 자리 등에서 공동으로 먹게 될 경우 어떻게 대처했는지를 물었다. 응답자들은 함께 식사하는 자리에서 타인의 음식 취향을 배려하지 않는 사람에 대해 '이기적이다', '자기중심적이다', '고집이 세다', '독선적이다' 등으로 표현하고, 매너가 없는 "같이 식사하고 싶지 않은" 사람이라고 말했다. 이러한 점에서 응답자들은 "자신이 먹는 음식과 같은 것을 먹지 않으면, 그 사람은 적"(앨런, 2005: 113)이라는 의미를 드러낸다고 볼 수도 있다.

하지만 사회생활에서 '함께 먹기'를 하는 상황에서 취향의 차이로 인해 직접적인 갈등이나 다툼이 일어난 경우는 우리의 조사에서는 보고되지 않았다. 반면 전기적 배경이 같아서 취향 역시 같거나 유사할 것으로 예상되는 가족 내에서는 부모나 형제·자매들 간에 갈등이 일어난 경우가 보고되었다. 한 응답자는 자신이 먹지 않는 음식을 편식이라는 이름으로 억지로 먹게 하는 것 — 당사자에게는 단지 음식 취향일 뿐인데 — 은 폭력이나 다름없다고 보고했는가 하면(박○○, 여, 25세, 학생), 가족 외식에서 메뉴 선택을 놓고 대립했던 경우도 여럿 있었다. 반면 사회생활 — 회식의 경우 — 에서는 먹지 않거나 즐기지 않은 음식이 공동 메뉴로 선택되었을 때, 대부분의 응답자는 전체 분위기를 해칠 수 있으므로 억지로라도 먹는다고 응답했다.

우리는 이러한 응답들에서 고프먼(Goffman, 1959)이 말하는 '인상관리'

와 혹실드(Hochschild, 1983)가 말하는 '감정관리'의 모습을 볼 수 있다. 사람들은 음식 취향을 표현하는 데서도, 가족과 같은 친밀성의 영역에서와 달리, 사회생활의 영역에서는 적극적으로 자신을 드러내기보다는 자신의 취향을 '숨기는' 쪽을 선택하고 있기 때문이다. 아래의 사례는 이를 잘 보여준다.

> 주변에서 눈치를 준다면 싫어하는 음식이라도 한두 입 정도는 먹는다. 단체 분위기를 흐렸을 때 나에게 주어지는 부정적인 이미지를 피하고 싶기 때문이다.(류○○, 남, 24세, 학생)

> 개인적으로는 만약 내가 싫어하는 음식을 불가피하게 주문하게 된다 하더라도 억지로 먹으려 할 것 같다. 내가 잘 못 먹는 음식이라고 집단성원들에게 불만 내지는 싫증을 표현할 경우 공동체가 합의한 사항에 반기를 드는 분위기를 괜히 조장하는 꼴이 되지 않을까 하는 노파심이 들기 때문이다. 또한 비록 내가 속한 집단의 선택이 내 맘에 들지 않는다 하더라도, 섣불리 내 감정을 표출하기보다는 성원들이 합의한 질서에 순응하는 것이 공동체에 잘 융화되는 방법이라고 생각한다.(황○○, 남, 24세, 학생)

하지만 응답자들이 취향이 다른 사람들에 대해 적대감을 드러내지 않는 것은 아니었다. 많은 경우 다른 사람의 음식 취향은 존중되어야 한다고 말하면서도, 특히 혐오식품(벌레, 곤충)과 개고기의 경우에는 다른 의미를 부여했다. 가장 극단적인 경우가 '야만인'과 '미개인'의 의미 대립이었다. 그러한 음식을 먹는 사람들은 먹지 않는 사람들을 미식을 모르는 미개인으로 표현한 반면, 그러한 음식을 먹지 않는 사람들은 먹는 사람들을 혐오스러운 야만인으로 상징화했다. 우리는 여기서 또 하나의 의미 부여 투쟁을 찾아볼 수 있다. 그것이 바로 '미식'과 '윤리적 먹기' 간의 대립이다.

다른 것과 마찬가지로 음식도 유행한다. 근래에 들어 우리 사회에서도 과거에는 혐오스러워했던 음식, 즉 돼지 껍데기, 곱창 등 일명 부속 고기라고 불리는 음식들이 유행하고 있다. 얼마전에는 한 연예인이 곱창을 무척 맛있게 먹는 것을 보고 곱창 요리 열풍이 일기도 했다. 과거 같았으면 곱창을 먹는다는 것은 서구인들에게 우리의 개고기 식용만큼이나 비난의 대상이 되었을 수도 있다. 하지만 서구에서도 동물의 머리에서부터 꼬리까지를 포함하여 내장으로 만든 음식이 건강한 '농부의 밥상'이라는 이름으로 값비싼 고급 레스토랑에서 인기를 끌고 있다고 한다. 내장 요리로 유명한 영국 셰프 퍼거스 헨더슨(Fergus Henderson)의 책 제목 『돼지, 코에서 꼬리까지 모두 먹기(The Whole Beast: Nose to Tail Eating)』는 이를 상징적으로 보여준다. 이러한 먹기 취향을 긍정하는 사람들에게 깔려 있는 논리는 음식에 대한 혐오감을 극복하고 "어떤 것이든 아주 기꺼이 맛보고자 하는 사람이 '진정한 미식가'"라는 것이다(Falk, 1991: 784).

반면 다른 한편에서는 '음식좌파'(하야미즈 켄로, 2015), '음식시민'(김종덕, 2012) 등 '윤리적 먹기'의 담론이 등장하여 '성찰적' 먹기를 제창하고 있기도 하다. 특히 채식주의자들은 동물의 고기를 먹는 것을 도덕적으로 혐오스러워한다. 그리고 동물의 권리를 주장하는 단체들은 윤리적 육식을 강력하게 외치고 있다. 즉, 그들은 엘리아스가 지적한 혐오감의 수준을 윤리의 이름으로 끌어올린다. 이러한 면에서 현대인은 메넬의 주장대로 단지 음식 취향을 다양화한 것이 아니라, 한편에서는 미식이라는 이름 하에 음식 취향의 스펙트럼을 '감각적으로' 넓히고 있다면 다른 한편에서는 윤리적 소비라는 이름으로 먹는 것의 스펙트럼을 '감정적으로' 좁히고 있다고 할 수 있다.

이 두 세력 — 미식 세력과 윤리적 먹기 세력 — 간의 감각과 감정의 대립 속에는 아주 근원적인 질문, 즉 인간은 무엇인가라는 질문이 깔려 있다. 육식 찬성론자들은 육식은 자연생태계에서 자연스러운 것이라고 주장한다. "큰 물고기는 작은 물고기를 먹고, 사자는 가젤을 먹으며, 인간은 돼지를 먹는다"는 것이다(고프닉, 2014: 190~191). 다시 말해 이들은 잡식동물인 우리 인간 역시 생태계에서 어쩔 수 없는 하나의 '동물임'을 주장한다. 다른 한편 고기를 먹는 사람들조차 이제는 동물 살해를 배변, 배뇨, 성교와 같은 '동물적' 활동으로 간주하고(Mennell, 1985: 307), 인간은 다른 동물과는 다른 '사람임'을 강조한다.

그러나 이 동물적 본능과 윤리적 인간임 간의 의미 투쟁의 결과가 음식 취향의 지형을 어떻게 결정할 것인지를 예단할 수는 없다. 왜냐하면 사회학자들이 사회적 인간과 개인적 인간이라는 '이중 인간(homo duplex)' — 이에 대해서는 제4장 말미에서 좀 더 자세히 논의한다 — 의 모습을 그리듯이, 인간의 동물임과 인간의 인간임 역시 이중 인간의 모습이기 때문이다. 무엇을 먹을 것인지는 결국 사람들이 벌이는 개인적인 의미 투쟁의 문제이자 개인 내부에서 벌어지는 감각과 감정의 싸움에 따라 결정되는 문제이기 때문에 여전히 지켜보아야 할 문제이다. 하지만 이것이 우리 사회의 요리 체계와 음식 문화를 변화시킬 것임은 틀림없다.

제2부

함께 먹기와 혼자 먹기

제4장

식사와 사회적 연대
'함께 먹기'의 감정사회학

음식 먹기의 역설

우리는 일상 속에서 "언제 밥 한번 같이 먹자"라는 말을 자주 하고 또 자주 듣는다. 이 단순한 것 같은 말 속에는 역설이 숨겨져 있다. 먼저, 우리가 이 말을 쉽게 할 수 있는 것은 먹기가 인간에게 가장 공통적인 일이기 때문이다. 그러나 짐멜은 먹기는 "가장 이기적이고 …… 절대적이고 내우 직접적으로 개인에 한성뇌어 있다"라고 말한다. 왜냐하면 한 개인이 생각하는 것, 보는 것, 이야기하는 것은 다른 사람과 공유할 수 있지만, 한 개인이 먹은 것은 어떠한 경우에도 다른 사람과 공유할 수 없기 때문이다. 그러나 짐멜에 따르면, "먹는 행위와 같은 원초적인 생리학적 사실은 절대적으로 보편적인 인간적 사실이기 때문에 …… 어떤 특별한 관심사나 이해관계를 공유하지 않은 사람들이라도 공동 식사에 함께 모일 수 있다." 짐멜은 식사가 지니는 무한한 사회학적 의미는 이러한 가능성에 존재한다고 말한다(짐멜, 2005: 142).

그래서인지 서구에서는 식사 및 먹기와 관련된 사회학적 연구들이 많이 진척되어 왔다. 이 연구들은 크게 보면 두 갈래로 나뉜다. 하나가 테이블 매너의 발전을 다룬 연구들이고, 다른 하나는 음식 소비 관행을 연구한 것들이다. 전자에 속하는 연구를 살펴보면, 노르베르트 엘리아스가 『문명화과정』에서 테이블 매너의 발전과정을 연구한 이래(Elias, 1978), 스티븐 메넬은 『음식의 모든 매너』에서 프랑스와 영국의 음식 관행에 관한 연구에 기초하여 음식, 욕구, 문명화 과정 간의 관계를 탐구했다(Mennell, 1985). 그리고 조안 핑켈스타인(Joanne Finkelstein)은 『외식: 근대 매너의 사회학(Dining Out: A Sociology of Modern Manners)』에서 엘리아스가 전개한 '문명화 과정'에 대한 논의의 연장선에서 레스토랑에서의 외식을 통해 근대 매너가 형성되는 과정을 추적했다면(Finkelstein, 1989), 후속작인 『레스토랑의 사회학: 욕구와 근대 정체성의 형성(Fashioning Appetite: Restaurants and the Making of Modern Identity)』에서는 레스토랑에서의 외식을 통해 근대적 개인이 '자아발명의 기술'을 통해 어떻게 '자아 만들기'를 실행하는지를 분석한다(핑켈스타인, 2019).

후자의 연구 경향, 즉 음식 소비 관행을 다룬 연구 중 최고로 손꼽히는 것이 피에르 부르디외의 『구별 짓기』이다. 부르디외는 그 책에서 소비 관행을 보다 광범위하게 연구하면서 우리의 음식 취향이 사회계급이라는 사회적 관계에 어떻게 기초하고 있는지를 입증했다(Bourdieu, 1984). 같은 맥락에서 마조리 드볼트(Marjorie Devault)는 미국의 가정요리와 먹기 관행에 대한 연구를 통해 사회계급 간에 어떻게 상이한 음식 성향이 만들어지는지를 밝혔다(DeVault, 1991). 그리고 데버러 럽턴은 호주를 대상으로 하여, 부르디외가 규명한 구별 짓기 전략이 프랑스 밖에서도 역시 작동한다고 시사한다(럽턴, 2015). 그러나 앨런 워드는 영국의 음식 취향에 대한 조사를 통해 계급 차이가 음식 소비에서 지속되고 있기는 하지만 거의 어떤 사람도 자신의 음식 관행을 구별 짓기의 전략으로 사용하지 않는다는 것을 발견하기도 했다(Warde, 1997).

국내에서도 최근 음식과 관련한 인문학적 연구들이 속속 제출되고 있다. 문화인류학자 주영하는 『음식인문학』(2011)에서 음식을 통해 한국의 역사와 문화와 전통과 국가를 읽어내는가 하면, 『식탁 위의 한국사』(2013)에서는 메뉴를 통해 20세기 한국 음식 문화사를 살피고 있다. 국어학자 한성우는 댄 주래프스키(Dan Jurafsky)의 저서 『음식의 언어(Language of food)』(2015)의 한국 버전이라고 할 수 있는 『우리 음식의 언어』(2016)에서 우리의 음식 및 음식과 관련한 다양한 말을 풀어낸 밥상 인문학을 펼쳤고, 식품영양학자 정혜정은 『밥의 인문학』(2015)에서 한국인의 역사와 함께하는 밥을 인문학적으로 해석하기도 했다. 사회학에서는 일상성·일상생활연구회가 『일상과 음식』(2009)에서 일상생활 속에서 작동하는 음식의 사회적 논리를 탐색한 바 있다.

특히 최근에는 새로운 조류로 함께 먹기와 관련한 연구들도 제출되어 왔다. 앨리스 줄리어(Alice Julier)는 『함께 먹기: 음식, 우정, 불평등(Eating Together: Food, Friendship and Inequality)』에서 사람들의 삶에서 가내환내가 갖는 의미를 사회학적으로 탐구하고, 가정 내에서의 식사 공유에서 작동하는 불평등 구조를 포착해 내고자 했다(Julier, 2013). 그리고 진 두르즈(Jean Duruz)와 가이크 젱 쿠(Gaik Cheng Khoo)는 『함께 먹기: 말레이시아와 싱가포르에서의 음식, 공간, 정체성(Eating Together: Food, Space, and Identity in Malaysia and Singapore)』에서 공개적인 먹기 공간이 오늘날의 향수, 코즈모폴리터니즘, 지역주의와 관련하여 갖는 의미를 탐구하기도 했다(Duruz and Khoo, 2015). 국내에서도 이기식(2011)은 식사문화의 계급성을 부르디외의 문화자본과 관련하여 해명하는가 하면, 윤명희(2009)는 사이버공간에서 음식 이미지의 소비를 통해 커뮤니티가 어떻게 창조되는지를 논의하기도 했다. 그리고 김선업·김홍주·정혜경(2016)은 가족식사의 탈공동체화 과정을 실증적으로 검증하기도 했다.

　이러한 논의들 모두에는 공통의 논리가 깔려 있는데, 그것이 바로 우리에게 친숙한 가정, 즉 함께 먹는 것이 사람들 간의 친밀성과 연대를 증대시킨다는 것이다. 이러한 가정은 우리의 일상에서 회자되는 "밥상머리에서 정(情)난다"라는 말에서도 살펴볼 수 있다. 하지만 지금까지의 연구들은 그러한 가정을 당연한 것으로 간주할 뿐, 그 '정'을 만들어내는 사회적·감정적 메커니즘에 대해 본격적으로 연구한 경우는 거의 없다. 그리고 현실에서는 밥상머리의 싸움 역시 자주 목격된다. 이 장에서는 이 '함께 먹기'에서 작동하는 사회적 연대와 불화의 과정을 감정사회학적으로 탐구한다.

　필자는 함께 식사하기의 감정동학을 연구하기 위해 여러 방식으로 자료를 수집했다. 먼저 학생들이 수업 시간에 제출한 음식과 감정에 관한 보고서와 수업 시간에 실시한 먹기 양식에 대한 조사와 토론이 주요한 기초자료로 활용되었다. 그리고 일반인을 대상으로 해서는 식사 초대 전반과 관련한 서면 인터뷰, 그 구체적인 내용과 관련한 2차 서면 인터뷰, 그리고 보다 내면적인 내용을 알기 위한 심층 인터뷰 등을 실시해서 다단계에 걸쳐 자료를 수집하고 분석했다. 비록 목적한 바에는 충분히 도달하지 못했지만, 이 같은 다각도의 자료수집 방법을 통해 식사와 관련한 내밀한 부분에 관한 이야기를 최대한 끌어내고자 했다.

식사 행위의 사회학

먹기와 마시기, 그리고 식사

우리는 흔히 물이나 술도 '먹는다'고 말하곤 하지만, 먹을 것과 마실 것 간에는 엄연한 차이가 존재한다. 그리고 우리가 먹는 모든 행위가 식사인 것은 아니다. 어떤 사람은 반드시 밥을 먹어야만 식사를 했다고 생각하여 라면을 먹을 때면 그건 식사가 아니라 간식이라고 말하기도 한다. 이러한 사실은 우리가 식사의 의미에 대해 생각하는 데서 중요한 단서를 제공한다.

인류학자 메리 더글러스는 이 문제를 이해할 수 있는 다음과 같은 단초들을 제공한 바 있다(Douglas, 1972: 65~66). 첫째, 음식은 성분을 기준으로 하여 두 가지 범주, 즉 먹을 것과 마실 것으로 나뉜다. 따라서 먹기와 마시기는 고체적인 것과 액체적인 것의 소비로 구분할 수 있고, 이 경우 식사는 "액체적인 것을 동반하는 고체적 음식의 혼합물"을 소비하는 것이다. 그리고 식사와 같은 먹기 행위는 항상 마시기와 함께 이루어진다. 그러나 마시기는 먹기 행위와는 조금 다르다. 술 같은 경우는 마시기가 안주를 먹는 행위와 동시에 이루어지기도 하지만, 커피나 음료수의 경우 마시기는 독자적으로 이루어질 수 있다.

둘째, 먹을 것과 마실 것의 구분은 단지 그 물리적 성분에서만 의미를 지니는 것이 아니다. 더글러스에 따르면, "마실 것은 낯선 사람, 아는 사람, 일꾼, 가족을 위한 것"이라면, "먹을 것은 가족, 가까운 친구, 존중 받는 손님을 위한 것"이다. 이 체계에서 작동하는 보다 큰 원리가 바로 친밀성과 거리감이라는 구분선이다. 호메로스(Homeros)의 『오디세이아(Odysseia)』에는 낯선 사람에게 극진하게 식사 대접하는 장면이 나오는데, 이것은 오늘날의 관례가 아니다. 이제는 낯선 사람에게 음료수를 제공하는 것만으로도 특히 후한 사람의 덕성으로 간주된다.

셋째, 먹는 행위는 마시는 행위보다 고도로 체계화된 사회적 행위이다. "먹을 것은 하루 단위로 일정한 순서로 배열되고, 그 성분들은 미리 결정된 조합과 연속적인 순서 속에서 하나로 결합된다. 다른 한편 마실 것은 그렇게 고도로 조직화되어 있지 않다." 이를테면 먹는 행위는 아침, 점심, 저녁으로 구분되고, 먹는 내용물도 일정한 규칙을 따른다. 그러나 커피나 음료수를 마시는 행위에는 그러한 규칙이 존재하지 않는다.

넷째, 먹는 행위는 고도로 규범적인 행위이다. "식사는 테이블을 필요로 하고, 앉는 순서가 있고, 움직임이 제한되며, 식사하는 동안 밀착되어 있다는 것이 전혀 문제되지 않는다. 그리고 식사는 모임을 틀 짓는다. 사회적 상호작용을 제한하고 질서 짓는 규칙이 식사 그 자체의 내적 질서를 통제하는 규칙이다." 반면 마시는 행위는 이에 비해 엄격하게 규제되지 않는다. 특히 미하일 바흐친(Mikhail Bakhtin)이 묘사하듯, 질펀한 술 마시기가 허용되는 축연은 그러한 규범으로부터 해방되는 공간이기도 하다(바흐친, 2001).

더글러스에 따르면, 먹기를 통해 아는 사람들은 또한 마시기를 통해서도 아는 사람이지만, 마시기를 통해서만 아는 사람은 그리 잘 알지 못하는 사람이다. 그리하여 식사는 친교관계를 표현한다. 영어로 함께 식사하기를 뜻하는 commensality라는 단어가 동시에 친교를 의미하는 것은 이를 잘 보여준다. 이렇듯 식사에 참여하는 것은 친밀성과 연대를 형성하는 과정이거나 친밀성과 연대의 결과이다.

식사의 이상형: 적절한 식사

앞에서 제시한 더글러스의 논의는 더글러스 자신의 가족 식사에서 나타나는 특징을 중심으로 하고 서술한 것이기 때문에 그 특징을 일반화하는 것은 문제가 있을 수 있다. 하지만 그의 논의는 식사와 관련한 어떤 이상형적 정의가 존재한다는 것을 시사한다. 그리고 그 정의는 분명 사회마다 다를 것이다. 이와 관련하여 서구의 학자들이 제시해 온 관념이 바로 '적절한 식사(proper meal)'라는 개념이다. 그들의 분석에 따르면, 적절한 식사에는 다음과 같은 요소들이 포함된다.

첫째는 식사를 구성하는 식재료와 관련되어 있다. 앤 머콧(Anne Murcott)은 남부 웨일즈 지역에서 관찰되는 '조리한 저녁 식사'에 기초하여, 적절한 식사는 물고기가 아닌 온혈동물의 고기, 땅속에서 나온 탄수화물을 의미하는 감자, 녹색이 아닌 다른 색깔의 추가적 야채, 그리고 고깃국으로 이루어진다고 파악한다(Murcott, 1982: 682~683). 이것의 바탕에는 균형 잡힌 '적절한 식사'가 가족 성원의 건강한 영양의 토대라는 관념이 강력하게 작동하고 있다. 감자와 야채를 곁들인 신선하게 조리된 고기에 기초하여 이루어지는 적절한 식사가 가족의 정체성과 웰빙에 근본적인 것으로 간주된다(Charles and Kerr, 1988).

둘째로, 적절한 식사는 집에서 조리한 음식이어야 한다(Murcott, 1983). 적절한 식사는 집에서 여성이 직접 수행한 요리행위의 산물이다. 따라서 집 밖에서 가공된 편의식품은, 그것을 먹기 위해서는 일정한 노력이 요구된다는 사실에도 불구하고, 적절한 음식으로 간주되지 않는다(Charles and Kerr, 1988). 편의식품과 정크푸드가 건강에 좋지 않은 것으로 간주되는 것도 이러한 믿음에 기인한다.

셋째로, 이들 학자의 연구에 따르면, 적절한 식사는 모든 가족이 함께

앉아서 대화를 하는 '사회적 행사'의 하나이다. 그러므로 적절한 식사는 "식사를 준비하고 요리하고 함께 먹는 사회적 관계에 의해 규정된다"(Charles and Kerr, 1988: 23). 적절한 식사는 식탁에 앉아서 함께 나누어 먹는 것이자 사회성과 대화를 증진시키는 것이기도 하다(애슬리 외, 2014: 192~193). 따라서, 드볼트(DeVault, 1991: 79)의 지적대로, 식사는 "가정과 가족을 생산하는" 수단이다.

이상에서 알 수 있듯이, 적절한 식사라는 식사의 이상형은 집에서 조리하여 가족들이 한 식탁에 둘러앉아 대화를 나누면서 함께 나누어 먹는 가정 식사이다. 이는, 음식물의 내용 ― 서구의 고기/감자/야채 모델이 우리나라의 밥/국/반찬 모델과 대비되는 것 ― 을 제외하고는, 우리나라 사람들이 전통적으로 생각하는 가족 식사와 동일하다. 그러나, 데이비드 모건(David Morgan)의 지적대로, 가족이 항상 식탁에 둘러앉아 함께 밥을 먹는다는 것은 하나의 '신화'이다(모건, 2012: 260). 그리고 가족만이 함께 식사를 하는 것도 아니다.

적절한 식사의 종말?

앞서 언급한 가족 식사의 조건을 충족시키기 위해서는 집이라는 공간적 차원 이외에 식사 시간이라는 시간적 차원에서도 성원 간에 일치가 필요하다. 근대사회에서는 사회적 이동성이 증대함에 따라 이 두 조건을 충족시키기가 매우 어려워졌다. 이 같은 공간적·시간적 불일치는 집 밖에서의 먹기 양식을 다양한 형태로 만들어내고, 외식 활동은 그간 사회학의 중요한 연구 대상이 되기도 했다(Finkelstein, 1989; 핑켈스타인, 2019). 그리고 서구에서는 식당에서 혼자 밥을 먹는, 일명 '혼밥' 현상을 넘어 '그레이징(grazing)'이라는 또 다른 현상이 사회적으로 주목받기도 했다. 그레이징은 전통적인 하루 세끼의 식사 패턴을 무시하고 언제든지 원할 때 원하는 공간에서(즉, 일하면서도 또는 걸어가면서도) 간단한 음식을 먹는 현상을 지칭하는 것으로, 식사의 시간성과 공간성 모두를 벗어나 있다. 영국의 한 칼럼리스트는 특히 혼자 하는 그레이징은 "우울하다"라고 지적기기도 했다(애슬리 외, 2014: 196).

파시 폴크(Pasi Falk)는 이러한 상황에서 발생하는 식사의 의미 변화를 다음과 같이 묘사한다.

> 첫째, 근대적 조건은 사회적 삶을 구성하는 원리로서의 먹기공동체(eating-community)의 붕괴를 수반할 뿐만 아니라, 그것은 또한 심지어 식사가 덜 집단적인 사회적 행사로 여겨질 때조차 식사를 주변화하는 경향을 드러낸다. 둘째, 다양한 형태의 비의례적 먹기(간식)의 등장 그리고 음식으로 간주되지 않는 물질(사탕, 티드빗, 청량음료와 알코올음료)과 관련된 여타 형태의 실제 구강섭취 활동의 등장은 식사의 쇠퇴를 초래한다.(Falk, 1994: 29)

현대사회에서는 개인들이 자신의 선호에 따라 음식을 선택하고 개인적인 일정에 따라 식사 시간을 결정할 수밖에 없다. 따라서 개인들이 개인화된 먹기 양식을 취할 수밖에 없다는 것은 부정할 수 없는 현실이다. 그렇다면 이러한 현상은 적절한 식사의 종말을 의미하고, 그리하여 적절한 식사가 만들어낸다고 가정했던 공동체적 연대가 상실되었다는 것을 의미하는가? 꼭 그렇다고는 할 수 없다. 폴크도 지적하듯이, "근대의 개인들은 혐오감의 힘에 의해 빈 공간을 움직이는 원자적인 입이 아니다." 그들 역시 사회적 관계를 필요로 할 뿐만 아니라, 그들이 기본적으로 더 이상 먹기공동체의 융합적 원리에 따라 구조화되어 있지 않다고 하더라도 그들 또한 그러한 관계를 완전하게 만들고 싶어 한다. 개인화된 먹기 양식의 강화는 다만 현대사회에서 "사회적 상호작용의 양식이 …… 각자의 자율성을 인정하는 쪽으로 옮겨가고 있음"을 의미할 뿐이다(Falk, 1994: 29).

그리고 먹기 행위와 그것의 감정 창출 작용이 꼭 가족공동체 내에서만 이루어지는 것은 아니다. 우리가 제2장에서 살펴보았듯이, 집 밖에서 먹는 음식의 획일성은 어머니만이 만들 수 있는 어머니만의 맛을 찾게 하고, 어머니의 사랑에 눈물짓게 하고, 가족 감정을 불러내기도 한다. 그리고 식당밥에 신물 난 사람들이 집밥에 대해 가지는 그리움은 역설적이게도 마찬가지의 식당밥이지만 '가정식 백반' 집이 인기를 누리게 하기도 한다. 그리고 집밥을 그리워하는 사람들을 집으로 초대하여 대접하는 것이 자칫 불화를 초래하기도 하지만, 식사 초대가 만들어내는 끈끈한 정은 가족의 경계를 넘어서는 더 넓은 연대감을 만들어내는 데서 식탁공동체가 갖는 사회적 의미를 잘 보여준다.

다른 한편 아주 우아한 레스토랑에서의 식도락 활동이 연인들에게서 만들어내는 낭만적 감정은, 일루즈(2014)의 지적대로 그곳에 '로맨스의 상품화' 논리가 작동하고 있음에도 불구하고, 집 밖에서의 먹기가 만들어내는 친밀성의 구조를 보여준다. 또한 핑켈스타인(Finkelstein, 1989)은 외식 경험을 '감정의 상품화' 과정으로 파악하고 레스토랑에서는 가족 일체감이 마케팅을 통해 판매되고 있다고 주장하지만, 우리는 가족 외식이 가족 연대감을 형성하는 또 다른 원천임을 부정할 수는 없다. 그렇다면 가족을 넘어 함께 먹는 행위 일반 속에는 어떠한 감정 원리가 작동하고 있는가?

식사공동체의 감정구조와 감정동학

식사공동체 일반의 구조적 차원과 감정구조

먹기 행위의 공유가 만들어내는 공동체는 다양한 이름으로, 즉 '먹기공동체', '식탁공동체', '식사공동체' 등으로 불리어왔다. 브라이언 터너(Bryan Turner)는 "사회 그 자체의 형성을 위한 토대를 제공한 것이 바로 먹기공동체와 의례적 식사였다"라고 지적한다(터너, 2010: 798). 기독교에서 이러한 의례적 식사는 그리스도의 몸과 피를 소비하는 의례를 통해 신과 공식적으로 성찬을 나누는 방식으로 전화되어 왔다. 어머니와 자식의 정서적 유대가 여성의 수유를 통해 형성되는 것과 마찬가지로, 사회 저변에서 성원 간에 형성되는 친밀한 감정적 유대는 의례화된 먹기 조직을 축으로 하여 음식 소비를 공유하는 것을 통해 이루어진다.

폴크는 원시사회는 근본적으로 '먹기공동체'이며, 그러한 사회에서 먹기 활동뿐만 아니라 음식과 관련한 여타 활동들까지를 포함하는 의례를 공유하는 것은 전체 공동체를 통합하는 메커니즘으로 기능한다고 말한다. 그는 계속해서 먹기 행위를 세 가지 차원, 즉 몸, 자아, 문화와 관련하여 설명하는데(Falk, 1994: 20~23), 이는 먹기공동체의 구성원리뿐만 아니라 이 장에서 논의하는 핵심 주제 가운데 하나인 식사공동체의 감정구조도 일반화할 수 있는 틀을 제공한다.

폴크는 먹기공동체는 기본적으로 몸 차원 — 입으로 먹는 것 — 에 근거하여 구조화된다고 주장한다. 어떻게 보면 입을 통한 음식 섭취는 단순히 자신의 몸을 형성하는 극히 개인적인 과정일 수도 있다. 그리고 혼자 먹는 것 자체도 신체적 쾌락의 근본적인 토대라는 점 역시 부인할 수 없다. 그렇지만 음식의 섭취는 포만감이라는 신체감각을 넘어서는 감각적·감정적 반응을 유발한다. 이러한 신체적 즐거움은 서로 다른 생각을 하면서 식사를 하는 사람들에게서도 '공감'의 여지를 훨씬 넓혀준다. 즉, 서로 다른 마음을 가지고 식사하는 사람들, 심지어는 서로 대립하는 견해를 주고받으며 식사하는 사람들에게서도 유대의 감정을 만들어낼 수 있다.

하지만 입을 통한 음식의 체내화는 동시에 자아와 문화의 차원을 지닌다. 왜냐하면 먹기 행위는 단지 몸에 필요한 영양물을 섭취하는 것에 그치지 않기 때문이다. 먹기 행위는 개인의 주체성 관념을 구성할 뿐만 아니라, 그 개인을 요리 체계 속으로, 그럼으로써 한 사회집단 속으로 끌어들인다(Fischler, 1988: 280~281). 따라서 의례적 "식사에서의 음식의 공유와 체내화는 참가자를 공동체에 편입시키는 것이자 그 공동체 내에서 그/그녀가 차지하는 위치를 규정한다"(Falk, 1994: 20).

따라서 폴크에 따르면, 자아의 수준에서 먹기공동체의 성원들은 개인화·원자화된 자아가 아니라 '집단자아(group-self)'로 특징지어질 수 있는 것을 형성한다. 그렇다면 공동 식사에서 먹기의 이기적 속성은 어떻게 극복될 수 있는가? 짐멜에 따르면, 공동 식사에서는 "모든 사람이 전체 가운데서 다른 사람에게 허용되지 않은 자기만의 부분을 차지하는 것이 아니라 누구나 분할되지 않은 전체를 차지한다는 생각 속에 모든 식사의 이기주의적 배타성이 철저하게 극복된다"(짐멜, 2005: 143). 이를테면 사람들은 공동의 식사를 위해 가장 크고 가장 좋은 것에 대해 얼마간을 포기한다. 여기서 포기한다는 것은 이기적인 욕구를 누르고 다른 사람을 위해 뒤로 한걸음 물러선다는 의미이며, 또한 맛을 보고 음식을 즐기는 것으로부터 약간의 거리를 유지한다는 의미이기도 하다(메르클레, 2005: 62). 짐멜은 이것을 먹기라는 원초적 욕구가 사회적으로 실현되며 더 높은 정신적 매력의 영역으로 고양되는 과정으로 설명한다. 다시 말해 먹기공동체는 '감정적 배려'의 원리에 의해 작동하며, 서로에 대한 배려가 연대감의 토대로 작동한다는 것은 부정하기 어려울 것이다.

문화의 차원에서 볼 때, 먹는다는 것은 음식만 체내화하는 것이 아니라 그 사회의 문화도 체내화하는 과정이다. 짐멜에 의하면, 식사의 사회화는 개인의 욕구를 '미학적 양식화'로 고양시킨다. 그에 따르면, 먹기의 이기적인 성격에도 불구하고 먹기 행위의 보편성은 식사에서 모든 사람에게 공통적인 것을 사정이 허락하는 데까지 미화하고 세련화하게 한다. 따라서 이처럼 고차원에 속하는 식사에서 저차원적인 개인적인 것은 전적으로 부적절한 것이 된다(짐멜, 2005: 148~149). 테이블 매너의 규제와 미학적 원리에 의한 표준화도 이러한 과정의 결과이다. 하지만 엘리아스의 지적대로, "먹는 동안의 행동이 따로 분리되어 있을 수는 없다. 그것은 사회적으로 주입된 행동 형태들 전체의 한 단편 ― 매우 독특한 한 단편 ― 이다"(Elias, 1978: 69). 즉, 식사 행동의 규칙은 사회의 규칙이다.

이렇듯 먹기 행위의 공유는 사람들을 하나의 공동체로 만들어낸다. 다시 말해 그들은 동일한 음식 문화의 성원들이다. 그리고 음식은 집단정체성을 강화하는 수단이다(럽턴, 2015: 49~50). 하지만 그 공동체는 단지 먹기공동체이기만 한 것이 아니라 '감정공동체'이기도 하다. 함께 식사하는 사람들은 시간이 흐르면서 식사 이상의 것을 함께 나누게 된다. 그들은 특정한 시간을 함께 나누고, 식사를 위한 공간과 식탁을 함께 나누며, 음악과 공연을 통해 제공하는 즐거움을 함께 나눈다. 여기서 더 나아가 대화를 통해 생각을 공유함으로써 유대감을 형성하기도 한다(메르클레, 2005: 62~63).

감정공동체로서의 식사공동체: '식구' 만들기의 감정동학

앞에서도 지적했듯이, 그간 사회변화의 과정에서 공동 식사가 점점 더 개별화된 먹기로 변화해 온 것은 사실이다. 그리고 이는 식사공동체의 붕괴를 우려하는 목소리를 낳기도 했다. 하지만 이러한 식사공동체의 유지와 확장을 위한 노력과 새로운 식사공동체의 창출을 위한 작업이 동시에 진행되는 것도 여전히 사실이다.

먹기는 하나의 신체적 생존을 위한 활동이지만, 함께 식사하기는 하나의 '사회적 행사'이다. 이 사회적 행사는 음식을 준비하는 사람과 함께 먹을 사람들이 같은 시간에 같은 공간에 모여야만 가능하다. 집에서 식사하는 경우라 하더라도 함께 먹기는 식사 시간의 조절과 공유라는 작업이 필요하다. 이는 블루머(Blumer, 1969: 17)가 말하는 '연합행위(joint action)' — 개별 행위자들이 행동노선을 함께 조절함으로써 구성되는 보다 커다란 집단적 행동의 형태 — 의 전형적인 사례이다. 따라서 식사공동체는 함께 먹고자 하는 의도를 전제하고 있기 때문에 함께 식사하기 이전에 이미 얼마간의 연대감이 전제되어 있다고 할 수 있다. 하지만 하나의 행사로서의 식사에서는 그러한 연대감을 강화하고 확장하는 감각적·감정적 요소들이 복합적으로 작용하며 하나의 감정공동체를 형성한다.

식사공동체의 원초적인 형태는 혈연공동체로서의 가족이다. 먹을 것의 공유가 가족의 상징적·감정적 생활방식의 경계를 설정하며, 아주 구체적인 특정 비가족 범주만이 이 경계를 넘는 것을 허용받는다(비어즈워스·케일, 2010: 130). 먹는 입이라는 의미의 식구(食口)가 "밥상에 둘러앉아서 함께 밥을 먹는 사람들", 즉 가족을 의미하는 것(한성우, 2016: 49)도 같은 맥락에서이다. 아들 집에서 먹는 "함께 한 밥 한 끼"를 묘사한 아래의 단상은 이를 충분히 짐작하게 한다.

모든 것이 소박했다. 식탁 위에 차려지는 음식들도 소박했다. 하지만 정갈해 보여서 마음이 놓였다. 모두 자리에 앉았다. 식사의 시작이다. '함께 먹는 밥'이다. 모두 시간과 공간을 공유하는 자리였다. 조용하지만 마음과 마음이 교류하는 신성스러움을 감지하는 듯한 분위기에 휩싸이는 느낌이었다. '한 끼의 밥'이 이처럼 많은 의미로 느껴지기는 정말로 처음이다.(이웅재, 2014: 173)

그렇다면 함께 먹기는 어떻게 감정공동체를 형성하는가? 럽턴은 먹기는 그것의 감각적 속성과 사회적 의미 모두를 통해 감정을 불러일으킨다고 말한다(럽턴, 2015: 60). 음식은 단지 맛을 통해서만이 아니라 음식을 만들 때 부엌에서 들리는 달그락거리는 소리, 온 집안을 뒤덮는 맛있는 냄새를 통해서도 식사의 즐거움과 흥분, 설렘의 감정을 만들어낸다. 그리고 이것은 음식을 만드는 사람 ― 주로 어머니 ― 의 고된 급식 노동을 정성과 사랑의 감정으로 포장하게 한다. 식당가를 지나며 맡는 익숙한 음식 냄새가 어머니를 떠오르게 하는 것도 바로 이 때문이다.

어머니 역시 가족을 위한 음식 준비를 노동으로 인식하지 않으며 식사를 준비하면서 행복감에 싸이는 것도 부정할 수 없는 사실이다. "어머니는 자식이 먹는 것만 봐도 배부르다"라는 말에서 알 수 있듯이, 어머니들은 가족이 맛있게 먹는 것을 보고서 음식 만들기의 고통을 즐거움과 행복감으로 치환된다. 이는 식당의 주인이 "손님들이 맛있게 먹는 것을 보는 것만으로도 만족스럽고 행복하다"라고 말하는 것에서 사회적으로 확장되기도 한다. 이러한 방식으로 식사공동체는 노동으로서의 음식 만들기가 은폐되면서 '사랑의 공동체'로 전화된다.

그러나 이러한 논의는 '집밥'의 함께 먹기에 한정된다. 외식 행위의 증가는 식사공동체로서의 가족의 의미를 약화시킨다고 주장되기도 한다. 하지만 가족이 함께하는 외식 또한 증가하고 있으며, 이 가족 외식 역시 어머니의 손맛을 중심축으로 하지는 않지만, 또 다른 가족 유대감을 만들어낸다. 먼저 외식은 가정 내 식사에서는 부수적으로 동반하는 요소로 인식되는 '즐김'을 먹기와 동등한 수준으로 올려놓는다. 즉, 식사를 하기 위해 집 밖으로 나간다는 것은 여가의 주요한 형태 가운데 하나이다. 외식은 맥도날드와 같은 패스트푸드 체인점에서 이루어지건 아니면 보다 값비싼 고급 레스토랑에서 이루어지건 간에 즐거움, 흥분, 기분전환, 즐김의 의미와 연관되어 있다(럽턴, 2016: 301). 외식은 식사공동체가 음식 먹기를 넘어 미각적 즐거움과 기쁨을 나누는 공동체임을 보여준다.

외식의 이러한 성격은 특별한 행사로서의 가족 외식에서 보다 분명하게 나타난다. 사람들은 생일이나 기념일과 같은 특별한 날을 기념하기 위해 그 날을 '평소와는 다른' 날로 특징짓는 의례의 일부로, 그리고 특별한 감각적 즐거움으로 자신을 만족시키는 방식의 하나로 자주 외식을 선택하곤 한다. 특히 축하의 당사자들은 제공받은 음식을 하나의 '선물'로 간주하기도 한다. 럽턴은 자신의 인터뷰 자료에 근거하여, 이러한 외식 경험과 관련된 감정이 즐거움, 흥분, 행복이라고 말한다(럽턴, 2015: 188).

다른 한편 집에서 함께 먹기가 만들어내는 비슷한 음식 취향은 그 식탁공동체에 영속성을 부여하기도 한다. 그러나 먹기에서도 동일한 음식을 계속 먹는 것은 '싫증'이라는 또 다른 감정을 만들어내고, 가족의 외식은 새로운 음식을 탐닉할 수 있는 중요한 기회를 제공한다. 이 경우 식사는 좀 더 미학적인 의미를 부여받는다. 즉, 그것은 진정한 의미에서의 '감각을 위한 축제'로서의 식사이다. 메르클레는 이러한 식사의 분위기를 다음과 같이 묘사한다.

> 유리잔이 부딪칠 때 나는 맑은 울림, 포크와 나이프가 식기에 부딪히는 소리들은 말 그대로 '식탁의 음악'이 된다. 식당 안은 좋은 냄새로 가득하고 모든 것이 환하게 빛난다. 방 전체가 화려한 색깔과 아름다운 물건들로 가

득하다"(메르클레, 2005: 22)

레스토랑이라는 공적 공간에서 즐기는 이러한 특별한 분위기와 색다른 음식은 같은 식탁을 공유하는 사람들에게 또 다른 감정을 불러일으킨다. 핑켈스타인은 공개적으로 하는 외식의 즐거움 가운데 많은 것이 "군중 속에 홀로 있다"고 느끼는 원자화된 즐거움에 있다고 말한다(Finkelstein, 2014: 3). 좀 더 구체적으로 설명하면, 열린 공간에서 하는 식사가 갖는 즐거움을 발견하기 위해서는 낯선 사람들이 주시하는 ─ 그리고 때로는 매우 비판적으로 응시하는 ─ 가운데서도 사적 욕망을 추구하고 충족시킬 수 있어야 한다. 다시 말해 외식을 즐기기 위해서는 다른 사람들이 근접해 있음에도 불구하고 그들과 일정한 거리감을 유지할 수 있어야 한다. 이것은 식탁공동체로의 '몰입'을 전제로 한다. 이를테면 손님이 없던 조용한 레스토랑에서 식사하고 환담을 나누고 나서 나중에 주변을 살펴보니 부지중에 모든 테이블에 손님이 꽉 차 있음을 발견할 때가 바로 그러한 경우이다. 이러한 몰입은 군중 속에서 식탁공동체의 성원으로서의 '우리'와 다른 식탁공동체의 성원으로서의 '그들'을 더욱 분명하게 나누게 하고, '내집단' 의식을 더욱 강화한다.

우리는 외식을 통한 식사공동체 형성의 또 다른 사례를 레스토랑에서 식사를 하며 이루어지는 이성 간의 만남과 데이트에서 발견할 수 있다. 이는 '친밀성' 형성의 장으로서의 식사공동체라고 칭할 수 있는 것으로, '새로운' 식구 만들기 또는 그것의 준비 과정이라고도 볼 수 있다. 짝 찾기 과정에 관한 연구에 따르면, 청혼은 여성의 초대를 받은 남성이 여성의 집을 방문하는 것으로부터 시작했다. 데이트는 초대하기에 적절한 공간적 장소를 결여한 노동계급의 남녀들이 만남을 위해 집 밖으로 탈출하면서 생겨난 풍습이다(베일리, 2015: 50~54). 데이트가 부모 집으로 "여성을 방문하던" 관행을 대체했고, 그것은 낭만적 만남을 공적 소비 영역, 즉 레스토랑, 영화관, 댄스홀로 이동시켰다. 그리고 젊은 남녀들은 함께 세상으로 나가 함께 식사하며 새로운 동반자 관계를 향유했고, 어른들의 감시를 피해 새로운 친밀성을 만끽했다.

그렇다면 공개적인 식사 장소인 레스토랑이 어떻게 사적이고 내밀한 친밀성의 영역을 구성하는가? 일루즈는 앞서 언급한 핑켈스타인과 유사한 맥락에서 이를 설명한다. 일루즈에 따르면, 이 새로운 데이트 시스템은 커플을 공적 소비 영역으로 옮겨놓으면서도 공적 영역 한가운데에 '프라이버시의 섬'을 만들어 친밀성의 장을 구축한다(일루즈, 2014: 108). 일루즈는 자신의 인터뷰 사례들을 통해 이를 입증한다. 이를테면 자동차 안의 두 연인이 공개적인 장소에서 다른 사람들과 분리되듯이, 전형적인 낭만적 레스토랑들은 공간의 분리 – 이를테면 칸막이 – 를 통해 "군중 속에서 분리되어 있다"는 느낌을 만들어내고, 그 속에 있는 연인들은 자신들이 자신들만의 세상에 있다는 느낌을 받는다는 것이다.

그리고 캐럴 코니한(Carole Counihan)은 음식과 섹스는 비슷한 본능적 욕구이며 양자가 은유적으로 비슷하다는 점을 지적하며, "함께 음식을 먹는다는 것은 친밀함, 종종 성적 친밀함 또는 친족을 의미한다"라고 지적하기도 한다(코니한, 2005: 125). 이러한 의미에서 음식을 먹으면서 이루어지는 데이트와 애정 표현은 이제 결혼에 앞서 일반적으로 용인되는 성적 탐색의 한 형태라고 해석되기도 한다(일루즈, 2014: 58). 코니한은 그렇기에 음식과 섹스에는 수많은 금기가 따른다고 주장한다.

하지만 코니한의 설명은 함께 식사하기가 어떻게 감정적 친밀성을 발생시키는지에 대한 설명으로는 충분하지 않다. 우리는 그 단초의 하나를 식탁공동체의 '공간적' 성격에서 찾을 수 있다. 함께 식사하기의 특징 중의 하나는 식탁을 둘러싸고 가까이 앉는다는 것이다. 다시 말해 "식탁에 같이 앉는다는 것은 강제적으로 가까이 있는 상태이다"(밀·폰 코프, 2017: 64). 엘리아스에 의하면, 현대사회에서 개인들 사이에는 "한 인간의 몸과 다른 인간의 몸 사이를 분리시키고 서로 접근하지 못하게 하는 보이지 않는 감정의 벽"이 존재한다. 오늘날 우리는 다른 사람이 단순히 접근하기만 해도 그 벽을 느낀다(Elias, 1978: 60).

따라서 식사를 함께한다는 것은 이러한 감정적 벽이 낮거나 존재하지 않는다는 것을 의미한다. 이는 친밀성의 배후조건을 형성한다. 이는 필자의 인터뷰에서도 확인되었다. 인터뷰 응답자들은 이성인 사람에게 "같이 밥 한번 먹자"라고 말하는 것은 친밀감을 확인하기 위한 경우가 많다고 말했고, 그 제안에 거부한 사람은 친하지 않은 사람과 가까이 있는 것이 불편하기 때문이라고 응답하는 경우가 많았다. 이러한 점에서 이성 간에 함께 식사하기는 인류학자들이 말하는 "친족관계를 확인하는 것"이라기보다는 가족관계의 형성 '가능성'을 타진하는 것이라고 할 수 있다.

식구 만들기로서의 함께 먹기는 미래의 가족 만들기에서 그치지 않는다. 함께 먹기는 사회 속에서 유사 가족(quasi-family) 만들기 작업에서도 발견할 수 있다. 실제적인 혈연관계와는 무관한 회사에서도, 학교에서도, 동창회에서도, 향우회에서도 우리는 크고 작은 식사 모임을 갖곤 한다. 이를테면 단체 회식이나 단합대회 역시 '일체감' 형성의 장 ― 내부인을 사회적으로 유사한 것으로 규정하고 재확인하기 위한 의례(Mennell, Murcott and Van Otterloo, 1992: 115) ― 으로서의 식구 만들기라고 할 수 있다.

이 경우 식사하기 전이나 후에 단체의 대표가 빼놓지 않고 하는 말이 있다. 그것은 우리는 '한 가족' 또는 '한솥밥 먹고 사는 식구'라는 말이다. 이 말은 함께 먹기가 갖는 연대의 측면을 재차 환기시키는 작업이자 감정적 연대감을 강화하기 위한 노력이다. 이것이 특히 기업이 일체감을 형성하려는 노력으로 나타날 때에는(이를테면 삼성'가족') 가족이데올로기를 동원하는 것으로 비판받을 수도 있지만, 가족공동체의 붕괴를 우려하는 상황에서도 먹기공동체로서의 가족공동체가 지닌 감정적 힘이 얼마나 강력한 사회적 원리로 작동하고 있는지를 보여주는 것이기도 하다.

지금까지 살펴본 바와 같이, 이 같은 식사공동체의 확대 과정은 먹기와 감정의 사회성이 하나로 결합되어 구현되는 가족의 구성원리를 축으로 '우리-관계(we-relation)'를 구축하는 과정이라고 할 수 있고, 따라서 그 과정은 당연히 가족 경계를 형성함으로써 '그들-관계(they-relation)' 역시 구축하는, 구별 짓기의 과정이기도 하다. 그 결과 먹기공동체를 축으로 하는 내집단과 외집단 간에 긴장과 대립이 항존하는 것도 사실이다. 다시 말해 먹기공동체의 창출과정이 내집단 내에 항상 연대감을 창출하는 것은 아니다.

식사 초대의 이율배반: 믿음과 '탈'믿음의 감정동학

음식 나눔은 항상 연대를 만들어내는가?

앞에서도 일부 언급했듯이, 앨런 워드는 음식에 대한 평가를 표현하고 식생활에 대한 결정을 내리는 데 동원할 수 있는, 음식 취향과 관련한 네 가지 이율배반 ― 건강과 탐닉, 절약과 사치, 불안과 편리함, 전통과 새로움 ― 을 제시한 바 있다(Warde, 1997: 55). 그런데 우리는 함께 먹기 또는 식사공동체의 형성과 관련해서도 또 다른 이율배반을 발견한다. 그것이 바로 앞서 언급한 것, 즉 함께 먹기가 유대의 확장이라는 의도한 결과를 초래하는 것이 아니라 유대의 단절이라는 의도하지 않은 결과를 초래하기도 한다는 것이다. 식사공동체의 형성 과정은 연대의 형성 과정이자 구별 짓기의 과정이고, 이 과정은 식사 초대를 통해 확장과 축소를 반복한다.

식사공동체가 가족의 경계를 넘어 가족과 가족의 연결고리로 그리고 가족과 더 큰 공동체의 연결고리로 작동할 수 있게 해주는 사회적 관행이 바로 식사 초대, 즉 음식 나눔의 의례이다. 하지만 마셜 살린스(Marshall Sahlins)는 "음식 교제는 사회관계의 민감한 바로미터 …… 이며, 따라서 사교적 행사의 시작·유지·파괴의 메커니즘으로 도구적으로 이용되었다"라고 말하기도 했다(Sahlins, 1972: 215). 여기서 주목할 것은, 환대로 인식되는 음식을 제공하는 행위가 적을 친구로 만들고 낯선 사람도 우호적인 관계로 만드는 등 좋은 관계를 산출한다면, 음식을 '도구적'으로 이용하는 것은 그 역도 항상 가능하게 한다는 점이다.

마빈 해리스는 『식인과 제왕(Cannibals and Kings)』에서 음식 관리자로서의 족장이 연회에서 자신의 부하와 식솔들에게 음식을 베풂으로써 군주가 되는 과정을 통해 원시국가의 출현을 설명했다(해리스, 2000: 제7장). 이는 피터 블라우(Peter Blau)가 말하는 교환을 통한 권력관계의 형성을 음식을 통해 보여주는 하나의 사례라고 할 수 있다(Blau, 1964). 또한 음식은 가족의 유대가 아니라 가족 불화의 주요한 원인이 되기도 한다. 즉, 가족공동체가 꼭 감성공동체인 것은 아니다. 엘리스(Ellis, 1983)는 가정에서 상대방의 입장에서 볼 때 적절한 식사를 제공하지 않는 것이 초래한 가정 폭력의 사례들을 실증하기도 했다. 찰스와 커(Charles and Kerr, 1988: 92)는 아이와 남편의 음식 거부가 여성에게 상처를 주고 그것이 자주 화와 분노를 불러일으킨다는 것을 보여주었다.

그럼에도 불구하고 특히 집에서 음식 초대를 하는 것은 "정서적 유대의 강력한 구성요소이며, 그러므로 감정적 관계의 구축 및 재생산과 직접적으로 관련되어 있는" 것으로 간주된다(럽턴, 2015: 71~72). 음식을 함께하기 위해 어떤 사람을 집으로 초대한다는 것은 이미 일정 수준의 친밀성을 전제로 하고 있고, 그 친밀감의 유지나 강화, 재생산을 목적으로 한다는 것이 분명하기 때문이다. 그럼에도 불구하고 식사 초대 후에 관계가 더욱 소원해지는 경우도 있다. 그렇다면 이러한 이율배반적인 상황은 왜 생겨나는가? 아래에서는 그 감정동학을 다룬다.

음식 선물의 역설: 호혜성의 원리

다른 사람의 식사 초대를 받아 극진한 대접을 받은 사람들은 그 정성스러운 음식을 하나의 선물로 간주하곤 한다. 그리고 초대받은 사람은 음식을 대접받기도 전에 초대에 대한 고마움의 표현으로 선물을 가지고 가기도 하고, 선물을 준비하지 못한 경우에는 환대를 받은 후에 뭔가 미안한 마음이 들기도 한다. 마르셀 모스(Marcel Mauss)는 『증여론(The Gift)』에서 이러한 감정 발생과 관련하여 중요한 해석을 한 적이 있다. 모스는 그 책의 첫머리에서 "우리 인간이 태고적 사회에서부터 선물을 받았을 경우 의무적으로 답례를 해야만 하는 이유는 무엇인가"라는 질문을 던지고, 북아메리카 원주민들의 '포틀래치(potlach)'라는 의례를 통해 이를 해명한다. 포틀래치란 원래 '식사를 제공한다'라는 의미로, 그 의식이 거행되는 동안 우리나라의 잔치처럼 손님들에게 음식을 베풀고 선물을 제공한다. 포틀래치의 본질은 '베풀기'임에도 불구하고 선물을 받은 사람들은 답례를 해야 한다는 의무감을 느끼는데, 모스는 그 이유를 선물교환에는 항상 호혜성의 규범이 작동하기 때문이라고 주장했다(모스, 2002).

럽턴은 식사 초대의 경우에도 이 원리가 예외 없이, 어쩌면 더 크게 작동할 수 있다고 주장한다. 왜냐하면 선물로서의 음식은 상품 선물과는 다른 특별한 의미를 지니기 때문이다. 그녀에 따르면, 선물로서의 음식은 받을 사람들을 염두에 두고 준비되고, 따라서 주는 사람과 받는 사람 모두의 정체성이 음식에 날인된다. 그리고 그 음식은 많은 재료로 항상 새롭게 준비되고, 따라서 반복되는 동안에 하나의 식사에서 그다음 식사로 결코 완전히 복제될 수 없는 하나의 창조물이다(럽턴, 2015: 92). 따라서 비서(Visser, 1986: 18)는 "친구를 위해 시간을 내고 요리에 정성을 들이는 것만큼 호의 또는 경의를 표하는 선물은 거의 없다"라고 지적하기도 했다.

그렇기 때문에 선물교환에서 작동하는 호혜성의 원리는 음식 선물에서 더욱 강력하게 작동할 수도 있다. 음식 환대에는 환대받은 사람들이 제공된 요리를 실제로 배불리 먹음으로써, 그리고 그 먹기가 가져다준 즐거움에 대해 담소를 나눔으로써 누군가가 음식 준비에 쏟은 노력에 감사를 표현할 것이 기대될 수 있다. 또한 함께 식사하기 위해 초대를 받은 사람들이 그 주최자에게 유사한 수준의 식사를 준비하여 제공함으로써 보답할 것이 기대될 수도 있다. 그러한 고마움을 모르는 사람이 다시 식사를 같이 하기 위해 초대받을 가능성은 거의 없다(럽턴, 2015: 103). 바로 여기에 식사 초대의 감정적 이율배반이 발생하는 하나의 구조가 작동한다.

문헌정보학 교수를 지낸 분이 쓴 『따뜻한 밥상』이라는 책에는 선물로서의 음식이 갖는 의미와 즐거움, 그리고 확대된 호혜성의 원리를 잘 보여주는 내용이 담겨 있다. 그녀는 "남이 해주는 음식은 색다른 맛 때문에 입맛이 당기는 것이지 요리가 특별해서 당기는 것은 아니"라고 말하면서도, "받는 사람이 주는 사람의 정성을 기쁘게 받아주면 선물이 될 수 있다"라고 말한다(이순자, 2014: 124). 그렇지만 그녀는 그다음에 선물교환에 작동하는 호혜성의 원리를 확대한다. 그녀는 자신이 이러한 방식으로 안면이 없는 사람에게까지 음식 베풀기를 하기 시작한 것은 자신이 미국에서 출산 직후에 외국인 친구에게 음식 선물을 받고 "가슴 뭉클한 따뜻함"을 느끼고 나서였다고 말한다. 그러면서 그녀는 이처럼 베풂이 주는 기쁨을 확대재생산하는 삶을 평생 살아가면서 자신이 느꼈던 즐거움에 대해 말하는 것은 물론, 그러한 베풂의 확대재생산이 사회적으로는 미지의 사람들로까지 확대되는 호의의 선순환 – 사회학적으로 말한다면 연대감 – 을 낳을 수 있을 것이라는 기대감을 감추지 않는다.

그러나 정반대의 상황도 존재한다. 필자가 심층 인터뷰한 한 여성이 밝힌 중국에서의 식사 초대 경험은 음식 초대의 메커니즘과 호혜성 규범의 위반이 가져다준 부정적인 감정을 잘 보여준다. 그녀는 상대방이 남편과 고향이 같고 나이도 같다는 사실 때문인지 더욱 친밀감이 들어, 외국인 아내를 둔 그를 초대했다고 한다. 그녀는 초대 당시의 정겨웠던 상황을 다음과 같이 묘사했다.

> 외국생활 후 단 한 번도 우리 집을 개방해 본 적이 없었고 살림살이도 빈한했기 때문에 초대 장소는 혼자 나와 있는 남동생의 집으로 결정했다. 우리는 청소를 깨끗이 한 후, 수산시장에 가서 통통한 바닷가재를 사다가 직접 찌고, 새우젓 두부찌개를 하고, 겉절이를 버무려 놓고, 한국에서 어렵사리 공수한 장아찌로 상차림을 했다. 그들은 술과 과일을 준비해 왔다. 중간중간에 그는 우리와 아내 사이에서 통역을 했고, 모두 맛있게 먹으면서 이런 자리는 처음이라며 행복해했다. …… 특히 남편과 그 사람은 다른 음식을 놔두고 어린 시절에 먹어보았던 짠 무 무침에서 젓가락이 자주 부딪쳤다. (이○○, 여, 59세, 주부, 전직 교사, 서울)

그들은 식사가 끝난 후에는 옛날이야기를 하고 즐거운 시간을 보냈으며, 집에 갈 때에는 반찬을 싸서 주었고, 한 달에 한 번이던 그 모임은 일주일에 한 번 모일 정도로 발전했다고 한다. 이 사례의 경우에는 앞에서의 색다른 맛으로서의 음식 선물과 달리 어릴 적 음식, 즉 전통 음식이 유대감의 토대였다. 이것은 워드가 말한 음식 취향의 또 다른 이율배반, 즉 전통적인 것과 새로운 것의 이율배반에 해당한다. 이 이율배반과 호혜성의 규범 간에는 상관관계를 상정할 수 없다. 하지만 이 사례에서도 호혜성의 규범은 작동했고, 그 원리의 위반으로 인해 부정적인 감정이 싹트기 시작했다.

> 우리가 집으로 식사 초대를 하면 그 부부는 우리 셋을 음식점으로 초대했다. 우리는 그들의 입맛을 고려하여 매번 메뉴를 바꾸어가면서 땀을 뻘뻘 흘리며 식사 준비를 했으나 그들은 언제나 같은 음식점으로 우리를 초대하는 것이었다. 남편과 동생은 처음부터 그곳 음식을 선호하지 않았다. 초대가 거듭될수록 왠지 불응하고 싶은 마음이 들기 시작했다. 게다가 우리 집으로 초대해 주기를 자주 강요하는 것이었다. 마음에서 우러나서 매번 정성껏 준비해 주다가 나중에는 '우리가 왜 이래야 하지?' 하는 감정이 쌓이기 시작했다.

결국 관계를 단절한 그들은 당시의 감정 상태를 다음과 같이 회상했다.

> 마음을 열어놓고 처음으로 사생활에 대한 부분까지도 화제로 다루며 이런 게 사람 사는 모습이 아니겠느냐며 행복해했었는데 그는 그저 분위기를 띄웠을 뿐, 자신의 주거공간도 속내도 보여주지 않았다. 진정성이 결여된 싸한 느낌이 확 밀려왔다. 우리는 끝내 그들을 의식하면서 되도록 그 부부와 멀리 떨어진 곳으로 이사를 했다.

또 다른 서면 인터뷰 사례들의 경우에도 음식 선물의 '오가는 정'을 많이 표현했다. 그러나 그것이 항상 등가적인 것은 아니었다. 이를테면 한 응답자는 자신의 신혼집을 마련하여 이사한 뒤 앞집에 아귀찜을 선물하고 그 답례로 김치전을 받았는데도 "오가는 음식에서 정"을 느꼈다고 말했다(남○○, 남, 32세, 회사원, 인천). 반면 인터뷰한 내용 가운데에는 결혼식이나 장례식에 참석하지 못해 미안한 마음을 가지고 있는 경우 식사에 초대함으로써 불편했던 마음에서 벗어난 사례도 있었다(이○○, 남, 44세, 회사원, 서울; 임○○, 여, 44세, 편집디자이너, 서울). 이러한 점에서 우리는 음식 선물에서도 물질의 등가성보다는 '마음의 평등'이 더 작동한다는 것을 알 수 있다. 결국 식사 초대는 음식의 나눔이자 마음의 나눔이며, 그것이 함께 먹기의 감정동학을 이끈다고 할 수 있다.

속내 보이기와 속내 들키기: 감정과 이해관계의 충돌

짐멜은 수많은 사람과 함께 살 수밖에 없는 대도시에서는 자기보존 양식의 하나로 '속내 감추기'라는 사회적 태도가 요구된다고 주장한 바 있다. "만약 무수한 사람과의 쉴 새 없는 만남에 대하여 매번 내적 반응을 보여야 한다면, 사람들은 내적으로 완전히 해체되어 상상하기 어려운 상태에 빠지게 될 것이기 때문이다"(짐멜, 2005: 43). 반면 집으로의 식사 초대는 이와는 정반대의 상황 논리 ― 집의 문이 항상 열려 있고 이해관계보다는 감정적 관계가 우위에 있었던 전근대 시대의 논리 ― 에 의해 작동한다. 자신의 집의 문을 열어 남을 집 안에 들인다는 것은 자신의 프라이버시의 공간을 개방한다는 것을 의미하기 때문이다. 그리고 그처럼 개인의 영역을 공개한다는 것은 상대방을 친밀하게 생각한다는 것을, 또는 그와 더 친밀해지고 싶다는 것을 의도적으로 드러내는 것이기도 하다. 실제로 서면 인터뷰에서 한 응답자는 상대방을 집으로 초대하는 것이 아니라 자신이 좋아하는 맛집으로 초대하면서도 자신의 "개인적인 부분을 좀 더 보여준 것 같아, 내 영역에 좀 더 가까이 온 것 같아 거리가 더욱 가까워진 것처럼 느껴졌다"라고 말하기도 했다(권○○, 남, 43세, 회사원, 인천).

따라서 식사 초대는 자신의 내밀한 물리적 공간의 내부를 드러내는 것인 동시에 자신의 속내를 드러내는 것이기도 하다. 초대한 사람이 손님을 맞으며 흔히 하는 말, "우리 이렇게 살아요"라는 말은 자신의 집의 내부를 보여주는 것인 동시에 자신이 마음속으로도 감추는 것이 없다는 것을 의미한다. 그리고 초대받은 집의 문이 열리며 나는 좋은 음식 냄새는 손님으로 하여금 자기 집에 들어서면서 느끼는 안락감과 흥분을 동시에 느끼게 한다. 다시 말해 집으로의 식사 초대는 초대한 사람과 초대받은 사람 모두에게서 내적 경계심의 수준을 낮추거나 해제시킨다. 실제로 서면 인터뷰에서도 이는 분명하게 드러났다. 한 응답자는 "집에 초대하거나 초대받아 가는 경우에는 상대방과의 간극이 급격히 좁아지고 경계심이 허물어진다"라고 기술했다(김○○, 남, 37세, 회사원, 서울). 이것은 또한 초대받은 사람들로 하여금 남의 집이라는 낯선 공간에도 불구하고 먹기 행위의 즐거움에 집중하게 하기도 한다.

하지만 초대가 이루어지는 식탁 공간에서는 주인과 손님 간에 또 다른 감정구조가 충돌하기도 한다. 주인은 대접하는 사람으로서 자신의 속내까지 드러내며 손님이 최대한 편안하게 느끼게 만드는 동시에 자신의 대접에 소홀함이 없도록 하기 위해 손님의 먹기 행위를 밖에서의 공동 식사 때보다 특히 '주시'할 수밖에 없다. 반면 손님들은 색다른 음식 맛이 주는 즐거움과 기존의 친밀함이 만들어내는 느슨함으로 인해 잠시 자기 통제력을 상실하여 자신의 본모습을 들키기도 한다. 이를테면 탐욕스럽게 먹거나 천박하게 먹는 모습을 드러내기도 하고, 또는 식사 도구 공동으로 사용하기와 한 그릇의 음식 함께 떠먹기를 거부하는 등 지나치게 까다로운 위생 관념을 노출하기도 한다. 이러한 행동은 공동 식사의 즐거움을 역겨움과 불쾌감으로 바꾸어놓는다. 이른바 감각적인 동물적 욕구 추구와 자기보존 본능이라는 속내를 부지중에 드러냄으로써 동질감보다는 이질감을 생산한다. 이는 필자가 학생들로부터 수집한 "함께 먹고 싶지 않은 사람에 대해 서술한 보고서"에서도 반복적으로 입증되었다. 이렇듯 부적절한 테이블 매너는 그들 사이에 다시 '감정적 벽'을 설치하기도 한다.

또 다른 '속내 들키기'는 음식을 먹는 과정에서 발생하는 것이 아니라 초대의 의도와 참석의 의도를 노출하는 데서 발생하기도 한다. 초대를 하는 것과 그 초대에 응하는 데에는 많은 이유가 존재한다. 앞에서 예로 든 바와 같이 마음의 빚을 갚기 위해 상대를 초대하는 경우에는 혹여 있을 수도 있었던 서운한 감정을 풀고 서로의 관계를 더욱 돈독히 할 것이다. 하지만 "그냥 밥 한번 먹자"라는 초대에는 어떤 목적이 숨겨져 있는 경우도 있다. 이 경우 주인은 직접적인 부탁의 형태 — 극단적으로는 '청탁' — 로 자신의 이해관계적 속내를 의도적으로 드러낼 수도 있지만, 식사의 분위기를 해치지 않기 위해 은연중에 드러내어 속내 들키기의 형태를 취하기도 한다. 필자의 인터뷰에서도 이러한 경우가 감지되기는 했지만, 그것은 사생활의 영역에 해당한다면서 구체적인 진술을 극구 회피하는 경향을 보였다.

하지만 한 응답자는 이러한 청탁성 속내 드러내기의 경우에는 실제로 식사의 좋았던 감정이 '부담감'으로 대체되었다고 진술했다(박○○, 59세, 전직 사업가, 서울). 다시 말해 감정과 이해관계의 충돌이 식사 과정의 감정동학을 지배했다. 이 사례에 따르면, 지방에서 사업할 때 사업관계상 친밀한 관계를 유지하고 또 서로 식사에 초대하는 관계를 유지하던 중 청탁성의 부탁을 들어주었고 그 결과 관계가 더욱 강화되었다고 한다. 그러나 식사 초대에서 더 많은 이해관계의 요구 — 심지어는 불법적인 — 가

거듭되자 사업상의 손실에도 불구하고 그 사람과의 만남 자체를 피하게 되었다고 한다. 이는 뮐러(Müller)의 다음과 같은 진술과 충돌한다.

> 특히 낯선 사람, 직업상의 라이벌이나 적이 친구나 사업 파트너가 되었을 경우에는 신뢰할 만한 우정이나 친교를 맺을 필요가 있었다. 개인적인 불화나 파벌 싸움, 달갑지 않은 경쟁관계를 해소한 후에 새 화합을 확인하고 화합의 확고부동함을 의식상 보장하기 위해서는 함께 먹고 마시는 것 이상 확실한 방법은 없다. (뮐러, 2007: 126~127)

이처럼 함께 식사하기는 이해관계를 초월하는 화합과 유대를 만들어낼 수도 있지만, 그 속에 감추어져 있는 속내, 이른바 '끈이 달린' 식사 초대는 기존의 신뢰관계마저 파괴할 수도 있다.

먹기와 식사의 차이: 미각적 만족과 인지적 만족의 불일치

아직도 음식과 관련한 책에서 자주 인용되는 브리야 사바랭은 1825년에 출간된 책 ― 원제목은 『미각의 생리학』이지만 우리말로는 『브리야 사바랭의 미식예찬』이라는 제목으로 출간되었다 ― 에서 먹기와 식사를 구분한 바 있다. 우리는 다음과 같은 그의 지적을 통해서도 식사 초대와 함께 먹기의 역설을 지배하는 감정동학을 읽어낼 수 있다.

> 먹기의 즐거움은 만족된 욕구의 현실적·직접적 감각 작용이다. 식사의 쾌락은 식사에 수반되는 상황, 장소, 사물, 사람이라는 다양한 조건에서 생겨나는 반사적인 감각 작용이다. …… 먹는 즐거움은 허기 또는 적어도 식욕을 요한다. 식사의 쾌락은 흔히 이 두 가지로부터 독립적이다. 이 두 가지

쾌락 상태는 연회에서 언제나 관찰할 수 있다. 첫 번째 요리가 나오고 식사가 시작될 때, 사람들은 말을 하거나 남의 말에 주의를 기울이지 않고 탐식하며, 사회적 지위의 높고 낮음을 막론하고 누구나 대공장의 노동자처럼 모든 것을 잊는다. 그러나 욕구가 만족되기 시작하면, 반성과 대화와 별도의 질서가 생겨난다. 이제까지 단순한 먹는 자에 불과했던 사람들은 만물의 주인에게 부여받은 재능의 정도에 따라 더 혹은 덜 매혹적인 손님이 된다.(브리야 사바랭, 2004: 237~238)

이 인용문에서 알 수 있듯이, 식사 초대에서는 음식의 질만큼이나 대화의 질이 쾌락의 원천으로 중요하다. 그러나 식사라는 의례에서는 먹기에서 느끼는 미각적 만족과 대화에서 느끼는 인지적 만족 간에 불일치가 발생할 수 있고, 이는 함께 식사한 사람들 사이에 연대감보다는 거리감을 만들어낼 수 있다.

먼저 미각적 만족을 살펴볼 때, 초대 음식에 대한 기대 수준이 너무 높았던 탓에 음식에 대한 불만족이 유발될 가능성도 있다. 하지만 서면 인터뷰에서는 식사 초대의 경우 손님의 입맛을 우선적으로 고려하고 색다르거나 귀한 음식을 정성껏 푸짐하게 준비하기 때문에, 또는 집밥을 그리워하는 사람들에게 옛 추억의 음식을 제공하기 때문에 음식의 맛과 질에 대한 불만은 그리 나타나지 않았다. 단지 예외가 있다면, 다른 초대 손님들과 음식 취향이 달라 주요리를 먹지 못해 제대로 식사를 하지 못한 경우(박○○, 남, 59세, 전직 사업가, 서울)와 가족 식사에서 어른들의 입맛에 맞추어 음식을 준비해서 젊은 사람들이 음식 맛에 불만을 가진 경우가 보고되기는 했다(임○○, 대학생). 그리고 심층 인터뷰에서도 초대받은 사람들은 음식 취향이 다르다고 하더라도 초대한 사람의 정성을 생각하여 그 자리에서는 불만을 드러내지 않는다는 것을 확인할 수 있었다.

하지만 우리는 주변에서 식사하는 동안에 또는 식사 후에 나누는 대화에서 불화가 발생하는 상황을 많이 경험하기도 한다. 이를테면 집안의 식사에서도 정치적 견해를 둘러싸고 큰소리가 오가기도 하고, 기분 좋은 식사 모임에서 던진 사소한 농담 — 이를테면 옷 모양새를 가지고 던진 — 이 큰 싸움으로 번지기도 한다. 이는 식사 초대에서 경험한 불편하거나 언짢았던 일에 집중하여 실시한 심층 인터뷰에서도 그대로 보고되었다. 이를테면 앞서도 언급한 한 남성(권○○, 남, 43세, 회사원, 인천)이 전한 사례에 의하면, 식사 후 대화하는 가운데 마침 텔레비전에서 다루던 페미니즘으로 대화가 옮겨가면서 페미니즘에 대한 입장을 둘러싸고 벌어진 언쟁으로 모임의 성원들이 분할되기도 했다. 그는 음식을 소재로 하는 식사 초대 모임에서 대화를 나누던 중 음식 지식에 대한 수준을 놓고 분란이 발생한 적이 있었다고 말했다. 그 남성은 이러한 상황은 나중에 서로 거리를 두게 되거나 같은 식사 모임에 함께 초대하지 않거나 초대를 받더라도 응하지 않은 결과로 이어졌다고 했다.

우리는 식사 초대에서 발생하는 육체적 만족과 심리적 불만족이라는 상충되는 상황을 "그래, 음식 맛은 좋더군!" 또는 "잘 먹고 나서 왜 싸워?" 같은 표현에서도 확인할 수 있다. 테이블 의례에 관한 책들은 식탁에서의 대화가 이처럼 난처한 상황으로 흐르지 않도록 조종하는 중요한 임무를 초대자에게 부여하기도 하지만(애슬리 외, 2014: 89), 개인적 친밀감이 함께 식사하는 사람들의 서로 다른 인지 성향을 봉합해 내지 못하는 경우가 발생할 수밖에 없다. 반면 식사 초대를 받은 후 작성한 인터넷상의 후기들을 살펴보면, 자발적으로 공개하는 내용이기 때문에 식사의 즐거움을 한껏 부각시키고 있었다. 이러한 경우는 먹기의 즐거움과 대화의 즐거움이 일치하는 경우라고 추단할 수 있는데, 많은 경우 같은 교회의 성원 간에 이루어진 초대라서 '대화적 일체감'을 전제하기에 충분한 조건을 갖추고 있었다.

이상에서 살펴볼 수 있듯이, 식사 초대에는 서로 다른 감정적 긴장이 동시에 작동하고 있다. 거기에는 자신들의 감정적·인지적 일체감을 확보함으로써 서로의 '믿음'을 확인하고 강화하고자 하는 긴장과, 반대로 식사 과정에서 이해관계의 충돌 및 지향성의 대립에 의해 기존의 믿음조차 약화되는 '탈'믿음 — 불신까지는 아니더라도 — 으로 향하는 긴장이 자리하고 있다. 전자 속에서 함께 식사하기의 연대감이 창출된다면, 후자 속에서는 거리감이 생겨난다. 그리고 후자의 긴장이 더 강할 때, 전통적인 식사 양식과는 다른 새로운 식사 현상이 발현할 공간이 생겨난다.

혼밥과 소셜 다이닝: 자기 찾기와 자기 확인 사이에서

먹기 행위의 새로운 양식?

이제는 벌써 일상적인 현상이 되기는 했지만, 우리 사회에서는 한때 일명 '혼밥'이라는 현상이 부상하며 하나의 사회적 쟁점이 되었는가 하면, 다른 한편에서는 새로운 함께 먹기 양식인 '소셜 다이닝(social dining)'이 등장하여 사회적으로 주목받았다. 하지만 사실 혼자 밥을 먹는 것은 전혀 새로운 일이 아니다. 이전에도 집에 홀로 남은 사람 또는 혼자 생활하는 사람은 혼자 밥을 차려 먹었고, 밖에서 불가피하게 밥시간을 놓친 사람은 식당의 구석에서나마 혼자 식사를 했다. 그리고 사교적 목적을 위해 안면이 없던 사람들과도 불가피하게 같이 식사를 했고, 그것을 계기로 하여 친밀감을 형성하기도 했다.

그럼에도 불구하고 혼밥 현상으로 인해 거시적으로는 식사공동체의 붕괴를 우려하는 목소리(이를테면 뮐러, 2007: 154)가 나오는가 하면, 미시적으로는 개인의 신체적 건강(영양불균형, 비만)과 정신적 건강(우울증)을 염려하는 기사들(이를테면 연합뉴스, 2017.7.30)이 언론매체에 등장하기도 했다. 반면 소셜 다이닝은 1인 가구 시대의 새로운 식사공동체의 가능성과 새로운 연대의 토대로 긍정적으로 해석되기도 했다. 하지만 사회학적으로 볼 때 보다 중요한 것은, 왜 극히 개인주의적으로 보이는 먹기 양식과 의도적으로 이루어지는 공동체주의적인 먹기 양식이 동시대에 동시에 발생하는가 하는 것이다. 필자가 보기에 그 밑바닥에는 앞서 분석한 함께 먹기의 역설이 자리하고 있다.

앞에서의 분석에서 알 수 있듯이, 함께 먹기의 이율배반이 만들어내는 감정구조는 함께하는 것의 '불편함'이다. 필자가 2015년에 대학생들을 대상으로 하여 "혼자 먹기와 함께 먹기"에 관한 자료를 수집했을 때, 많은 학생이 함께 먹기의 불편함에 대해 이야기하면서도 혼자 먹을 때 느끼는 불편함에 대해서도 그에 못지않게 보고했다. 아래의 보고서는 그것을 잘 보여준다.

> 혼자 먹는 것보다 같이 먹는 것이 좋지만, 항상 그런 것은 아니다. 어색한 사람들과 밥을 먹거나 불편한 자리에서 밥을 먹는 것은 혼자 먹느니만 못하다. 밥이 입으로 들어가는지 코로 들어가는지 알 수 없게 밥에만 시선을 고정하고 밥을 먹는다. 왠지 무슨 말을 해야 할 것 같은 느낌에 이런저런 말도 괜히 던져보고 소화가 되는지 안 되는지도 모르게 밥을 먹는다. …… 밖에서 혼자 밥을 먹는 것은 쉬운 일이 아니다. 특히 아는 사람들을 만날 가능성이 있는 곳에서는 혼자 먹는다는 것은 더더욱 어렵다. 그래서 어떤 경우에는 밥을 거르거나 사람들이 보지 않는 곳에 가서 먹기도 한다.(정○○, 여, 대학생)

그렇다면 무엇이 사람들로 하여금 이러한 불편함의 구조를 넘어 혼밥과 소셜 다이닝이라는 서로 다른 형태의 먹기 형식을 취하게 하는가? 우선 두 경우 모두에서 공통적으로 발견되는 특성은 먹기 주체의 적극성이었다. 그렇지 않은 경우, 특히 내성적인 성격의 소유자들은 극단적으로는 '굶기'의 양식을 취하며, 물리적 욕구를 거부하는 양태를 보이기도 했다. 그렇다면 두 먹기 양식으로 나아가게 하는 사회적·감정적 양식은 무엇인지를 살펴보기로 하자.

혼밥: 사회적 시선과 자기 찾기 사이에서

밥을 함께 먹어야 한다는 법칙은 세상에 존재하지 않는다. 다만 함께 먹기의 이상형에 기초한 '사회적 시선'만이 존재할 뿐이다. 실제로 혼밥을 꺼리는 사람 중 대다수가 그러한 시선에 대한 불편함을 넘어 '두려움'을 느낀다고까지 보고했다. 이러한 경험은 특히 혼밥을 처음 경험하는 대학교 1학년 학생들에게서 두드러졌다. 그들은 식당에서 "혼자 왔냐"고 묻는 말 자체에서 두려움을 느꼈고, 식당 주인과 종업원의 눈치를 본다고 말했다.

하지만 그들의 혼밥 상황에 대한 묘사를 살펴보면, 일종의 '자기 모니터링'의 성격이 더 강하기도 했다. 한 학생은 자신이 혼자 밥을 먹었다고 말하면 사람들이 그 말만으로 '안쓰러운 시선'으로 바라보고 동정부터 하고 본다고 말하며, 혼자 먹기에 대한 사회적 시선은 부정적이라고 분석한다(장○○, 남, 대학생). 그러나 그 학생은 자신도 역시 그렇게 생각하는 사람 가운데 하나라고 말한다. 다른 사람이 아닌 자신 역시 스스로를 그렇게 보고 있는 것이다. 따라서 혼밥하는 사람의 시선은 타인을 향할 수 없고, "눈을 테이블과 음식에만 두게" 된다(전○○, 여, 대학생).

반면 최근에 필자가 일반인들을 대상으로 실시한 서면 인터뷰를 분석해 볼 때, 다른 사람들이 혼밥하는 것에 대해 부정적인 시선을 보내는 경우는 거의 없었다. 하지만 그들 역시 자신들이 대학생이었을 때 혼밥을 하는 상황에서는 현재 대학교 1학년 학생들과 거의 비슷한 인식을 하고 있었던 것으로 드러났다.

그렇다면 왜 우리는 사회적 시선에 민감하게 반응할 수밖에 없는가? 이안 버킷은 이를 찰스 쿨리(Charles Cooley)가 '영상자아(looking-glass self)'라고 칭한 것에 의거하여 다음과 같이 해석한다.

> 나의-느낌(my-feeling)은 순전히 개인적 현상으로 발전하지 않는다. 왜냐하면 우리가 우리의 자아를 바라보고 느끼는 방식은 우리가 다른 사람들이 우리를 바라보고 우리에 대해 느낀다고 상상하는 방식과 분리될 수 없기 때문이다.(Burkitt, 2017: 196)

결국 사람들이 혼밥을 하면서 다른 사람들이 자신을 함께 밥 먹을 사람이 없는 외로운 사람으로 보거나 애처롭게 볼 것이라고 생각하는 것은 자신들이 느끼는 감정을 다른 사람에게 투영한 것일 가능성이 높다. 사실 이처럼 사회적 시선을 강하게 느끼는 사람은 혼밥을 즐기는 사람이 아니라 '소극적' 또는 '강요된' 혼밥을 하는 사람일 것이다. 그리고 이것은 그들이 대부분 혼자 먹기에 '끼니 때우기'라는 의미를 부여하는 데서도 알 수 있다. 하지만 혼밥의 경험이 누적된 대학생들 – 특히 고학년 – 로부터 최근에 수집한 자료를 분석해 보면, 그들은 사회적 시선을 크게 느끼지 않는다거나 신경 쓰지 않는다고 말했다. 하지만 그들 역시 대부분 혼밥에 익숙해졌기 때문이라고 말할 뿐, 사회적 시선이 존재한다는 것을 부정하지는 않았다.

그렇다면 '적극적' 혼밥은 어떻게 가능한가? 첫째로, 우리는 그 가능성을 혼밥에 대한 사회적 시선의 불편함과 혼자 먹기의 편안함 간의 긴장에서 찾을 수 있다. 혼밥을 즐기는 사람들은 전자보다는 후자를 더욱 강조한다. 그들은 특히 혼자 먹을 때에는 함께 먹기에서 요구되는 시간과 공간을 조절할 필요가 없을 뿐만 아니라 자신이 좋아하는 메뉴를 선택할 수 있다는 점, 식사 속도를 조절할 필요가 없다는 점, 대화를 하지 않아도 된다는 점, 따라서 먹는 시간이 휴식 시간이 된다는 점 등을 혼밥을 하는 이유로 들었다. 이 모든 것은 다른 사람과의 식사에 따를 수 있는 불편함을 극소화하는 방식으로, 식사 중에 혹실드(Hochschild, 1983)가 말하는 '감정작업(labor work)' ― 감정노동이 아닌 ― 에서 벗어나려는 것이라고 볼 수 있다. 이는 다른 의미에서는 현대사회에서 모든 곳에서 요구되는 감정작업의 피곤함을 보여주는 것일 수도 있다.

둘째로는 혼밥 예찬론자들은 먹기 자체에 더욱 적극적인 의미를 부여한다는 것이다. 한 대학생은 혼밥은 "음식에만 집중할 수 있게 해주고, 공부와 아르바이트에 지친 자신의 몸을 위한 의례이며, 온전히 자신만을 생각하는 시간이고, 스스로 잘 살아가고 있다는 확신과 위안을 주는 수단"이라고 말했다(김○○, 여, 대학생). 이 학생이 말하고자 하는 혼밥은 독립된 존재로서의 '자기 찾기' 수단의 하나였다.

이러한 사례는 혼자 집에서 잘 차린 음식으로 혼밥을 하는 주부의 경우에서도 나타났다. 필자가 심층 인터뷰한 이 여성의 경우는 집에서 혼자 밥을 먹을 때 자신이 먹고 싶은 음식을 정성껏 차리고 가장 좋은 그릇에 담아 우아하게 식사를 즐긴다고 했다(이○○, 여, 55세, 주부, 충남). 이는 "혼자 먹기 위해 밥하는 것이 가장 싫다"는 일반적인 주부들의 말과는 대비된다. 그녀 역시 우아하게 혼밥을 즐기는 이유에 대해 자기 찾기 때문이라고 말했다. 집에서 주부가 가족을 위해 음식을 준비하는 경우에는 가족의 기쁨을 위해 자신의 개인적인 취향과 선호를 무시하고 자기 자신을 스스로 소외시킬 수밖에 없는데, 혼밥은 바로 자신에게 가장 충실해질 수 있는 먹기 행위라는 것이었다.

이처럼 혼밥은 사회적 시선을 벗어나 자신에게 충실할 수 있는 하나의 수단으로 적극적으로 해석되었다. 그러나 모든 혼밥족이 그러한 것은 아니었다. 학생들이 제출한 많은 보고서와 서면 인터뷰 사례들은 여전히 혼자 밥을 먹을 때 느끼는 사회적 시선과 '외로움'에 대해 이야기했다. 한 남학생은 혼자 밥을 먹을 때면 스마트폰으로 무엇인가를 함으로써 타인의 시선에 둔감해지려 한다고 얘기하는가 하면(김ㅇㅇ, 남, 대학생), 한 여학생은 자신은 함께 식사할 때 이야기를 많이 하지 않는 편인데도 혼자 밥을 먹을 때는 노트북이나 다른 물건을 이용한다고 말함으로써 자신이 혼밥에서 느끼는 외로움을 역설적으로 드러내기도 했다(이ㅇㅇ, 여, 대학생).

이처럼 혼밥은 함께 먹기의 불편함을 사회적 시선을 넘어 혼자 먹기의 편안함으로 치환하지만, 거기에는 '혼자'라는 것이 만들어내는 불편한 감정이 여전히 자리하고 있다.

소셜 다이닝: 소외감과 자기 확인 사이에서

소셜 다이닝은 앞서 논의한 식사 초대의 형식을 지니고 있다. 호스트 또는 일명 '집밥지기'가 음식을 준비하고, 함께 식사할 사람을 인터넷 사이트나 SNS를 통해 초대한다. 이것 역시 또 다른 의미에서의 '식구 만들기'라고 할 수 있다. 하지만 일반적인 식사 초대가 아는 사람, 그중에서도 일정 수준 이상으로 가까운 사람들을 초대하고 스스로 그 대상을 엄선한다면, 소셜 다이닝은 호스트가 불특정의 사람들에게 초대를 공지하고 참여하는 사람들이 초대에 응할지를 선택한다. 따라서 소셜 다이닝에서는 혼밥과는 달리 처음 만나는 낯선 사람들과 함께 식사를 한다는 것의 불편함을 감수할 수밖에 없다.

그럼에도 불구하고 그들은 왜 낯선 사람들과의 식사에 참여하는가? 소셜 다이닝의 경우에는 혼밥과는 다른 감정구조가 존재한다. 학생들과 함께한 참여관찰과 토론(2015년 2학기)을 통해 볼 때, 소셜 다이닝의 주최자와 참여자는 대체로 혼밥에서 느끼는 사회적 시선도 피하고자 하지만, 그보다는 혼자 있는 것, 혼자 식사할 때 느끼는 외로움을 더 못 견뎌 했다. 이것은 최근 필자가 서면 인터뷰한, 소셜 다이닝 모임을 주선한 한 남성(강○○, 남, 38세, 회사원, 서울)이 제공한 그 모임의 대화록 — 블로그에 올려 있는 — 에서도 그대로 나타난다. 그중 한 여성은 "어릴 때는 엄마와 얘기했는데 지금은 고양이와 얘기한다"라고 말하고, "개하고도 이야기하지만 10분 정도 얘기하면 지루해진다"라고 말한다. 그들이 함께 식사하는 이유는 "몸이 느끼는 허기" 때문이 아니라 "마음이 느끼는 허기" 때문이다.

그러나 소셜 다이닝 참여자들은 함께 먹기 자체에 대해서가 아니라 특히 아는 사람들과의 함께 먹기에 대해 불편한 마음을 가지고 있다. 즉, 이들은 함께 음식을 먹는다는 사실에서 불편함을 느끼는 것이 아니라 아는 사람들과의 식사에서 이루어지는 대화에서 불편함을 느끼는 경우가 많았다. 대부분 1인 가족에 젊은 층인 그들은 혼자 식사하기보다는 함께 식사하기를 원했고, 실제로 가족이나 지인들과 함께 식사할 수 있음에도 불구하고 낯선 사람들과 함께하는 불편할 수 있는 식사를 선택했다. 그 이유는 아는 사람들 — 특히 윗사람 — 과의 대화에서 마주치는 '속내 캐기' 상황이 만들어내는 불편함이 낯선 사람들과의 식사 상황이 만들어내는 불편함보다 더 크기 때문이었다. 이를테면 직장인들의 경우에는 "언제 결혼할 것이냐" 등의 질문이 그들을 불편하게 만드는 것을 넘어 질식하게 만들기도 했다. 앞서 외식이 '프라이버시의 섬'을 만들어준다고 했지만, 식사 후의 대화는 속내를 드러낼 것을 강요하기 때문이다. 앞서 언급한 모임의 한 참여자는 "느슨하면서도 끈끈한 모임"을 원했다. 다시 말해 그들은 '자유'와 '소속감'을 동시에 원한다.

대화는 소셜 다이닝의 또 다른 특징이다. 집밥지기는 음식 메뉴와 함께 '대화 메뉴'를 제시한다. 그렇지만 참석자들은 음식 메뉴보다는 대화 메뉴에 따라 참석 여부를 결정하는 것으로 보인다. 즉, 대화가 주메뉴이고 음식이 사이드메뉴이다. 참석자들이 나눈 대화를 통해 볼 때, 친구들과의 모임보다 소셜 다이닝을 선택하는 이유는 '소외된 대화' 때문이었다. 앞서 언급한 모임의 한 여성 참석자는 친구들과의 모임에서는 아이 얘기만 하기 때문에 대화에 참여하기가 어렵다고 말했다. 그럴 경우 식사의 즐거움은 대화의 '지루함'으로 전환된다. 혼밥이 먹기에 중요성을 둔다면, 소셜 다이닝의 참여자들은 대화에 더 큰 중요성을 부여한다. 여기서 소셜 다이닝은 음식공동체에서 '대화공동체'로 전환한다. 그리고 그들은 공통의 주제 – 앞에서 예로 든 모임의 주제는 '초솔로사회의 사랑'이었다 – 를 놓고 대화함으로써 '공감과 위로'를 얻었다고 말했다.

이상에서 살펴볼 때, 소셜 다이닝은 '낯섦'의 이질성을 '대화 주제'의 동질성으로 극복한다. 즉, 소셜 다이닝은 '동질성의 연대'이다. 그리고 참여자들은 그 '소속감' 속에서 소외되지 않은 자기 자신을 확인한다. 이러한 동일성에 의한 연대는 일반적으로는 에밀 뒤르켐이 말하는 기계적 연대의 일종이다(뒤르켐, 2012). 그리고 이 연대는 일시적으로는 강한 유대를 만들어낼 수 있으나 폐쇄적이다. 즉, '다름'을 용인하기보다는 배척한다. 왜냐하면 다름은 불편함이라는 감정을 만들어내기 때문이다. 그리고 생각의 '같음'에서 앞서 말한 공감과 위로를 얻는다. 그러나 생각과 취향의 같음을 통한 '대화적 자기 확인'은 대화가 갖는 또 다른 의미, 즉 성찰적 자기확장에 반(反)한다.

또한 소셜 다이닝의 공동체는 낯설고 이해관계가 없는 일회적 또는 일시적 공동체라는 특징을 가진다. 따라서 누군가에게 속내를 들키더라도 아니면 스스로 속내를 드러내더라도 큰 문제가 되지 않을 수 있다. 다시 말해 자신의 '경계 풀기'가 용이해지고, 따라서 긴장감 없는 편한 대화에서 편안함을 느낀다. 그러나 소셜 다이닝의 연대는 일시적인 편안함을 가져다주는 좁은 범위의 강하지만 낮은 수준의 연대로, 지속되기 어렵다. 모임이 끝나고 집에 돌아가는 길에 연극이 끝나고 일상으로 돌아올 때 느끼는 것과 유사한 '공허감'과 허기가 몸속으로 파고든다. 그다음에 있을 소셜 다이닝까지의 설렘이 그러한 감정을 약화시킬지라도 말이다.

감정 성찰을 넘어 감정 '승화'시키기

에밀 뒤르켐은 일찍이 '이중 인간' 개념을 제시한 바 있다. 그는 인간을 대립되지만 상호작용하는 두 가지 측면을 가지는 존재로, 즉 한편으로는 만족할 줄 모르는 개인적 또는 이기적 욕망과 욕구를 지향하는 성향을, 그리고 다른 한편으로는 그러한 이기적 열정을 넘어 사회적으로 산출된 규범적 또는 도덕적 관심을 지향하는 성향을 동시에 가지고 있는 것으로 파악했다(Fish, 2013: 339, 342). 뒤르켐의 이러한 이중 인간론은 우리의 몰사회적 열정과 사회적 능력 간의 본원적인 긴장을 상정한다. 이 긴장은 결코 완전히 근절될 수 없으며, 사회의 활성화의 토대뿐만 아니라 분열과 무질서의 토대가 되기도 한다(실링·멜러, 2013: 125).

이러한 이중 인간적 속성은 우리가 분석한 식사와 사회적 연대의 과정에서도 분명하게 실증되었다. 먹기 행위에서도 이중 인간의 모습이 드러나는 순간은 음식 나눔이 감정 나눔과 동시에 진행되는 것이 아니라 그 둘 간에 괴리가 발생하는 지점이다. 그리고 그러한 괴리가 초래하는 감정은 '불편함'이었다. 그리고 이러한 함께 먹기의 불편함에 처해 이중 인간이 선택한 식사 양식의 사례가 혼밥과 소셜 다이닝이었다. 그러나 이 두 가지 양식은 또 다른 감정 문제 ― 즉, 소외감과 공허감 ― 를 낳았다.

그렇다면 이 불편함을 해소할 수 있는 다른 방법은 없는가? 치료요법적 접근방식은 휴즈(Hughes, 2010)가 '감정적 성찰성(emotional reflexivity)'이라고 부른 것을 요구한다. 성찰성은 후기근대 세계에서 행위 주체들이 당연한 것으로 간주되던 관습 또는 전통의 유형들을 이용하기보다는 그들이 사회세계에 대해 가지고 있는 지식에 의거하여 자신들의 사회적 관행을 점점 더 반복적으로 정돈해야 하면서 발생하는 어떤 것이다(버킷, 2017: 256). 따라서 감정적 성찰성은 감정을 합리적·지적으로 통제할 것을 요구한다. 즉, 감정의 '합리화'를 시도한다. 하지만, 일루즈의 지적대로, 감정을 성찰하는 행위는 순간적이고 일시적이고 맥락적인 감정의 본성에 반하는 것이다(Illouz, 2007: 33).

다른 한편 이러한 감정적 성찰성은 극히 개인주의적이다(Burkitt, 2012: 460). 그러나, 버킷의 지적대로, 감정은 사회적 관계 속에서 발생하고, 자아정체성 역시 다른 사람들과의 관계 속에서 형성된다. 식탁공동체에서의 감정은 식사 그 자체에서는 물론, 식탁에 둘러앉은 사람들과의 관계에서도 발생하며, 그 감정공동체 속에 소속되어 있다는 사실에서 자기 확인이 가능하다. 하지만 개인주의적인 감정적 자기성찰은 관계를 단절함으로써 '자기만족'의 감정으로 나아갈 가능성이 있다.

앞서 논의한 혼밥과 소셜 다이닝은 공동 식사의 불편함에 대한 감정적 성찰의 결과에 근거하여 행위 주체들이 내린 결단이라고 할 수 있다. 하지만 관계 단절을 통해 먹기의 자기만족과 자기 찾기를 추구한 혼밥은 또 다른 감정적 문제, 즉 소외감을 만들어내고, 소셜 다이닝을 통한 식사 관계의 일시적 복원은 공허감을 만들어낼 뿐이었다. 그렇다면 이러한 감정적 문제를 넘어설 수 있는 방법은 없는가? 필자는 감정의 개인화와 합리화가 초래하는 문제를 넘어설 수 있는 가능한 방법 가운데 하나를 감정 그 자체에서 찾아보고자 한다. 그것이 바로 감정의 문제를 감정으로 해결하는 방식이다. 다시 말해 문제의 감정을 성찰하는 것이 아니라 그 감정의 배후에 있는 감정을 보다 높은 차원의 감정으로 '승화'시키는 것이다. 앞에서 우리가 논의한 식사공동체를 중심으로 하여 이를 살펴보자.

이론적으로 식사공동체의 연대는 음식의 나눔과 마음의 나눔을 동시에 실천해야 가능하다. 그러나 현실의 식사공동체에서 이 둘 사이에 괴리 ─ 특히 식사 초대의 경우에는 마음의 불일치 ─ 가 발생하는 것은 불가피하다고도 할 수 있다. 왜냐하면 인간은 생존을 위해 서로를 필요로 하면서도 인간과 인간의 관계는 이질적인 존재 간의 관계이고, 따라서 결코 둘은 하나가 될 수 없기 때문이다. 그럼에도 불구하고 앞에서 살펴보았듯이, 음식의 나눔은 개인들 간의 마음의 벽을 허무는 감정적 힘을 발휘했다. 이것이 가능한 까닭은 음식 나눔의 기저에서 작동하는 감정 때문이다.

나눔 행위에서는 배려와 감사라는 두 가지의 감정이 교차한다. 그리고 그 둘의 결합은 행복이라는 더 높은 차원의 감정을 생산한다. 특히 개인 또는 가족의 소유물인 음식을 가족 이외의 다른 사람과 나누는 것은 자신의 몫의 일정 부분을 포기하고 희생하는 것을 포함한다. 따라서 남에 대한 배려의 마음이 전제되지 않은 한, 이것은 이기적 존재로서의 인간에게 "빈 부분에 대한 채움"을 요구한다. 이것이 교환관계에서 앞서 언급한 호혜성의 규범을 작동시킨다. 그러나 실질적 재화의 교환에서 완전한 등가성은 존재할 수 없다. 그럼에도 불구하고 재화의 교환이 등가적인 것으로 간주될 수 있는 까닭은 서로 간의 심적 만족 때문이다. 다시 말해 교환에 매개된 감정이 등가교환의 여부를 결정한다. 따라서 감정적 교환의 경우에는 그 등가교환의 폭이 더 넓어지거나 좁아질 수도 있지만, 매개된 감정에 의해 그 갭이 메워질 가능성은 더 커질 수 있다.

짐멜은 "모든 상호작용, 즉 모든 대화, 모든 사랑(상대방으로부터 거절당하는 경우에도), 모든 경기, 모든 일견(一見)은 교환으로 간주될 수 있다"라고 주장하고, 그 교환관계에서 "특정한 결실을 얻기 위해서는 일정한 희생이 불가피하다"라는 견해를 피력한다(짐멜, 2013: 71~72). 그리고 그러한 희생은 개인들을 하나로 묶어주는 사회적 감정을 자극하고 상호작용을 재생산하는 데 불가결하다(실링·멜러, 2013: 137). 그런데 짐멜에 따르면, 이때 중요한 것이 희생 과정에서 "비어버린 자리를 더 큰 가치를 지닌" 것으로 채우는 것이다(짐멜, 2013: 76). 그것을 메워주는 감정이 짐멜에서는 '감사'이다.

짐멜에 따르면, 감사는 사람들 사이에 주고받는 행위의 균형을 유지시키는 끈을 제공하는 것으로(짐멜, 2005: 176), 사회의 존속과 응집에 영향을 미친다. 그에 따르면,

> 사람과 사람 사이에 진행되는 과정은 감사와 더불어 그 결과와 주관적 의미, 그리고 정신적 반향에 있어서 영혼의 차원으로 고양된다. …… 감사는 영혼이 다른 사람들에게 다가가기 위해 늘 다시 사용하는 다리이다. …… 감사는 비옥한 감정의 토대이다. 이 토양에서 자라나는 것은 단지 개인들 사이의 특정한 행위만이 아니다. 그 밖에도 …… 우리의 행위를 수정시켜 주거나 강화시켜 주는 기능을 한다. (짐멜, 2005: 177)

이렇듯 감사는 인간의 행위를 과거와 연결시켜 주고, 행위의 인격적 요소를 풍부하게 해주며, 지속적인 상호작용을 가능하게 해준다.

우리가 이러한 짐멜의 논의를 함께 먹기와 관련하여 살펴볼 경우, 음식 나눔과 호혜성의 원리 간의 충돌을 극복할 수 있는 감정의 영토를 발견할 수 있다. 또한 음식 나눔에서 작동하는 희생과 감사의 논리가 온전히 작동한다면, 이해관계의 논리에 의해 식사공동체가 도구화될 여지 또한 좁아질 수밖에 없다. 그리고 공동 먹기에서 일어나는 베풂과 배려의 논리가 대화의 영역에서 타인의 생각으로까지 확대된다면, 먹기의 즐거움과 대화의 즐거움은 배가될 가능성이 크다. 그리고 그러한 식탁공동체에서는 소속감을 심어주면서도 낮은 수준의 제약을 통해 자유의 공간이 넓어진다.

짐멜에 의하면, 이러한 희생과 감사가 만들어내는 승화된 감정이 바로 '신의'이다. 신의는 이미 창출된 관계를 관통하며 그 관계를 구성하는 개인들을 강하게 묶어준다. 신의는 "관계의 내용을 구성하는 특수한 감정이나 의지로부터 독립된 일종의 고유한 심적 상태"로, 결국 "내면적인 측면에서 인간관계가 스스로 유지되도록 하는 감정"이다(짐멜, 2005: 189, 191). 짐멜에 따르면, 신의는 관계 속에서 발생하는 다양한 이해관계와 충돌, 그리고 다양한 상호결합의 동기를 전체적이고 통일적으로 담아내는 형식으로, 신의와 더불어 개인적이고 유동적인 내면적 삶은 실제로 고정되고 안정적인 관계의 형식을 띠게 된다(짐멜, 2005: 188, 194). 짐멜은 바로 이 신의가 앞서 언급한 '이중 인간'이 지닌 이중성에 다리를 놓아주고 그 이중 인간을 화해시킨다고 말한다. 그는 신의와 관련한 글을 다음과 같이 결론짓는다.

신의란 지속적인 흐름 속에서 움직이고 살아가는 인간 영혼의 상태이다.

하지만 신의는 동시에 이 영혼의 상태에 힘입어서 초개인적인 사회적 관계 형식이 지니는 안정성을 획득하며, 또한 삶에 대해서 그 의미와 가치로서 내용을 부여해 준다.(짐멜, 2005: 194)

짐멜이 말하는 이 같은 신의라는 감정은 식사공동체가 지니는 것으로 상정해 온 연대의 최고 상태라고 해도 무방할 것이다. 그리고 희생, 감사, 신의에 대한 짐멜의 논의는 식사공동체가 연대를 형성해 가는 감정동학을 아주 치밀하게 분석한 것으로 해석할 수도 있다. 하지만 짐멜은 그답게 곧바로 이 식사공동체의 형식과 내용은 실제의 삶의 리듬과 모순될 수밖에 없음을 시사한다. 이것이 바로 필자가 식사공동체와 관련한 다양한 충동과 이해관계가 유발하는 감정들의 승화를 거듭 주장하는 이유이기도 하다. 왜냐하면 짐멜이 논의한 희생, 감사, 신의의 감정이야말로 함께 식사하기가 만들어내는 불편함이나 혼밥과 소셜 다이닝에서 느끼는 소외감과 공허함을 넘어 식사를 통한 '연대적' 자기 찾기와 자기 확인의 길을 열어줄 것이기 때문이다.

제5장

혼술의 감정동학
탈사회 시대의 하나의 취향?

술과 홀로임, 어울리지 않는 조합?

얼마 전까지만 해도 혼자 술을 마신다는 것은 숨겨야 하는 일 중의 하나였다. 일명 '혼술' 자체 때문이 아니라 혼술에 부여된 부정적인 이미지 때문이었다. 혼술자라고 해서 모두 알코올중독자가 아님에도 불구하고, 혼자 술을 마신다고 하면 알코올중독자 내지는 알코올중독일 가능성이 있는 사람 ― 또는 술을 즐기는 것이 아니라 취하기 위해 마시는 사람 ― 으로 의심되었다. 심지어는 혼자 술을 마시는 사람조차도 혹시 자신이 알코올중독자가 아닐까 우려하기도 한다. 그렇기에 혼술은 혼자 할 수 있는 것 중 가장 어려운 단계로 인식되곤 했다. 이러한 인식의 기저에는 술과 홀로임을 서로 어울리지 않는 것으로 바라보는 사회적 통념이 자리하고 있었다. 하지만 현재 혼술자들은 혼술을 자신의 취향이라고 당당히 밝히고 있으며, "혼술은 로망이다"라고 말하기도 한다.

이러한 혼술 현상은 홀로 하는 다른 현상들, 즉 '혼밥', '혼영', '혼여' 등의 현상과 함께 우리 사회의 개인화 경향을 보여주는 중요한 사례로 언급된다. 그리고 언론에서는 이러한 혼술 현상을 개인주의의 확산에서 기인하는 것으로 인식하고, 1인 가구의 증가가 이를 가속화시킨 것으로 분석하곤 한다. 이러한 평가는 혼술을 개인들이 점점 더 집합체 지향성보다는 자기중심적 지향성을 가지게 되면서 나타나는 일반적인 사회적 현상의 하나로 바라본다. 이러한 인식은 '함께하기'를 이상적인 것으로 보거나 '함께하기'를 하나의 규범으로 상정하고 '홀로하기'의 원인을 개인의 성향에서 찾는 경향이 있다.

하지만 근대사회의 역사를 살펴볼 때, 개인화는 개인이 지닌 이기심이나 자기애와 같은 개인적 심리가 단순히 발현된 것이 아닌, 사회에 대한 저항의 산물이었다. 근대적 개인은 사회적 속박에서 벗어나고자 하는 노력 속에서 탄생했다. 이러한 점에서 근대사회의 역사는 개인화의 역사라고 할 수 있다. 그러나 개인화된 사회에서도 사람들의 삶은 함께하기라는 양식까지 벗어나지는 않았다. 사람들은 사회(의 제약)로부터의 탈출을 감행하더라도 함께 행동했다. 함께 영화 보고, 함께 스포츠 행사에 참여하고, 함께 술 마시고, 함께 여행했다.

이렇듯 개인화의 시대에도 함께하기는 개인의 삶의 방식이자 생존전략이었다. 따라서 혼술을 비롯한 홀로하기가 하나의 독자적인 영역을 구축하고 나선 오늘날, 홀로하기 현상은 그것을 '탈사회적인 것'으로 바라보도록 유혹한다. 하지만 이러한 시각에서 홀로하기를 분석하는 논의들 역시 여전히 개인(홀로하기)과 사회(함께하기)의 관계에서 사회에 방점을 두고 홀로하기를 일탈적인 것으로 인식하는 경향이 강하다. 사회의 입장에서는 그러한 현상들이 사회의 구성원리를 침해하는 것으로 보이기 때문이다.

이러한 인식은 극단적인 경우 혼밥, 혼술, 비혼 등을 사회해체적 징후로 바라보고 비난하기도 한다. 하지만 이러한 접근방식으로는 일명 '혼족'이 오늘날 자신의 홀로하기의 삶을 생활양식화하고 그러한 삶을 하나의 선택지로 여기는 양태를 제대로 포착할 수 없다. 따라서 이 장에서는 홀로하기의 삶 ― 여기서는 혼술 ― 을 함께하기라는 외부의 시각에서 바라보는 것이 아니라 혼족의 입장에서 '내재적'으로 접근한다. 하지만, 앞에서 언급했듯이, 홀로하기는 함께하기에 대한 저항으로부터 출현하는 것이기 때문에, 이 장에서는 함께 마시는 술과 혼자 마시는 술 간의 긴장관계를 논의의 중심축으로 설정하고, 혼술이 어떻게 함께하는 술에 대응하여 자신의 영역을 구축하는지를 포착해 내고자 한다.

이러한 작업을 수행하기 위해 먼저 혼술에 대응하는 양식으로서의 '함께 술 마시기' 행동의 양태와 그 변화 과정을 기존의 연구를 통해 탐색한다. 술에 대한 국내 문헌을 살펴보면, 술 제조 방법을 소개하는 책과 술을 더욱 즐기는 방법을 소개하는 가이드북 형태가 주종을 이룬다. 학술 연구의 경우 대부분 음주를 신체적·정신건강적 측면에서 다루고 있다. 혼술에 대한 연구 또한 이러한 맥락에서 벗어나지 않는다(이효영 외, 2019; 이혜규, 2017). 이러한 연구 상황에서도 일상성·일상생활연구회(1999)가 펴낸 공동 저작 『술의 사회학: 음주공동체의 일상문화』와 이상훈(1998), 최원기(2004)의 연구는 함께하는 술에 관한 사회학적 연구에서 좋은 전거의 역할을 한다. 그러나 혼술에 대한 사회학적 연구는 아직 찾아볼 수 없다. 이는 맹아적 현상보다는 구조화된 패턴을 연구하기를 좋아하는 사회학의 성향 때문인 것으로 보인다.

앞서 언급했듯이, 이 장에서 필자는 혼술자의 입장에서 혼술을 '맥락화'한다. 여기서 맥락화란 혼술자의 혼술 동기와 그 동기를 형성해 온 외적 상황을 연계지어 혼술의 자기확대 과정을 포착한다는 것을 의미한다. 이 혼술의 자기확대 과정은 단지 혼술자가 늘어나는 과정뿐만 아니라 술과 홀로임 간의 간극이 외부자의 시선에 의해 일탈이라는 부정적인 의미로 채워지던 것에서 혼술이 내부자와 외부자 모두에 의해 하나의 취향으로 얼마간 받아들여지는 과정까지를 포함한다. 이 맥락화 작업은 겉으로는 개인화 현상으로 보이는 혼술이 과연 탈사회적인 것인지를 검증하는 절차이기도 하다.

다음으로 혼술자의 입장에서 혼술을 바라본다는 것은 혼술자의 감정에 집중한다는 것을 의미한다. 개인들이 술의 해악을 익히 알고 있으면서도 또한 혼술에 대한 부정적인 인식에도 불구하고 혼자서라도 술을 마시는 것은 자신이 경험한 '술의 감정 정화작용' 때문이다. 따라서 술 마시는 행위에 관한 연구에서는 술의 감정 작용과 술을 통한 감정 '전환' 과정에 주목하는 것이 필수적이다. 따라서 이 장은 술의 감정 방정식을 규명하고, 함께 술 마시기와 혼자 술 마시기에서 그러한 감정동학이 어떻게 다르게 작동하는지를 탐구하는 데 주안점을 둔다.

이러한 목적을 달성하기 위해 필자는 혼술자의 목소리에 의존했다. 그리고 이 작업을 수행하기 위해 우선 술 마시는 행위 ― 함께 마시기와 혼자 마시기 모두 ― 에 대한 자료를 수집했다. 자료 수집을 위해서는 46명을 대상으로 서면 인터뷰를 실시했고, 다음으로 인터넷상에서 혼술자들의 경험에 대한 글을 수집하여 분석했다. 하지만 코로나19라는 특수한 비대면 상황의 영향이 과대 맥락화되는 것을 피하기 위해 코로나19를 혼술 경험의 직접적인 원인으로 거론하는 자료는 제외했다. 서면 인터뷰 역시 코로나19 이전인 2019년에 실시되었다. 이 장에서 구체적인 인용 없이 경향성을 진술하는 경우는 이 서면 인터뷰에 근거한 것이다.

하지만 이 장은 서면 인터뷰를 통해 혼술자의 일반적인 음주 형태나 심리적 특성을 밝히는 것을 목적으로 하지 않는다. 이 장에 인용된 혼술자들의 목소리는 이론적 논의의 단초를 찾기 위한 보조 수단이다. 다시 한번 더 언급하지만, 이 장의 목적은 혼술이 사회적으로 출현하고 정착하는 과정을 혼술자들의 목소리를 통해 감정사회학적으로 재구성하는 데 있다.

술, 의례, 함께하기

술의 기원론에서 종종 언급되는 흥미로운 이야기 가운데 하나가 인간보다 원숭이가 먼저 술을 만들었다는 이른바 '원숭이 가설'이다(더들리, 2019). 하지만 사회학적으로 볼 때, 보다 중요한 것은 술은 신의 음료였다는 주장이다. 술은 신에게 바치는 신성한 공물이며, 신에게 술을 바치는 행위는 숭고하고 경건한 마음을 표현하는 것이었다는 것이다(오재환, 1999: 96~97). 따라서 인간은 한껏 예를 갖추어 그러한 의례를 수행했다. 뒤르켐(2020: 213)에 따르면, 인간은 그러한 종교의례를 통해 거룩한 존재와 자신을 결합하는 관계를 견고하게 하고 재확인하고자 하는 욕구를 실현한다. 그러나 신에게 바친 술, 즉 신의 음료를 실제로 마시는 것은 언제나 신이 아닌 인간이다. 하지만 의례에서 신에게 바친 술은 음료가 아니라 신의 피를 상징하며, 인간은 그 술을 마심으로써 신의 영혼을 영접한다. 의례에서 술은 신과 공동체 구성원을 하나로 묶어주는 상징적인 매개체이다.

신에게 바친 술은 특정 개인이 만들었다고 하더라도 한 개인이 신에게 바친 사적인 것이 아닌 신이 내린 것이 되므로 의례 참여자 모두의 것이 된다. 따라서 그 술은 누군가가 독점할 수 없는 것으로, 함께 나누어 마셔야만 한다. 또한 그 술을 거부할 수도 없다. 신이 내린 술을 거부하는 것은 불경한 일이기 때문이다. 그리고 그 술을 함께한 사람들은 그 신을 공동의 숭배자로 삼는 더 큰 공동체의 일원이 된다. 더 나아가 그 집단은 각 성원의 허물도 비난하기보다는 보듬어야 한다. 이제 개인의 허물은 집단의 허물이 되기 때문이다. 이처럼 술은 속세에서 신과 인간의 융합을 넘어 인간과 인간을 융합시키는 접점이 된다. 사회학적으로 말하면, 술은 개인들을 하나의 집합체로 결합시키는 시멘트이다. 이러한 논리로 보면, 사회는 술의 공동체인지도 모른다.

  술이 가지는 이러한 상징성은 현실의 거의 모든 사회적 의례에서 하나의 기본 메커니즘으로 작동한다. 그중에서도 특히 신입생 환영회나 신입사원 환영회 등 각종 조직이나 단체에서 신참자를 맞이하는 의례들은 술의 이 같은 신비한 속성을 의식적으로 작동시킨다. 이들 의례에서 술은 단순히 알코올이 아닌 집단의 상징이다. 따라서 그러한 술자리에서 술은 거부될 수 없다. 술을 마시는 것 자체가 그 집단을 받아들인다는 것을 상징하기 때문이다.

  따라서 더 많이 마실수록, 그리하여 자신을 상실할수록 그 집단에 더욱 동화되는 것으로 여겨진다. 그렇기에 술을 강요하는 것 역시 정당화된다. 그리고 집단의 성원들은 억지로 힘겹게 술을 마시는 사람을 집단의 구호를 외치면서 응원한다. 다른 사람들이 그 모습을 지켜보는 것은 단지 술을 마시는 과정을 바라보는 것이 아니라 그가 그 집단의 성원이 되는 과정을 직접 주시하는 것이며, 따라서 이는 그가 가진 조직인의 의지를 시험하는 과정이기도 하다. 그렇기 때문에 그것을 지켜보던 사람들은 마침내 그가 술잔을 비웠을 때 환호로 맞이한다. 이제 그는 그 집단의 문지방 안으로 발을 들여놓은 것이다. 그 과정에서 수반되는 구토나 불미스러운 행동은 통과의례를 위해 수행해야 하는 고통스러운 과정일 뿐이다. 그러한 행동은 절차이지 문제가 아니다. 그것은 집단의 성원이 되기 위해서 개인이 극복해야만 하는 것이다.

인터넷상에서 발견한 아래의 경험담은 앞서 설명한 의례에서 술이 갖는 의미를 잘 보여준다.

> 내가 처음 술을 마시게 된 건 대학교 신입생 환영회 날이다. 앞으로 몇 년을 같이 지내게 될 것만 같은 사람들과 친해지기 위해 술에 대한 순결을 포기하고 말았다. 고등학교 친구들이 몇 번을 권유해도 절대 마시지 않았던 술인데 말이다. 솔직히 부모님이 권유하는 술이라도 내가 미성년자라면 정중히 거절했을 것이다. 그만큼 술에 대해선 상당히 보수적인 편이다. 그러나 신입생 환영회는 대학생이 된 성인들이 모여 친목을 도모하는 자리 아닌가? 용기를 내서 술을 마셨다. 내 인생에서 처음 마신 술맛이 어땠냐고 물어본다면, "죄송하지만 기억이 나지 않습니다"라고 대답할 수밖에 없다. 고삐 풀린 망아지마냥 해방감에 신이 나서 술을 들이부었으니 당연한 결과이다. 다음날 들어보니 귀여운 척, 멋있는 척, 세상에 있는 척이란 척은 다 했다고 한다. 지금 생각해도 너무 부끄러운 일이지만, 그럼에도 그날을 후회하지 않는 이유가 하나 있다. 바로 좋은 사람들을 만났다는 것이다. 고민을 진지하게 들어주는 사람, 사소한 일상을 공유하고 공감해 주는 사람, 힘들 때 아무 말 없이 손을 내밀어주는 사람, 모두 그날 만난 고마운 사람들이다. 지금은 모두 졸업하고 각자의 삶을 살아가고 있지만, 질긴 인연은 서로의 노력을 통해 이어지고 있다. (김피플, 2020)

이처럼 의례에서의 술은 사업상 마시는 술과 본질적으로 다르다. 의례에서의 술은 일상에서의 이해타산을 초월하여 구성원 전체가 '하나가 됨'을 확인하는 계기가 된다. 이때 술을 마시는 행위는 단순히 술이라는 음료를 마시는 데 그치는 것이 아니라 그 행위 자체가 공동체를 새로 일구는 의식이 된다(박재환, 1999: 42).

이러한 의례는 항상 축연과 같은 장면을 연출한다. 뒤르켐에 따르면, 그러한 '집합적 흥분'이 연대의 근원이다. 따라서 사람들은 술이 그러한 광경을 연출하는 것으로, 즉 술을 흥분제로 바라보는 경향이 있다. 그러나 술은 의학적으로 진정제의 일종이다(이종기, 2000: 342). 캐롤라인 냅(Caroline Knapp)의 표현에 따르면, 술을 마시면 "미간을 쪼그라들게 하던 것, 손을 멈칫거리게 하던 것, 아무리 긁어도 사라지지 않는 가려움증 같던 것이 스르르 씻겨 내려간다"(냅, 2017: 101).

그렇다면 술자리에서 발생하는 집합적 흥분은 어떻게 설명될 수 있는가? 이는 역설적이게도 술이 진정제라는 사실에 있다. 술은 자기 자신에 대한 집착과 자기 보호 본능을 이완시켜 준다. 다시 말해 술은 공포감이나 경계심을 없애주고 열등감도 완화시켜 준다. 이는 집단 앞에서 타인의 시선에 대한 두려움 없이 자기 자신을 표현할 수 있게 해준다. 이처럼 술은 개인으로 하여금 평상시에는 할 수 없던 행동을 서슴없이 할 수 있게 해준다. 게다가 의례 속에서 외치는 구호와 이른바 떼창은 자신을 망각하게 하고 집단을 향해 끝없이 항해하게 한다. 이제 나는 없고 집단만 존재한다. 그리고 그것은 황홀함으로 경험된다. 현대의 알코올 부족체는 음주 토템을 서로 나누는 행위를 통해 몽롱하고 장엄한 공동체의 영역으로 입장하며, 이를 통해 표면적인 관계성을 떠나 새로운 교감 관계를 형성하는 감정과 정서의 공동체가 된다(윤명희, 1999: 86).

이처럼 술자리라는 무절제의 문화 속에서 무의식적으로 수행한 자기 행동은, 한편으로는 기억하지 못하는 자신의 술자리 행동에 대한 우려로 인해 자신에게 불안감으로 엄습해 돌아오기도 하지만, 다른 한편으로는 그 집단 의례의 참여자들 역시 동시적인 자기 망각자이기에, 그리하여 동지가 되었기에 혹시 있었을지 모를 실수나 불미스러운 일도 전혀 문제가 되지 않는다. 간혹 그러한 문제를 지적하는 것은 술에 대한 예의가 아닌 것으로 간주된다. 오히려 더 큰 불안감은 술자리에 참석하지 않았을 때 생겨난다. 술자리의 분위기를 공유하지 않았다는 사실이 자신에게 이방인 같다는 느낌을 받게 하기 때문이다. 특히 술자리에 초대받지 못했을 경우에는 불쾌감마저 든다. 술자리에 초대받지 못했다는 것은 자신이 배제되었다는 것을 의미하기 때문이다. 이러한 불안감은 인간이 사회적 존재라는 것을 반증한다.

이러한 집단 만들기 기제로서의 술은 집단의 연대감 강화를 목적으로 하는 다양한 의례에서 의식적·반복적으로 활용되며, 자신과 타자의 경계를 없애고, 외부인과 대비되는 집합적 정체성을 만들어낸다. 술이 지니는 이러한 성격 때문에 우리는 술을 '사회성'을 길러주는 것으로 생각하기도 한다. 그러나 이러한 사회성은 집단의식을 강화하기는 하지만, 항상 자기희생과 '자아 축소'를 동반한다. 이러한 '집단의존적' 자아는 집합체에 속해 있지 않는 한 자아 상실감과 불안감에 휩싸이곤 한다. 따라서 사람들은 항상 집단적인 술자리를 만들거나 술자리에 참여하려는 욕망을 가진다. 함께하는 술자리에서 안도감을 느끼고 자기 확인을 할 수 있기 때문이다.

개인화, 접대, 사회적 자본

이러한 의례를 통한 공개적인 공적 술자리 모임은 여전히 계속되고 있지만, 개인화가 진전되면서 젊은 층에서는 이른바 '회식거부운동'을 하는 등 집단적 술자리 행사에 대해 공개적으로 거부감을 드러내기도 한다. 하지만 일상의 사적인 모임에서도 술을 매개로 하지 않는 모임은 찾아보기 힘들다. 따라서 모임에 간다거나 누구를 만난다고 하면 "오늘 술 많이 하겠네. 술 조금만 마시고!"라는 말이 저절로 뒤따르기도 한다. 그리고 사람들이 사적인 술자리를 가지는 것 역시 공적인 술자리에서와 마찬가지로 다른 사람과의 유대감을 느끼거나 유대감을 유지하기 위해서인 경우가 많다.

그렇다면 왜 개인화 시대에도 술자리를 통해서까지 유대감을 증진하려고 하는 것일까? 그것은 역설적이게도 바로 개인화의 시대이기 때문이다. 사회는 상호 관련된 부분의 체계라는 사회유기체론의 거대한 가정을 들먹이지 않더라도, 그리고 분업은 상호의존성을 강화한다는 뒤르켐의 분업이론을 거론하지 않더라도, 개인화 시대에도 개인이 홀로 생존할 수 없다는 것은 자명한 사실이다. 따라서 개인화 시대가 진척될수록 개인은 자신의 생존을 위해 항상 타자와 접속하기 위한 노력을 배가해야 한다.

하지만 개인화 시대에 개인적 초대에 의해 이루어지는 접대 술자리에서 '사적으로' 함께 술을 마시는 행위는 의례를 통해 '공적으로' 함께 술을 마시는 행위와 성격 면에서 확연히 다르다. 양자 모두가 집단의식의 강화라는 동일한 목적을 추구하는 경우라고 하더라도, 후자는 이미 존재하는 집단에 새로운 성원을 통합시키는 작업을 수행한다면, 전자는 술자리를 통해 새로운 유대를 형성하거나 기존의 유대를 강화하는 것, 다시 말해 사회적 네트워크를 구축하는 것을 주요 목적으로 한다. 사회학적으로 말하면, 전자의 술자리는 로버트 퍼트넘(Robert Putnam)이 말하는 '사회적 자본'을 개인적으로 축적하기 위한 것이다. "물리적 자본이 물리적 사물을, 인적 자본이 개인의 특성을 가리킨다면, 사회적 자본이란 개인들 사이의 연계, 그리고 이로부터 발생하는 사회적 네트워크, 호혜성과 신뢰의 규범을 가리키는 말이다"(퍼트넘, 2009: 17). 퍼트넘이 지적하듯이, 이 용어에는 우리의 삶이 사회적 유대에 의해 더 풍부해진다는 의미가 함축되어 있다.

이처럼 술자리가 개인적·집단적 친밀감을 형성하는 기제로 작동한다는 점에서 술은 커뮤니케이션의 수단으로 정의되기도 한다(박재환, 1999). 앞서 논의했듯이, 진정제로서의 술은 대화 속에서 자기표현을 원활하게 해주고, 자신의 내면 역시 쉽게 드러내게 해주어 타자와의 신뢰를 구축하는 데 도움을 주기 때문이다. 다시 말하면, 술은 대화에서 윤활유의 역할을 한다.

그러나 개인화 시대에서의 타자와의 친밀감 형성은 단순히 신뢰 관계의 구축만을 목적으로 하지 않는다. '사회적 자본'이라는 개념이 암시하듯이, 개인들은 술자리를 통해 자신의 이익에 보탬이 되는 연결고리를 구축하고자 한다. 의례에서는 술이 집단의식을 강화하는 것을 목적으로 한다면, 개인적인 접대 술자리에서는 사람들은 겉으로는 항상 '우리' 의식을 내세우면서도 그 기저에서는 끊임없이 사적 관계와 그것을 통한 개인적 이익을 추구한다. 이른바 '집단주의적 개인주의'의 논리가 작동하는 것이다.

따라서 개인적인 접대 술자리는 의례 형태의 술자리와 그 양태에서도 여러모로 다르다. 첫째, 접대 술자리에는 항상 초대하는 자와 초대받는 자가 존재한다. 그리고 그들은 유대 형성이라는 공통의 목적을 가지지만, 최종 목적은 항상 개인의 이익이다. 둘째, 의례의 경우와 달리 접대의 경우에 준비된 술은 공통의 것이 아니라 항상 참여자만을 위한 사적 소유물이다. 따라서 준비한 술의 종류와 등급은 그 술자리의 위세를 보여주는 것일 뿐만 아니라 접대하는 사람의 등급을 평가하는 기준이 되기도 한다. 다시 말해 술과 사람이 등치된다. 셋째, 술자리 자체가 하나의 시험장이다. "그 사람을 알려면 술을 먹여보라"라는 말은 이러한 상황을 대변한다. 따라서 그러한 술자리에서 사람들은 자신을 버림으로써 자신이 타자 또는 집단에 융합되는 정도를 최대한으로 드러내야 하는 한편, 철저하게 자신을 통제하고 조절하기도 해야 한다. 이처럼 신뢰와 연대 역시 주어지는 것이 아니라 '관리'의 대상으로 변한다. 넷째, 술자리가 그 자체의 즐거움에 의해 평가되는 것이 아니라 그 결과에 의해 평가된다. 따라서 술자리 역시 도구화되어 일종의 '노동'의 장이 된다. 접대는 치밀하고 치열한 감정노동의 장이다.

이처럼 접대의 술자리는 자신의 심성을 공개적으로 드러내어 인정받고 검증받는 장, 즉 사람들이 자기 가치를 협상하는 장소, 호네트(Honneth, 1995)의 용어로는 '인정투쟁'의 장이다. 하지만 다른 사람들로부터 '보편적으로' 인정받기 위해서는 자신의 독특함을 드러내는 것보다 타자의 생각과 감정을 수용하는 태도가 더욱 요구된다. 즉, 접대의 술자리는 감정 '표출'의 장소가 아니라 감정 '수행'의 장소이다. 다시 말해 사람들은 데이비드 리즈먼(David Riesman)이 말하는 타자지향적 태도(리즈먼, 1999)와 스테판 메스트로비치(Stjepan Meštrović)가 말하는 사회적으로 용인되는 '제조된 감정'(메스트로비치, 2014)을 드러낼 것을 요구받는다.

이처럼 개인화·개성화 시대에도 사회적 관계는 탈개인화와 몰개성화를 요구한다. 이제 '진짜 나(true self)'는 숨겨야 하는 것이 된다. 따라서 사회적 자본을 획득함으로써 자신을 계발하고자 욕구는 사아를 '버림'으로써 완성된다. 그리하여 술자리에서의 성과는 결국에는 자아 충족감이 아니라 공허함을 낳는다. 이 공허함은 또다시 술자리에서의 인정을 통해 메워진다. 이것이 바로 술자리가 또 다른 술자리를 낳는 현상의 기저에서 작동하는 숨어 있는 법칙이다. 술자리 자체에서만 성취감을 느끼고, 술자리가 끝나면 또다시 허전함이 엄습하기 때문이다. 술이 부족하다는 것은 여전히 공허하다는 것과 다름없다. 술꾼들이 인사불성이 될 때까지 2차, 3차를 외쳐대는 것도 이 때문일 것이다. 그리고 아마도 이것이 바로 술이 술을 부르는 것처럼 보이는 이유이기도 할 것이다.

일상, 술, 감정

술은 의례와 접대의 장소에만 존재하는 것이 아니다. 일상에서도 사람들이 함께하는 장소라면 술이 빠지지 않는다. 그렇기에 우리는 "술은 인생의 모든 순간을 함께한다"라고 말하기도 한다. 하지만 이는 사람들이 실제로 항상 술을 마시기 때문이 아니라 거의 모든 감정 상태에서 술을 떠올리기 때문이라고 할 수 있다. 실제로 술을 마시지 않는 사람도 극심한 슬픔을 느낄 때나 아주 기쁠 때 갑자기 술을 마시고 싶다는 생각이 든다고 말하기도 한다. 왜냐하면 술을 마시지 않는 사람도 술이 감정을 정화하는 작용을 하기도 하지만 동시에 감정을 증폭시키기도 한다는 사실을 알고 있기 때문이다.

그러나 과도한 술 섭취는 이성의 통제 능력까지 상실시키고 금기를 넘어서는 영웅적인 행동(?) 내지는 심지어 허튼 수작을 하게 하기도 한다. 즉, 술에서 기인하는 감정이 삶 자체를 훼손하기도 한다. 또 신체적으로도 술은 에너지를 공급해주기도 하지만 숙취라는 고통도 준다. 실제로 한 응답자는 술 하면 연상되는 것으로 "어떨 때는 징글징글, 어떨 때는 해방구, 어떨 때는 승리자, 어떨 때는 지긋지긋, 어떨 때는 오아시스"라고 답했다(박○○, 사무직, 남, 30세). 같은 맥락에서 다른 사람들은 술은 '양날의 칼'이라고 표현하기도 했다(은○○, 대학생, 남, 25세; 박○○, 타투이스트, 여, 30세). 따라서 이성적 자아는 항상 술을 멀리하거나 조심하라고 말하지만, 감정적 자아는 어느 샌가 다시 머릿속에서 술이 스멀스멀 올라오고 있음을 느낀다. 이는 아마도 자신이 경험한 술의 감정 작용을 몸이 기억하고 있기 때문일 것이다.

필자가 수행한 서면 인터뷰에서는 응답자의 절대다수(46명 중 45명)가 일상에서의 술을 기쁨보다는 삶의 고단함과 연결시켰다. 이는 아마도 기뻐서 마셨던 술이 주로 축하연 — 생일, 취업, 승진 등의 술자리 — 과 같은 의례 술자리나 초대에 의한 술자리와 연관되어 있었다면, 일상에서는 술이 삶의 스트레스나 지친 심신을 연상시키기 때문인 것으로 보인다. 다시 말해 현대인에게 술은 현실로부터 탈출하는 기제로 작동한다. 그런데 거기에는 항상 고통의 회피와 쾌락의 추구라는 쾌락주의의 명제가 자리하고 있다. 서면 인터뷰에서 한 응답자가 답한 다음과 같은 진술은 술과 고통 회피의 관계를 잘 보여준다.

> '술'이라는 단어 자체뿐만 아니라 그것과 관련된 상황을 연상하면 극과 극의 이중적인 감정이 든다. 대부분 부정적인 감정들을 느끼거나 이를 회피하기 위해 '술'을 떠올렸던 것 같다. 이와 관련하여 진지하게 고민해 보지 않았는데, 인터뷰지를 작성하면서 공허함, 외로움, 슬픔, 분노와 같은 표현들이 가장 먼저 떠올랐다. 그런데 이러한 표현들은 결국 서로 닮아 있다고 생각한다.(박ㅇㅇ, 대학원생, 여, 32세)

그렇다면 술은 어떻게 고통의 상태를 즐거움의 상태로 전환시켜 주는가? 다니엘 슈라이버(Daniel Schreiber)는 『어느 애주가의 고백(Nüchtern: Über das Trinken und das Glük)』에서 술이 우리의 감정을 작동시키는 방식에 대해 이렇게 설명한다.

> 술에 취하면 한계를 뛰어넘는 듯한 정복감과 충족감을 느낀다. 술은 도취감 이외에도 심리적인 기능이 있다. 자아의 판타지를 유지하게 해주고 그

판타지에 방해가 되지 않도록 현실을 숨기고 감추는 데 도움을 준다. 그런 점에서 술은 나르시시즘의 엔진이다. 우리를 기쁘게 해주는 상상의 세상을 창조하고, 정신적 풍선을 띄워 견딜 수 없는 기억이나 느낌이 망각될 수 있도록 내면의 방을 만들어준다.(슈라이버, 2018: 196~197)

서면 인터뷰의 응답자들도, 동일한 용어로 표현하지는 않았지만, 술을 통해 대동소이한 감정 전환을 경험하는 것으로 보고했다. 심지어 고통에 빠진 사람들은 술이 주었던 과거의 즐거움에 사로잡혀 술이 주는 또 다른 고통, 즉 숙취와 실수 같은 것을 망각하고 또다시 술을 찾기도 했고, 심지어 어떤 경우에는 숙취의 고통 속에서 술을 찾게 했던 고통을 잠시 잊기도 했다.

그렇다면 술은 어떻게 사람들로 하여금 부정적인 감정 상태에서 벗어날 수 있게 해주는가? 대부분의 사람은 술의 효과에 갇혀서 그 과정에 대해서는 그리 주목하지 못하는 것으로 보인다. 하지만 술로 인한 고통으로 금주를 결심하고 실행한 사람들은 자신이 술을 마시는 순간과 과정을 성찰하고 술의 감정 메커니즘을 예리하게 포착해 내기도 했다. 특히 캐롤라인 냅은 『드링킹, 그 치명적 유혹(Drinking: A Love Story)』에서 이 감정 메커니즘을 술의 방정식이라는 이름으로 기술하고 있다(냅, 2017: 97~114).

냅이 제시하는 첫째 감정 방정식이 바로 "불편+술=편안함"이라는 등식이다. 다시 말해 술은 우리로 하여금 불편한 감정 상태에서 벗어나 편안함을 느끼게 한다는 것이다. 윌리스(Willis, 1990: 101)는 "술집의 온기, 규모, 편안함, 보호가 그러한 것처럼, 술의 직접적인 효과는 자아의 긴장을 풀어주고 현실 세계와 거리를 두게 해준다는 것이다"라고 지적한다. 술은 현실 속에서 나를 괴롭히던 아픔과 괴로움을 녹여버리고, 술과 나

이외의 모든 것을 배경으로 만듦으로써 "어떤 황홀경의 영역, 심리적 비상이 허용되는 곳, 물질을 들이켜고 자기 자신을 벗어던지는 은밀한 공간"(냅, 2017: 99)을 창조한다. 이것이 바로 술을 '영혼의 진통제'라고 표현하기도 하는 이유이다. 따라서 사람들은 자신을 제약하고 있던 모든 것을 분출시킨 알코올의 세계에서 원래의 나, 즉 진정한 자아에 도달한 것처럼 느낀다. 그리하여 술은 잃어버린 나를 되찾는 수단이 된다. 현실은 항상 나를 좀먹어 들어오지만, 술은 나로 돌아가는 수단을 제공한다는 것이다.

하지만 과도한 술은 '내면의 나'인지 아니면 '내가 아닌 나'인지를 알 수 없는 자아를 만들어내기도 한다. 이것은 냅이 정식화한 술의 둘째 감정방정식으로 이어진다. 그것이 바로 "두려움 + 술 = 용기"라는 등식이다. 앞에서도 언급했듯이, 술은 평소에 억눌려 있던 감정을 이완시킬 뿐만 아니라 자신의 소심함이나 공포심, 경계감을 없애주고 열등감도 완화시켜 준다(이종기, 2000: 342). 냅은 술이 자신의 소심함을 어떻게 당당함으로 바꾸어주었는지를 다음과 같이 묘사한다.

어린 시절 나는 지독히 소심하고 낯을 가리는 성격이라서 무슨 일만 있으면 쌍둥이 자매 베카의 등 뒤로 숨었디. 손님들이 와서 우리에게 "몇 살이니? 몇 학년이니?" 하는 뻔한 말을 물을 때에도 베카에게 모든 대답을 맡겼다. 더는 베카의 등 뒤로 숨을 수 없게 되었을 때, 그러니까 우리가 쌍둥이가 아닌 분리된 개인으로 살아가야만 했을 때, 술을 마시기 시작했다. 때로는 학교에서, 때로는 파티장에서, 때로는 남자아이들 차의 뒷좌석에서 마셨다. 소심한 성격 때문에 입도 제대로 못 열던 내 곁에 술이라는 해결책이 놓이자, 나는 얼른 그것을 잡았다. …… 그런 불안감은 내 뼛속에 달라붙어 오래도록 떠나지 않았다. 그런데 알코올이 그것을 몰아내어주었다. 그리고 그 자리에 용기를 채워주었다. …… 그러자 비로소 소심함을 떨치고 누가 나를 바라보는지, 남들이 무슨 생각을 하는지 신경을 쓰지 않게 되었다.(냅, 2017: 105~107)

필자의 서면 인터뷰에 참여한 한 응답자는 같은 맥락에서 술을 '마법의 약'이라고 표현했다. 그녀는 "술을 마시면 사람이 완전히 바뀌고, 세상에서 가장 용감한 사람처럼 평소엔 행동할 수 없던 것, 말할 수 없던 것들을 모두 실행에 옮기게 된다"라고 응답했다(박○○, 학원 강사, 여, 26세).

냅이 제시하는 셋째 방정식은 "억제＋술＝해방"이라는 등식이다. 엘리아스(1996)의 지적대로, 문명화 과정은 자기통제와 신체 규율을 강화해왔고, 이러한 제약은 그것의 당연한 결과로 '위반의 쾌락'을 낳았다. 자기 자신에게 규칙을 부과하는 것은 순응하지 않을 가능성, 즉 위반의 가능성을 낳는다. 다시 말해 욕망과 금지 간의 끝없는 상호작용을 발생시키는 것이다(럽턴, 2016: 298). 술은 조정되지 않은 원래의 경험과 감정에 대한 욕망을 표출할 수 있는 장을 제공한다. 술은 이러한 위반의 쾌락을 보장한다. 취기는 사람들에게 규칙 따르기를 중단하고 위계질서를 전도하는 에너지 ─ 술이 아니었다면 통제되었을 ─ 를 분출하고 소모할 수 있게 한다. 커피가 자기통제, 냉철함, 합리적 사고와 결부 지어지는 반면, 술은 자기통제의 상실, 자기 탐닉, 탈억제라는 의미를 지니는 것(럽턴, 2016: 304)도 바로 이 때문이다.

냅이 제시한 마지막 술의 감정 방정식은 "고통＋술＝자기 망각"이라는 등식이다. 슈라이버에 따르면, "일상의 고뇌와 괴로움, 그리고 세상에 대한 절망감"에서 벗어나 "망각 속으로 탈출"하고자 하는 것은 현대인의 본능이다(슈라이버, 2018: 40, 139). 그는 자신의 논거를 다음과 같이 정당화한다.

우리는 성공에 대한 압박과 행동 제약, 실패에 대한 잠재적 불안을 품고 일 문화 속에서 산다. 많은 노동량과 경쟁적인 환경, 전망의 부재 등은 감당할 수 없는 무게처럼 다가오곤 한다. 이런 스트레스를 해소할 방법으로 가장 쉽게 떠올릴 수 있는 게 바로 술이다.(슈라이버, 2018: 192~193)

이처럼 슈라이버가 보기에, 술은 자신을 자신의 '머릿속 감옥'으로부터 탈출시켜 주는 기제이다. 그는 이 과정을 다음과 같이 묘사한다.

술은 불안과 정신적 상처로 생긴 괴로운 내면과 죄의식을 완화시키는 최고의 약이다. 술은 내면의 이야기를 정돈하고 정리하며 수정함으로써 자아가 그 무게를 견딜 수 있게 해준다. 가벼운 망각을 통해 행동을 결정할 수 있게 해준다. 술은 현존하는 최고의 진정제이다. 스트레스에 이만 한 것도 없다. 즐거운 느낌을 만드는 데 가장 짧고 효과적인 방법이다. 무엇을 하건 어디에 있건 술을 한잔 쥐고 있으면 인생이 좀 더 견딜 만해지고 멋지게 보인다. 그것만으로 충분하게 느껴진다.(슈라이버, 2018: 198)

이 네 가지 방정식은 별개로 작동하는 것이 아니라 동시에 서로를 증폭시키며 고통의 감정을 즐거움으로 전환시킨다. 하지만 술은 현실을 변화시키지 않는다. 연극이 끝나면 일상으로 돌아가야 하는 것과 마찬가지로, 술자리가 파하면 우리는 일상의 현실로 돌아가야 한다. 그러나 술이 현실을 변화시키지는 않지만, 현실에 대응하는 사람들의 행동 방식은 변한다. 행동 방식의 변화와 함께 술 마시기의 패턴 또한 변화한다. 이러한 변화의 양상을 보여주는 뚜렷한 징후 중의 하나가 바로 혼술의 유행이다.

혼술: 일탈에서 취향으로

앞 장에서 논의한 것처럼, 혼자 밥을 먹으면 안 된다는 법칙이 존재하지 않듯이, 혼자 술 마시면 안 된다는 법칙 또한 어디에도 존재하지 않는다. 하지만 공개된 장소에서 혼자 술을 마시는 것은 부정적으로 인식되는 경향이 있다. 그렇다면 왜 사회는 혼술을 일종의 일탈로 간주하는가?

첫째는 우리 인간이 '사회적으로' 술을 마셔왔다는 사실 때문이다. 우리에게 술자리란 단지 술을 마시는 자리가 아니라 함께하는 자리였다(이상훈, 1998: 143). 게다가 술 마시기에는 '주도(酒道)'라는 사회적 규칙도 존재한다. 이는 곧 술은 타자와의 관계 속에서 사회가 허용하는 방식으로 마시는 것임을 의미한다. 이러한 맥락에서 혼술은 사회적 통제권 밖에 있는 것이기에 비정상적인 행동이 된다.

둘째는 술이 술이라는 물질의 나눔이 아닌 마음의 나눔이라는 이상화를 통해 정당화되어 왔다는 데서 기인한다. 이러한 방식으로 술을 정당화하는 것은 혼자 술을 마시는 사람을 적어도 공감 능력이 부족하거나 자신의 마음을 나눌 수 있는 상대가 없는 사람으로 바라보게 한다. 이는 혼술자를 외톨이로, 그리고 더 나아가 성격상 문제 있는 사람으로 추론하게 한다. 그렇기에 혼술자는 술 마시고 사고 칠 수 있는 위험한 존재이며, 따라서 경계해야 하는 존재가 된다. 그 결과 주변 사람들에게 혼술자는 항상 의식해야만 하는 존재이고, 따라서 사람들은 혼술자를 흘끗흘끗 바라보게 된다.

셋째로, 술은 의례를 위한 자리에서든 커뮤니케이션을 위한 자리에서든 항상 도구로 등장하기 때문이다. 즉, 술은 사회적으로는 목적이 아닌 도구라는 점에서 허용된다. 하지만 혼자 술을 마시는 것은 술을 위해 술을 마시는 것으로 간주된다. 혼술은 술의 또 다른 효능, 즉 개인적 쾌락

― 쾌락의 추구와 고통의 회피라는 의미에서의 ― 을 위한 것으로 간주된다. 쾌락주의자에게 금욕은 또 다른 고통을 의미하지만, 따라서 금욕주의는 인간을 지배하는 '천부적' 쾌락주의를 위반하는 것이었지만(벨, 2021: 65), 사회의 도덕률은 절제와 자제를 상위의 가치로 상정해 왔다. 따라서 혼술하는 사람은 자기 통제력을 결여한 사람으로 간주된다.

이처럼 혼술을 꺼리는 것은 혼술을 금지하는 규칙이 있어서가 아니라 '사회적 시선' 때문이다. 뒤르켐의 지적대로, "자신이 경험한 사회적 거리감은 한결 완곡한 형태이기는 하지만 어떤 현실적 형벌과도 동일한 결과를 자아낸다"(Durkheim, 1982: 51). 이는 사람들로 하여금 공개적인 자리에서 혼자 술 마시는 일을 어렵게 한다. 하지만 혼술이 전혀 없었던 것은 아니다. 이를테면 우리는 영화나 드라마에서뿐만 아니라 현실에서도 고급 바에서 혼자 술잔을 기울이는 사람들의 모습을 일상적으로 목격해 왔다. 하지만 사람들은 그들에게 일탈자라는 낙인을 찍지 않았다. 왜냐하면 그곳은 혼술의 장소라고 인식되기 때문이다. 따라서 도리어 분위기 있는 바에서 마시는 혼술은 일종의 낭만으로 인식되었고, 술꾼들에게 홈바는 로망의 대상이 되었다.

그러나 바는 서민들의 공간은 아니다. 그렇기 때문에 혼자 술을 마실 수밖에 없는 사람은 손님이 없는 동네 포장마차에서, 그것도 구석진 자리에서 처량한 모습으로 주변의 눈치를 보며 소주를 마셔야만 했다(이것 또한 혼술에 대한 부정적인 인식에 일조했다). 가족이 있는 집에서의 혼술은 더더욱 피해야만 하는 것이었다. 집은 외부인의 시선에 아랑곳하지 않을 수 있는 사적 공간이지만, 집에서 마시는 혼술은 자신의 부정적인 감정을 가족 성원에게 '전염'시키는 행동이기 때문이다. 그것은 바깥 세계의 위험으로부터 가족을 지키는 공간을 파괴하는 행위로, 가족 성원이라면 피해야만 하는 것이었다. 집에서의 혼술은 혼술자에게는 또 다른 감정적

'짐'으로, 앞서 언급한 술의 방정식에 위배되는 것이다.

하지만 최근 들어 일반 술집이나 집에서 혼자 술을 마시는 일이 일상화되고 있으며, 그것을 숨기는 것이 아니라 SNS상에서 공유하는 일이 하나의 유행 같은 흐름을 형성하고 있다. 그렇다면 이러한 혼술 현상은 어떻게 가능해진 것인가? 우선 혼술자들의 경험담을 검토해 보면, 혼술자들은 사회적 시선에 '둔감해'짐으로써 자신이 이겨내야 하는 감정의 무게를 덜고 있는 것으로 보인다.

짐멜(2005: 41)에 따르면, '둔감함'은 비인격적 관계를 특징으로 하는 근대인에게는 하나의 감정적 생존방식이다. 도시적 삶에서 마주치는 무수한 자극에 대해 민감한 반응을 보이는 것은 신경과민을 만들어낼 수밖에 없기 때문이다. 이는 주변에 대한 무관심으로 이어진다. 다른 한편 이러한 둔감함과 무관심의 원리는 혼술자를 바라보는 사람에게서도 동일하게 작동한다. 실제로 현대인은 자신과 직접적인 관계에 있지 않은 사람들의 행동에 대해서는 깊이 관여하지 않는다. 따라서 현대인들에게 눈의 작용은 자신의 시계(視界)에 있는 대상을 의식적으로 주시하는 것이 아니라 단지 눈에 주어진 기능에 따라 그냥 바라보는 것일 뿐일 수도 있다. 그 눈은 뇌의 평가를 동반하지 않는다. 그리고 혼술자들 또한 다른 사람들의 시선이 뜻하는 바를 알 수 없으며, 혼술자에 대한 고정관념에 의거해 자신을 스스로 평가하고 있는 것일 수도 있다. 다시 말해 혼술자가 느끼는 부정적인 자기 이미지는 실제 이미지가 아니라 자신이 느끼는 감정적 부담감이라고 할 수 있다.

다른 한편 오늘날에는 주변 사람들 역시 혼술자에게 부정적인 시선을 보내기보다는 혼술의 심리에 '공감'하는 경향을 드러내기도 한다. 자신 역시 혼술의 충동을 느끼지만, 사회적 시선에 대한 두려움이 혼술의 실행을 가로막고 있음을 경험했기 때문이다. 따라서 주변 사람들은 혼술자를 한편으로는 측은하다고 생각하면서도 동시에 '용감한' 사람이라고 인식하기도 한다. 이 경우 주변 사람들은 일부러 혼술자에게서 자신의 시선을 거두어주기도 한다. 이것이 바로 고프먼(Goffman, 1963)이 말하는 '예의 있는 무관심(civil inattention)'이다. 이는 나도 혼술의 기회가 주어진다면 혼술을 할 수 있을 것이라는 생각으로 이어지며, 혼술 현상을 확대재생산한다. 또한 이러한 상황은 혼술이 사회적 금기가 아니라 개인적 '선택'이라는 인식을 확산시킨다. 그리하여 혼술에 대한 우려는 소심함에 기인하는 것이지 사회적 문제가 아니게 된다.

하지만 혼술자들은 여전히 사회적 시선으로부터 자유롭지 못한 것으로 보인다. 이는 미혼남녀가 혼술하기에 최고로 좋은 장소로 집(혼자 사는 집)을 선택하고, 밖에서 혼술을 할 때 가장 선호하는 자리로 '밖을 구경할 수 있는 창가 자리'를 선택하는 것에서 알 수 있다(결혼정보회사 듀오 조사; ≪스포츠경향≫ 2018년 9월 30일 자에서 인용). 하지만 밖에서의 혼술 역시 늘어나는 경향을 보이고 있다. 드라마 〈혼술남녀〉의 영향 때문일지도 모르지만, 혼술 전문집 ─ 심지어는 혼술 서점도 있다 ─ 이 생기는가 하면, 인터넷에는 혼술하기 좋은 곳, 혼술하기 좋은 술과 안주를 소개하는 글이 넘쳐난다. 그리고 「혼술하기 좋은 밤」이라는 노래가 혼술자의 마음을 달래주기도 한다.

또한 혼술자들은 혼술의 수칙을 정하기도 한다. 좋은 분위기의 음식점에서 좋은 안주와 함께 마시고, 절대 취하지 않을 정도로 기분 좋을 만큼만 마신다는 것 등이 그것이다(정덕현, 2016). 이른바 혼술의 '주도'이다. 이는 혼술에 대한 부정적인 이미지를 벗겨내기 위한 노력의 일환이기도 하다. 또한 혼술의 레벨(편의점에서의 혼술에서부터 삼겹살집에서의 혼술에 이르기까지)을 올려가면서 술을 마시는 등 혼술은 '놀이'로까지 확장되고 있다. 이제 혼술은 우려되는 습관이 아니라 하나의 취향으로 진화하고 있다. 그렇다면 혼술은 어떻게 일탈행동에서 하나의 취향으로 진화할 수 있었을까? 많은 일반적인 설명처럼, 또는 쉽게 추론할 수 있는 것처럼, 단순히 1인 가구라는 사적 공간이 확대된 것만으로 이를 설명할 수 있을까? 하지만 1인 가구의 구성원 모두가 혼술자가 아니라는 것은 이에 대한 또 다른 해명을 요구한다. 이것이 바로 이 장에서 해명하고자 하는 주제이다.

탈사회 시대 혼술의 감정 메커니즘

혼술이란 앞서 논의한 술의 감정 메커니즘에 의존하면서도 술과 등치되던 술자리와 술이 분리된 채 음주가 일어나는 현상을 의미한다. 다시 말해 혼술이란 술의 공간에서 사회적 관계가 사라진, 즉 탈사회적 맥락에서 술을 마시는 것을 뜻한다. 이는 사람들이 술은 즐기되 술자리는 멀리 한다는 것을 의미한다. 왜 이러한 현상이 발생하는가? 이를 앞서 논의한 것처럼 감정의 맥락에서 살펴보자.

혼술은 기본적으로 술이 아닌 술자리의 문제가 만들어내는 현상이다. 왜냐하면 혼술에는 술은 존재하나 술자리는 존재하지 않기 때문이다. 우선 혼술은 함께하는 술자리가 소속감과 유대감에 기반한 편안함을 만들어내는 것이 아니라 일상의 틀에 박힌 일에서와 마찬가지로 감정적 불편함을 만들어낸다는 데서 기인하는 것으로 보인다. 아래의 글은 왜 사람들이 술을 좋아하면서도 함께하는 술자리는 피하고 싶어 하는지를 잘 보여준다.

"회식도 업무의 연장이야! 한 사람도 빠지지 마." 미리 정한 회식도 달갑지 않은데, 상사의 기분에 따라 갑작스럽게 통보되는 술자리는 정말 최악이다. 할 일은 없는데 상사 눈치를 보며 자리를 지켜야 하는 야근만큼이나 가혹하다. 상사의 썰렁한 아재 개그에 영혼 없는 리액션으로 답해야 하고, 눈은 웃지 않더라도 입꼬리는 시종일관 힘주어 끌어 올려야 하고, 축하할 일도 기분 좋은 일도 없는데 돌아가며 건배사도 해야 한다. 정말이지 에너지가 너무 많이 든다.(마음컬러리스트, 2016)

이 인용문이 보여주듯이, 술자리가 항상 즐거운 자리인 것은 아니다. 특히 회식 같은 경우는 단지 유대를 형성하는 자리가 아니라 권력관계 역시 동시에 존재하는 장으로 인식된다. 이러한 관계 속에서는 "술은 즐기는 것이 아니라 대적해야 하고 극복해야 하는 또 하나의 힘으로 존재한다. 술을 마시는 것이 아니라 내 몸에 침입해 들어오는 술을 잘 받아내야 한다"(이상훈, 1998: 151). 이처럼 때에 따라서는 술자리는 해방의 공간이 아니라 속박의 공간이기도 하다. 이러한 불편한 술자리는 앞서 언급한 술의 첫째 방정식과 정면으로 배치된다. 반면 혼술자들은 이구동성으로 혼술은 편안하고 자유롭다고 예찬한다.

하지만 이전에도 술자리에서 강요나 속박이 없었던 것은 아니다. 그럼에도 불구하고 술자리를 통한 사회적 네트워크(즉, 사회석 사본)의 형성이라는 메커니즘은 '알코올 부족'에게 '회식'이라는 독특한 술 문화를 창출해 냈다. 이러한 문화에서는 술자리에서의 불편함은 그 자리를 떠나거나 피하는 합당한 구실이 아니라 감내해야 하는 것이었다. 그렇다면 무엇이 의례나 회식의 술자리뿐만 아니라 일상적인 술자리조차 불편함을 참을 수 없는 것으로, 따라서 가능하다면 피하고자 하는 것으로 만들었을까? 우리는 이를 몇 가지 면에서 추론해 볼 수 있다.

먼저 지적할 수 있는 것은, 사람들이 마음속에 그리는 술의 효과와 실제 술자리에서 하는 경험이 충돌하고 있다는 점이다. 좀 더 거창하게 표현하면, 혼술은 술의 '주술화'와 술자리의 '탈주술화' 간의 모순에서 발생하는 하나의 사회적 현상이다. 사람들은 일반적으로 자신의 지친 몸과 감정에서 벗어나기 위한 방편 가운데 하나로 술을 찾는다. 이를테면 한 응답자는 다음과 같이 말한다.

> '술'을 마시고 싶다거나 마셨던 경우는 대부분 일상에서 느끼는 불편한 감정을 지우고 싶었을 때였다. 그리고 시간이 허락하고 마음의 여유가 있으면 내게 언제 어떻게 닥쳐올지 모르는 불편한 감정에 대한 예방접종처럼 '술'을 가까이했던 것 같다. (박○○, 대학원생, 여, 32세)

하지만 문제는 술자리에는 그러한 불편한 감정을 가진 사람들이 그 감정을 해소하기 위해 모인다는 사실이다. 이렇듯 술자리는 참석자들이 자신의 불편한 감정을 내뿜는 자리이며, 그렇다 보니 술자리 역시 자신의 감정을 해소하기보다는 자신의 감정 에너지를 소모하는 장이다. 앞서 인용한 응답자는 이렇게 말한다.

> 나를 비롯한 모두가 뿜어내는 에너지들을 감당하기 어렵다고 느낀다. 그 에너지가 아무리 긍정적일지라도 그러한 술자리를 가지고 집에 들어가면 에너지가 고갈되는 느낌이다. (박○○, 대학원생, 여, 32세)

이처럼 술자리는 신체적 피로감뿐만 아니라 감정적 피로감을 동반한다. 반면 혼술자들에게 아무런 강요가 없는, 즉 자신의 통제권하에 있는 혼술은 그러한 피로감 모두를 피하면서도 짓이겨지고 찢기고 허물어진 나를 자신만의 안식처로 인도하는 유일한 수단이다. 동일한 응답자는 혼술에 대해 이렇게 언급한다.

> [혼술을 할 때는] 다른 누군가의 방해를 받지 않고 온전히 나와 시간을 보낼 수 있다. 다른 누군가와 함께 시간을 [보낼 때는] 상대방을 배려해느라 정작 나 자신을 배려하지 못했다고 느꼈는데 [혼술을 할 때에는] 온전히 나 자신만을 배려할 수 있기 때문이다.(박○○, 대학원생, 여, 32세)

실제로 혼술자들은 혼자 술을 마실 때면 "'내'가 '나 자신'과 마주하며 술을 마시는 느낌이 들고" "순간의 감정에 집중하기 때문에" "친구들과 술을 마시며 위로받는 것보다" "잔잔한 위로가 되고, 술을 더 음미하면서 마시기 때문에 훨씬 더 맛이 있다"라고 말한다(세은, 2020). 즉, 혼술자들은 술자리를 즐기는 것이 아니라 술 자체를 즐긴다.

이러한 인식은 혼술 관찰자의 시각에서도 마찬가지로 나타난다. 한 혼술자는 자기 주변의 혼술자들을 둘러보고 다음과 같이 말한다.

> 휴대폰으로 게임 방송을 보면서 칵테일을 마시는 사람도 있었고, 손으로 턱을 괴고 사색을 하면서 소주를 마시는 사람도 있었다. 저마다의 방식으로 혼술을 즐기고 있었지만, 다들 하나같이 편안한 표정을 짓고 있었다. 혼자만의 시간을 온전히 즐기고 있는 표정이랄까.(김피플, 2020)

그러면서 그는 혼술의 매력을 이렇게 말한다.

> 내가 원하는 속도로 천천히 술을 마실 수 있어서도 아니고, 술을 마시면서 읽었던 시집이 좋아서도 아니었다. 그렇다고 술집에서 나던 나무 냄새가 매력적이지도 않았다. 오랜 고민 끝에 내린 질문에 대한 답은 자유로움이

다. 혼자서 술을 마시는 동안만큼은 다른 사람들의 눈치를 보지 않고 내게 집중할 수 있다는 점이 진정한 가치가 아닐까.(김피플, 2020)

이처럼 혼술은 나만의 공간이 아닌 공개된 장소에서도 '프라이버시의 섬'을 만들어준다. 이처럼 혼술자들에게 혼술은 자유의 공간을 창출하는 기제이며, 술의 유토피아를 창조한다. 그들에게 혼술은 술의 도구성을 버리고 술의 진정한 가치를 실현하는 장이다.

사람들이 일상적인 술자리조차 피하려는 그다음 이유로 추론할 수 있는 것은, 술자리는 연대감 형성의 기제로 예찬되면서도 배타성 또한 내포한다는 점이다. 다시 말해 술자리는 아웃사이더 만들기를 포함한다. 또한 술자리에서의 담화는 참석자/비참석자에 대한 평가 — 특히 부정적인 평가 — 를 포함하기도 한다. 혼술자들은 이처럼 술자리에서 자신이나 타자를 '술안주'로 만드는 것에 대해 심한 거부감을 드러낸다. 그들은 단순히 술을 강요하는 것뿐만 아니라 술자리에서 흔히 행해지는 인물 비평 — 비난뿐만 아니라 — 도 일종의 폭력으로 인식한다. 따라서 일부 사람은 그러한 행위를 술자리에서 있을 수 있는 가벼운 농담 정도로가 아니라 자신에게 가하는 정신적 학대라고 생각한다. 한 응답자는 피하고 싶은 불편한 술자리를 이렇게 묘사한다.

부정적인 이야기만 하거나 누군가를 험담만 하는 자리, 비교 대상을 찾고 세상에 대해 한탄만 하는 사람들과의 술자리는 피하고 싶으며, 직장에서 계급관계가 놓인 상사와의 관계도 피하고 싶은 술자리 중 하나입니다. 그곳을 가지 않았을 때 아쉽다거나 그런 느낌은 없으나 …… 내가 직장에서 어떻게 평가되고 있는지 가십거리가 되지 않을지에 대한 걱정과 고민은 하는 편입니다. 그런 술자리를 참석했을 시[에는] 있는 내내 편히 있지 못하

고 벗어나고 싶다는 생각과 함께 불편하고 싫어요.(김○○, 개인 사업가, 여, 34세)

혼술자에게 술이 자유를 연상시킨다면 술자리는 정신적·감정적 폭력의 장소이다. 하지만 이러한 느낌 역시 어제오늘의 일이 아니다. 그렇다면 사람들은 왜 오늘날 술자리의 불편함을 더 크게 느끼는 것일까? 이는 그간 불편함을 느끼는 한계점의 수준이 더 낮아졌다는 것에서 찾아볼 수도 있을 것이다. 이 점에서 마크 쉔(Marc Schoen)과 크리스틴 로버그(Kristin Loberg)의 다음과 같은 지적은 음미해 볼 필요가 있다.

> 곳곳에 편의시설이 쭉 깔려 있는 덕에 생활도 너무나 편안해졌고, 인터넷이나 다른 기술의 혜택도 풍족하게 누리고 있으며, 먹거리도 넘쳐나고, 저렴한 교통수단도 널려 있다. 하지만 그 덕에 우리는 불편함에 대한 내성이 점점 떨어지고 있고, 불편의 역치도 급속도로 낮아지고 있다. 불편해지려나 싶은 기색만 비쳐도 사람들은 불편을 제거하려고 호들갑을 떤다. 어떤 편법을 써서라도 그런 불편을 해결하지 않으면, 거기에 적응하지 못하고 무언가 끔찍한 일이 일어날 것만 같은 두려움이 커진다.(쉔·로버그, 2014: 33)

그렇다고 혼술을 쉔과 로버그의 지적처럼 작은 불편에도 적응하지 못하는 '취약한' 인간의 선택지라고 할 수 있을까? 아마도 쉔과 로버그의 지적대로, 우리가 어느새 편안함에 중독되고 불편함에 과도하게 민감해졌다는 것은 부정할 수 없을 것이다. 하지만 우리가 느끼는 물질적 측면의 편안함이 사회적 삶 전체를 편안하게 하지는 않는다. 오히려 고도기술 사회가 만들어낸 고도경쟁 사회는 우리의 일터의 업무와 사회적 관계를 더욱 피로하게 만들고 있다. 실제로 물질적 삶의 편안함과 사회적 삶의 불편함 간의 간극은 더욱 커지고 있다. 이것이 사람들로 하여금 틀에 박힌 일상의 탈출구로서 술을 더욱 찾게 한다. 하지만 앞서 살펴보았듯이, 술자리 역시 휴식의 영역이 아니라 일터의 논리가 작동하는 공간으로 변질되어 왔다. 회식자리에서 일어난 사고를 업무의 연장으로 인정하는 것은 이를 반증하는 사례의 하나이다. 혼술자들에게는 이제 술자리 역시 탈출의 대상이다.

따라서 혼술자들에게는 현실의 불편함과 그로 인한 감정 - 화, 걱정, 불안 - 을 해소하는 방식에서도 변화가 일어난 것으로 보인다. 앞서 논의했듯이, 술은 현실의 고통과 감정적 불편함을 잊게 해주는 망각의 기제이다. 하지만 함께하는 술과 혼자 하는 술은 망각에 이르는 방법에서 다르다. 먼저 함께하는 술은 자신의 감정을 '방출'함으로써 자신의 불편함을 잠시 잊게 해준다. 냅은 이 과정을 다음과 같이 설명한다.

> 그들은 그저 술을 마시고 마음속에 들끓는 온갖 감정을 바깥으로 철철 쏟아낸다. 쏟아져 나온 감정이 테이블 위로 질펀하게 흘렀다. 나는 그게 좋았다. 감정을 그렇게 다루는 사람들, 속마음을 줄줄 흘리면서 통찰이니 분석적 사고니 하는 것들을 비웃어주는 사람들, 그 틈에 있는 것이 좋았다. 그런 사람들과 함께 웃을 수 있는 것이 좋았다. 술집에서 그들과 나란히 앉아 똑같이 감정을 쏟아내면 해방된 도락의 경지에 이른 것 같았다. (냅, 2017: 111)

이처럼 애주가들에게 술자리는 자신의 억눌린 감정을 방출함으로써 일상으로부터의 해방감을 만끽할 수 있는 공간이다. 한 응답자는 술의 이러한 기능을 "좀 더 신나게 수다 떨 수 있게 해주는 촉진제"라고 말한다(이○○, 학생, 여, 25세). 이처럼 술자리의 미덕 중 하나는 문제를 해결하는 것이 아니라 함께 자리하는 사람들끼리 마음속에 있는 갑갑함과 답답함을 그냥 배출할 수 있다는 데 있다. 그렇기에 특히 "술에 만취하여 오가는 말은 큰 의미가 없다. 무슨 말을 하는지, 어떤 의미로 그런 말을 하는지는 취한 상태에서는 크게 중요하지 않다. 마치 술을 서로 건네듯이 소리를 주고받는다"(이상훈, 1998: 147). 술자리에서 이 같은 소통양식이 가능한 것은, 앞의 인용문이 지적하고 있듯이, 우리는 술자리가 일터와 달리 '분석'과 '평가'가 유예되는 공간이라고 믿기 때문이다. 따라서 우리의 인지 작업 역시 잠시 중지된다. 술자리에서 무슨 일이 있었는지가 술이 깨고 나서 생각나지 않는 것도 바로 이러한 술자리 대화의 '비소통적' 성격 때문이다. 술은 현실의 고통을 잊게 할 뿐만 아니라 그 망각의 순간 역시 잊게 한다.

하지만 사람들이 현실을 잊기 위해서만 술을 마시는 것은 아니다. 많은 사람은 술자리에서나마 자신의 지친 몸과 마음을 따뜻하게 위로받고 싶어 한다. 그러한 사람들에게 그냥 마시고 떠들어대는 술집의 왁자지껄한 분위기는 자기 잊기가 아니라 오히려 '군중 속의 고독감'을 불러낸다. 다시 말해 술집은 또 다른 외로움 내지는 소외감을 낳는다. 게다가 자신이 집단적 흥분에 합류하지 않을 경우, 자신의 '속내 드러내기'는 위로를 받기보다는 자칫 자신의 약점을 노출하는 것이거나 자신에 대한 부정적인 평가의 빌미를 제공하는 것이 될 수도 있다. 술자리가 신뢰 형성의 장소인 동시에 불신의 씨앗으로 작동하는 것도 바로 이 때문이다.

이러한 이유에서 인터뷰에 응한 거의 모든 응답자가 많은 사람이 모이는 술자리보다 소수의 사람만 모여서 진솔하게 이야기할 수 있는 술자리를 더 선호한다고 말했다. 같은 맥락에서 한 응답자는 최고의 술친구로 "말과 행동을 조심할 필요가 없는 친구"를 꼽았다(고○○, 대학원 준비생,

남, 26세). 하지만 오늘날과 같이 개인화된 고도경쟁 사회에서 개인들은 타인을 배려할 만한 시간적·감정적 여유조차 없다. 이것은 혼술의 또 다른 사회적 맥락을 구성한다. 2016년 방영되어 인기를 끌었던 드라마 〈혼술남녀〉에 나오는 다음과 같은 대사는 이를 웅변적으로 보여준다.

> 내가 혼술을 하는 이유는 힘든 날 진심으로 이해해 줄 수 있는 사람이, 내 마음을 진심으로 이해해 주는 사람이 그리 많지 않기 때문이다. 그래서 내 아픔을 나누기보단 혼자 삭히는 것이, 이렇게 혼자 마시는 한잔의 술이, 더 위로가 되기도 한다. 그래서 난 오늘도 이렇게 혼자 마신다. 사람들 속에 시달리며 하루를 보내는 우리는 술 한잔만이라도 마음 편하게 마시고 싶어 혼자 마시기도 하고, 앞이 안 보이는 현실을 잠시나마 잊기 위해, 골치 아픈 걱정거리를 놓기 위해 혼자 마시기도 한다. 바쁜 하루 끝에 마시는 술 한잔, 나 혼자만의 시간은 수고한 나에게 주는 선물이며 '내일도 힘내'라고 하는 응원이기도 하다.(tvN 드라마 〈혼술남녀〉 중에서)

혼술을 대변하는 이 대사는 혼술의 이유를 말해줄 뿐만 아니라 혼술에 적극적인 의미도 부여하고 있다. 이 대사에서도 술은 망각의 기제이다. 하지만 혼술은 감정의 분출을 통해서가 아니라 자기 위로를 통해 망각에 이른다는 점에서 함께하는 술과 다르다. 게다가 이 대사에서는 혼술을 열심히 일한 자신에게 주는 상이자 격려라고 표현하고 있다. 하지만 누군가는 이를 놓고 혼술을 미화하는 레토릭에 불과하다고 주장할 수도 있다. 왜냐하면 술 자체가 마음의 상처를 치유하는 치료제는 아니며, 자신을 위로해 주는 친구도 아니기 때문이다. 이는 하나의 은유일 뿐이다. 따라서 우리는 혼술의 순간에 우리의 내면에서 일어나는 감정 전환 과정을 분석해 볼 필요가 있다.

이를 위해 먼저 '홀로임'에 주목해 볼 필요가 있다. '함께'의 세계관에서 '홀로임'은 외로움과 고독함을 의미한다. 그러한 시각에서는 항상 타자로서의 대상을 상정하기 때문이다. 하지만 '홀로임'의 관점에서 보면, 혼자 있다는 것은 타자에서 벗어남, 즉 자유를 의미한다. 술자리에서 사람들은 자신의 일터에서 벗어나 있다는 사실로부터 자유를 느끼지만, 여전히 타자 ─ 눈빛으로 통하는 사람이라고 할지라도 ─ 와의 관계에서는 벗어날 수 없다. 자신과 가장 친밀한 사람은 자신의 내밀한 것까지 가장 많이 아는 사람이고, 따라서 신뢰 관계가 약화된 고도경쟁 사회에서는 가장 위험한 존재가 될 수도 있기 때문이다.

하지만 홀로임은 상황과 타자 둘 다에서 벗어나 있다. 그러나 혼자 있다는 것 자체가 자신의 머릿속을 지배하는 감정적 속박에서까지 벗어나게 해주지는 않는다. 그렇다면 혼술은 어떻게 적어도 일상의 작은 불만과 미련이나마 잊게 해주고 심지어는 내일을 위한 힘이 되어주는 것일까? 아마도 언론에 보도되듯이, 사람들이 홀로 좋은 안주를 잘 차려놓고 우아하게 와인을 마신다는 것을 그리고 와인 매출이 증가했다는 경험적 사실을 그 증거로 제시하는 것만으로는 충분한 설명이 될 수 없을 것이다.

우리는 그 답을 술은 상상력의 기세이기도 하다는 점에서 찾아볼 수 있다. 위대한 예술가 중 많은 사람이 술 예찬가, 심지어는 알코올중독자였다는 것은 널리 알려진 사실이다. 올리비아 랭(Olivia Laing)이 『작가와 술(The Trip to Echo Spring)』에서 분석해 내듯이, 그들 역시 현실로부터 탈출하기 위해 술을 마셨고 그로 인해 파멸에 이르기도 했지만 술이 그들에게 영감을 주는 원천 중 하나였음은 부정하기 어렵다. 랭은 실제로 "술은 기분을 돋워주고, 술을 마시면 감정이 고양되고, 나는 그런 감정을 이야기로 담아낸다"는 스콧 피츠제럴드(Scott Fitzgerald)의 말을 자기 정당화로 치부하고(랭, 2017: 129) 이에 대해 다루지 않는데, 이는 랭이 작가들의 삶의 궤적에서 그들의 음주 행태를 이해하려고 했을 뿐, 술이 어떻게 그들의 고통을 잊게 하고 창작을 가능하게 하는지를 살피지 않기 때문이지 술이 상상력에 아무런 기여도 하지 않기 때문은 아니다. 하지만 술과 예술적 상상력의 관계를 다루는 것은 이 장의 논지에서 벗어나며, 필자의 영역 밖이다. 그러나 우리는 감정사회학의 맥락에서 혼술이 어떻게 상상의 공간을 통해 우리를 위안에 이르게 하는지, 즉 현실의 고통을 잊고 미래에 대해 희망을 품을 수 있게 하는지는 추적해 볼 수 있다.

진정제로서의 술은 극단의 감정을 중화시키고, 그리하여 감정의 영역에 빈 공간을 만들어낸다. 이 공간을 채우는 것이 바로 상상이다. 흔히 상상이란 일상의 지각과정보다는 정신의 활동을 통해 하나의 환상을 창조하는 것으로, 즉 우리를 현실과 분리시키는 것으로 인식된다. 이러한 맥락에서 우리는 술이 우리를 환상의 세계로 인도해서 현실을 망각하게 한다고 쉽게 해석할 수도 있다. 하지만 이것만으로는 혼술자들이 왜 술이 위로가 되고 내일을 위한 에너지가 된다고 생각하는지까지를 설명할 수 없다. 우리는 이 문제를 해명하는 단서를 상상에 대한 에바 일루즈와 이안 버킷의 보다 사회학적인 견해에서 발견할 수 있다. 그들에 따르면, 상상은 현실과 단절된 것이기는커녕 우리의 감각적·실제적 경험과 밀접히 관련되어 있고, 그러한 경험에 대한 우리의 인식을 보충하고 심화할 뿐만 아니라 자주 그 경험의 대체물이다(Illouz, 2012: 199; 버킷, 2017: 188).

이러한 견해에 입각해서 혼술자들의 상상의 세계를 추적해 보자. 혼술자들에 따르면, 그들이 홀로 술잔을 손에 쥐는 까닭은 자신을 지치고 힘들게 하는 현실 때문이다. 하지만 사람들의 감정은 그들이 현실에서 겪는 삶 자체에서 기인하는 것이 아니라 자신들의 꿈과 이상에 견준 현실의 상황에서 기인한다(동일한 상황이 모두에게 동일한 감정을 만들어내지 않는 것은 이 때문이다). 즉, 감정은 단순한 반응이 아니라 평가 또한 포함한다. 다시 말해 우리가 현실에서 느끼는 감정의 근원은 현실 자체가 아니라 현실과 우리의 이상 간의 간극이다. 혼술의 시간에 이 간극을 메워주는 것이 바로 상상이다. 술과 독대하는 시간은 술이라는 친구와 대화하는 시간이 아니라 실제로는 나와 '상상적 대화'를 하는 시간이고, 따라서 하루의 끝에서 나를 돌아보는 자기성찰의 시간이며, 더 나아가서는 자신의 삶에 의미를 부여하는 과정이다. 그렇다면 술을 매개로 한 자기와의 대화가 어떻게 우리의 감정을 전환시키는가?

혼자만의 술이 만들어내는 이 빈 시간은 단순한 신체적·심리적 반응으로 경험되던 자신의 감정의 근원을 자신의 내면으로 읽어낼 수 있는 여유를 가져다준다. 술 한잔이 주는 몽롱함과 함께 오늘 하루를 지배했던 감정들 ― 풀리지 않는 일과 온종일 씨름하며 치밀어 오르던 짜증, 상사의 잔소리에 참았던 화, 이러다가 내가 도태되는 것 아닌가 하는 생각에 갑자기 밀려왔던 미래에 대한 걱정과 불안감 ― 이 몰려온다. 하지만 외부적 속박이 아니라 나 자신이 수행한 하루의 행동이라는 측면에서 보면, 이러한 스트레스와 우울감은 자신이 현실에 대응해 가는 과정에서 생기는 것으로, 치열한 삶의 일부이다. 이제 지친 나는 자신의 꿈을 향해 나아가는, 참고 견디며 고생한 존재이자 위로받아야 하는 존재가 된다. 그리하여 내가 스스로에게 내리는 술은 자신에게 주는 하나의 위로이자 선물이 된다. 그리고 술로 위로받은 존재는 다시 현실과 이상의 간극을 좁히기 위한 힘을 얻는다. 이제 현실의 고통에서 벗어난 이 빈 공간은 미래의 희망으로 채워진다. 이제 혼술자는 다시 자신의 꿈을 설계하며 잠든다. 따라서 많은 혼술자가 말하듯, 술은 행복한 꿈을 꾸게 하는 수면제가 된다. 이러한 점에서 술은 또한 혼술자들이 자주 언급하듯이 삶의 활력소이기도 하다. 그러나 내일의 현실은 다시 술이라는 치료제를 요구한다.

혼술, 과연 탈사회적인가?

지금까지의 혼술 분석에 따르면, 오늘날은 '자기 위로'의 시대이다. 이제 위로마저도 스스로 해야 하는 시대이다. 이러한 점에서 혼술은 피상적으로는 '감정의 개인화' 현상을 뚜렷하게 보여주는 하나의 사례일 수 있다. 이는 앞서 논의했듯이 혼술이 일탈이 아닌 하나의 '취향'으로 인식되고 있다는 점에서도 알 수 있다. 사회학적으로 볼 때, 일탈은 사회적 규범에 준거하는 판단의 문제이지만 취향은 개인적 '선택'의 문제이다. 혼술이 옳고 그름이라는 판단의 영역이 아니라 좋고 싫음이라는 감정의 영역으로 전화된 지금, 혼술은 누군가의 비난의 대상이 될 수 없다. 이처럼 혼술이 사회적 시선에서 벗어나 있다는 사실은 혼술자로 하여금 자유를 느끼게 할 수도 있다. 하지만 다른 한편에서 사람들은 혼술의 관계 기피적 요소나 현대인의 사회 도피적 성향을 우려하기도 한다. 그렇다면 혼술은 과연 탈사회적 현상일까?

함께하는 술이 술의 해악에도 불구하고 사회적으로 용인되는 이유 중 하나는 술자리의 너그러움 — 일터에서처럼 옳고 그름을 따지지 않고 내 편 네 편을 나누지 않는 '이상화된' 술자리 상황 — 이 타인에 대한 배려의 마음을 낳고 그것이 서로 간의 유대를 형성해 주기 때문이다. 반면 혼술을 즐기는 사람들은 자신이 좋아하는 술과 안주를 마음껏 선택할 수 있고, 남의 눈치를 보지 않아도 되며, 자유롭고 편안하기 때문에 혼술이 좋다고 말한다. 하지만 그러한 상황과 느낌은 혼술 자체에서 나오는 것이 아니라 구속과 강요로 인해 불편하고 부자유스러웠던 술자리와의 비교에서 비롯되는 것이다. 그리고 혼술자들이 항상 혼자 술을 마시는 것도 아니다.

서면 인터뷰에 응한 응답자들은 소중한 사람들 — 서로를 이해하고 위로

하고 배려하는, 그리하여 공감하는 사람들 – 과 함께하는 술자리를 가장 즐거웠던 순간 – 그리하여 현실을 떠나 함께함에 몰두했던 순간 – 으로 기억한다. 그리고 여전히 그러한 술자리를 원한다. 한 기자는 이 같은 마음을 "문득 술 한잔이 생각나는 저녁, 눈빛만 봐도 통하는 친구와 만나 말없이 한 잔에 추억과 한 잔에 사랑과 한 잔에 쓸쓸함을 나누고 싶은 건 두말하면 잔소리이다"라고 쓰고 있다(최상진, 2016). 이러한 점에서 혼술은 인간의 본능을 위배한다. 그럼에도 불구하고 사람들은 왜 혼술을 택하는가? 인터넷상에서 발견한 글은 자신을 위로해 줄 사람을 그리워하면서도 혼술을 처음으로 선택하게 된 이유에 대해 다음과 같이 설명한다.

> 기분 꿀꿀한 저녁이다. …… 우울한 기분에 문득 술 생각이 간절해진다. 평일 밤에 친구와 술잔을 기울였던 게 언제인지 기억조차 가물가물하다. 그래, 오늘 제대로 달려보자! 하지만 누구에게도 선뜻 통화버튼을 누르지 못한다. 결혼한 친구들은 아이와 복작대며 저녁을 보내고 있을 게 분명하고, 미혼인 친구에게 연락하려니 느지막이 시작한 연애를 차마 방해할 수가 없다. 그냥 집에 가서 주말에 사둔 맥주나 마실까 하며 회사 문을 나서다 문득 까짓것 혼자 먹어보자는 용기가 샘솟는다.(○○○, 2017)

이 인용문은 외로움을 느끼는데도 불구하고 '함께'가 아닌 '홀로'를 선택한 이유가 '타인에 대한 배려' 때문임을 보여준다. 혼술자들은 함께하기를 싫어하거나 함께할 사람이 없는 것이 아니라 나와 함께할 수도 있는 사람의 상황과 마음을 상상 속에서 배려한다. 이러한 '상상적 배려' 역시 함께하던 술자리에서 자신이 느꼈던 불편함에 대한 성찰에 근거한다. 술자리가 자신에게는 스트레스를 해소하는 즐거운 자리일 수 있지만, 자신의 고충을 들어주는 상대방에게는 감정 에너지를 소모 당하는 자리일 수도 있다. 또는 그 반대의 상황이 펼쳐질 수도 있다. 실제로 술자리의 감정적 기능의 하나로 예찬되는 공감은, 상대방이 자신의 불편함을 드러내지 않을 때 또는 자신이 술로 인해 상대방의 불편함을 의식하지 못할 때 느끼는 '의식'일 수도 있고, 술자리에 참석하는 사람들이 원하는 하나의 '바람'일 수도 있다. 따라서 사람들은 술자리를 파할 때 "덕분에 즐거웠다"라며 자신의 감정을 확인하기도 하고, 술이 깬 후에는 혹시 상대를 불편하게 하지는 않았을까 우려하면서 자신의 말과 행동을 복기해 보기도 한다. 자신의 감정을 있는 그대로 표출하는 것이 자신에게는 마음속의 응어리를 들어내는 것이지만, 간혹 그 응어리를 상대에게 넘겼을 수도 있고 또 다른 응어리를 만들어냈을 수도 있기 때문이다.

이러한 맥락에서 한 응답자는 혼술의 장점으로 "타인에게 피해를 주지 않고 천천히 생각을 지워나갈 수 있다"는 것이라고 말한다(김○○, 학생, 여, 22세). 이처럼 혼술자들은 외톨이이기 때문이 아니라 지극히 사회적인 사유의 결과로 혼자 술을 즐긴다. 다시 말해 그들은 '나'를 위해서가 아니라 '나에게 소중한 존재'를 위해 홀로 현실을 탈출하는 방식을 선택한다. 게다가 SNS에 자신의 우아한 혼술 광경을 올림으로써 친구들에게 혼자서도 잘 지내고 있음을 확인시켜 준다. 이는 또한 자신에게 소중한 존재가 자신을 걱정하지 않게 하려는 것이기도 하고, 타인들이 자신의 SNS에 보이는 관심 속에서 자신이 혼자가 아님을 확인하는 과정이기도 하다. 혼술 역시 관계지향적인 것이다.

그렇다면 혼술은 과연 현실을 탈출하는 과정일까? 우리는 "혼술은 낭만이다"라는 혼술자들의 주장에서 이 질문에 대한 답을 찾아볼 수 있다. 어쩌면 혼술의 몽롱함 속에서 몽상에 빠져드는 것은 낭만적 감상의 전형적인 형태일 수 있다. 여기서 말하는 '낭만적'이라 함은 "감성과 상상력이 이성을 지배하는 마음의 상태로, 새로운 것을 지향하고, 개인주의, 반항,

도피, 우울, 공상을 특징으로 한다"(캠벨, 2010: 336). 이러한 감정 상태에 있는 사람들은 세상사에 대한 불만과 걱정을 공상과 몽상을 즐김으로써 벗어난다. 이처럼 술은 혼술자에게 현실을 초월하여 자유로운 상상을 할 수 있는 낭만의 세계로 들어가는 문의 역할을 한다. 이제 혼술자는 꿈꾸기를 '실행'한다. 하지만 문제는 술을 통한 상상적 탈출은 순간일 뿐이고 결국은 현실로 돌아간다는 데 있다.

앞서 논의했듯이, 혼술 상태에서 자기 위로를 통해 느끼는 상상의 쾌락은 고통의 망각과 미래에 대한 희망 갖기에서 절정에 이른다. 혼술자는 이 자기 치유에서 내일을 사는 힘을 얻는다. 이런 점에서 혼술자들은 혼술의 시간을 '힐링의 시간'이라고 말한다. 그러나 이러한 자기 치유는 현실을 바꾸는 기제가 아니라 현실에 적응하는 양식의 하나이다. 이처럼 혼술은 탈사회적이기보다는 지극히 사회적이다. 혼술자들은 개인화된 맥락 속에서 또 다른 사회적 적응을 준비한다. 이것이 바로 혼술이 사회에 저항하면서도 하나의 취향으로 인정받을 수 있었던 이유이다.

그러나 혼술은 꿈을 키워주지만, 현실은 여전히 그 자리에 있다. 현실과 꿈 간의 이같이 더 커진 간극은 다시 고통을 낳고, 그 고통이 다시 '환상적 자기 쾌락'으로서의 혼술을 부른다. 이것이 바로 우리 사회에서 혼술을 하나의 사회적 트렌드로 만들고 있는 자기 증식 메커니즘이다. 따라서 혼술은 즐거움이자 또한 슬픔이다. 그러나 혼술의 즐거움은 그 속에 내재된 슬픔을 취향이라는 말로 위로받을 수 있게 해준다.

이상에서 살펴본 바와 같이, 혼술은 형식의 측면에서는 지극히 탈사회적인 현상으로 보이지만, 그 내용을 살펴보면 지극히 사회적인 현상이다. 하지만 이러한 혼술의 형식과 내용 역시 분석적으로만 구분될 뿐이다. 지금까지의 혼술 분석이 보여주듯이, 개인화와 사회화(sociation)는 실제로는 그 방향이 다를 뿐 항상 맞물리면서 동시에 진행되는 현상이다.

홀로일 수 없는 인간은 사회를 욕망하지만, 자유롭고 싶은 인간은 다시 사회에서 벗어나고 싶어 한다. 하지만 그 사회를 벗어나지 못하는 인간은 외관상 개인화 현상으로 보이는 또 다른 사회 적응양식을 만들어낸다. 혼술은 이 '이중 인간'이 만들어내는 사회적 현상으로, 자신의 꿈과 이상을 실현하고자 하는 인간이 현실에서 자신이 만들어내는 의도하지 않은 비극 속에서 홀로 연출하는 희극이다.

제3부

먹기, 감정, 가치 정치

제6장

음식과 먹기의 감정정치
공포와 희망의 변증법

음식정치와 감정정치

우리는 식중독이나 유해 먹거리 파동이 발생하면, 그 사건들이 크나큰 뉴스거리가 되고 국가가 부산하게 대책을 마련하는 것을 보아왔다. 그럴 때면 우리는 국가의 식생활관리 책임에 대해 잠시 주목하지만, 시간이 지나면서 그러한 음식 불안은 우리의 먹기 욕망에 묻히고 우리의 먹기에서 국가가 행하는 역할 또한 망각된다(박형신, 2010). 그러나 국가는 항상 개인의 먹기 행위에 조용히 개입하고 있다. 국민의 건강을 책임져야 하는 국가는 언제나 안전한 먹을거리의 기준을 설정해야 하기 때문이다. 그리고 국민은 국가를 믿고 음식을 먹는다. 그것은 우리가 반드시 국가의 보건정책을 믿어서가 아니라 개인이 음식과 건강의 문제를 항상 체크할 수 없기 때문이다. 만약 그렇게 할 경우 먹기 비용보다 체크하는 비용이 더 들 것이다. 그러나 국가의 관리 실패가 드러나거나 국민의 건강에 문제가 발생할 경우 국민은 국가에 반발하고 저항한다.

그러나 국가가 항상 조용하게 우리의 먹기 양식에 개입하는 것은 아니다. 때때로 국가는 직접 공개적으로 국민의 먹기에 개입하기도 한다. 이를테면 전시의 식량배급 문제처럼 전체 식량관리에 문제가 발생할 경우 국민의 먹기 욕구와 배치되는 음식정치를 실시하기도 하고, 국민건강관리 비용에 부담을 느끼면 질병관리라는 이름으로 개개인의 먹기 욕구와 먹기 양식을 직접 제약하기도 한다. 그리고 먹기라는 기본 욕구를 보편적으로 실현하기 위한 정책 대안들로 인해 정치권이 음식정치의 소용돌이에 빠져들기도 한다.

영국의 사회학자 프랭크 푸레디(Frank Furedi)는 식생활과 건강, 비만, 학교급식 등이 정치의 주요 쟁점이 되는 것을 못마땅해 한다. 그는 아이들이 학교 점심 식사 시간에 무엇을 먹었는가 하는 문제가 2005년 영국 선거의 쟁점을 지배한 것을 놓고, 공적 영역을 지배해야 할 빅 이슈들 — 이를테면 부의 사회적 소유와 통제, 자원의 생산과 할당, 그리고 미래·과학·실험에 대한 태도 — 을 내팽개치고 사소한 개인의 생활양식을 정치화하고 있다고 비판하면서, 이를 "공적 생활의 탈정치화"라고 비판한다(푸레디, 2013: 31, 193).

푸레디의 이러한 태도는 공적 영역과 사적 영역의 이분법에 의거한다. 사실 음식과 먹기의 정치는 이 두 영역의 접점에 위치하는 것으로, 결코 사소한 것이 될 수 없다(그리고 사적 영역에 속하는 것이라고 해서 그것이 결코 사소한 것이라고 할 수는 없다). 카를 마르크스(Karl Marx)가 제기한 빅 이슈, 즉 부의 사회적 소유와 통제의 문제는 누가 굶고 누가 음식물 쓰레기를 양산하는가라는 먹기의 문제에서 출발했다고 해도 과언이 아니다. 먹기 영역에 대한 정치적 관심은 푸레디의 지적처럼 정치적 상상력의 고갈에서 기인하는 정치의 가벼움을 표현하는 것이 결코 아니며, 오히려 정치가 일상생활의 영역으로 확장되고 있음을 보여주는 것이다.

하지만 먹기의 정치화 역시 '생활세계의 민주화'라는 측면에서 긍정적으로만 평가할 수는 없다. 정치의 장 ― 그중에서도 특히 선거정치의 장 ― 에서는 먹는 사람의 논리가 아닌 정치세력의 이해관계가 작동하기 때문이다. 즉, 음식정치는 개인의 사적인 먹기 욕망과 정치세력의 정치적 목적이 충돌하는 장이다. 하지만 그 역학관계가 결국 한 사회의 식생활 구조를 틀 짓는다. 그 결과 누군가는 먹기의 즐거움을 만끽하고 누군가는 먹기의 고통을 경험한다. 이러한 점에서 먹기 정치에 대한 탐구는 현재 우리의 먹기 양식과 먹기의 현주소를 탐구하는 것이기도 하다.

그러나 먹기 정치에 대한 학술적 연구를 찾아보기란 쉽지 않다. 농업 정책을 다룬 연구가 아닌 본 연구가 대상으로 하는 식생활 정치와 관련된 연구는 더더욱 찾아보기 어렵다. 식생활 정치를 다룬 예외적인 연구로는 미국의 식생활 개혁의 역사를 비판적으로 다룬 샬럿 비테코프(Charlotte Biltekoff)의 『미국의 먹기 권리: 음식과 건강의 문화정치(Eating Right in America: The Cultural Politics of Food and Health)』(2013)와 미국의 식품회사들이 미국의 식생활 정책에 어떻게 영향을 미쳤는지를 다룬 매리언 네슬(Marion Nestle)의 저작 『식품정치(Food Politics)』(2011)를 꼽을 수 있는 정도이다. 한국 사회의 식생활 정치를 다룬 저작을 찾기란 더 어렵다. 다만 한국 식생활의 역사를 다룬 책들(이를테면, 주영하·김혜숙·양미경, 2017)에서 한국 식생활 정치의 단편을 엿볼 수 있을 뿐이다.

이 장은 현대 한국 식생활 정치의 역사 속에서 정치적 쟁점으로 부상했던 음식과 먹기의 정치의 사례를 다룬다. 그중에서 학계에서 주목을 받았던 것으로는 혼분식 장려운동, 무상급식 논쟁, 미국산 소고기 수입을 둘러싼 대립을 들 수 있다. 이 중 마지막 사례는 필자가 이미 다룬 바 있기에(박형신·이진희, 2008), 여기서는 나머지 두 사례를 대상으로 한다. 혼분식 장려운동과 관련해서는 사회학에서 수행된 두 편의 연구(송인주,

1999; 공제욱, 2008)와 정치학에서 수행된 한 편의 연구(박상희, 2008)가 눈에 띈다. 그리고 더 최근의 사태였던 무상급식 논쟁과 관련해서는 무상급식의 사회복지학적 의미를 다룬 연구(여지훈, 2015), 복지정치의 측면을 고찰한 연구(신광영, 2012), 운동론적 분석(조흥식, 2010), 그 담론구조를 분석한 논문(임순미, 2011), 정치철학적 의미를 다룬 연구(신중섭, 2010), 공공성의 차원에서 접근한 연구(남찬섭·이명진, 2013) 등 다양한 연구가 이루어져 왔다.

하지만 이 두 문제를 감정정치의 차원에서 다룬 연구는 존재하지 않는다. 이 장에서 필자는 혼분식 장려운동과 무상급식 논쟁의 경과를 감정사회학의 틀을 통해 분석한다. 이를 위해 먼저 국가의 식생활 정치와 개인의 욕망 간의 대립구조를 분석할 수 있는 감정사회학적 개념장치를 구축하고, 그 개념들을 통해 혼분식 장려운동과 무상급식 논쟁에서 음식과 먹기의 정치를 이끈 감정동학을 분석한다. 그리고 마지막으로는 음식과 먹기의 정치에서 나타난 감정정치의 대결 구도를 통해 두 사례의 경과 및 결과를 재해석하고, 음식과 먹기 정치의 새로운 지형으로 '가치정치'를 제안한다. 글쓰기 과정에서 감정유발 과정 및 그 대립구조를 부각시키려다 보니 자주 긴 인용문이 등장할 수밖에 없었던 점에 대해서는 미리 양해를 구한다.

먹기와 국가: 식생활 정치와 욕구의 대립

우리 인간은 먹어야만 생존할 수 있기 때문에 먹는 것은 인간에게 보편적인 것이다. 하지만 우리 인간의 먹기 행위는 아주 사적인 영역에 속하는 것이다. 언제 어디서 무엇을 누구와 먹을 것인지는 전적으로 개인의 결정에 따른다. 개인의 먹기는 단순히 신체적 욕구를 충족시키는 것을 넘어 개인의 욕구와 욕망을 만들어내며, 자기정체성을 형성한다(핑켈스타인, 2019). 그 과정에서 만들어지는 개인의 음식 취향은 지극히 주관적인 자기 세계를 만들어낸다(이 책 제3장을 보라). 이 자기만의 먹기의 세계는 어느 누구의 침범도 허용하지 않으려는 경향이 있다. 이미 육체화된 음식 취향이 몸으로 그것을 거부하게 하기 때문이다. 따라서 먹기만큼 외부의 힘으로 통제하기 어려운 것도 없다.

하지만 국민의 생명과 건강을 책임져야 하는 근대국가는 개인의 먹기에 관여하지 않을 수 없다. 그 구성원 모두가 똑같이 먹지는 않더라도 누구나 먹어야 하기 때문이다. 그러나 국가가 모든 국민의 먹기에 관여한 것은 아니었다. 16세기 영국의 구빈법에서 볼 수 있듯이, 국가의 개입 대상이 되었던 것은 굶주리는 사람들이었다. 하지만 그들에게 먹기의 시혜를 베푸는 것은 지역사회나 공동체였고, 국가가 하는 일은 먹고 사는 데 필요한 노동을 빈민들에게 강제하는 것이었다. 그리고 사실 영국에서 국가가 빈민들의 식생활에 관심을 가지게 된 것도 하층계급의 건강 때문이 아니라 그들의 비위생적이고 과밀한 상태가 전염병의 확산을 통해 중간계급과 상층계급에 간접적으로 위협을 가할 수 있다는 두려움 때문이었다(비어즈워스·케일, 2010: 230).

영국에서 국가가 공공성의 차원에서 국민의 식생활에 직접 개입하여 식생활 기준을 감시하고 규제하고 개선하려고 시도한 것은 19세기 후반 이후였다. 버넷(Burnett, 1989)의 분석에 따르면, 영국 정부로 하여금 국민의 식생활을 향상시키고 그럼으로써 국민의 건강을 증진시키게 한 가장 강력한 단일한 추동력은 대규모 전쟁의 수행이었다. 우선 전쟁 기간 중 남성 군복무 자원자의 상당수가 건강상의 이유로 입대를 거부당하자 국가는 결식아동에게 무상급식을 제공하고 어머니들에게 보육관행에 대해 조언하는 일에 착수했다. 그리고 두 번의 세계대전 동안에는 식량부족 때문에 식량배급을 실시하면서도, 국가는 징집자원의 관리라는 측면에서 정확한 영양학적 지식에 의거하여 국민의 식생활을 통제함으로써 최저 식생활 수준을 끌어올리고자 했다. 그 결과 영국은 전쟁 기간에도 영아 사망률이 하락하고 출생률이 상승하는 등 중요한 성과를 거두었다(이와는 대조적으로 같은 기간 동안 독일은 출생률이 하락하고 영아 사망률이 상승했다).

하지만 전후에는 국가의 식생활 개입 방식과 개입 논리가 크게 바뀌었다. 우선, 더 이상 국가비상사태를 명분으로 국가의 직접적인 식생활 통제를 정당화할 수 없게 되자, 점차 미묘한 형태로 간접적인 개입이 이루어졌다. 전후 시기에 국가는 국민으로 하여금 당시의 과학적 정설에 부합하는 식생활을 함으로써 자신의 건강을 보호하도록 하는 데서 개인의 책임을 강조하기 시작했다. 그뿐만 아니라 식생활이 건강에 가하는 위협이 근본적으로 재개념화되었다. 대부분의 근대 선진사회에서는 인간 복리와 관련하여 가장 광범위한 두 가지 위협이었던 먹을거리 부족과 심각한 영양결핍이 공적 관심의 주변으로 밀려나고, 풍요 및 탐닉과 관련된 영양 문제가 관심의 초점이 되었다(비어즈워스·케일, 2010: 234).

미국에서 먹기 정치의 초점이 결핍에서 탐닉으로 바뀐 것은 식생활 정책의 근간을 '더 많이 먹기'에서 '더 적게 먹기'로 전화시켰다(네슬, 2011: 제1장). 20세기 초 미국인의 평균수명이 47세에 불과했던 시기의 식생활 정치는 영양결핍과 그와 관련된 건강 장애를 극복하기 위하여 국민에게 더 많은 음식을 골고루 먹도록 권장하는 것이었다. 1970년대부터는 사회가 풍요로워지면서 잘못된 음식 선택으로 인해 칼로리를 과잉 섭취하여 발생하는 성인들의 건강문제가 주요한 담론으로 등장했다. 따라서 건강한 삶을 위한 식생활 가이드도 기본 식품군의 균형 잡힌 식사를 하도록 권장하는 것에서 질병 위험 물질을 함유한 음식을 되도록 적게 먹도록 권장하는 것으로 이동했다.

그러나 개인의 탐닉을 제한하고자 했던 이 같은 국가의 정책들은 성공하지 못한 것으로 평가받는다. 음식 관련 분야의 연구자들은 그 원인으로 식생활과 건강의 관계에 대한 합리적이고 체계적인 개념화를 일상생활에서의 일상적 먹기 관례에 적용하는 데에는 명백한 한계가 있었고, 개별 소비자들은 자신들의 음식 섭취를 수량화된 방식으로 감시할 채비를 갖추고 있지 않았기 때문이라고 지적한다(비어즈워스·케일, 2010: 237). 그러나 이러한 설명은 일견 타당하지만, 식생활에 대한 상당한 지식을 가지고 먹기에 예민하게 반응하는 사람들 역시 자신의 건강관리나 몸매 가꾸기에 실패하기도 한다. 그리고 다른 한편으로는 영양학적 지식보다는 비만에 대한 사회적 낙인이 초래하는 감정적 불편함이 '적게 먹기'에 더 효과를 발휘하기도 한다. 왜 그러한가? 이 장에서 필자는 그 원인을 먹기 행위의 감정동학에서 찾아본다.

이렇듯 먹기 행위는 사적 영역과 공적 영역이 맞닿는 지점에 자리한다. 그리고 음식정치는 거시적인 것과 미시적인 것, 즉 국가의 식생활 정치와 개인들의 먹기 욕망이 대립하는 공간이다. 국가의 식생활 정치를 정당화해 주는 근거는 항상 그 정치를 과학이라는 이름으로 정당화하는 영양학적 지식이다. 반면 개인들의 먹기 행위를 지배하는 것은 신체적 욕구이며, 그 욕구는 몸의 모든 감각기관을 통해 끊임없이 자극받는다. 결국 음식정치는 이른바 과학적 지식을 무기로 하는 국가의 식생활 정책과 개인의 욕망 간의 대립구조를 가지게 되며, 이 둘 간의 간극을 무엇으로 메우는지가 음식과 먹기의 정치의 향방을 결정한다. 이 대립구조에서 국가가 개인들의 감각적 욕구에 대항하는 무기로 동원하는 것이 바로 감정이다. 다시 말해 국가는 옳음/그름이라는 과학적 지식의 구조를 좋음/싫음이라는 감정적 구조로 전치함으로써 국민의 먹기 욕구를 제어하고자 한다. 이를 위해 필요한 것이 바로 특정한 양식의 먹기가 막연한 미래에 초래할 수도 있는 긍정적 이미지와 부정적 이미지를 동원하는 것이다.

이 같은 이미지 동원을 가능하게 하는 것이 바로 먹기가 가지는 이율배반, 즉 인간은 생존하기 위해서는 먹어야만 하지만 특정한 먹기의 누적적 결과는 질병을 유발하고 급기야 죽음을 야기할 수도 있다는 상식적인 사실이다. 따라서 국가의 식생활 정치는 특정한 욕망에 근거한 먹기 습관이 죽음을 유발할 수도 있다는 '공포정치'와 고통스러운 욕구의 억제가 건강하고 행복한 삶을 가져다줄 것이라는 '희망의 정치'라는 두 감정정치를 중심축으로 하여 전개된다. 하지만 이 감정정치 역시 개인들에 의해 그대로 수용되지는 않는다. 왜냐하면 먹기의 공간에서는 먹기의 감정정치 이외에도 또 다른 감정들이 역동적으로 상호작용하기 때문이다. 먹기와 관련된 공포정치와 희망의 정치는 그것이 개인들의 여타 감정과 '순행적' 관계에 있는지 아니면 '역행적' 관계에 있는지에 따라 그 효과가 달리 나타나게 된다.

이 장은 한국의 먹기 정치의 사례를 통해 이 감정정치의 동학을 규명한다. 이를 위해 먼저 혼분식 장려운동의 경과 및 결과를 통해 감정순행 정치와 감정역행 정치의 메커니즘을 살펴보고, 다음으로 무상급식 논쟁을 통해서는 음식정치가 감정정치로 발현되는 과정을 추적하여 감정사회학적 접근방식의 한 단편을 보여주고자 한다.

혼분식 장려운동의 감정정치

영양부족 시대의 '적게 먹기 운동'

꼬꼬댁 꼬꼬 먼동이 튼다
복남이네 집에서 아침을 먹네
옹기종기 모여앉아 꽁당보리밥
꿀보다도 더 맛 좋은 꽁당보리밥
꿀보다도 더 맛 좋은 꽁당보리밥
보리밥 먹는 사람 신체 건강해

일명 '꽁당보리밥'의 노래라고 불리던 '혼분식의 노래'이다. '보릿고개'를 넘어섰다고 자랑하던 당시에 '가난'의 상징이던 보리밥을 예찬하는 노래가 방방곡곡에 울려 퍼졌던 것은 아이러니한 일이 아닐 수 없다. 이 혼분식 장려운동은 박정희 시대의 음식정치를 보여주는 가장 대표적인 사례이다.

'혼분식 장려운동'은 현실 운동에서는 분리되어 다루어진 적이 없지만, 내용상 '혼식장려'와 '분식장려'라는 두 측면으로 구분되며, 기존의 연구는, 우리의 현실에서도 쉽게 추론해 볼 수 있듯이, '혼식장려'의 영향은 일시적이었던 것에 비해 '분식장려'의 영향은 훨씬 지속적이고 장기적이었던 것으로 결론짓는다. 그리고 그 이유로 '혼식장려'가 강제적 수단 외에는 별다른 '장려 방법'이 없었던 것에 비해 '분식장려'는 정부의 '장려운동'에 힘입어 라면산업, 제빵산업, 국수산업 등 가공산업이 급성장했기 때문이라고 진단한다(공제욱, 2008; 송인주, 1999). 이 장에서는 선행연구의 연장선에서 왜 이러한 결과가 나타났는지를 감정사회학적으로 탐구한다.

감정정치의 측면에서 보면, 박정희 시대의 혼분식 장려운동에는 또 다른 아이러니가 숨어 있다. 박정희의 5·16 쿠데타가 국민의 지지를 받을 수 있었던 것은 바로 '빈곤으로부터의 해방'이라는 슬로건 때문이었다. 이는 굶주림으로 인해 "즐거움이 있을 수 없고 희망이 있을 수도 없었던"(박영규, 1967: 88) 사람들에게 쌀밥을 배불리 먹을 수 있게 해주겠다는 약속으로 들렸을 것이다. 하지만 혼분식 장려운동은, 아래에서 논의하듯이, 식생활 개선이라는 명분하에 일제 강점기부터 진행되던 '절미운동'을 강화한 것으로, 쌀 소비를 억제하기 위한 것이었다. 그렇다면 과연 박정희 정권은 이 모순적인 상황 및 국민이 마주칠 감정적 불일치를 어떻게 극복했으며, 국민은 이에 어떻게 대처했을까?

한국인들에게 '밥'은 쌀밥을 의미한다. 잡곡을 넣은 밥을 '혼식'이라 칭하고 혼식을 장려한 사실이 이를 반증하며, 이는 역으로 한국인의 쌀에 대한 집착을 나타낸다(한성우, 2016: 70). 그리고 "한국 사람은 밥심"이라는 말이 의미하듯, 예로부터 보약으로 평가받는 쌀밥은 육체적 힘의 원천이며, 감정적으로는 "마음을 안정시킨다"라고까지 생각되었다(조미숙, 2010: 22). 그렇다면 쌀에 대한 한국인의 감정적 애착에 반하는 쌀 적게 먹기 운동은 왜 시작되었는가?

앞서 살펴보았듯이, 서구에서 식생활 정책은 영양결핍과 기아 방지를 위한 '더 많이 먹기' 정책에서 만성질환을 예방하기 위한 '더 적게 먹기' 정책으로 이전해 왔다. 그리고 이것이 이론적으로는 국민건강에 대한 국가의 책임 있는 모습일 것이다. 하지만 한국에서 적게 먹기 정책이 실시된 1960년대 초반은 적게 먹기가 아닌 많이 먹기가 필요한 시기였다. 1960년대에는 국민이 비만과 같은 만성질환으로 고통받기는커녕 '구걸', '기근', '동반 자살' 등 극빈자들 사이에서 일어나는 사건 사고로 일간지의 기사가 넘쳐나고 있었고, 결식아동에 관한 기사가 독자들의 마음을 슬프게 하고 있었다(연윤희, 2019).

쌀 적게 먹기 정책이 시행된 근본 원인은 국민건강이 아닌 쌀 부족이었다. 국가기록원은 그 이유를 다음과 같이 기록하고 있다.

> 정부는 국민의 배고픈 사정을 해결하기 위해 식량 증산을 최우선 목표로 삼았으나 1960년대가 되어도 쌀 수급 사정은 좋아지지 않았다. 1961년 기록적인 대홍수, 1962년 태풍 노라와 극심한 가뭄, 그리고 1963년 보리 수확기에 내린 엄청난 비. 자연재해라고는 하지만 연이어 농사에 타격을 입자 1962년 쌀 한 가마 값이 5000원 선까지 솟구쳤는데, 이는 전년도에 비해 400%나 상승한 가격이었다. 쌀이 없어서 먹을 것이 부족해지자 나물로 멀건 죽을 끓여 먹기도 하였는데, 산나물 죽을 만들어 먹고 목숨을 잃기도 하는 등 식량이 부족해서 아무것이나 잘못 먹었다가 탈이 나는 사건이 종종 신문에 언급되었다.(국가기록원, "혼식과 분식으로 밥상을 바꿔라")

그러나 이는 구조적·자연적 제약으로, 식량 수입을 통해서라도 국가가 식량 공급을 확대하거나 빈민층에 대한 구호정책을 실시해야 하는 이유이지 절식을 요구할 수 있는 근거는 아니었다. 그리고 그것은 "잘 먹고 잘살게 해주겠다"던 국가의 약속과도 배치되는 것이었다. 따라서 국가는 절식과 혼분식의 이유를 다른 곳에서 찾아야 했다. 즉, 그것이 바로 국민의 식습관, 즉 '많이 먹기'였다.

식량부족의 또 다른 중요한 원인은 쌀을 먹는 인구가 급격히 증가하고 있다는 것이다. 해방 전만 하더라도 농민들의 대부분은 자기가 만드는 쌀을 먹을 수가 없었다. 또한 도시에 살고 있는 영세민들도 쌀을 마음대로 먹을 수는 없었다. 그러나 최근 10여 년에 걸친 경제발전에 의해서 많은 사람의 생활수준이 나아짐에 따라 쌀밥을 먹는 인구가 증가하기 시작하였다. 우리나라의 쌀밥을 먹는 인구에 관한 통계가 없기 때문에 숫자로 명시할 수가 없지만, 오늘날 농민들의 다수는 더 먹기 좋은 쌀밥을 먹으려고 하고 있으며 또 먹을 수 있을 만큼 생활수준이 향상되고 있다. 이와 관련해서 또 지적해야 할 것은 개의 수가 많아지고 있다는 것이다. 개가 소비하는 식량이 얼마나 되는지는 몰라도 개가 소비하는 식량의 양도 결코 무시할 수는 없는 것이 아닌가 생각된다.(이만갑, 1974: 12)

이 인용문이 보여주듯, 식량부족의 원인은 국가가 경제성장 정책을 통해 국민을 잘살게 한 결과 국민의 과도한 쌀 소비 욕구가 발생했기 때문이라고 ― 거기다 개까지 식량을 축내고 있다고 ― 진단되었다. 따라서 국가의 잘못이 아닌 국민의 무분별한 욕구가 쌀 부족의 원인이기 때문에 국가는 당연히 국민의 먹기 행위를 통제할 수 있는 정당한 근거를 가지게 되었다. 국가는 쌀 소비를 억제하기 위해 다음과 같은 일련의 행정명령을 내렸다.

1964년 1월 24일부터 모든 음식업 종사자는 보리와 국수를 25% 이상 혼합해서 팔도록 하고, 같은 해 8월에는 육개장, 곰탕, 설렁탕에 쌀 50%, 잡곡 25%, 국수 25%를 혼합 조리하도록 하였다. 또 1969년부터 매주 수요일과 토요일을 분식의 날, 일명 '무미일(無味日)'로 정하여 오전 11시부터 오후 5시까지 쌀로 만든 음식을 팔지 못하도록 규제하였다. 1973년 3월에는 음식점의 보리 혼식률을 종래의 25%에서 30%로 높이고, 쌀을 원료로 한 과자와 엿류의 생산을 금지하였다. 다음 해에는 방출하는 정부미를 전량 혼합곡으로 바꾸고, 쌀의 도정률을 9분도에서 7분도로 낮추었으며, 음식점에 대해서는 혼식 공깃밥만 팔도록 하였다. 이를 위반할 경우 허가를 취소하거나 6개월 이하의 영업정지를 내렸다.(국가기록원, "금기와 자율")

혼식 장려운동과 공포정치: 감정역행의 정치

감정동학의 측면에서 볼 때, 앞에서 진술한 내용을 기본 틀로 하는 혼식 장려운동은 국가의 식생활 통제와 국민의 욕구 간에 뚜렷한 대립 구도를 만들어내게 된다. 그렇다면 국가는 어떠한 감정정치를 통해 그 간극을 메우고자 했고, 국민은 그것에 어떻게 반응했는가? 안토니오 그람시(Antonio Gramsci)를 원용하면, 국가는 '동의'와 '강제'의 전략을 동시에 사용했다.

국가가 혼식 장려운동에서 취한 주요한 전략은 쌀에 대해서는 부정적인 감정을 투여하고 보리에 대해서는 긍정적인 감정을 투여하는 것이었다. 당시 쌀밥에 대한 모든 부정적인 묘사를 모아놓은 것 같아 보이는, ≪육군≫이라는 잡지에 실린 다음의 긴 인용문은 필자가 혼식 장려운동을 왜 공포정치의 하나라고 표현하는지를 잘 보여준다.

> 첫째, 쌀에는 비타민 B1의 함량이 극히 적다. 그러므로 쌀의 전분은 체내에서 연소되지 아니하고 초성포도산과 유사 같은 피로물질이 교여서 신체장애나 신경장애를 일으키기 쉽다. …… 둘째, 쌀의 전분은 그 조성이 조밀하고 끈기가 강하다. 그러므로 위벽을 해칠 뿐만 아니라 소화액 분비를 약화시키며 또한 소화를 더디게 하여 위장에 부담을 주게 된다. 셋째, 쌀의 전분은 식염을 많이 빨아들이는 성분을 가지고 있다. 그러므로 밥을 먹을 때 필요 이상의 염분을 섭취하게 되어 신장, 심장 등을 약화시키고 고혈압의 원인이 되는 것이다. 넷째, 쌀은 다른 전분 식물에 비할 때 섬유질이 매우 적다. 그러므로 섬유질이 부족하면 장의 운동이 둔해지고 그 기능을 약

화시키므로 변비, 이상 발효의 원인을 가져오게 하고 노화를 촉진시키는 등의 현상을 가져온다. 다섯째, 쌀밥에는 칼슘, 철분, 단백질 등 영양분이 많지 않다. 그러므로 인체의 발육성장이나 혈액의 조성 등에 미치는 영향이 좋지 않으며 또한 체액을 산성화시켜 신체장애를 가져오게 한다. 철분이 부족하면 빈혈증을 초래하고 창백한 얼굴, 신체의 허약, 얕은 호흡, 식욕부진 등의 원인이 된다. 그리고 칼슘이 부족하면 어린이의 골격 형성이 나빠지고 성인은 골인화증이 되며, 단백질이 부족하면 성장부진, 체중감소 등을 가져온다. (편집실, 1969: 16~17; 공제욱, 2008: 169n에서 재인용)

이 글에는 "쌀밥만 먹는다면"이라는 단서를 달고 있지만, 모건 스펄록(Morgan Spurlock) 감독의 영화 〈슈퍼 사이즈 미(Super Size Me)〉(2004)를 비판하는 사람들이 누가 맥도날드 음식만 먹고 사는가라고 반문하듯이(핑켈스타인, 2019: 258), 쌀밥만 먹고 사는 사람은 없다. 그리고 이 과장된 표현에 따르면, 한국인이 아직 살아남은 것은 쌀밥을 제대로 먹지 못했기 때문이다. 그렇다면 박정희는 왜 쌀 자급자족에 집착했는지 알 수 없는 일이다. 쌀을 통해 죽음에 대한 공포를 유발함으로써 쌀의 자급을 추진했으니, 이 또한 아이러니가 아닐 수 없다.

혼식의 논리에 따르면, 쌀은 만병의 근원이고 보리는 만병통치약이다. 보리의 영양을 예찬하는 다음 글을 살펴보자.

> 보리에는 쌀에 비해 단백질, 지질(脂質), 섬유소, 칼슘, 철분, 비타민 B군 등의 영양소가 풍부하게 들어 있다. 그러나 더욱 중요한 것은 보리에 많이 들어 있는 섬유소의 역할이다. …… 보리밥을 많이 먹으면 판토텐산이 많이 합성되어 혈압을 내려주므로 고혈압을 예방할 수 있다. …… 보리밥을 먹으면 철분이 풍부하고 비타민 B6 및 판토텐산이 많이 합성되므로 위궤

양을 예방하는 데 효과가 크다. …… 보리는 …… 당뇨병의 예방과 치료에 큰 효과가 있다. …… 보리에는 철분의 함량이 많고 비타민 B6가 많이 합성되므로 빈혈을 예방할 수 있다.(김영상, 1983: 128~129; 공제욱, 2008: 171에서 재인용)

그러나 보리의 영양학적 가치를 홍보함으로써 국민을 계도하려 했던 전략은 홍보 내용의 진위를 떠나 실패하고 말았다. "정부종합청사의 구내 양식부가 정부의 혼식 시책을 어겨 지난 12월 31일부터 오는 3월 31일까지 3개월 동안 영업정지 처분을 받았다"(≪중앙일보≫, 1972.1.5)라는 신문기사는 이를 상징적으로 보여준다.

따라서 쌀 소비 절감이 절실했던 국가가 취한 수단이 바로 강제전략, 즉 국가의 행정명령에 따르지 않는 음식점을 대대적으로 단속하고 학생들의 도시락을 검사하는 것이었다. 이것이 얼마나 강제적이었는지는 당시의 신문기사들을 통해 쉽게 확인할 수 있다. 이를테면 ≪중앙일보≫ 1971년 11월 27일 자는 "위반한 업소에 대해서는 양곡관리법만이 아니라 식품위생법까지 적용, 행정처분을 내리기로 했다"고 보도하고 있다. 그리고 ≪중앙일보≫ 1976년 9월 28일 자에는 정부 단속의 강도를 보여주는 내용이 독자 투고의 형식으로 실려 있다. 그 내용은 국립공원 설악산이 있는 속초의 관광촌에 며칠 전 단속반이 검사를 나와 "혼식 비율을 확인한다면서 접객업소에서 지은 밥을 숟갈로 떠서 물에 말아 쌀과 보리를 갈라놓고 헤고 있었는데" 이는 "졸렬한 혼식 단속"이 아니냐는 불만이었다. 이러한 강력한 단속에도 국가의 행정명령이 실행되지 않자 국가는 단속과 처벌의 강도를 더욱 높였다. ≪중앙일보≫ 1979년 11월 2일 자 신문의 "혼식 불이행업소 강력단속 — 매월 1~3회 실시"라는 기사와 여러 신문에 보도된 처벌 사례들은 이를 잘 보여준다.

그리고 ≪동아일보≫ 1976년 6월 12일 자 신문은 학교 도시락 검사와 관련한 강제와 그에 따른 불만을 잘 보여준다. 그 기사에도 나와 있듯이, 당시에는 학생들의 도시락 검사 결과를 도덕 성적에 반영하는 학교가 있는가 하면, 불이행자에게는 교실 청소의 벌을 주기도 했다. 그 기사에는 "동대문구 ㅅ국민학교의 경우는 혼식 비율을 숫제 50% 이상으로 높여 불이행 학생들의 도시락을 압수하기도 하며 극빈 학생으로 점심을 갖고 오지 못하는 학생들도 일단 불이행자로 간주, 가정환경조사를 다시 하기도 하여 어린이들에게 열등감을 안겨주는 등 동심을 멍들게 하는 경우도 있다"라는 내용까지 실려 있다. 이 정도라면 혼식 위반자는 범죄자로 취급했다고 해도 과언이 아닐 것이다.

혼식 장려운동이 실패한 이유는, 당시 식생활 개선의 필요성을 피력하던 한 논자(김기경, 1973: 15)의 지적대로 "우리의 식생활에 뿌리박힌 쌀밥 중심의 식사나 비합리적인 식사가 과학적 지식 없이는 개선이 힘들기" 때문이었던 것이 아니라, 당시 사람들에게서 '먹기의 감정 메커니즘'이 작동한 데 기인했던 것으로 보인다. 사실 메스트로비치(2014: 15)의 지적대로 단순히 지식만으로는 행위를 낳기에 충분하지 않다. 행위는 감정과 지성의 결합을 전제로 하기 때문이다. 특히 먹기 행위는 더욱 그러하다. 우리가 음식을 먹는 것은 약을 먹는 것이 아니다. 우리는 몸에 아무리 좋은 것이라고 하더라도 먹고 싶어야 먹는다. 그리고 쌀은 당시 정부의 발표대로 '부족한 것'이었으므로, 로널드 잉글하트(Ronald Inglehart)의 '희소성' 가설에 의거할 때, 여전히 '가치 있는 것'이었다(잉글하트, 1996).

당시에는 설사 쌀이 실제로 건강에 나쁘다고 하더라도 정크푸드처럼 더 먹고 싶은 것이었다. "식생활의 바람직한 목표는 화려하고 고급화되는 것이 아니라 그 내용이 건전하고 영양학적으로 균형이 잡혀 있으며 또한 즐거운 식사가 이루어지는 것"이어야 하며, 그렇지 않으면 영양을 과잉 섭취하여 비만증 같은 증상을 초래할 수 있다(김동준, 1973: 37~38)라고 염려하는 것은 단지 지식인의 우려에 지나지 않았다. 미래의 공포가 현재의 욕망을 결코 이길 수 없었다. 게다가 평소에 쌀을 먹지 못하는 민중에게 쌀밥의 추구는 경제적 향상과 사회적 지위 상승에 대한 욕구와 같은 것이었다(주영하, 2000: 199 참조). 혼식 장려운동이 실패한 까닭은 그 감정정치가 감정역행적이었기 때문이다.

분식 장려운동과 희망의 정치: 감정순행의 정치

그렇다면 분식 장려운동은 어떻게 한국 사회에 정착할 수 있었는가? 겉으로 보기에 가장 중요한 이유로는 혼식 장려가 쌀 소비 억제에 초점이 맞추어졌다면 분식 장려운동은 식생활 개선 운동의 성격을 전면에 부각시켰다는 점을 들 수 있다. 그러나 당시에도 사람들은 밀가루를 부정적으로 인식하고 있었다. 이를테면 당시 사람들은 밀가루는 소화가 잘 되지 않는다거나 수입 밀은 농약투성이라고 생각했다. 그래서 빵은 밥보다 못한 음식으로 여겨졌다. 이는 어른들이 빵을 즐겨 먹는 아이들에게 "몸에도 안 좋은 빵을 왜 이렇게 많이 먹어?"라고 꾸짖거나, 객지에 나가 생활하는 자녀에게 "빵으로 대충 때우지 말고 든든하게 밥 잘 챙겨 먹어"라고 당부하는 것에서 알 수 있다(김춘동, 2016: 206~207). 그리고 결식아동과 빈곤아동을 대상으로 하는 제빵급식은 보는 사람이 없는 곳에서 먹는 맛없는 음식이었다(성기항, 1972: 50).

국가는 분식 장려의 경우에도 쌀에 비해 밀가루가 가지는 영양학적 우수성을 널리 홍보했다. 아래의 인용문은 이를 잘 보여준다.

밀가루는 쌀에 비하여 열량이 높은 것은 물론 단백질, 지방, 칼슘의 함량도 많다. 한편 적은 양이지만 인체 내에서 중요한 역할을 맡는 비타민 B1, 비타민 B2가 밀가루에 더 많이 함유되어 있는 것을 알 수 있다. 영양적인 면 이외에도 밀가루 제품인 빵식은 쌀밥에 비해 소화를 맡은 위장의 부담을 훨씬 줄이는 동시에 위 확장이나 소화기 계통의 질병을 덜어준다.(오연희, 1972: 328; 공제욱, 2008: 173에서 재인용)

결과론적으로 볼 때, 혼식과 달리 분식은 국민에게 수용되었다. 하지만 그것이 사람들이 보리의 경우와 달리 밀가루에 관해서는 영향학적 지식을 받아들였기 때문인 것은 아니었을 것으로 보인다. 거기에는 다른 요인들이 작동했다. 첫째는 감정적인 것으로, 한국인에게 보리는 가난한 사람들이 먹는, 먹기 싫은 맛없는 음식이었다면, 밀가루 음식, 특히 졸업식 날이나 소풍날에 먹던 국수 — 특히 짜장면 — 나 빵은 갈망의 대상이었고 따라서 영양가 있고 "싸고 맛있는" 음식이라는 의미를 쉽게 부여받을 수 있었다는 것이다.

둘째는 홍보 전략적인 측면으로, 밀가루 음식에 대한 찬양이 서구생활에 대한 강렬한 동경을 불러일으키는 식으로 전개되었다는 것이다. 다시 말해 밀가루 음식은 가난한 사람들이 먹는 것이 아니라 선진 서구인들이 먹는 음식으로 선전되었고, 그것이 서구 발전의 원동력처럼 홍보되었다. 우리나라보다 잘사는 서구인들은 쌀밥이 아니라 빵을 먹기 때문에 머리가 좋고 그리하여 노벨상도 받는다는 것이었다.

쌀을 주식으로 먹고 있는 한국, 중국, 일본, 필리핀, 베트남, …… 따위의 민족 중에서 몇 명이나 노벨상을 받았으며, 얼마나 근대 문명에 이바지했는가 말이다. 쌀만 먹는 민족은 밀을 주식으로 하는 민족보다 무엇인가가 모자라지 않는가? …… 결론적으로 쌀밥보다는 밀가루 주식물이 머리에

훨씬 좋다는 결론이 성립되고 증명된다.(최신해, 1960: 313; 공제욱, 2008: 174에서 재인용)

서구인들이 키가 크고 건강하여 운동을 잘하는 것은 키가 큰 밀을 먹어서 키가 크게 자랐기 때문이고 일본인들이 우리보다 더 잘사는 것은 일본이 먼저 서구의 식생활을 받아들였기 때문이라던 선생님의 말씀은 필자에게도 아직 생생한 기억으로 남아 있다.

셋째로는 식품산업적 측면으로, 분식 장려운동과 함께 라면산업의 성장, 중국음식점과 제과점의 급증 등 분식 생활이 수용될 수 있는 기반시설이 갖추어지고 있었다는 것이다(주영하·김혜숙·양미경, 2017). 체력은 국력이라고 주장되고 서구에 대한 동경이 강력하던 당시의 시대적 상황에서 특히 중산층 이상의 가정에서는 분식이 서구화의 상징으로 받아들여졌다. 이들 중산층 가정에서는 토스트와 우유, 심지어는 라면으로 아침을 대신하는 등 분식이 일종의 유행처럼 번졌다고 한다(김환표, 2006: 124~125).

혼식 장려운동과 분식 장려운동의 결과가 이렇게 다른 것은 지금까지 살펴보았듯이 혼식 장려운동이 '감정역행적'이었다면 분식 장려운동은 '감정순행적'이었기 때문이라고 볼 수 있다. 하지만 이 둘의 관계가 항상 일대일의 감정적 대응관계를 갖는 것은 아니었다. 당시 학교의 도시락 검사 대상이었던 학생들을 놓고 살펴보면, 정반대의 결과가 나타나기도 한다. 인터넷상에 올라와 있는 혼분식 장려운동의 경험담을 살펴보면, 먼저 혼식 장려의 경우 원래 보리밥으로 도시락을 싸올 수밖에 없었던 학생들은 도시락 검사가 가족의 식생활을 숨길 수 있는 기회로 '안도감'을 가져다주었던 것으로 보인다. 반면 아예 도시락을 싸올 수 없어 학교에서 제공하는 맛없는 빵을 배식 받아야 했던 학생들에게는 빵이 '수치심'

의 원천이었다.

하지만 더 큰 문제는 학교의 무상급식도 받지 못하는 결식아동이었다. 1960년대의 가난의 서사를 다룬 한 논문은 굶어서 배가 고파 학교에 가지 못한 아이들을 보도한 신문기사를 인용하고 있는데, 그 소식을 접한 당국은 그 정도로 가난한 사람들까지 구호하려면 한이 없기 때문에 지원할 수 없다는 반응을 보였다고 한다(연윤희, 2019: 503~504). 굶주림이라는 고통 때문에 수치심을 무릅쓰고 인터뷰에 응했던 아이에 대한 배려는 찾아볼 수 없다.

국민건강을 위한 식생활 개선이라는 이름으로 진행된 혼분식 장려운동은 모든 국민을 배불리 먹이겠다는 박정희의 약속을 의심케 하는, 단지 식량 수입을 줄여 외화를 절약하자는 성장의 정치 그 이상도 이하도 아닌, 국민에 대한 '식생활 제재'였다(이덕우, 2012: 77). 그로 인한 현재의 결과가 웰빙 음식으로서의 보리밥의 부상과 인스턴트식품으로 인한 비만에 대한 우려이니, 아이러니하지 않을 수 없다.

무상급식 논쟁의 감정정치

무상급식 논쟁: 보수와 진보의 담론 투쟁?

무상급식 — 이는 2010년 지방선거에서 가장 큰 핵심 쟁점이었고 2011년에는 서울시 주민투표의 대상이 되었다 — 을 둘러싸고 벌어졌던 논쟁은 우리 사회에서 전개된 음식정치의 또 다른 사례라고 할 수 있다. 왜냐하면 이 논쟁이 "아이들의 먹는 문제를 공적 관리의 과제"로 전환했기 때문이다(조대엽, 2011: 28). 무상급식의 문제는 원래 2009년 경기도 교육감 직선

제 선거에서 쟁점으로 제기되었다. 그 후 보수진영(한나라당과 김문수)은 "전면적 무상급식은 무조건 배급하자는 북한식 사회주의 논리에 기초한다"라고 공박하면서 색깔론을 펼쳤고(김대호·김태일, 2010: 37), 그 결과 무상급식은 초등학생 급식 문제로 끝나는 것이 아니라 한국의 진보와 보수를 가르는 핵심적인 정치적 의제가 되었다(신광영, 2012: 47). 이에 한 논자는 무상급식 논쟁에 대해 보수와 진보를 자처하는 여러 사회세력이 무상급식 정책의 도입에 대한 서로 다른 인식과 처방을 가지고 다투어 온 '보수와 진보의 담론 투쟁'이라고 규정할 수 있다고 주장하기도 했고(임순미, 2011: 252), 그 후 무상급식이 단계적으로 확대된 것을 놓고는 "무상급식 논쟁은 지방선거 결과와 관계없이 진보의 정책적 승리라고 봐도 무리가 아닐 것이다"라는 진단이 제시되기도 했다(김대호, 2010: 12).

하지만 필자가 보기에 이러한 해석에는 여러 문제가 있어 보인다. 첫째, 무상급식은 진보의 전유물이 아니다. 실제로 우리 사회에서는 무상급식 논쟁이 일기 이전에도 보편적 무상급식이 일부 실시되고 있었다. 민주당무상급식추진특별위원회(2010: 210)의 자료에 따르면, 2009년 기준으로 김상곤 경기도 교육감이 무상급식 대상으로 삼았던 초등학교의 경우만 살펴보면, 지역별로 편차가 크기는 하지만 전체 초등학교의 24.4%가 보편적 무상급식을 실시하고 있었다. 지역별로는 충남 70.8%, 전북 69.8%, 충북 57.4%, 경남 53.6%였다면, 서울, 대구, 인천, 울산은 0%이고, 부산은 0.1%였다. 이 결과를 놓고 보면 대도시에서는 무상급식이 거의 실시되지 않고 있는 반면, 편차가 있지만 지방은 무상급식 실시율이 높았다. 무상급식 시행에서 나타나는 이러한 지역적인 분포는 우리가 생각하는 보수진보의 지역적 정치지형과도 부합하지 않는다.

둘째, 보수정당에 속해 있는 지방자치 단체장이나 보수적인 교육감이라고 해서 무상급식을 실시하지 않는 것도 아니었다. 이를테면 경남은 도지사를 비롯해 다수의 도의회 의원이 한나라당 소속인데도 무상급식을 실시하는 초등학교가 53.6%에 달했으며, 한나라당의 모 의원이 진보 교육감도 아닌 경남 교육감에게 무상급식이 '사회주의적 발상'이 아니냐며 색깔을 칠한 경우도 있었다(김진석, 2010: 261~282). 친환경 무상급식 운동을 벌이는 한 운동가가 지적한 사례는 이 문제를 아주 단적으로 보여준다.

> 최근 경남 합천과 거창군수는 초·중·고 모든 학생에게 친환경 무상급식을 하겠다고 선언하고 추경예산을 확보했다. 이들 지역은 이미 2년 전부터 초등학교와 중고등학교에 무상급식을 부분 시행하고 있다가 올해 전체로 확대한 것이다. 군 재정이 남아돌아서가 아니다. 군수가 포퓰리스트나 사회주의자여서는 더더욱 아니다. 두 지역의 군수는 모두 한나라당 출신이다. 특히 합천은 재정 자립도가 12% 정도밖에 되지 않는다. 이런 열악한 재정 속에서 어떻게 무상급식을, 그것도 친환경 무상급식을 전면 실시할 수 있는지 정부 여당 논리대로 하면 불가능한 일일 것이다. 이에 대해 합천군수는 "8차선짜리 도로 왕복 1km만 안 깔면 됩니다"라고 말했다고 한다.(김선희, 2010: 133~134)

셋째, 진보층 모두가 무상급식을 찬성하는 것도 아니고, 보수층 역시 모두가 무상급식을 반대하는 것도 아니다. 무상복지에 대한 서울시민의 인지 지형을 네 가지 범주 — 1) 보편적 복지론자(보편복지론에는 공감하나 선별복지론에는 공감하지 않는 층), 2) 선별적 복지론자(선별복지론에는 공감하나 보편복지론에는 공감하지 않는 층), 3) 상충적 복지론자(보편복지론과 선별복지론 동시에 공감하는 층), 4) 반(反)복지론자(보편복지론과 선별복지론 모두 공감하지 않는 층) — 로 나누어 분석한 연구에 따르면, 이념성향별로 보면 보편적 복지론이 진보를 대변하는 양상이지만, 실제 서울시민의 진보층에서 다수는 오히려 상충적 태도가 가장 많은 58.5%였고, 선별적 복지론자가 25.5%, 보편적 복지론자가 14.9%였다. 중도층에서는 상충적 태도가 57.2%로 가장 높았고, 선별적 복지론자가 28.3%, 보편적 복지론자는 11.8%였다. 보수층에서는 상충적 복지론자가 54.4%로 가장 많았고, 선별적 복지론자 역시 37.8%로 다른 이념집단에 비해 상대적으로 높았지만, 보편적 복지론자도 6.7% 존재했다(정한울, 2011: 11).

그렇다면 무상급식 논쟁을 추동한 것은 무엇이었는가? 앞서 인용한 무상급식 운동가는 무상급식의 문제는 보수세력이 말하는 예산의 문제가 아니라 정책 우선순위의 문제이며 의지의 문제라고 주장한다(김선희, 2010: 134). 그렇다면 그 정책 의지는 어디에서 오는 것인가? 겉으로 보기에, 이 논쟁의 구조는 냉철한 현실적 정책 판단에 입각한 효율성 대 복지정책의 공공성과 형평성을 그 대립의 무기로 삼고 있는 것으로 보인다. 그 결과 만들어진 논쟁의 지형이 복지학에서의 보편주의 대 선별주의의 논쟁이었다. 하지만 정치의 장에서 그 밑에 깔려 있는 구도는 이성과 감성의 대립이었다.

선별주의 대 보편주의?: 이성과 감성의 대립

정치권에서는 지방선거에서 민주당이 공식적으로 '보편적 복지'를 전면에 내세우면서 무상급식 논쟁은 보편주의 대 선별주의의 정책 대립으로 발전했다. 보편주의는 모든 사람에게 권리로서 급여와 서비스를 제공하는 방식으로, 소득과 관계없이 모든 사람에게 급여를 제공하는 까닭에 수치심을 유발하지 않을 뿐만 아니라 사회적 분할을 야기하지 않는다는 점에서(강욱모, 2018: 43) 진보적인 진영에서 선호하는 경향이 있다. 하지만 이에 반대하는 선별주의자들은 부자들에게 급여를 제공하는 것은 세금의 낭비이며 가난한 사람들을 대상으로 보다 집중적·차별적으로 복지서비스를 제공하는 것이 더욱 효율적이라고 주장한다.

복지학계에서는 이 논쟁에 적극적인 의미를 부여하기도 한다. 무상급식 논쟁은 비록 "학교급식에서 출발했지만" "학계에서나 부분적으로 있었던" 논쟁이 정치권과 언론, 시민사회로까지 확대되면서 "한국에서도 복지정책 전반을 놓고 보수, 진보 등 각 세력이 자신들의 지향점을 명확히 하고 민주주의 선거시장에서 자웅을 겨루는 복지정치가 확고하게 자리 잡는 결정적 계기가 되었다"는 것이었다(김연명, 2011a: 4~5). 실제로 이 논쟁이 당시에 복지학계 내에서 보편적 복지국가에 대한 논의를 활성화한 것은 사실이다(윤홍식, 2011; 김연명, 2011b; 김영순, 2011). 그러나 음식과 먹기의 정치라는 차원에서 보면, 그 논쟁은 한국의 정치권이 보편주의와 선별주의라는 복지 용어를 빌려, 자신들의 정치적 입장을 강변한 것에 불과했다고 볼 수 있다.

한 논자는 선거 국면에서 벌어진 이 논쟁을 놓고 정치권이 보편주의와 선별주의에 대해 정확하게 알고서 싸우고 있기나 한 것인가 하는 의구심을 드러내면서 무상급식 논쟁이 섣부른 이데올로기 싸움이 되지 않기를 바라기도 했지만(윤찬영, 2010), 정치권이 벌인 논쟁의 과정은 아이들의 점심을 놓고 벌이는 이데올로기적 노선투쟁에 가까웠다. "무상급식은 보편적 복지"라는 민주당의 주장에 대해 한나라당이 제기한 반박, 즉 무상급식은 '사회주의적 발상'이며 포퓰리즘이라는 아직도 귀에 들리는 듯한 주장은 이를 입증하고도 남는다.

보편복지와 선별복지 간의 대립은 곽노현 서울시 교육감과 오세훈 서울시장의 대립에서 분명하게 나타났다. 곽노현 교육감이 "친환경 무상급식은 헌법정신의 실현이며 아동복지와 학교복지는 보편적이어야 한다"

라고 주장하면서 "친환경 무상급식은 서민 감세이자 경제활성화 정책"임을 강조한 반면, 오세훈 시장은 이에 맞서 한국 사회에서 무상급식은 "부자급식, 세금급식, 무차별 복지"이고 이것이야말로 '망국적 포퓰리즘'이라고 주장했다.

필자가 볼 때, 정치권에서 전개된 무상복지 논쟁은 "개별 복지정책에 대한 논쟁이 아니라 한국의 복지정책 전반을 어떻게 구조화시킬 것인가라는 매우 원리적이고 철학적인 논쟁"(김연명, 2011a: 4)이었다고 보기는 어렵다. 마이크 레딘(Mike Reddin)의 표현을 빌려서 말하면, 그 논쟁에 참여한 정치인들은 서로 상대방을 철딱서니 없는 감상주의(jejune sentimentality)와 비열한 자유시장파들(meanminded free-marketeers)이라고 공격한 데 지나지 않는다(이태수, 2015: 8에서 재인용). 한 무상급식 반대론자는 이 두 진영의 대립을 선거정치에서 "'배고픈 아이에게 밥을 주자'는 감성적 주장과 좌파 포퓰리즘이라는 이성적 주장"이 대결한 것이라고 보다 직설적으로 표현한다(최상기, 2010: 38). 우리는 여기서 보편주의와 선별주의라는 무상급식 논쟁에는 또 다른 차원, 즉 이성과 감성의 대립이 숨어 있음을 볼 수 있다.

이 대립의 구도를 살펴보자. 먼저 선별주의자들은 자신들의 입장이 맹목적인 감성의 정치가 아닌 합리적 판단과 숙고의 결과임을 내세우며 현 시점에서 왜 보편적 무상급식이 적절하지 않은지를 설파한다. 선별주의자들이 들고 나오는 논리 중 하나가 예산 부족을 근거로 하여 제기하는 '복지망국론'과 선별적 복지이다. 한 논자는 국가의 모든 부채가 복지에서 기인하기라도 하는 듯이 무상급식의 재정 위험성을 다음과 같이 설파한다.

> 선심 정책의 비용은 결국 모든 국민이 지불해야 한다. 부자만 세금을 내는

것은 아니다. 기업이 부담하는 세금도 결국 소비자의 부담으로 돌아간다. 그뿐만 아니라 복지의 부담은 고스란히 다음 세대의 부담으로 돌아간다. 4월 6일의 정부 발표에 따르면, 2009년도의 재정적자는 43조 2000억 원으로 사상 최대였다. 외환위기 당시인 1998년에 80조 4000억 원이었던 국가 부채는 2009년 359조 6000억 원으로 4배 이상 늘어났다. 전체 액수도 문제이지만 더 걱정스러운 것은 늘어나는 속도이다. 공식적인 국가 부채 이외에 공기업 부채도 급격하게 상승하였다. 공기업 부채는 2009년 말 211조 7000억 원으로 전년보다 20.6% 증가했다. 중앙 정부만 그런 것이 아니라 지방 정부의 부채도 급증하고 있다. 지방자치단체들이 설립한 공기업인 각종 개발공사들의 2010년 2월 전체 채권 발행액은 14조 8000억 원으로 2007년 말 8040억 원과 비교하면 엄청나게 늘어났다. 지방자치단체의 순채무도 2008년 10조 1000억 원에서 2009년 13조 5000억 원으로 빠르게 증가하였다. 지난해 1인당 개인 부채는 1754만 원으로 국민총소득의 80%가 넘었다. 비개인과 국가가 온통 빚더미에 올라앉은 것이다.(신중섭, 2010: 160~161)

이러한 논지를 받아들이는 사람들은 이처럼 재정적으로 한계가 있기 때문에 가능한 예산 내에서 선별적 복지를 해야만 한다고 강변한다. 그리고 보편적 복지는 부자에게도 혜택을 주기 때문에 형평성에도 어긋난다고 주장한다. 그렇기에 무상급식은 인기영합식 교육정책일 뿐이고, 무상급식보다 현실적으로 시급한 현안을 찾아 교육정책을 실시해야 한다고 역설한다. 이러한 선별적 복지의 논리는 다음의 사례에서 잘 드러난다.

학부모 입장에서 무상급식을 반대하는 사람이 누가 있겠는가? 하지만 무상급식보다 현실적으로 시급한 문제들이 교육에 관한 한 많다. …… 그보다는 저소득층 자녀들에게 과제비를 우선 지원한다든지, 수학여행비, 교복 등 열악한 교육여건을 개선하고 동서 간 교육격차를 해소하는 데 더욱 신경을 써야 할 필요가 있다. 교육격차는 정보격차로 나타나고, 이는 다시 소득격차로 이어져 가난의 대물림으로 악순환된다. 옹골찬 교육을 위해 교실 수업 개선을 최우선으로 하는 장학행정이 지금 필요하다. …… 교사의 업무부담이 줄고, 교사와 아이들이 함께 호흡하는 쾌적하고 행복한 교육환경이 만들어져야 할 것이다. 그 속에서 학생들이 창의적인 지혜를 익히도록 만들고, 교과교육과 연계된 창의성 교육과 맞춤형 체험활동으로 잠재력을 길러 나눔과 배려의 정신을 겸비한 창조적 전문인을 길러야 한다.(최상기, 2010: 40)

사실 국가와 교육청이 해야 할 일은 너무나도 많다. 앞의 인용문이 열거하는 것 역시 그러한 일들이다. 그리고 무상급식을 주장하는 사람들 역시 이를 부정하지 않는다. 하지만 그들이 볼 때, 무상급식의 문제는 예산상의 문제가 아니라 우선순위의 문제이다. 그리고 자원의 할당에서 우선순위를 결정하는 것이 바로 정치영역이라는 점에서 이 논쟁은 정당하다. 그렇다면 보편적 복지를 주장하는 사람들은 과연 포퓰리스트인가? 무엇이 진정 포퓰리즘인가를 논외로 하더라도, 보편적 무상급식을 주장하는 사람들은 그 누구도 자신들이 감상적 포퓰리스트라고 인정하지 않을 것이다. 그리고 그들은 선별주의자들을 지성을 갖춘 합리주의자라고 보지도 않는다. 사실 보편주의를 주장하는 사람들은 무상급식의 문제를 단지 복지의 차원으로 협소하게 생각하지 않는다. 정쟁의 틀에 갇힌 정치권보다는 시민사회 일각에서 제시되었던 보편주의적 주장들은, 서로 중첩되기는 하지만, 그 논거를 중심으로 대략 세 가지로 나누어 살펴볼 수 있다.

첫째는 무상급식을 인권으로 바라보는 입장이다(박홍규, 2010). 이 입장을 취하는 사람들에 따르면, 무상급식은 사회주의적 발상이 아니라 학교라는 공간에서 "자유로움과 차별금지라는 인권의 정통 가치"를 실천하는 것으로, '학생 인권의 첫걸음'이다(고영남, 2010). 그리고 인권단체연석회의는 "전면적 무상급식이 인권이다! 무상급식 주민투표, 인권의 이름으로 거부한다!"라는 기자회견문에서 오세훈 서울시장이 포퓰리즘이라는 공세를 퍼부으며 무상급식을 주민투표에 붙이는 것에 대해 "인권에 대한 무식함과 자신의 정략적 이익을 위한 교활함이 보일 뿐"이라고 지적한다(https://cjnodong.com/222).

둘째는 무상급식 논쟁을 먹을거리 운동의 차원에서 바라보는 입장이다. 이 입장은 무상급식이 그냥 무상급식이 아닌 '친환경 직거래 무상급식'이어야 한다고 주장한다. 급식의 질을 높여 아이들 건강을 살리는 것은 물론 지역별 급식지원센터를 설치해 생산·가공·유통·소비에 이르는 지역순환경제와 친환경 농업기반 확대, 일자리 창출, 지역공동체 활성화라는 다각적 의미를 아우르는 정책으로 발전해야 한다는 것이다(김선희, 2010: 135).

셋째는 무상급식을 생활정치의 차원에서 바라보는 입장이다. 이 입장은 친환경 무상급식에 대해 학교라는 일상의 현장에서 공공성을 중심축으로 하여 작동하는 생활민주주의를 실천하는 것의 하나로, '작은 민주주의'라고 주장한다. 그리고 무상급식의 문제는 부모의 계급적 조건이나 소득 수준 같은 부모의 조건에 따라 복지적으로 접근할 문제가 아니라 그 대상인 아이들을 중심으로 보아야 하는 문제라고 주장한다. 이 입장에서 보면, 무상급식은 "아이들이 생활하는 공동체 공간의 공공성을 중심으로 아이들이 균등하고 균형 있는 조건 속에서 무한한 가능성을 개발할 수 있는 조건을 만들어주는 것"이다(조대엽, 2011: 44).

이상의 논의만을 놓고 볼 때, 무상급식 옹호론자들의 입장에서 감상주의를 찾아보기란 어렵다. 오히려 그들은 스스로 이성적이라고 주장하는 무상급식 반대론자들이 '무지'하고 '교활'하다고 비판한다. 그렇다면 누구의 주장이 옳은가? 그리고 이 두 주장 중 누구의 주장이 더 감성적인가? 전자의 질문은 이 글의 논의 범위를 넘으며, 또 다른 하나의 당파적 주장을 제기하게 할 뿐이다. 후자의 질문은 감정사회학이 답해야 하는 문제와 맞닿아 있다. 그러나 해명할 수 있는 것은 그들의 주장이 감성적인 정도가 아니라 감성적인 주장이 사람들의 마음속에서, 즉 선거 국면에서 유권자들의 마음속에서 작동하는 방식이다.

이미지 동원의 감정정치: '때문에' 대 '위하여'

앞에서 제기한 문제를 해명하기 위해서는 무상급식 논쟁이 경기도 교육감 선거, 6·2 지방선거, 서울시 주민투표라는 선거국면에서 벌어졌다는 점에 주목할 필요가 있다. 조지프 슘페터(Joseph Schumpeter)의 용어로 표현하면, 민주주의 사회에서 투표는 정치시장에서 더 많은 표를 획득하는 투쟁의 과정이며, 정치인들은 유권자들의 마음을 사로잡기 위해 극렬하게 경쟁한다(슘페터, 2011). 그리고 유권자들은 누구의 주장이 더 합리적인지가 아니라 누가 더 마음에 드는지에 따라 투표한다. 이는 투표 기간에 사람들이 "너는 누가 옳다고 생각해?"라고 묻는 것이 아니라 "너는 누가 마음에 들어?"라고 묻는 것에서도 알 수 있다. 따라서 '표의 전쟁'은 제아무리 정책정치를 주장한다고 하더라도 감정정치가 되고 만다. 따라서 선거는 감성적 주장으로 채색된다. 모든 정치적 웅변과 수사가 감성적 호소로 가득 차 있는 것도 바로 이 때문이며, 그러한 자질 또한 정치인의 정치적 능력이기도 하다.

따라서 정치인들은 상대방을 서로 감성적이라고 비난하면서도 자신 역시 감성적 주장을 내세우지 않을 수 없다. 왜냐하면 감성적 주장이 바로 유권자들의 감정을 유발하기 때문이다. 따라서 정치는 언제든 이미지 정치가 될 수밖에 없다. 무상급식이라는 정책 의제를 놓고 벌인 지방선거 역시 결국 따지고 보면 감정정치가 될 수밖에 없었던 것도 바로 이 같은 이유 때문이다. 하지만 선거정치의 국면에서는 정치인들이 정책을 놓고 앞으로의 결과를 예견하고 설득하려 한다는 점에서 선거정치는 현재의 정치가 아닌 '미래의 정치'가 된다. 선거가 실제 결과를 놓고 진단하는 것이 아니라 결과를 추단한다는 점에서, 선거정치에서는 이미지 동원과 감정동원이 더욱 치열해질 수밖에 없다.

그렇다면 무상급식의 정치에서는 어떠한 감성적 이미지들이 동원되고 어떤 감정이 유권자들의 결정에 영향을 미쳤을까? 우리는 당연히 무상급식 반대론자들은 무상급식의 부정적인 이미지를, 그리고 찬성론자들은 무상급식의 긍정적인 이미지를 동원했을 것으로 추론할 수 있다. 그리고 필자의 분석에 의하면, 무상급식 반대론자들은 무상급식이 "~할 것이기 때문에" 무상급식을 할 수 없다는 논리를, 그리고 찬성론자들은 "~를 위하여" 무상급식을 실시해야 한다는 논리를 전개한다. 하지만 둘 다 '가능성'의 영역에서 논리를 펼치는 것이기 때문에 사실의 진술보다는 '감정적 동원'이 더 중요할 수밖에 없다. 그렇다면 그러한 이미지 동원 과정의 감정 메커니즘을 분석해 보자.

먼저 반대론자들이 동원하는 대표적인 부정적 이미지는, 앞에서의 논의에서도 언급했듯이, '무상'이라는 용어에서 '공짜'라는 이미지를 부각시켜 이를 '공산주의'와 연결 짓거나, 공짜의 저주, 즉 재정위기 및 도덕적 해이 등을 강조하는 것이다. 그리고 그러한 이미지들이 유발하고자 하는 감정은 공포이다. 재정위기와 관련한 부정적 이미지, 즉 복지망국론은 이미 논의했으므로 공산주의의 이미지를 동원하는 경우를 살펴보자. 당시에 "'무상복지' 이론적 바탕은 좌파 복지국가론"이라는 제목으로 ≪조선일보≫에 실렸던 기사(2011.1.8)는 우파 정치인들의 주장에서 일상적으로 나타나는 것이기에 그리 주목할 만한 것은 못 된다. 그보다 중요한 것은 반대자들이 현실에서 동원하고자 하는 부정적 이미지이다. 아래의 인용문은 그러한 수사가 끌어내고자 하는 이미지를 직설적으로 보여준다.

> 학교급식의 목적은 사회주의 혁명전략전술 실천을 위해 시작한 것으로 보인다. 공산혁명 전략전술에는 가정공동체를 해체하고 사상공동체를 만들어야 공산혁명이 성공할 수 있다고 되어 있다. 아이들을 가정에서 빼어내어 세뇌교육을 통해 좌익혁명 전사를 만들기 위해서는 가정공동체를 해체하고 사상공동체를 만들어야 한다는 것이다. 이런 맥락에서 학교급식을 시작한 것이다. …… 300만 명을 굶겨 죽인 북한의 무상분배, 무상교육, 무상의료 정책을 모방하여 사회주의혁명을 위한 무상분배의 일환으로 무상급식을 주장하고 있다. (이계성, 2010: 74, 77)

이 주장은 단순히 사회주의나 좌파를 연상시키는 것을 넘어 '공산혁명', '혁명 전사' 등 한국전쟁을 경험한 한국인의 감정구조에 가장 깊이 각인되어 있는 공산주의에 대한 공포(김왕배, 2019: 207)를 불러내고자 하는 의도를 분명하게 드러내고 있다. 그렇다면 학교급식이 어떻게 가정공동체를 해체시킨다는 것인가? 한 논자는 무상급식을 공산혁명의 도구로 바라보지는 않지만, 무상급식이 어떻게 가족을 해체시킬 수 있는지를 아주 친절하게 설명하고 있다.

필자가 '무상급식'에 대해 반대하는 이유는 통상 제기되는 문제보다는 좀 더 근본적인 차원에서이다. 무상복지는 가족과 같은 가장 기초적인 공동체조차 그 유대를 파괴할 것이기 때문이다. 어미 새, 아비 새도 자신의 새끼들에게 먹잇감을 날라주기 위해 수천만 번 날갯짓한다. 인간인 우리가 급식마저 국가로부터 무상으로 얻겠다면, 도대체 무엇을 위해 돈을 버는 것인가? 국가가 세금으로 먹이고 가르치고 심지어 노후까지 책임을 진다면, 사회에서 가장 기초적인 공동체인 가족들 사이의 유대는 크게 약해질 수밖에 없다. 부모의 권위도 설 자리가 없고, 자식이 늙은 부모에 대해 안타까워하는 마음도 자라기 어렵다. 국가가 세금을 거두어 각종 보편적인 복지를 실천하는 사회에서는 개인들이 원자화되어 개인들 사이의 자발적 공동체가 형성되고 발전될 수 없다. 그런 점에서 자기가 낳은 자식에 대해서까지 급식비를 내기를 거부하거나 거부하도록 부추기는 것은 바람직하지 않다. 그런 아이들이 자라나서 그 부모를 다른 어른들과 별로 특별히 다른 사람으로 여기지 않는다고 하더라도 이는 하등 이상한 일이 아니다.(김이석, 2015: 19~20)

가족중심적인 사고가 강한 한국 사회에서 공동체해체론도 아닌 가족해체론은 보수적인 사람들에게서 불안감과 위기의식을 유발하기에 충분하다. 물론 담론정치의 영역에서 대항담론이 제기되는 것은 당연하다. 한 무상급식 옹호론자는 이와 정반대로 무상급식의 사회통합적 측면을 강조한다. 그에 따르면, "무상급식은 '우리'를 만드는 기초를 마련하기 위한 것이다."

사람들은 종종 '우리나라'라는 말을 쓴다. 언제 사람들은 '우리'라는 것을 느끼고 인식할까? 특히 가족이나 친우라는 좁은 집단을 넘어 대한민국이라는 보다 넓은 공동체에서의 '우리'는 언제 느낄까? 아마도 어렸을 때일 것이다. 사람들은 유년기의 사회화과정을 통해 또래들과 서로 비슷하거나 동등하다는 생각을 하게 되며 동일한 '대한민국의 국민'으로 인식하게 된다. 그리고 대학과 직업사회에 진입하면서 세상이 불평등하다는 것을 경험적으로 알게 되면서 서서히 '우리'를 잊고 살게 된다. 그렇기 때문에 유년기의 '우리'에 대한 경험을 강화할 필요가 있다. 이것이 대부분의 유럽 선진국에서 보육과 교육에 있어서만큼은 보편적으로 모든 사람에게 동일한 기회와 조건을 제공하는 이유이며, 무상급식은 바로 이러한 맥락에서 사회적인 의미를 갖는다.(이권능, 2015: 18)

무상급식의 가족해체 효과와 사회통합 효과에 대한 이 두 담론은 앞서 언급한 '때문에'와 '위하여'라는 논거의 대비를 분명하게 보여준다. 하지만 무상급식 찬성자들이 '때문에' 논리를 사용하지 않는 것은 아니다. '차별적 무상급식'의 낙인효과를 우려하는 다음의 예는 '때문에' 논거에 의지하는 경우라고 할 수 있다.

새 학기 3월이면 급식비 지원을 받아야 하는 저소득층의 아이들은 "나는 가난합니다"라는 증명서로 담임 선생님과 첫 대면을 한다. 부모의 소득 증명서, 이혼 증명서는 기본이고 이런 대상이 되지 못할 경우는 이이가 직접 부모의 실직 증명서나 신용불량 증명서 등 급식비를 낼 수 없는 사정을 시시콜콜 증명해야 한다. 가난이 '죄'가 되는 순간이다. 아이는 가난이라는 '낙인'이 찍히고 무슨 죄인이라도 되는 양 자존심과 자신감을 한순간 잃게 된다. 차별을 내면화하는 순간이며 학교 안에 급식비 지원받는 아이와 그렇지 않은 아이가 구별되는 차별의 순간이다. 그래서 어떤 아이들은 차라리 굶기를 선택한다.(김선희, 2010: 132~133)

이 운동가는 보수세력이 주장하는 대로 차별적 복지가 확대될 경우 부정적인 결과가 더 확대될 것이기 때문에 선별적 무상급식을 반대하는 것처럼 보인다. 그러나 동일한 운동가가 동일한 논문에서 밝히고 있는 아래의 논거에서 우리는 '때문에' 논리의 또 다른 결을 읽을 수 있다.

> 국민 대다수가 요구하는 진짜 무상급식은 학교 안에서 차별급식으로 인해 발생하는 '낙인효과'나 '차별의 내면화', '왕따' 같은 비교육적 문제를 사전에 예방하고 차단하자는 것이다. …… 현재 정부가 주장하는 대로 급식비 지원을 차상위계층 120~180%로 늘리고 97만 명에서 200만 명으로 늘린다면, '공짜 밥' 먹는 아이들은 늘 것이다. 그러나 그만큼 낙인찍히고 상처받는 아이들이 같이 늘어남을 똑똑히 알아야 한다.(김선희, 2010: 132)

이 '때문에' 논리는 미래에 대한 예견에 근거하기보다는 선별적 무상급식이 초래한 현재의 결과에 근거하며, 공포감정을 유발하기 위한 것이 아니라 무상급식 아동들이 겪을지도 모를 '수치심'과 같은 부정적 감정을 제거하기 위한 것이다. "아이들의 대등한 삶과 공정한 민주사회를 염원하는 전국 법학교수 및 변호사 일동"이라는 이름으로 발표된 서울시 무상급식 주민투표 규탄 성명서(2011.8.11)에서도 이러한 감정정치의 구조를 읽을 수 있다.

> 아이들이 급식을 받기 전에 '가난의 인증'을 먼저 받기를 강요하는 것은 비정한 일이며, '무상급식=부자급식', 혹은 '무상급식=세금급식'이라고 선전하는 일은 아이들 가슴에 선을 긋고 낙인을 찍는 잔인한 일이다. 아이들이 배움의 공동체와 공통의 학교생활을 통하여 사회적 삶의 근원적 차원, 즉 우정과 환대라는 인간적 가치를 체험하지 못한다면, 공정한 협력체계로서

의 우리 사회의 미래는 기약하기 어려울 것이다. 의무교육의 급식은 기본급식이며 공통급식이지, 불쌍한 이들에게 베푸는 무료급식이 아니다.

이 인용문도 차별적 무상급식이 가져올 수도 있는 '암울한 미래'라는 부정적 이미지를 동원하여 감정적으로 호소한다. 그러나 이들의 감정적 호소 역시 미래에 발생할 막연한 부정적 결과 때문이 아니라 그러한 부정적 결과를 제거하기 위한 것, 즉 '차별 없는 사회'를 만들기 위한 것이다. 이렇듯 무상급식 지지자들의 담론은 궁극적으로는 '위하여'라는 논거를 바탕으로 하고 있다. 이는 친환경 무상급식을 실천하고자 하는 노력을 경주해 온 서울의 한 구청장의 주장에서 분명하게 드러난다.

> 근사하진 않더라도 집 하나를 짓기 위해서는 반드시 기초공사를 하는 것처럼, 친환경 무상급식은 바로 행복하고 건강한 복지국가, 지속가능사회를 만들기 위한 기반사업이다. 교육을 통한 복지사회 구축을 목표로 헌법에 기재된 대로 주민들 편에서 의무교육에 대한 무상원칙과 교육의 기본 권리를 보호하고 미래사회를 이끌어갈 우리 아이들을 위한 투자로서 무엇보다 필요한 것이 친환경 무상급식이다. (김영배, 2011: 55)

이러한 '위하여'의 논리에서도 미래에 그것이 실현될 것인지는 가능성의 영역에 위치한다. 하지만 이들의 논리는 감정의 영역에서 희망의 정치를 구현하고자 하며, '때문에' 논리의 공포정치와 대립한다. 그렇다면 이 공포정치와 희망의 정치는 어떠한 감정 메커니즘을 거치며 사람들의 의식에 파고들어 의사결정 및 행위에 영향을 미치는가? 아래에서는 이를 살펴보기로 하자.

감정정치를 넘어 가치정치로

지금까지의 논의를 놓고 보면, 음식과 먹기의 감정정치에서 작동하는 공포정치와 희망의 정치의 대립은 희망의 정치의 승리로 끝나고, 공포정치는 보수, 희망의 정치는 진보라는 등식이 성립하는 것처럼 보이기도 한다. 하지만 사실은 그렇지 않다. 여기서는 이 장에서 다루지 않은 미국산 소고기 수입을 둘러싸고 전개되었던 대립의 구조를 살펴보자. 당시 대통령이었던 이명박은 후보 시절 일명 '747공약'이라는 경제성장 전략, 즉 앞으로 더 잘살 수 있게 해주겠다는 희망의 정치를 통해 집권했다. 그는 선거운동 과정에서 그러한 공약에 대한 감정적 동의를 받아내기 위해 박정희의 이미지를 동원하기도 했다. 바로 그 희망의 정치는 보수세력과 대립각을 세울 것처럼 보이는 민주노총 전·현직 간부 및 노동조합 활동가 747명으로 하여금 (지지 선언의 진위에 대한 논란이 있기는 했지만) 이명박 후보에 대한 지지를 선언하게 하기도 했다(≪데일리안≫, 2007.12.16). 하지만 더 많은 수출을 통한 경제성장 전략의 일환으로 추진된 미국산 소고기 수입은 "값싸고 질 좋은" 소고기를 먹을 수 있을 것이라는 희망이 아닌 광우병이라는 죽음의 공포를 유발했다. 이는 감정정치의 동학은 단일 인과성의 원리를 따르지 않으며, 따라서 상황성·맥락성·관계성 안에서 고려되어야 한다는 것을 분명하게 보여준다(박형신·정수남, 2015: 242).

감정정치 동학의 이러한 무인과성(acausality)의 사례는 우리가 살펴본 두 가지 먹기 정치의 경우에서도 나타났다. 먼저 혼분식 장려운동을 살펴보면, 국가는 쌀밥 공포정치와 함께 결핍의 시대에 "혼식으로 부강하고 분식으로 건강하자"는 희망의 정치를 병행했음에도 불구하고, 혼식 장려운동은 '연기적 만족'의 금욕주의의 가치를 끌어내지 못했다. 반면 "싸고 맛있는 분식"의 논리는 배고픈 시대에 잘사는 서구에 대한 동경과 맞물려 '분식의 시대'를 낳았다. 그러나 "값싸고 질 좋은 소고기"의 공급이라는 미국산 소고기 수입의 논리는 '건강의 가치'가 지배하는 시대에 광우병이라는 공포 감정을 유발했다. 그것도 이명박이 추진한 성장의 정치로부터 혜택을 보고자 했던 바로 그의 지지자들로부터도 말이다.

무상급식의 먹기 정치에서도 마찬가지의 사례들을 볼 수 있다. 보편적 무상급식을 주장하는 사람들은 낙인 없는 '똑같은 학교급식'이라는 공공성의 가치를 앞세웠으나 이 정책의 직접적인 수혜대상이라 할 수 있는 하층계급은 선별적 복지를 통해 하층계급을 집중적으로 지원하면 자신들이 더 많은 혜택을 받을 수 있다는 논리에서 더 많은 희망을 발견하기도 했고, 중간계급은 중세에 대한 막연한 불안으로 무상급식이라는 자신들의 복지 권리를 포기하기도 했다. 이러한 복잡한 상황이 발생하는 까닭은 개인은 국면마다에서 서로 다른 자극에 서로 다르게 감정적으로 반응하고, 개인들의 결정은 그러한 감정들이 서로 충돌하는 상황에서 어떤 감정이 그 개인을 지배하는지에 따라 사안별로 다르게 이루어지기 때문이다.

이와 같은 감정적 의사결정의 무인과적 복잡성 때문에 선거정치의 국면에서 등장하는 것이 바로 포퓰리즘 논쟁이다. 포퓰리즘이라는 용어의 본래의 의미를 떠나 현대 정치에서 사용하는 의미로 보면, 정치권에서 행해지는 포퓰리즘이라는 낙인찍기 작업은 상대 세력의 논리와 유권자들이 감정적으로 결합하는 고리를 끊고자 하는 것이다. 다시 말해 감정순행적인 과정을 감정역행적인 과정으로 전환시키고자 하는 것이다. 이러한 감정정치 전략의 하나가 정책이 낳을 수도 있는 결과의 부정적인 이미지를 동원하는 것이며, 그 대표적인 것이 색깔론 내지는 공포정치이다. 반면 감정역행적 과정을 감정순행적 과정으로 전환시켜 감정적 모순을 완화시키고자 하는 것이 '가치정치'이며, 이는 감정정치에서는 희망의 정치로 나타난다. 혼분식 장려운동이 내세운 희망의 정치가 만족의 연기를 통한 행복의 시대라면, 무상급식 논쟁에서의 희망의 정치는 '공정한 사회'이다. 하지만 이 희망의 정치 역시, 앞서 살펴본 두 사례에서 볼 수 있듯이, 상황과 맥락에 따라 다른 결과를 낳는다.

그렇다면 우리는 식생활에서 일어난 변화 — 즉, 싸고 맛있는 음식에서 비싸더라도 안전한 음식으로의 전환 — 와 무상급식의 일반화를 어떻게 해석할 수 있는가? 앞서 논의했듯이, 이것들을 보수와 진보의 대립에서 진보가 승리한 것으로 보기는 어렵다. 국민의 이데올로기적 지형 역시 상황과 맥락에 따라 달라지며, 그것이 선거정치의 판세를 결정하기도 한다. 하지만 한국 사회에서 무상급식이 일반화된 만큼 진보세력이 증가한 것도 아니다. 그리고 경제력이 뒷받침되는 보수세력이 건강한 먹을거리에 더 집착한다. 그렇다면 무엇이 이러한 변화를 추동하는가? 필자는 이를 감정정치와 가치정치의 대비를 통해 풀어보고자 한다.

앞에서 살펴보았듯이, 음식의 감정정치가 당대의 음식 선택 및 먹기정책에 대한 지지와 반대를 결정한다. 그리고 그것이 당대의 식생활과 먹기 관행을 지배한다. 그러나 그러한 식생활 풍경 역시 개인들의 취향이 변함에 따라 변화한다. 사람들의 입맛만큼 변하지 않는 것이 없다고 하지만, 그리고 심지어 어떤 사람들은 옛 맛을 찾아 나서기도 하지만, 입맛도 부지불식간에 서서히 또는 인위적으로 급격하게 변하기도 한다. 이를 단적으로 보여주는 것이 가난한 사람들이 먹는 맛없는 음식이라던 보리밥이 현재 웰빙 음식의 지위를 획득한 것, 과거 기이한 사람들이나 찾는 것으로 치부되던 건강식품이 현대인의 중요한 식생활의 일부가 된 것(밀러, 2020) 등이다.

이를 감정정치와 가치정치의 측면에서 살펴보면, 먹기의 내용과 양식을 고착시키는 것이 감정정치라면, 그것의 변화를 이끄는 것은 가치정치라고 할 수 있다. 잉글하트(2023)의 지적대로라면, 가치의 측면에서 일어나는 '조용한 혁명'이 식생활의 내용과 관행을 변화시킨다. 그러나 사람들이 어떤 음식을 좋아하는지는 특정 음식에 대해 갖는 감정에 의해 결정된다. 특정 음식을 좋아하고 싫어하는 것은 육체화된 감정으로 굳어지기 때문에(럽턴, 2015), 영양학적 지식에 근거하여 단순히 그 음식에 부정적 또는 긍정적 이미지를 동원하는 것만으로는 개인의 먹기 욕구와 음식 감정을 결합시키거나 단절시키기가 어렵다.

반면 가치정치는 먹기, 먹는 것의 내용, 먹는 양식에 의미를 부여하는 작업이다. 다시 말해 그것은 미학투쟁이다(이 책 제3장을 보라). 그리고 그것은 개인적인 먹기를 넘어 먹기 양식 및 먹기의 결과로서의 몸에 대한 사회적 의미를 만들어낸다. 물리적 욕구의 탐닉에 대항하는 건강가치의 담론은 자신과 타인에 대한 판단기준으로 작동한다. 이는 자신의 욕망과의 내적 대결을 불러일으키고, 사람들은 그 대결의 결과로 자신을 표현한다. 이렇게 볼 때, 우리의 식생활 공간이 변화해 온 과정은 가치정치의 승리 과정으로 볼 수도 있다. 이 과정이 바로 엘리아스(1996)가 테이블 매너의 형성 과정을 통해 분석해 낸 '문명화 과정'이다. 엘리아스가 말하는 문명화 과정은 인간의 먹기 욕구와 먹기 감정을 통제하는 과정으로, 하나의 이성화 과정이다.

하지만 식생활의 변화를 엘리아스식으로 단순히 이성에 의한 욕구의 통제로 파악할 경우, 특히 이지적인 작업의 결과로 생각할 경우, 혼식 장려운동이 영양학적 지식 ― 이 지식의 사실 여부와는 무관하게 ― 으로 식생활의 변화를 이끌어내지 못한 것이나, 비만 퇴치를 위한 식생활 개선의 노력에도 불구하고 현재 비만이 하나의 사회문제로 등장한 것을 설명하지 못한다. 그리고 먹기의 영역을 지배하는 것은 여전히 이성보다는 감정이다. 만약 먹기 영역에서 감정을 제거한다면, 먹기의 감각적 즐거움은 사라지고 먹기는 단지 신체적 생존 활동으로 밀려날 것이다.

그리고 엘리아스가 파악한 식생활의 변화 과정에서도 감정은 작동했다. 서구에서 테이블 매너가 형성되는 과정에서는 궁정사회와 상류계급의 생활양식을 따라 하고자 하는 열망이 작동했다. 그리고 부르주아 먹기 취향에 대한 노동계급의 저항도 있었지만(Bourdieu, 1984: 179), 그러한 열망은 사회의 전반적인 추세로 작동했다. 이 부르주아적 먹기 양식이 사회 전반으로 확산된 것은 감정적 좋음과 사회적 옳음이 결합된 결과였다. 하지만 이는 좋음과 옳음의 결합이기 때문에 쉽게 추론 가능한 논리 구조이다.

문제는 감정적 싫음과 사회적 옳음 또는 감정적 좋음과 사회적 그름의 불일치 구조에서 가치정치를 통해 그 대립 구도를 감정적·인지적으로 일치시켜 식생활의 구조를 변화시키는 경우이다. 그렇다면 사람들은 지적·사회적으로 옳기 때문에 자신이 싫어하는 음식을 먹는가? 이는 사실일 수 없다. 왜냐하면 우리의 몸은 자신이 싫어하는 음식을 거부하기 때문이다. 그렇다면 입맛이 바뀐 것인가? 입맛의 생물학적 구조는 이 논의의 범위를 넘어선다. 하지만 먹기의 내용과 양식에서 일어난 변화들은 사람들이 거부하던 음식을 수용하거나 탐닉하던 음식을 억제하고 있음을 보여준다. 이 변화를 파악할 수 있게 해주는 것이 바로 음식을 둘러싼 감정과 가치의 관계이다. 우리의 특정 음식에 대한 선호와 음식 취향은 음식과의 감각적 상호작용을 통해 형성되는 음식 감정에서 비롯된다. 음식에 대한 감정 역시 버킷(2017)의 지적대로 그 대상과의 관계에서 결정된다. 즉, 음식 감정은 감각적 경험을 통해 음식에 부여된다. 그리하여 그 음식 자체가 갖는 영양학적 중요성이나 먹기 양식과는 무관하게 좋아하는 음식과 싫어하는 음식이 결정된다.

하지만 사람들은 그 음식 자체나 그 음식이 되어준 대상에 대해서도 가치를 부여한다. 이를테면 건강한 먹을거리와 그렇지 않은 먹을거리, 먹을 수 있는 음식과 먹을 수 없는 음식, 허용된 음식과 금기 음식 등의 구분이 그러한 것들이다. 여기서 자신의 음식 감정과 사회적 음식 가치 간에 대립이 발생할 가능성이 존재한다. 이 둘 간의 대립은 먹기 행위에서 감정적·도덕적 불편함을 야기한다. 그리고 이러한 불편함을 해소하기 위해 자신의 음식 감정과 사회적 음식 가치를 일치시키고자 하는 개개인의 노력은 개인의 취향을 변화시킨다. 물론 이 과정에서 자신의 기존의 음식 취향을 지키기 위해 자신의 취향에 새로운 긍정적인 의미를 부여하고자 하는 가치투쟁이 발생하기도 하고, 당연히 그에 대항하는 부정적인 가치부여 운동이 등장하기도 한다. 여기서 먹기를 둘러싼 가치정치의 영역이 출현한다. 이것이 바로 동물권에 기반한 채식주의운동이나 현재 진행 중인 다양한 좋은 먹을거리 운동 ─ 이를테면 무상급식 논쟁에서의 친환경 무상급식운동 등 ─ 의 지형이며, 이미 이 글에서 개진한 감정순행성을 만들어내기 위한 정치이기도 하다.

　이러한 논리에서 볼 때, 혼분식 장려운동과 무상급식 논쟁의 결과는 감정역행적 정치에 대한 감정순행적 정치의 승리라고도 볼 수 있을 것이다. 그리고 이는 먹기 정치에서 감정정치를 넘어 가치정치가 왜 필요한지를 보여준다. 한 걸음 더 나아가서 이 음식의 가치정치는 우리의 식생활의 모습을 크게 바꾸는 것일 뿐만 아니라 세계를 개혁하는 것일 수도 있다. 왜냐하면 좋은 먹을거리 운동은 단지 무엇을 먹을 것인가라는 문제에 대한 성찰에 그치지 않고 우리가 먹는 것, 우리 먹을거리의 직접 생산자, 그리고 그 먹을거리의 생산기지인 지구에 대해 새로운 가치를 부여하고, 우리의 일상적인 실천 속에서 그 가치를 실현하고자 하기 때문이다(홀트-히메네스, 2019). 하지만 이러한 가치정치를 통한 먹기 감정의 변화와 식생활의 변화 과정, 즉 먹기 영역에서의 감정과 가치의 상호작용 과정을 규명하기 위해서는 보다 미시적인 차원에서 수많은 사례연구가 요구된다. 이는 다음의 과제로 미루어두기로 한다.

제7장

슬로푸드 운동의 가치정치와 감정동학

'슬로' 그리고 푸드

원래 슬로푸드라는 음식은 존재하지 않는다. 근대 도시에서 상업화된 비슷비슷한 음식을 먹는 것의 지겨움이 어머니가 과거에 해주었던 음식을 인지적·감정적으로 이상화함으로써 집밥이라는 말을 탄생시켰듯이 (이 책 제2장을 보라), 슬로푸드는 패스트푸드 문명이 우리에게서 박탈해 간 먹기의 의미와 가치 그리고 패스트푸드가 변질시킨 우리의 삶의 풍경에 대한 성찰이 만들어낸 용어이다. 따라서 슬로푸드는 패스트푸드와의 대비를 통해서만 의미를 획득한다.

패스트푸드가 파괴한 음식의 가치와 우리의 식생활, 그리고 더 나아가 생활양식을 갱신하고자 하는 것이 슬로푸드 운동이다(김종덕, 2003). 슬로푸드 운동은 우리의 먹을거리 선택과 관련한 문제를 넘어 우리의 '시간' 및 '속도' 관념에 대한 새로운 가치평가를 담고 있다. 근대 시대에는 '빠름'이 최고의 선으로 평가되었고, 따라서 빠르지 않은 것은 '느림'으로 평가절하되었다. 그리하여 '바쁜 것'이 성공한 사람의 지표라면, 느림은 게으름을 의미했고, 그리하여 실패의 원인으로 간주되었다. 그리하여 먹기 행위에서조차 음식 자체의 가치가 아닌 신체 에너지의 원료로서의 가치(즉, 도구적 가치)가 부각되었고, 그리하여 빠르게 먹을 수 있는 것이 더 많은 가치를 지니게 되었다.

슬로푸드 운동은 그간 패스트푸드 문화에 의해 우리의 먹기 행위 및 먹기 의례에서 탈각되어 버린 음식과 먹기의 본연적 가치를 복원하고자 하는 새로운 행위 양식이다. 하지만 슬로푸드 운동이나 슬로라이프 운동은 '느림'을 미화하거나 예찬하는 것이 아닌 빠름으로 인해 잃어버린 우리의 가치들을 갱신하고자 하는 노력이다. 이 장에서는 슬로푸드 운동을 통해 빠름의 가치가 약화되고 느림이 새롭게 가치를 획득하는 과정을 탐색한다. 이런 점에서 이 장은 빠름에서 느림으로의 전환이라는 새로운 가치전환 과정에 대한 문명사적 연구의 일환이기도 하다.

슬로푸드라는 용어가 이제 상업화될 정도로 우리 사회에서 회자되고 있음에도 불구하고, 그리고 슬로푸드 운동이 가지는 이러한 상징적 의미에도 불구하고, 국내에서 슬로푸드에 대해 이루어진 학술적 연구는 그리 많지 않다. 실제로 이에 대한 연구로는 슬로푸드 운동을 패스트푸드와 대비하여 소개하는 논문과 저서(김종덕, 2002; 2003; 김양수, 2011), 슬로푸드 운동의 대안농업운동으로서의 가능성을 진단한 연구(김흥주, 2004), 생물다양성의 위기와 슬로푸드 운동의 관계를 다룬 연구(김종덕, 2015) 등을 꼽을 수 있을 뿐이다. 이렇듯 관련 연구가 적은 것은 슬로푸드 운동이 가치정치의 성격을 지니고 있어 경험적 연구의 대상으로 삼기가 쉽지 않고, 이 운동이 실천적으로는 로컬푸드 운동, 화학물질 추방 운동, 동물권리운동, 생물다양성 보존 운동, 유전자조작 식품 반대운동 등 다양한 형태로 전개되고 있기 때문이다.

하지만 이러한 다양한 운동의 기저에 깔린 철학은 슬로푸드 운동의 가치 지향이라고 해도 과언이 아니다. 이 장에서는 슬로푸드 운동을 하나의 '가치정치'로 규정하고, 이 운동이 갖는 의미를 시간사회학과 감정사회학의 측면에서 고찰한다. 이를 위해 먼저 빠름과 느림이라는 속도가 갖는 가치를 문명사적 측면에서 고찰하고, 그다음으로 슬로푸드 운동의 가치정치적 성격을 규명한다. 그다음에는 슬로푸드 운동의 가치 지향과 감정동학을 몸의 시간 대 사회 시간, 자연 시간 대 경제 시간, 자극 대 감각의 대립구조를 통해 포착한다. 마지막으로는, 슬로푸드 운동과 자연식품 운동을 대비시켜 가치정치의 사회학적 의미를 탐색한다.

속도의 가치정치: 빠름 대 느림

시간과 속도는 물리학적으로는 절대적이지만, 사회적으로는 상대적이다. 이는 사회학적으로는 시간과 속도에 특정한 가치가 부여된다는 것을 의미한다. 그리고 인류 문명사는 빠름에 점점 더 많은 가치를 부여해 온 역사였다. 그 결과 시간의 절약, 즉 속도의 추구, 다시 말해 빠름은 인류에게 '선'이 되었으며, 느림은 언젠가부터 '악'의 자리를 차지하게 되었다. 이른바 빠름은 더 많은 것을 생산 ― 물질적인 것은 물론 정신적인 산물까지 ― 하고 그것은 부로 직결되는 것으로 인식되었다. 그리하여 당연히 '빠르다'는 것이 '부지런하다', '바쁘다'는 것과 동의어가 아님에도 불구하고, 부지런한 사람은 풍요로운 사람이 될 것으로 예측되었고, 따라서 항상 바쁜 사람은 성공한 사람으로 상징되었다. 그리하여 서구에서는 방목하는 소가 돌아다니며 풀을 뜯어 먹는 것을 연상시킨다고 하여 그레이징(grazing)이라고 지칭되던, 길거리를 걸어가면서 먹는 행위가 어느 샌가 식사할 시간조차 없을 만큼 바쁜 성공한 현대인의 모습으로 그려지기까지 했다.

이런 의미에서 속도 예찬가 빈스 포센트(Vince Poscente)는 빠르다는 것과 바쁘다는 것이 동의어가 아니라는 점은 잘 알고 있으면서도 다음과 같이 표현하기도 했다.

> 나는 속도가 개인적·조직적·사회적 차원에서 우리의 삶을 풍요롭게 할 수 있는 독특한 힘을 가지고 있다고 믿는다. 속도는 정보화시대에 있어서 생명의 피와 같다. 속도는 비즈니스를 발전시키며, 사람들이 무의미한 일을 하는 데 들이는 시간을 덜어주어 보다 의미 있는 삶을 살 수 있는 여유를 만들어준다.(포센트, 2008: 17~18)

포센트는 계속해서 "속도의 힘을 활용할 때 더 빨라질 수 있을 뿐만 아니라, 인생과 일에서 스트레스를 줄이고, 좀 더 균형적인 삶을 살 수 있다"라고 말한다. 왜냐하면 현대 세계에서는 시간에 대한 수요가 증가하지만 실제 공급은 정체되어 있는데, 이러한 대립을 해결할 수 있는 방법은 속도뿐이기 때문이다. 그러나 포센트 역시 인정하고 있듯이, "우리는 더 빠른 속도를 위해 극단적인 희생마저 마다하지 않았다"(포센트, 2008: 17). 실제로 그가 말하는 '속도 혁명'이 가져다주는 '여유'는 바로 또 다른 것의 '희생'이 가져다준 착시의 결과이며, 속도 혁명은 더 가속화된 시간에 대한 욕구를 추동하기 때문에, 속도 혁명이라고 하더라도 우리의 그 무한한 시간 욕구를 충족시켜 주지는 못한다.

게다가 포센트의 주장에는 또 다른 역설이 숨어 있다. 그의 주장을 뜯어보면, 우리가 추구하는 속도가 가져다주는 결실 중 하나가 바로 여유라는 것이다. 이 여유는 어떤 의미에서는 바로 '느림'이다. 다시 말해 우리의 근대 시기는 그 느림을 되찾기 위해 빠름을 추구해 왔다. 그리고 포센트가 말하는 극단적인 희생의 핵심에 자리하는 것이 바로 느림이 가지는 가치를 상실하는 것이라고 볼 수 있다. 그렇기에 근대 문명의 시작과 함께 빠름에 대한 반발은 계속되어 왔다. 이른바 산업시대에 대항하여 출현한 낭만주의 운동은, 시간사회학적으로 본다면, 빠름을 최고의 가치로 삼는 산업주의에 대한 저항이었다.

하지만 빠름을 정당화하던 합리성에 대한 낭만주의적 저항은 바로 그 합리성에 의해 과거 또는 전통으로의 퇴행적 복귀로 폄하되었고, 느림의 예찬은 근대의 시간에 적응하지 못하는 사람의 푸념이나 게으른 사람의 자기변명으로 치부되었다. 하지만 피에르 상소(Pierre Sansot)의 지적대로, 느림은 개인적 성격의 문제가 아니라 삶의 선택의 문제이다(상소, 2014: 8). 그것은 빠름이 가져다주는 효율성과 편의성을 추구할 것인가 아니면 빠름이 희생시키는 가치를 지킬 것인가의 문제이다.

이른바 느림의 철학자라고 일컬어지는 상소는 자신이 선택한 느림의 삶이 행운이라고 믿는 이유에 대해 다음과 같이 설명한다.

> 첫째, 내가 지금 살아 있는 덕분에 아침이면 햇빛을, 저녁이면 어둠을 만나는 행운을 매일 누리기 때문이다. 둘째, 내 주위의 모든 사물이 본래의 광채를 잃지 않고 있기 때문이다. 셋째, 희미하게 피어오르는 미소와 찡그린 얼굴에서 한눈에 불만을 알아차릴 수 있기 때문이다.(상소, 2014: 12)

상소의 설명은 독자들에게 의아할 수도 있다. 느림의 삶이 주는 행운에 대한 그의 설명에 무언가 새로운 것처럼 보이는 것이 없기 때문이다. 하지만 그렇지 않다. 우리는 상소가 말하는 행운을 당연한 것으로 '인식'하지만, 우리에게 요구되는 삶의 속도는 그것들을 '감각하지' 못하게 한다. 우리의 질주하는 삶은 낮과 밤의 시간의 흐름을 잊게 하고, 기껏해야 주변에 존재하는 사물의 존재만 지각하게 할 뿐 사물의 세세한 변화를 감지하지 못하게 하며, 심지어는 아주 가까운 사람의 감정도 살피지 못하게 한다. 숨 쉴 틈조차 없다는 것은 불안도 행복도, 즉 어떤 감정도 느끼지 못한다는 것을 뜻한다. 우리는 그냥 반복되는 컨베이어벨트 위에 있을 뿐이다. 우리는 주체가 아닌 속도에 의해 떠밀려 가는 하나의 대상으로서의 삶을 살아간다. 이것이 바로 빠름이 희생시킨 것이다. 따라서 '느리게 산다'는 것은 느림 그 자체를 추구하는 것이 아니라 빠름으로 인해 잃어버린 것의 가치를 복원하고 갱신하는 것이다.

그러나 느리게 산다는 것은 실제로 사회에 어떤 정상적인 삶의 속도가 있고 그 속도보다 느리게 산다는 것을 의미하는 것이 아니다. 느리게 산다는 것은 사회가 요구하는 시간, 즉 '사회 시간'보다 느리게 사는 것이 아니라 우리의 몸의 리듬에 맞추어, 즉 '몸의 시간'(애덤, 2009)에 맞추어 사는 것이다. 즉, 숨을 헐떡거리지 않고 우리의 시야에 들어오는 아름다운 풍경을 놓치지 않고 꽃의 향내를 맡으면서 사는 것이다. 다시 말해 사회가 주체가 아닌, 우리의 몸이 주체가 되어 사는 것이다.

하지만 빠르게 사는 삶과 느리게 사는 삶은 모두 시간사회학적으로는 동일한 것을 중시한다. 그것이 바로 '여유'이다. 그러나 이 두 삶의 시간 양식은 서로 다른 방식으로 여유를 추구한다. 속도를 예찬하는 사람들은 빠른 속도를 통해 시간을 절약함으로써 남은 시간의 여유를 쟁취하려 한다. 그래서 그들에게서 여유는 하나의 성과물이며, 따라서 그들은 항상 더 많은 성과로서의 더 많은 여유를 요구한다. 따라서 그들은 항상 '현재'에는 여유가 없다. 다만 '미래'의 여유를 준비할 뿐이다.

반면 느림을 예찬하는 사람들은 삶의 과정에서 끊임없이 '현재'에 여유를 느끼려고 한다. 그들은 그 느낌을 미래를 위해 남겨둘 수 없다. 그러한 느낌이 찰나적인 순간일지라도 그 동일한 느낌을 다시 반복할 수는 없기 때문이다. 그래서 느리게 사는 삶을 추구하는 사람들은 미래가 아닌 현재를 위해 사는 것처럼 보일 수 있다. 그러나 그 느낌 역시 몸에 의해 자동적으로 이루어지는 반응이 아니다. 우리가 미술품을 감상하는 데에는 감각적인 노력이 필요하듯이, 느낌에도 대상과의 교감이 필요하다. 느림 속에서 여유를 느끼는 것조차도 시간이 요구된다. 따라서 빠르게 사는 삶과 느리게 사는 삶이라는 두 가지 삶의 시간 양식 모두에서 사람들은 절대적인 물리적 시간 속에서는 바쁘다. 따라서 현대의 삶 속에서 우리 모두는 분주한 삶을 살 수밖에 없다. 다만 서로 다른 가치를 가진 타자에 의해 어떤 사람의 삶이 게으르거나 부지런하게 보일 뿐이다.

따라서 사람들은 자신들의 삶의 시간 양식에 의미를 부여하고, 그럼으로써 자신의 삶의 양식을 정당화하고자 한다. 이른바 의미 부여의 미학 투쟁을 시작한다. 이것이 바로 빠름과 느림을 예찬하는 책들이 계속해서 출간되는 이유이다. 이 빠름과 느림의 가치 투쟁은 앞서 언급했듯이 근대 시기 들어 계속되어 왔다. 그 가치정치는 외견상으로는, 잉글하트(2023)식으로 표현하면, 물질주의적 가치를 추구하던 시기에는 빠름이 승리를 거두었다가 탈물질주의적 가치를 추구하는 시기에 느림에 그 길을 내어준 것처럼 보이기도 한다. 왜냐하면 현재는 여유로운 삶의 가치가 중시되는 경향이 있기 때문이다. 그러나, 앞서 언급했듯이, 그 여유가 시간 투쟁의 성과물로서의 여유라면 그것은 느림의 철학이 추구하는 여유가 아니라 물질적 성공이 주는 단순한 물리적 시간의 여유일 뿐이다. 그것은 여유로운 삶을 사는 것이 아니라 자신의 물질적 여유를 과시하는 것일 뿐이다.

그리고 가치 투쟁은 정의상 어느 하나가 승리할 수 없다. 왜냐하면 가치 투쟁은 의미 부여의 투쟁이며, 의미 부여의 과정은 타인에게 그 가치를 강요하는 것이 아니라 자신의 삶 속에서 가치를 실천함으로써 드러내는 것이기 때문이다. 하지만 최근 느림의 가치가 부상하고 있다는 것은 부정할 수 없는 사실이다. 슬로푸드, 슬로시티, 슬로라이프 등등 슬로라는 수식어가 붙은 용어들이 이제 관심을 끄는 용어를 넘어 인기 있는 용어가 되고 상업화되고 있으니 말이다. 이제 현재의 속도 정치를 슬로푸드 운동을 통해 감정사회학·시간사회학적으로 조명해 보자.

슬로푸드와 슬로푸드 운동

패스트푸드와 슬로푸드

패스트푸드와 슬로푸드라는 말은 사실 음식보다는 먹기의 관행 및 음식준비 관행과 더 관련 있는 용어이다. 맥도날드 햄버거가 패스트푸드의 대명사가 되었지만, 원래 햄버거가 패스트푸드였던 것은 아니며, 오늘날에는 수제로 만들어지는 슬로푸드 햄버거가 존재하기도 한다. 패스트푸드는 짧은 시간에 간편하게 먹을 수 있는 음식이며, 여기서 중요한 것은 음식이 아니라 '빨리 먹을 수 있다는 것', 더 정확하게는 식사하는 시간이 덜 걸린다는 것이다. 패스트푸드는 원래 짧은 시간에 빨리 먹어야 하는 사람들을 위해 마련된 음식이었다. 맥도날드 햄버거의 탄생 과정은 이를 아주 잘 보여준다.

맥도날드 형제의 햄버거 가게는 원래는 웨이터, 자기 그릇, 유리 기구들을 갖춘 정통 레스토랑이었으나, 짧은 점심시간에 몰려드는 수많은 노동자가 빨리 먹을 수 있게 식사를 단순화할 필요가 있었다(Ritzer, 1993: 30). 즉, 패스트푸드는 식사 시간을 줄이기 위한 것이었고, 거기에는 당연히 수요에 맞게 단시간에 더 많은 음식을 생산할 수 있는 표준화가 요구되었다. 다시 말해 패스트푸드는 특정한 음식이 아니라 빨리 식사를 마칠 수 있도록 빨리 조리되는 음식을 뜻한다. 그렇다 보니 표준화는 패스트푸드의 기본 특징이고, 패스트푸드는 정성껏 '조리'되는 것이 아니라 포드주의 생산체계에 의해 기계적으로 '생산'된다.

그렇다면 슬로푸드는 느리게 준비되고 느리게 먹는 음식인가? 결코 그렇지 않다. 음식의 속성상 음식을 너무 느리게 조리하는 것은 그 맛을 상실하게 하거나 부패에 이르게 한다. 또 어떤 부드러운 음식은 제아무리 노력해도 느리게 먹을 수 없다. 대표적인 슬로푸드로 지칭되는 발효식품을 살펴보자. 된장이 슬로푸드인 것은 일부러 된장을 느리게 발효시키기 때문이 아니며, 우리가 된장을 입에 오랫동안 머금고서 맛을 음미하기 때문도 아니다. 슬로푸드는 '시계 시간'이 아닌 자연의 시간과 몸의 시간에 맞추어 준비되고 섭취되는 음식이다. 느리다는 것은 인위적으로 조작하는 것이 아니라 자연의 섭리에 따라 준비되고 우리의 인체의 리듬에 따른다는 것을 의미한다.

따라서 슬로푸드 식생활은 유유자적하는 게으른 사람의 먹기 관행이 아니다. 슬로푸드의 식생활을 영위하기 위해서는 더 바쁜 일상이 요구된다. 한 잡지에 실린 "허필환 할머니의 사뎅이 된장국" 이야기는 슬로푸드가 무엇인지를 아주 잘 보여준다.

> 할머니는 시간이 오래 걸리고 손이 많이 가더라도 집에서 만들 수 있는 건 사지 않는다. 심지어 간장, 고추장, 된장도 메주를 쒀서 담근다. 장의 기본이 되는 메주에는 또 얼마나 공을 들이는지 삼일 동안 물을 조금씩 넣어가며 약불에 찐 다음 사용할 정도이다. 할머니에게 시간은 깊은 맛을 내는 데 꼭 필요한 하나의 양념이 아닐까. 평소 자주 끓이는 사뎅이(돼지 등뼈의 수원 사투리) 된장국도 담백한 국물을 내기 위해 사흘이란 시간을 들인다. …… 몇 날 며칠을 우린 육수와 할머니표 된장이 만난 순한 맛의 결정체,

사넹이 된장국 한 그릇에도 몇 년의 세월이 담겨 있는 셈이다.(조연혜·최순호, 2017: 67~68)

슬로푸드는 느리게 만드는 음식이 아니라 자연의 시간에 맞추어 '오랜 시간에 걸쳐 만들어지는' 음식이다. 비록 슬로푸드 운동이 달팽이로 상징되지만, 여기서 느림의 미학은 느림 자체가 아니라 더 정겨운 말로 표현하면 '기다림'이다. 패스트푸드에서는 '패스트'에 방점이 찍힌다면 슬로푸드에서는 '푸드'에 방점이 찍힌다. 패스트푸드의 시대에 슬로푸드는 '사서 하는 고생'으로 보일 수도 있다. 그렇다면 왜 사람들은 슬로푸드 운동을 벌이고 많은 사람이 그 운동을 지지하는가?

가치정치로서의 슬로푸드 운동

슬로푸드 운동의 성격을 한마디로 규정하기란 쉽지 않다. 왜냐하면 국제슬로푸드협회라는 단일 조직이 존재하기는 하지만, 그 운동에 전통적인 사회운동처럼 단일 표적이 존재하는 것도 아니고 그 운동이 광장에 모여 구호를 외치는 것도 아니기 때문이다. 또한 슬로푸드 운동이 특정한 집단이나 계급을 대변하지도 않는다. 굳이 기존의 사회운동의 분석 틀에 의거하여 분류한다면, 슬로푸드 운동은 '라이프스타일 정치'에 속한다고 할 수 있다. 하지만 슬로푸드 운동은 실천양식에서는 라이프스타일 정치를 넘어선다. 여기서는 슬로푸드 운동이 왜 가치정치이자 '감정' 사회운동인지를 슬로푸드 운동에 대한 선입견을 검토하는 방식으로 밝혀보고자 한다.

먼저 슬로푸드 운동은 패스트푸드에 저항하는 급진적인 운동인 것처럼 생각되는 경향이 있다. 사실 슬로푸드 운동은 맥도날드 햄버거에 대항하여 시작되었으며, 맥도날드 햄버거에 대항하는 과격한 시위로 널리 알려진 것 또한 사실이다. 슬로푸드 운동에 대한 이러한 이미지는 이 운동을 주도한 두 명의 상징적인 인물과 관련되어 있다. 좀 더 자세히 말하면, 슬로푸드 운동은 1986년 이탈리아 로마에 맥도날드 매장이 문을 열자 카를로 페트리니(Carlo Petrini)라는 사람에 의해 맥도날드에 대한 저항의 일환으로 제창되었다. 그리고 1999년에는 프랑스 남서부의 미요 시내에 맥도날드 레스토랑 건물이 새로 들어서는 것에 반대하여 농민동맹의 조제 보베(José Bové)가 동료들과 함께 트랙터를 몰고 들어가 건물을 파괴하는 사건이 발생했는데, 이를 계기로 슬로푸드 운동이 널리 주목받았다. 이는 슬로푸드 운동을 '맥도날드의 지배'에 맞서는, 즉 지구화와 미국의 문화적 제국주의에 반대하는 투쟁적인 운동인 것처럼 보이게 했다.

하지만 이는 오해이다. 『슬로푸드 일본』의 저자 시마무라 나쓰(島村奈津)는 이렇게 말한다.

> 사람들은 '슬로푸드'라는 말을 아직도 오해하는데 패스트푸드 상점에 폭탄이라도 장치해서 부숴버리자는 험악한 운동이 아닙니다. 해외에는 그러한 운동도 있지만 그것과는 조금 다릅니다. 패스트푸드 상점 주인도 살아남아야겠지요. 다만 성장기의 어린이가 배고플 때 별 수 없이 패스트푸드를 먹는 지금과 같은 환경을 방치해서는 안 된다는 것입니다. 이런 환경이 점차 당연시되는 것에 위기의식을 느끼자는 운동입니다. (시마무라 나쓰, 2013: 162)

실제로 슬로푸드 운동의 창시자인 카를로 페트리니가 제창하고 나선 것은 패스트푸드를 공격하자는 것이 아니라 "맛을 표준화하고 전통 음식을 소멸시키는 패스트푸드를 먹지 말고 식사와 미식의 즐거움, 전통을 보존하자는 가치"였다(김종덕, 2003: 18). 그러나 슬로푸드 운동은 그러한 가치를 다른 사람들에게 강요하지는 않지만 외부적 환경에 의해 무차별적으로 강요받는 패스트푸드에 저항한다는 점에서 하나의 사회운동이자 가치정치이다.

슬로푸드 운동의 슬로건은 "좋고(good), 깨끗하고(clean), 공정한(fair)" 음식이다. 이 슬로건을 피상적으로 인식하면 슬로푸드 운동이 여유 있는 사람들이나 즐기는 고상한 운동쯤으로 치부될 수도 있다. 이 슬로건이 언뜻 질 좋고 값비싼 음식을 연상시키기 때문이다. 하지만 슬로푸드 운동에 담긴 철학의 밑에 깔려 있는 정신은 그렇지 않다. 페트리니에 따르면, 그가 말하는 '좋은' 음식은 미식학적 의미로, 첫째로는 최대한 원래의 특징을 존중하는 어떤 자연성을 띠는 음식이며, 둘째는 그 생산물을 통해 사람들이 시간적·공간적 특성과 문화적 특성을 파악할 수 있는 감각을 지닌 음식이다(페트리니, 2008: 137). 즉, 좋은 음식은 인공성이 아닌 자연성에 바탕하며, 서로 다른 문화들의 양식을 담고 있는 음식이다. 이러한 의미에서 슬로푸드 운동은 라이프스타일 운동의 측면을 지닌다.

페트리니가 말하는 '깨끗한 음식' 역시 자연성에 기초한다. 좋은 음식에서의 자연성이 생산물의 본질적 특성과 관련되어 있다면, 깨끗한 음식에서의 자연성은 생산 및 수송방식과 관련되어 있다. "생산물이 지구와 환경을 존중한다면, 그것들을 오염시키지 않는다면, 농장에서 식탁으로 이동해 오는 동인 자연자원을 낭비하거나 오용하지 않는다면, 그 생산물은 깨끗한 것이다. 좀 더 전문적인 용어를 사용하면, 생산물은 그 생산 과정이 자연성이라는 특정 기준을 만족시키는 만큼 깨끗하다고 할 수 있다"(페트리니, 2008: 160). 페트리니가 말하듯이, 깨끗함에 대한 정의에서 핵심은 '지속가능하다'는 것이다. 이러한 의미에서 슬로푸드 운동은 느림의 철학보다는 자연철학에 기초한다.

페트리니가 제시한 셋째 기준은 공정한 음식이다. 음식 생산에서 "공정함이라는 단어는 사회정의, 노동자와 그들의 노하우, 시골의 풍습과 농촌의 삶에 대한 존중, 노동에 걸맞은 보수, 훌륭한 생산물에 대한 만족, 그리고 사회에서 그들의 역사적 지위가 항상 최하위를 차지해 왔던 소농들에 대한 명확한 재평가 등을 의미한다"(페트리니, 2008: 188). 그에 따르면, 이러한 의미의 공정함은 사회적·경제적 지속가능성과 긴밀히 연관되어 있다. "사회적 의미에서의 공정함은 흙을 가꾸는 사람들에 대한 공정함과 여전히 흙을 사랑하고 흙을 생명의 원천으로 다루는 사람들에 대한 존중을 의미한다"(페트리니, 2008: 189). 이러한 의미에서 슬로푸드 운동은 정의운동(justice movement)의 일부이다.

사실 "좋고 깨끗하고 공정한" 음식이라는 슬로건은, 매우 소수의 농장노동자 조합과 식품 소매 및 식당 종사자 연합의 운동을 제외하고는, 대부분의 좋은 먹을거리 운동이 취하는 접근방식이다(홀트-히메네스, 2019: 246). 이렇듯 슬로푸드 운동의 기본 정신이 널리 확산될 수 있었던 것은 광우병 파동을 비롯한 음식 사건들이 유발한 먹을거리 불안 때문이었다. 이러한 먹을거리 불안은 근본적으로 전통적인 먹을거리 체계가 근대적인 먹을거리 체계로 전환된 것에 기초한다(비어즈워스·케일, 2010을 보라). 대규모의 산업적이고 전 지구적인 근대 먹을거리 생산체계의 발전은 패스트푸드 산업이 발전할 수 있는 기반이 되었지만, 동시에 먹을거리 불안을 체계적으로 생산해 왔다.

근대 먹을거리의 불안은 다음과 같은 먹을거리 생산을 둘러싼 '거리'가 증가되었다는 사실에서 기인한다. 첫째는 '사회적 거리'로, 먹을거리의 생산자와 소비자 간의 거리이다. 대량생산-대량소비의 포드주의 농업체계의 구축은 먹을거리의 생산자와 소비자 간의 직접적 연계를 붕괴시켰다. 둘째는 '공간적 거리'로, 먹을거리의 생산지역과 소비지역 간의 거리이다. 근대 먹을거리 체계는 상업적 원거리 교역에 기초한 것으로, 먹을거리와 음식을 먹는 사람이 지역적으로 단절되었다. 셋째는 '시간적

거리'로, 생산된 시점과 소비되는 시점 간의 거리이다. 저장과학과 저장 기술의 발전은 자연과 음식의 계절적 연계성을 파괴했다(박형신, 2010: 169~170).

이상과 같은 생산 거리의 확대는 먹을거리의 생산에서 생산자, 공간, 시간이 실종되었음을 의미한다. 그리고 이러한 실종은 음식 소비자에게는 자신이 먹는 음식에 대해 정확히 '알 수 없다'는 것을 의미한다. 감정사회학적으로 볼 때, 이러한 알 수 없음은 소비자 불안의 원천을 이룬다. 과거에는 직접 생산자를 알고 있으며 살고 있는 지역에서 먹을거리가 자연적 시간의 순리를 따라 생산된다는 것이 먹을거리 소비자에게 하나의 신뢰의 원천이었다. 이제 소비자는 누가, 언제, 어디에서, 어떻게 생산했는지를 알 수 없는 음식을 먹을 수밖에 없다. 이 알 수 없음은 소비자에게 먹을거리에 대한 의구심을 가지게 하며, 그 미래 결과와 관련하여 공포를 유발한다. 왜냐하면 미지의 것은 정의상 위험의 영역이기 때문이다(푸레디, 2011: 254).

이 같은 거리의 증가가 만들어낸 불안과 공포에 대응하여 슬로푸드 운동이 실천하는 전략 중의 하나가 바로 안전한 먹을거리를 추구하는 로컬푸드 운동이다. 이러한 점에서 슬로푸드 운동은, 울리히 벡(Ulrich Beck)을 원용하면, 안전을 내의로 하여 '위험사회'에 저항하는 새로운 사회운동이다(Beck, 1992: 49). 또한 슬로푸드 운동은, 감정사회학적으로 표현하면, '공포의 공통성'을 또 하나의 정치적 힘으로 활용하고 있다는 점에서 감정사회운동이다(박형신, 2000: 31~32를 보라).

이처럼 슬로푸드 운동은 사회운동 이론의 맥락에서 매우 다차원적인 성격을 가지고 있다. 그럼에도 불구하고 슬로푸드 운동이 널리 확산될 수 있는 까닭은 기본적으로 점점 더 많은 사람이 이 운동의 가치 지향에 동의하기 때문이라고 할 수 있다.

슬로푸드 운동의 가치 지향과 감정동학

슬로푸드 운동의 가치를 가장 잘 보여주는 것은 1989년에 프랑스 파리에서 발표된 일명 '슬로푸드 선언', 구체적으로는 「쾌락을 옹호하고 즐길 권리를 지키기 위한 국제운동(International Movement for the Defense of, and the Right to, Pleasure)」이다. 이 선언문은 슬로푸드 운동의 지향점뿐만 아니라 구체적인 실천 내용 또한 암시하고 있다. 슬로푸드 운동의 가치 지향과 감정동학을 살펴보기 위해서는 좀 길지만 선언문을 직접 인용해 둘 필요가 있다. 아래의 선언문은 국제슬로푸드협회 홈페이지에 실려 있는 것을 필자가 우리말로 옮긴 것이다.

산업화라는 표지를 달고 태어나고 길러진 이 세기는 처음으로 기계를 발명했고, 그다음에 자신의 라이프스타일 모형을 만들었다. 속도가 우리의 족쇄가 되었다. 우리는 동일한 바이러스의 먹이가 되었다. 즉, 우리는 우리의 관습을 무너뜨리고 심지어 우리 가정에서조차 우리를 공격하며 우리에게 '패스트푸드'를 먹도록 강요하는 '패스트라이프'에 감염되었다.

호모사피엔스는 지혜를 되찾고 자신을 멸종의 길로 몰아넣는 '속도'로부터 자신을 해방시켜야 한다. '패스트라이프'라는 보편적 광기로부터 우리 자신을 방어하여 평화로운 물질적 쾌락을 되찾자. 효율성과 광란을 혼동하는 사람들 ― 아니 오히려 대다수의 사람 ― 에 맞서 우리는 느리고 오래 계속되는 즐거움을 즐기기 위해 적절한 감각적인 미식가적 쾌락을 일부분으로 하는 백신을 제안한다.

이에 적합하게 우리는 부엌에서 슬로푸드와 함께 시작할 것이다. 싫증나는

'패스트푸드'를 피하기 위해 지역 요리의 풍부한 맛과 향을 재발견하자. '패스트라이프'는 생산성이라는 이름으로 우리의 라이프스타일을 바꾸어놓았고, 이제 우리의 환경과 우리의 땅(그리고 도시)의 풍경을 위협하고 있다. 슬로푸드가 대안이고, 아방가르드의 반격이다.

진정한 문화가 여기서 발견될 것이다. 우선 우리는 미각을 잃는 것이 아니라 계발하는 것, 점진적 분화를 자극하는 것, 국제 교류 프로그램을 장려하는 것, 가치 있는 프로젝트를 지지하는 것, 역사적 음식 문화를 옹호하는 것, 그리고 종래의 음식 전통을 지키는 것으로부터 시작할 수 있다.

슬로푸드는 우리에게 더 나은 질의 라이프스타일을 보장한다. 운동의 후원자이자 상징으로 의도적으로 선택된 달팽이와 함께하는 슬로푸드는 아주 확고하면서도 꾸준한 지지를 필요로 하는 하나의 관념이자 삶의 방식이다.

이 선언문은 속도(패스트푸드)가 우리의 라이프스타일, 음식 전통, 그리고 미식의 즐거움을 파괴했음을 애통해하며, 하나의 대안으로서의 슬로푸드를 제안한다. 그리고 선언문답게 "자신을 멸종의 길로 몰아넣는 '속도'", "'패스트라이프'라는 보편적 광기" 등의 격정적인 표현을 통해 감정적으로 호소한다. 그러나 선언문이기에 속도가 "우리의 족쇄"가 되는 과정은 설명하지 않고 있다. 그렇지만 "슬로푸드는 …… 지지를 필요로 하는 하나의 관념이자 삶의 방식"이라는 표현을 통해 슬로푸드가 단순한 음식을 넘어 속도 정치에 저항하여 우리가 추구해야 하는 가치이자 삶의 양식임을 분명하게 밝힌다. 그러나 선언문이라는 성격상 슬로푸드 운동이 지향하는 가치는 무엇이며, 그 가치를 수용하는 과정에서 어떠한 감정동학이 작동하는지, 그리고 슬로푸드 운동이 갖는 실천적 의미는 무엇인지를 밝히지는 않는다. 여기서는 선언문이 남긴 이러한 공백을 메우는 과정을 통해 근대 문명에 대한 하나의 저항방식으로서 슬로푸드 운동만이 갖는 차별성을 규명하고자 한다.

속도와 라이프스타일: 몸의 시간 대 사회 시간

근대 기술 문명의 역사는 가속화, 즉 '시간 압축'의 역사이다. 그리고 이러한 속도의 진보는 우리 인간에게 그 속도에 맞게 우리의 삶과 사회적 형태를 재편할 것을 강요한다. 그 결과 중 하나가 바로 슬로푸드 선언문에서 언급하는 '패스트라이프'이다. 하지만 우리의 몸의 시간은 압축할 수 없다. 이 사회가 요구하는 속도와 몸의 속도 간의 괴리를 메꾸어 준 것 역시 기술, 즉 '바퀴'의 발명이었다(임정택 외, 2008 참조). 이 바퀴는 공간적 거리를 축소시켜 주었다. 그러나 인간은 몸의 속도를 가속화할 수는 없었다. 슬로라이프를 예찬하는 일본의 문화인류학자 쓰지 신이치(つじ信一)는 일본의 생물학자 모토카와 타츠오(本川達雄)의 논의를 이용하여 다음과 같이 진술한다.

> "그런데 문제는 우리 몸의 시간, 즉 체내 시간은 변화하지 않는다는 것이다. 심장은 옛날 그대로의 속도로 뛰고 있다. 이렇게 빨라진 생활 페이스에 과연 우리 몸이 무리 없이 따라갈 수 있을까?" 모토카와는 이러한 '몸의 시간'과 '사회의 시간' 사이에 생긴 거대한 공백이야말로 현대의 위기라고 생각한다.(쓰지 신이치, 2010: 188)

거의 고정되어 있는 몸의 시간에 가해지는 가속화된 사회적 시간의 압박이 신체적 피로를 넘어 과로사를 산출하기도 하는 등 신체적 건강을 위태롭게 한다는 것은 이미 밝혀진 사실이다. 하지만 속도가 가하는 신체적 위협의 이면에는 또 다른 요소가 작동하고 있다. 속도가 '몸'과 '마음'의 작동을 분할하고 그 방향을 불일치시킨다는 것이다. 그리고 이것은 스트레스, 불안, 우울 같은 감정을 유발한다(럽턴, 2016 참조). 속도 예찬자들은 이 불일치를 '부적응'으로 규정하고 마음의 방향을 전도시켜 그 불일치를 해소하고자 해왔다. 이것이 바로 무수한 감정통제 방식과 관련한 수많은 저작이 출현하게 된 배경이었다. 그러나 혹실드(Hochschild, 1983)가 입증했듯이, 감정통제 역시 스트레스, 불안, 우울의 주요한 원인 중 하나이다. 하지만 이 글과 직접적으로 관련된 역설적인 사실은 음식은 스트레스, 불안, 우울감에서 벗어나는 데서 이용하는 유혹적인 도구의 하나라는 점이다.

하지만 이러한 감정통제 전략은 몸/마음의 이원론에 근거한다. 이러한 이원론을 거부하는 전인론자들의 논리에 따르면, 속도가 유발하는 부정적인 감정들 ― 스트레스와 불안 ― 은 속도를 줄이지 않는 한 억압되고 누적되어 심장질환, 암, 만성 폐질환의 위험을 낳는다. 따라서 이들이 보기에 올바른 처방은 느긋한 마음을 가지려고 노력하는 것이 아니라 사회적 속도를 몸의 속도에 맞게 조정하는 것이다. 장 자크 루소(Jean-Jacques Rousseau)의 언명으로는 "자연으로 돌아가는 것"이나. 그러나 개인이 거대한 사회적 시간을 통제할 수는 없다. 따라서 이에 대한 가장 강력한 처방 중 하나가 자신의 몸을 자연의 흐름을 따르는 곳에 위치시키는 것이다. 이 처방의 사례 중 하나가 헬렌 니어링(Helen Nearing)과 스콧 니어링(Scott Nearing)처럼 버몬트 농가에서의 '조화로운 삶'을 선택하는 것이다(니어링·니어링, 2000). 이는 땅으로 돌아가기 운동(back-to-the-land movement)으로 지칭되지만, 타인에게는 강요할 수 없는 선택의 문제이다.

이른바 빠름 대 느림, '도시적 삶' 대 '농촌적 삶'은 개인의 가치 지향의 문제이다. 하지만 도시의 빠른 시간이 주는 편리함은 빠름이 초래하는 감정적 불안을 망각하게 하기도 하고, 자연의 느린 시간에서 느끼는 지루함은 질주의 쾌락을 갈망하게 하기도 한다. 하지만 땅으로 돌아가기 운동이 시사하듯이, 슬로라이프는 도시적 삶이 강요하는 빠른 삶에 대한 반발이다. 그렇다면 몸의 시간을 자연의 시간에 맞출 것인지 사회의 시간에 맞출 것인지를 선택하게 하는 것은 무엇인가? 이것이 바로 감정이다. 누군가는 질주의 쾌락을 느끼고 추구하는가 하면, 누군가는 질주의 공포를 피하고 싶어 한다. 누군가는 질주 속에서 행복을 느끼고, 누군가는 질주 앞에서 불안에 휩싸인다. 아마도 후자에 속하는 사람이 슬로라이프의 삶을 추구할 가능성이 클 것이다.

하지만 개인적 바람 내지 선택이 항상 실천될 수는 없다. 왜냐하면 거기에는 항상 물질적·문화적 조건이 따르기 때문이다. 적어도 오늘날의 슬로라이프에서는, 철저하게 자연주의적 가치를 신봉하지 않는 한, 단순한 '자연인'의 삶이 아닌 여유로운 '전원생활'이라는 선망적인 문화적 가치를 충족시킬 것이 요구된다. 그러한 기준에 도달하지 못할 경우 그 사람은 이른바 '루저'로 낙인찍히기 십상이다. 따라서 수많은 현대인은 패스트라이프에 적응할 수밖에 없고, 이것은 패스트라이프를 강화한다. 그리고 결국 패스트라이프는 하나의 독립적인 힘이 되어 현대인의 삶과 문화를 지배한다. 그 결과 초래되는 것이 바로 속도 전쟁에서의 승자가 슬로라이프의 주인공이 될 수 있다는 물질주의적 사고이고, 그리하여 현대인은 슬로라이프를 위해 속도 전쟁을 치르는 전사가 된다.

누구나 실천할 수 있다면, 그것은 운동이 아니라 하나의 삶이다. 슬로라이프, 슬로푸드가 하나의 사회운동인 것은 바로 그것이 이러한 속도 전쟁과 물질주의적 사고에 저항하는 하나의 선택적 실천이기 때문이다. 그리고 이것이 바로 슬로푸드 운동이 패스트라이프가 가지는 모순적 삶을 성찰할 수 있는 새로운 가치 — 실제로는 오래된 가치의 현대적 복원 — 를 추구하는 가치정치인 까닭이다(이 책 제6장 말미를 보라). 그리고 이것이 바로 슬로라이프 운동이 단순히 농촌으로의 탈출이 아니라 일상의 삶에서 사회 시간을 몸의 시간에 맞추고자 하는 '시간 운동'으로 출현하는 까닭이다. 따라서 슬로푸드 운동은 일견 과거에 대한 향수처럼 보이지만, 그 운동의 시간은 과거가 아니라 미래를 향한다.

다른 한편 속도 전쟁은 몸의 시간과 사회 시간을 충돌시킬 뿐만 아니라 몸의 시간과 몸 자체도 파괴한다. 몸의 시간보다 빠른 삶은 더 많은 신체 에너지를 필요로 하고, 또한 더 많은 칼로리를 더 빨리 몸에 공급할 것을 요구한다. 여기에 부응한 것이 바로 패스트푸드이다. 만약 우리의 몸이 더 많은 에너지를 필요로 하고 그에 맞은 적절한 음식을 소비한다면 몸은 다시 균형을 이룰 것이다. 그러나 사회 시간의 가속화는 사람들에게 짧은 시간에 많은 음식을 섭취할 것을 요구하지만, 모든 사람에게서 빨리 섭취한 만큼의 많은 에너지가 요구되는 것은 아니다. 이 간극이 만들어내는 것이 비만이며, 그 주범으로 패스트푸드가 지목된 것은 익히 알려진 사실이다. 패스트푸드와 비만의 관계는 여전히 논쟁 중이지만, 이는 슬로푸드에 대한 관심을 증가시키고 슬로푸드 운동의 가치정치적 성격을 강화하는 역할을 한다.

이 비만을 둘러싼 논쟁은 건강 담론 논쟁을 넘어선다. 이것은 몸의 미학 투쟁이다. 그리고 이 투쟁은 이미 기울어진 운동장을 만들어냈다. 풍만함 대 마름이 아닌 뚱뚱함 대 날씬함의 대비는 이미 그것에 아름다움 대 추함의 가치를 부여했다. 이는 젠더 차별적 사고도 넘어섰다. 남성에게도 비만은 통제력·젊음·기품의 상실을 의미한다. 이제 뚱뚱하고 통제되지 않고 절제되지 않은 몸은 문화적 혐오의 대상이며 그런 몸을 목격하는 것만으로도 혐오감과 극도의 불쾌감을 불러일으킬 정도이다(럽턴, 2015: 269).

비만은 사회적 낙인의 대상이며, 그 자체로 공포이다. 이미 날씬한 몸은 몸 프로젝트(쉴링, 1999; 임인숙, 2002)를 넘어 자아 프로젝트(Finkelstein, 1991)이다.

자아의 외관적 상징으로서의 몸이 갖는 사회적 가치는 수많은 다이어트 상품을 만들어냈고, 그러한 상품의 부작용은 우리의 몸을 괴롭혔다. 슬로푸드 운동은 이에 대항하여 먹기에 대한 자기통제를 통해 몸에 자신의 시간을 되돌려주려는 운동이다. 다시 말해 몸을 '자연화'하려는 운동이며, 또한 상품화된 몸을 만들기보다는 자연성을 통해 몸과 자아를 표출하고자 하는 노력이다. 이는 또한 자신의 몸과 마음을 다시 일체화시키고자 하는 노력이다.

속도와 먹을거리: 자연 시간 대 경제 시간

산업혁명은 생산혁명이고, 이 생산혁명을 가능하게 했던 것은 바로 속도혁명이었다. 다시 말해 경제적 성장은 짧은 시간에 더 많은 것을 생산하는 것, 즉 생산시간의 단축을 의미했고, 그것은 풍요한 사회를 상징하는 것이었다. 그러나 다른 한편, 울리히 벡의 말대로, 현대 선진 서구사회에서 '부'의 사회적 생산은 '위험'의 사회적 생산을 체계적으로 동반해 왔다(Beck, 1992: 19). 왜냐하면 인간의 풍요로운 삶을 위해 더 많이 생산하는 것은 동시에 인간의 삶의 터전인 자연을 파괴하는 과정이기도 했기 때문이다. 이러한 생태학적 문제는, 시간사회학적으로 설명하면, 경제 시간과 자연 시간의 충돌이 낳은 결과라고 할 수 있다. 이를테면 지구온난화는 경제 시간이 점점 가속화된 결과 이산화탄소 등의 배출 속도가 대단히 빨라졌고 그래서 본래 대기의 균형을 맞추면서 최적의 상태를 유지해야 할 지구의 활동 속도가 경제 시간을 쫓아갈 수 없게 되었기 때문에 발생한 현상이다(쓰지 신이치, 2007: 53).

카를 마르크스는 일찍이 이를 농업자본주의의 발전과 관련하여 '물질대사의 균열(metabolic rift)'이라는 용어로 표현하며 주목한 바 있다.

> 자본주의 생산은 인구를 거대한 중심지들로 집결시키고, 도시 인구가 늘 성장하는 다수를 차지하게 한다. 이것은 두 가지 결과를 초래한다. 한편으로 그것은 사회의 역사적 동력을 집중시킨다. 다른 한편 그것은 인간과 지구 간의 물질대사적 상호작용을 교란시킨다. 즉, 그것은 인간이 음식과 옷의 형태로 소비하는 토양의 구성요소들이 토양으로 되돌아가는 것을 가로막는다. 그리하여 그것은 토양의 비옥도를 유지하는 영원한 자연적 조건이 작동할 수 없게 한다. …… 자본주의 농업에서 이루어지는 모든 진보는 노동자를 수탈하는 기술에서의 진보일 뿐만 아니라 토양을 수탈하는 기술에서의 진보이다. 일정 기간에 토양의 비옥도를 높이는 데서 이루어지는 모든 진보는 보다 오랫동안 지속되는 비옥도의 원천을 파괴하는 데로 나아가는 진보이다.(Marx, 1967: 637~638)

이러한 물질대사 균열의 문제를 해소하는 방안으로 제시된 것 역시 속도 혁명이었다. 짧은 시간에 더 많은 것을 생산할 수 있게 해준 것은 화학물질(합성 비료와 제초제)과 교배종 식물이었다. 이 둘은 이른바 녹색혁명의 두 축을 이루는 것이었지만, 녹색혁명 교배종들이 다량의 비료, 관개, 농약을 사용해서만 다수확을 할 수 있기 때문에, 산업 농업은 빠르게 오염물질과 온실가스의 주요한 배출자가 되었다(홀트-히메네스, 2019: 67). 이는 물질대사 균열을 치료하기보다는 심화한 것이었다. 이것이 자연에서 발현된 결과가 바로 레이첼 카슨(Rachel Carson)의 표현으로 '침묵의 봄(Silent Spring)'이었다(카슨, 2011).

특히 유전공학의 발전은 생태계의 동식물들이 가진 각기 다른 시간축을 인위적으로 조작해 그것들의 성장 시간을 극적으로 단축시켰다. 이른바 '생물학적 가속(Biological speed-up)'이다(홀트-히메네스, 2019: 114~115). 생물학적 가속은 자본주의 농업의 성배로 칭송받지만, 그것이 초래하는 부정적인 생물학적·환경적 결과는 이미 입증되었다. 이를테면 구이용 영계는 불과 8주 만에 '다 자란다.' 닭들은 어둠 속에서 분뇨가 달라붙은 바닥에 앉아 있으면서 일주일에 1파운드 이상 자라는데, 그 이유는 그 닭들이 소비하는 에너지의 많은 부분이 성장에 사용되는 까닭에 서 있을 수 없기 때문이다. 젖소는 세 번의 수유 후에 생물학적으로 소진되어 햄버거 고기로 판매된다. 밀집가축사육시설의 분뇨 웅덩이는 주요 환경 위험이며, 동물생산에 이용된 호르몬과 항생물질은 인간의 호르몬 성장과 내분비 기능을 방해할 뿐만 아니라 저항성 박테리아 균주를 만들어낸다. 또한 유전자조작 연어는 '알에서 요리로 되는 데까지' 소요되는 시간이 3년에서 18개월로 줄어들었다. 그러나 이 연어는 회유를 박탈당하고 양식장에서 어분을 먹고 자란다. 그것 역시 해양오염을 유발한다.

이러한 생물학적 가속은 이른바 프랑켄푸드(Franken Food)라는 말을 만들어냈다. 이 용어가 함축하는 것이 바로 먹을거리 불안이다. 특히 1993년 초에 미국에서 두 명의 어린아이가 패스트푸드 체인 레스토랑에서 오염된 햄버거를 먹은 후 박테리아 감염으로 사망한 사건은 패스트푸드에 대한 불안을 더욱 증폭시켰다. 예측 가능성과 조리과정의 소문난 위생 기준으로 사랑받은 그 체인 레스토랑의 음식이 감염과 관련되었을 것이라는 점이 불안의 원천이었다(럽턴, 2015: 151). 왜냐하면 그것은 그간 익숙했고 신뢰했던 음식조차 우리의 건강과 삶을 위협하는 하나의 요인이 될 수 있다는 것을 의미했기 때문이다. 따라서 이는 패스트푸드와 관련한 단순한 먹을거리 사건에 머무는 것이 아니라 글로벌 식품체계와 국가의 식품규제체계 전체를 의문의 대상으로 만드는 것이었다.

이와 같은 먹을거리에 대한 의문은 앞으로 우리에게 무슨 일이 일어날지 모른다는 인식을 확산시킨다. 이러한 미래의 불확실성이 초래하는 감정이 바로 공포이다. 지그문트 바우만(Zygmunt Bauman)에 따르면, "공포란 곧 불확실하다는 것, 위험의 정체를 모른다는 것, 따라서 그것에 대처할 방법이 없다는 것이다"(바우만, 2009: 12). 그리고 공포는 과거에 마주했던 또는 현재 우리가 실제로 마주한 위험에 대한 반응이 아니라 미래에 닥칠지도 모를 위협에 대한 반응이다. 다시 말해 공포는 "사건에 대한 반응이 아니라 사건에 대한 전망이다"(바바렛, 2007: 260).

이러한 점에서 슬로푸드 운동은 감정적으로는 음식에 대한 신뢰를 재확보하여 공포에서 벗어나려는 움직임으로 바라볼 수 있다. 이처럼 슬로푸드 운동을 감정사회운동으로 파악할 경우, 우리는 슬로푸드 운동이 가지는 가치 지향을 보다 분명하게 포착할 수 있다. 슬로푸드 운동은 단지 패스트푸드에 저항하는 운동이 아니라 안전한 먹을거리를 확보하려는 운동이다. 사실 앞서 언급한 패스트푸드 사건 자체가 유발하는 감정은 공포가 아니라 충격과 분노였다. 왜냐하면 그 사건은 자신이 지녀온 그간의 믿음에 반하는 것이었기 때문이다. 그리고 그 사건은 그러한 일이 나를 포함한 또 다른 사람들에게도 일어날 수 있다는 것을 암시한다. 이것이 유발하는 감정이 바로 공포이다.

그러나 현재의 식품체계상 우리는 먹을거리가 야기하는 공포에서 완전히 벗어날 수 없다. 왜냐하면 소비자는 식품생산의 체계를 통제할 수 없을 뿐만 아니라 현재의 분업체계 속에서는 완전한 자급자족적 생활방식으로 돌아갈 수도 없기 때문이다. 따라서 슬로푸드 운동이 목적으로 삼는 것은 바로 그러한 공포의 근원을 줄이는 것이다. 이러한 노력이 현실에서 발현되는 형태들이 바로 농업에서의 화학물질 추방 운동, 동물권리운동, 그리고 유전자조작 식품 반대운동 등이다. 울리히 벡의 지적대로, 이러한 운동들은 "이제 더 이상 어떤 '좋은 것'을 획득하는 데 관심을 가지기보다는 오히려 더 나빠지는 것을 방지하는 데 관심을 둔다. '자기제한(self-limitation)'이 새로운 목표로 출현한다"(Beck, 1992: 49). 이 운동은 자신이나 자신의 집단의 이익을 추구하는 것이 아니라 모든 사람이 그리고 더 나아가 동물까지도 더 이상 피해 받지 않기를 바란다. 이러한 점에서 슬로푸드 운동은 '도덕 감정'의 정치이다.

속도, 먹기, 즐거움: 자극 대 감각

더 빠르게 그리고 더 많이 생산하기 위해서 필수적으로 요구되는 조건이 표준화이다. 음식의 경우 표준화를 위해서는 동일한 식재료의 대량생산과 맛의 평준화가 요구된다. 이는 우리의 먹기 행위가 가지는 의미에서도 중대한 변화를 가져온다. 우선 패스트푸드 업계는 표준화를 통해 세계 어느 곳에서도 익숙하고 동일한 맛을 제공한다고 자랑한다. 소비자 또한 처음 접하는 새로운 음식이 주는 불안감에서 벗어날 수 있다는 이점을 가진다. 하지만 패스트푸드는 먹기의 즐거움이라는 측면에서 볼 때, 욕구 충족의 즐거움만을 제공할 뿐 미식의 즐거움은 박탈한다. 왜냐하면 패스트푸드는 먹는 사람에게 즐거움을 주는 음식이기보다는 음식 제공자에게 이익을 주는 상품이기 때문이다. 하지만 패스트푸드 역시 먹기의 미각적 즐거움을 주지 않는 것은 아니다. 소비자들이 맛없는 음식을 구매하지는 않을 것이기 때문이다. 문제는 그 맛이 자연적이지 않고 인위적이라는 데 있다. 슬로푸드 운동은 여기서 출발한다.

원래 음식의 맛은 균질하지 않다. 왜냐하면 음식의 맛은 재료에 따라 다르고 또 만드는 사람이 누구인가에 따라 다르기 때문이다. 음식 맛은 손맛이고 그 손맛은 정성의 맛이라는 말이 등장한 것도 이런 까닭이다(이 책 제2장을 보라). 그렇기 때문에 사람마다 음식 취향 역시 다를 수밖에 없다(이 책 제3장을 보라). 한결같은 맛이란 고유의 풍미를 잃지 않은 맛, 즉 어떤 인위성도 가하지 않은 자연성을 보존한 맛이다. 그렇다고 해서 슬로푸드가 자연의 맛인 것은 아니다. 슬로푸드에서 요리란 자연의 맛과 향을 조합하고 강화하는 과정이다. 이는 자연 음식을 추구하는 명인이 자신이 구현한 자신만의 고유한 맛을 지키기 위해 각고의 노력을 기울이는 데서 잘 나타난다. 그들은 신선한 식재료를 얻기 위해 지역 농산물을 찾아다닐 뿐만 아니라 식재료의 오염을 막아 음식의 순수성을 지키기 위해 자신의 피부를 관리하기까지 한다(핑켈스타인, 2019를 보라).

반면 패스트푸드의 균질한 맛은 인위적인 맛이다. 화학의 고도공학적 기술은 음식에서도 '무'에서 '유'를 창조한다. 화학은 혼합물질들을 통해 맛과 냄새와 질감을 창조한다. "이 혼합물질들은 우리의 미각을 무디게 하는 위험성도 지녔다. 이러한 물질들은 우리의 감각기관을 변화시켜 천연식품들이 감각적으로 맛이 없다고 생각하게 만들고 모든 향을 동질화시킨다. 그 결과 풍요롭고 다양하며 미각에 아주 만족스러운 자연 상태의 맛들을 경험하는 즐거움을 박탈한다"(페트리니, 2008: 96).

사실 패스트푸드는 미식의 즐거움을 위한 음식이 아니다. 패스트푸드는 지금은 편의적인 간편 식품을 통칭하지만, 눈코 뜰 새 없이 바쁜 사람이 음식이 입으로 들어가는지 코로 들어가는지도 모르게 빨리 먹을 수 있도록 만들어진 음식이다. 그렇기에 패스트푸드를 먹는 즐거움에는 욕구를 충족하는 포만의 즐거움만 있을 뿐이지, 그 음식을 음미하며 먹는 즐거움은 배제된다. 그러나 짧은 시간에 빨리 그리고 많은 에너지를 얻기 위해 많이 먹기 위해서는 자극이 필요하다. 패스트푸드의 맛은 우리의 감각이 주체적으로 반응하여 느끼는 것이 아니라 패스트푸드가 주는 강렬한 '자극'에 대해 우리의 감각이 수동적으로 반응한 것이다. 현대인들은 식생활에서, 심지어 가정 내에서까지, 더욱 자극적인 음식을 선택하고 있으며, 그리하여 음식을 음미할 기회를 상실당하고 있다.

이러한 점에서 슬로푸드 운동은 우리의 상실된 감각을 복원하는 운동이다. 페트리니는 패스트푸드가 지배하는 우리의 감각계를 다음과 같이 묘사한다.

> 요즘 같은 시대에 인간의 감각계는 그 어느 때보다 척박해졌다. 인공 향신료는 자연 상태에서는 존재하지 않는 맛과 냄새를 퍼부으면서 우리의 감각을 위태롭고 혼란스럽게 만들고 있다. 감각은 환경과 우리 자신에 대한 좀 더 깊은 이해를 가능하게 해주는 비길 데 없는 도구이다. 하지만 우리의 감각은 우리가 억지로 적응해야 하며 우리에게서 세상을 맛보는 많은 절묘한 방식들을 빼앗아 가버린 삶의 리듬 때문에 퇴행해 버렸다. 그러는 동안 자극적인 감각들이 증가하게 되고 우리의 인지능력은 특정한 순간에 필요한 감각만을 수용할 정도로 지나치게 선택적으로 변했다.(페트리니, 2008: 119~120)

페트리니는 더 나아가 슬로푸드 운동이 지향하는 감각 회복이 갖는 정치적 함의를 다음과 같이 역설한다.

"감각을 잃으면서 보고 만지고 맛보고 냄새 맡는 우리의 능력이 둔해지게 된" 세상에서 감각을 훈련시키는 것은 "맛의 파괴에 대한 저항이자 지식 말살에 대한 저항 행위"가 된다. 이것은 정치적 행위가 되기도 한다. 왜냐하면 우리가 자극적인 감각과 환경적 요소들을 규제하는 기제들을 통제하고 관리할 수 있게 되면 현실 또한 통제하고 관리할 수 있게 되기 때문이다. 우리의 주의력이 더 강해질수록 우리의 만족과 즐거움은 더 커질 것이기 때문이다. 감각은 선택과 방어, 그리고 즐거움의 도구가 될 수 있으며, 모든 영역에서 우리의 행위에 새로운 '감각'을 보태준다.(페트리니, 2008: 120)

따라서 페트리니에 따르면, 미각 능력을 복원하고자 하는 노력은 기계가 실제 지배자가 되어버린 체계에 정치적으로 저항하는 기본적인 도구이다. 반면 "감각이 조잡하다는 것은 지배적인 모델에 굴복하는 것을 의미한다. 지배 모델은 우리가 즐거움을 사랑하는 만족스러운 사람이 되는 것을 원치 않으며, 다만 이윤을 (그리고 무덤을) 향해 달려가는 거대한 조직 속에 감각 없는 부속물로 남기를 바란다"(페트리니, 2008: 140). 따라서 우리가 현재의 무뎌진 감각에 만족하는 것은 그 체계의 공범자가 되는 것이다.

그렇다면 우리가 감각을 회복한다는 것은 무엇을 의미하는가? 그것은 바로 자연성을 복원하는 것이다. 여기서 '자연적'이라는 것은 체계, 환경, 인류, 원재료, 가공과 관련하여 외부적이고 인공적인 많은 요소를 사용하지 않았다는 것을 의미한다(페트리니, 2008: 145). 바로 이러한 점에서 자연성을 풍부하게 담고 있는 음식이 전통 음식이며, 이 때문에 슬로푸드 운동은 전통 음식의 보존을 하나의 기치로 내세운다.

그러나 보다 중요한 것은 전통 음식의 원재료가 사라지고 있다는 점이다. 더 많은 양을 수확하기 위해 다수확품종을 개발하고 보급함에 따라 생물다양성이 파괴되었고, 원거리 운송 기술로 지역의 다양한 품종이 사라졌을 뿐만 아니라 그것들의 다양한 맛을 느낄 기회조차 박탈당했다. 그리고 다양한 품종을 생산하던 소농들은 생존권을 박탈당했다. 이것이 바로 슬로푸드 운동이 생물다양성 보존 운동과 로컬푸드 운동을 전개하는 이유이다.

페트리니는 더 나아가 미각을 통한 즐거움은 누구나 누려야 하는 '인권'이라고 주장한다. 따라서 감각의 복원은 우리 자신의 삶을 되찾는 것이며, 모든 사람이 즐거움에 대한 권리를 갖는 좀 더 나은 세상을 만들기 위해 다른 사람들과 협력하는 일이다(페트리니, 2008: 140). 왜냐하면 이러한 즐거움을 누리기 위해서는 자신만이 아니라 먹을거리 생산자들은 물론 생태계 역시 즐거울 것이 요구되기 때문이다. 이러한 점에서 슬로푸드 운동의 미식가들은 단지 자신을 지배하는 먹기의 불안을 즐거움으로 전환하고자 하는 쾌락추구자가 아니라 먹을거리 생산에 종사하는 사람들의 행복과 더 건강하고 지속가능한 먹을거리 체계를 구축하고자 하는 '윤리적' 음식 소비자이자 생태주의자이다.

 이상의 작업을 통해 우리는 이론적으로 다음과 같은 잠정적 결론을 도출할 수 있다. 슬로푸드 운동은 속도혁명이 초래한 사회 시간과 몸의 시간, 경제 시간과 자연 시간, 자극과 감각 간의 괴리를 자연철학에 기반하여 해소하고자 하는 노력이다. 그리고 그러한 실천을 추동한 것은 자기 내부의 감정적 불일치를 해소하고자 하는 욕망이다. 하지만 현실적으로는 이러한 음식과 먹기를 둘러싼 사회적·감정적 모순을 해소하는 방식이 반드시 슬로푸드의 형태로 나타나지는 않는다. 왜냐하면 그 모순에 대항하는 가치와 그 가치에 대한 개개인의 감정이 서로 다를 수 있기 때문이다. 그리고 더 나아가 실제로는 자신이 추구하는 가치와 자신이 느끼는 감정에 따라서는 누군가에게는, 어쩌면 매우 많은 사람에게서, 패스트푸드는 사회적으로든 감정적으로든 아무런 문제가 되지 않을 수도 있다. 따라서 아래에서는 마지막으로 동일한 문제의식하에서도 가치와 감정에 따라 사람들의 행위 양식이 어떻게 다른 양상으로 나타날 수 있는지를 슬로푸드 운동과 자연식품 운동의 경우를 대비하여 살펴보고, 보다 일반적인 의미에서 가치정치 — 구체적으로는 슬로푸드 운동 — 가 갖는 현재적 의미를 탐색해 보고자 한다.

슬로푸드 운동과 자연식품 운동 사이에서

땅과 어떤 관련성도 없이 저 혼자 떠돌고 있는 식품이라고 불리는 것들, 단지 영양가의 수치로 환원되는 기호로서 존재하고 있는 식품들, 가공되고 인공첨가물까지 가미된 무늬만 식품인 것들, 이 모든 것들은 그 어느 하나도 생명을 담고 있는 진정한 먹을거리가 아니다.(쓰지 신이치, 2010: 46)

내 요리책에 포함될 조리법은 가능한 한 밭에서 딴 재료를 그대로 쓰고, 비타민과 효소를 파괴하지 않기 위해 가능한 한 낮은 온도에서 짧게 조리하고, 가능한 한 양념을 치지 않고, 접시나 팬 등의 기구를 최소한 사용한다는 방침을 고수하기로 결심했다. 음식은 소박할수록 좋다고 생각한다. 또 날것일수록 좋고, 섞지 않을수록 좋다. 이런 식으로 먹으면 준비가 간단해지고, 조리가 간소해지며, 소화가 쉬우면서 영양가는 더 높고, 건강에 더 좋고, 돈도 많이 절약된다.(니어링, 2018: 35~36)

첫 번째 인용문은 슬로 라이프 운동을 전개하는 일본 문화인류학자 쓰지 신이치의 『슬로 이즈 뷰티플』에서 따온 구절이고, 두 번째 인용문은 땅으로 돌아가기 운동을 실천한 채식주의자 헬렌 니어링의 『헬렌 니어링의 소박한 밥상(Simple Food for Good Life)』에서 따온 구절이다. 이 두 인용문에는 "생명과 자연은 하나"라는 인식이 깔려 있다. 그러나 이 두 인용문 사이에는 커다란 차이가 존재한다. 우선 후자는 자연에의 순응을 중시한다. 그 삶의 원리는 자연주의이다. 반면 전자는 그간 파괴된 생명의 원천, 즉 자연의 복원을 지향한다. 그 삶의 원리는 생태주의이다. 따라서 시간 축을 놓고 보면, 후자는 과거를 지향한다면, 전자는 미래를 지향한다. 식사의 준비와 먹기의 측면에서도 전자는 미각의 즐거움을 강조한다면, 후자에서 먹는 것은 건강을 위한 것이다.

이 두 입장은, 먹기의 입장에서 본다면, 자연성에 기반한 식생활을 지향한다는 점에서 동일하지만, 현대 먹을거리 정치의 측면에서는 서로 다른 가치 지향을 보인다. 가치정치의 측면에서 전자가 우리가 지금까지 논의한 슬로푸드 운동의 가치를 대변한다면, 후자는 자연/건강식품 운동의 가치를 상징적으로 보여준다. 슬로푸드 운동과 자연식품 운동은 모두 현대인은 자연적 삶을 꿈꾼다고 하더라도 '자연인'적 삶을 살 수 없다는 것에 기반하지만, 이 두 운동의 대비되는 지향점은 음식과 먹기를 둘러싼 또 다른 가치정치의 형태들을 보여준다.

슬로푸드와 마찬가지로 현대인의 삶에서 자연식품은 중요한 선택지 중의 하나가 되었다. 특히 건강보조식품의 인기는 이를 단적으로 보여준다. 역사적으로 볼 때, 자연식품 운동은 슬로푸드 운동보다 훨씬 앞선다. 채식주의자, 자연숭배적인 종교적 소수집단, 체육인 및 히피와 같은 비전통적 소수집단과 연관되어 기인이나 유별난 사람들의 음식으로 치부되던 자연식품은 아름다움과 건강에 대한 관심이 할리우드 스타 등 유명 인사의 신체문화 및 보헤미안 라이프스타일과 중첩되면서 현대인의 중요한 삶의 양식이 되었다. 하지만 자연식품이 확산하는 데서 자연식품 운동을 규정해 온 철학적 가치들, 즉 자연에 대한 존중, 식품생산의 산업화에 대한 반대, 그리고 자연식품의 건강 우위성에 대한 믿음이 중요한 역할을 했다는 것에는 의심의 여지가 없다(밀러, 2020: 50).

이처럼 자연식품 운동은 그것이 추구하는 가치의 측면에서는 슬로푸드 운동과 중첩된다. 그러나 이 두 운동은 속도라는 측면에서는 먹기와 관련하여 서로 다른 라이프스타일을 만들어냈다. 여기서 중요한 요소로 작동한 것이 운동의 주체였다. 실제로 자연식품 운동이 지속성을 유지하며 성공을 거둘 수 있었던 것은 자연식품 산업이 그 운동에서 수행한 역할 때문이었다(밀러, 2020). 하지만 기업의 사회운동 참여는 현대인의 건강 우려를 하나의 상품으로 전환할 수 있게 했으며, 알약 형태의 건강보조식품은 자연의 리듬을 따를 수 없는 현대인에게 슬로푸드의 중요한 대용품이 되었다. 건강식품 옹호자들은 비타민제 등 건강보조식품이 자연 그대로의 맛을 포기하기는 하지만 그러한 '양보'는 바쁜 도시인들을 위해서는 불가피한 것이라고 본다. 그리고 그러한 식품들은 (마치 자신이 패스트푸드이거나 한 것처럼) 자연성에 빠르고 편리하게 접근할 수 있다는 효용성을 중요한 가치로 내세운다. 그리고 어쩌면 자연으로부터 멀리 떨어져 있기에 더 많은 건강 위협을 받는 도시인들에게 건강식품은 건강의 불안에서 벗어나는 합리적인 선택일 수도 있다.

이처럼 패스트푸드와 슬로푸드뿐만 아니라 슬로푸드와 건강식품도 식탁을 둘러싸고 서로 라이프스타일 경쟁을 하며 가치 투쟁을 벌이고 있다. 그러나 이 싸움은 그 전사들이 직접적으로 대립하는 것이 아니라 조용히 전개되며, 그 식품들이 하나의 식탁과 그 주변에서 공존하기도 한다. 이들 식품이 한 식탁에 함께 자리하고 있을 수 있는 까닭은 그 식품들이 가치정치를 벌이고 있기 때문이다. 다시 말해 이데올로기의 대립이 아닌 가치의 대립은 '전적으로 옳음' 대 '적적으로 그름'의 문제가 아니라 '더 많은 옳음'을 위한 노력과 실천의 과정이기 때문이다. 그렇기에 그 과정은 항상 승자와 패자로 결말나는 것이 아니라 윈-윈의 관계를 성립하기도 한다. 이를테면 슬로푸드 운동이 패스트푸드에 대해 제기해 온 비판은 맥도날드로 하여금 인공성을 그만큼 줄이고 또 햄버거의 지역화를 수행하게 하기도 했다. 이것 역시 맥도날드의 이익추구 전략이라고 비판할 수도 있지만, 그렇다고 해서 반대운동이 그러한 변화를 이끌어냈다는 점 자체까지 부정되지는 않는다.

하지만 가치정치도 항상 자신의 설득력 구조를 가지고 자신의 가치가 더 많은 행위자에게서 행위의 지침이 되도록 하기 위해 싸운다. 따라서 가치정치의 운동장에도 '기울기'가 있다. 그 기울기가 현실의 모습을 규정한다. 음식과 먹기의 가치정치의 장에서 그 기울기가 변화할 조짐이 보이고 있다. 즉, 빠름에서 다시 느림으로 가치가 전화하는 모습의 단초가 보이고 있다. 얼핏 보면 순환이다. 왜냐하면 느림의 가치가 복원되는 것으로도 보이기 때문이다. 그러나 이것은 역사의 순환이 아니다. 왜냐하면 시간의 가치가 빠름에서 느림으로 전환하고 있지만, 그것의 지향점은 과거가 아니라 미래이기 때문이다.

그러나 변화하지 않는 것이 있다. 그것이 바로 감정 메커니즘이다. 감정은 항상 불안과 공포에서 안정과 평온함을 지향한다. 왜냐하면 바로 이 과정이 몸, 그리고 생명의 리듬이기 때문이다. 몸은 항상 '감정순행성'을 요구한다(이 책 제6장을 보라). 그러나 이러한 감정 메커니즘에는 기계적 인과성이 자리하지 않는다. 왜냐하면 누군가는 빠름에서 느끼는 즐거움과 열광을 통해 감정을 정화한다면, 누군가는 느림에서 마음의 평온함과 평화를 느끼기 때문이다. 그러나 지금은 여전히 빠름의 시대이기에 느림이 주목받고 있다. 그 이유는 현재의 시점에서 항상 주목받는 것은 시대의 주류가 아닌 주류로부터의 이탈이기 때문이다. 또한 그렇기에 느림은 하나의 가치 운동의 성격을 지닌다. 하지만 그 결과는 열려 있는 문제이다. 시간을 둘러싼 가치들은 여전히 투쟁 중이고, 결과는 항상 역사의, 보다 구체적으로는 역사를 움직이는 행위자들의 몫이기 때문이다.

제8장

동물권리운동의 가치정치와 먹기의 감정동학

동물권리운동 연구

우리 주변에서 길고양이를 돌보는 '캣맘'을 보는 것은 이제 드문 일이 아니다. 그리고 우리는 상처 입은 떠돌이 개를 구조하여 치료해 주는 모습과 그것을 바라보며 눈물을 흘리는 광경을 방송국의 동물 관련 프로그램에서 자주 접하며, 그런 모습에 동정심과 연민의 감정을 느낀다. 또한 인간의 영리욕과 육욕이 동물에게 얼마나 고통을 주는지를 고발하는 책들이 서점 한쪽의 상당한 부분을 채우고 있다. 그리고 이제 우리 사회에서도 동물권리운동 단체가 여럿 활동하고 있다. 그러나 대다수의 사람은 동물 학대 행위에 분노하면서도 그리고 동물권리이론에 동감하면서도 태연하게 고기를 즐기고 있다. 이 역설적인 상황은 어디에서 기인하는 것인가? 그리고 이러한 상황은 어떠한 방향으로 진전될 것인가? 채식주의자들의 꿈은 과연 이루어질 것인가?

서구에서 동물권리 논쟁과 동물권리운동을 촉발시킨 저작은 앞서 제3

장에서도 언급한 바 있는 피터 싱어의 『동물해방』이었다. 그 후 서구에서 관련 저작이 봇물을 이루었고, 따라서 그 저작들을 여기에 다 기록하는 것은 불가능하고 무의미하기도 하다. 다만 동물권리를 직접적으로 다루고 있는 우리말 번역서만 살펴보더라도 동물권리의 고전적 저작인 헨리 솔트(Henry Salt)의 『동물의 권리(Animals' Right)』(2017), 동물행동연구가 마크 베코프(Marc Bekoff)의 『동물 권리 선언(The Animal Manifesto)』(2011), 피터 싱어가 동물권리 이론가들의 저술을 모은 책을 번역한 『동물과 인간이 공존해야 하는 합당한 이유들(In the Defence of Animals)』(2012) 등이 눈에 띈다. 다른 분야에 비해서는 꽤 많은 책이 번역되어 있는 상황이다. 번역되지 않은 대표적인 외국 저작들로는 톰 리건(Tom Regan)의 『동물권리를 위한 주장(The Case for Animal Rights)』(1983)과 『동물권리를 옹호하며(Defending Animal Rights)』(2001)를 들 수 있다. 국내에서 학술적 연구로는 주로 철학과 법학 분야에서 이론과 논쟁을 정리하는 논의가 이루어져 왔지만(최훈, 2015; 2019; 허남결, 2005; 김성한, 2011; 이순성, 2014; 김일방, 2015; 유선봉, 2008), 사회과학적 논의 ― 특히 사회학적 논의 ― 는 찾아볼 수 없다.

동물권리운동에 대해서도 서구에서는 재스퍼와 넬킨(Jasper and Nelkin, 1992)의 연구 이후에 그로브스(2012), 야콥슨과 린드블럼(Jacobsson and Lindblom, 2016)의 연구 등이 제출되어 있다. 이 연구들은 특히 동물권리운동에서 감정이 수행하는 역할을 다루고 있다는 점에서 특이하다. 하지만 국내에서는 이 분야에 대한 연구가 전무한 실정이다. 동물권리와 채식주의의 문제는 동물권리 이론가들의 저작에서 (동물권리 이론가들은 채식주의 실천가이기도 한 까닭에) 함께 다루어지고 있으며, 국내에서는 맹주만(2007, 2009)과 김일방(2012)의 연구에서 다루어진 적이 있다. 그러나 이들의 논의는 채식주의의 윤리적 근거를 다룰 뿐 개별 행위자들의 이율배반적 먹기 양식에 대해서는 논의하지 않는다.

　이 장에서는 비채식주의자의 입장에서 동물권리운동의 이론적 논거와 그 속에 포함되어 있는 먹기 담론을 가치정치와 감정동학의 측면에서 고찰한다. 이 작업을 수행하기 위해 이 장에서 필자는 피터 싱어의 이론을 중심으로 하여, 그리고 톰 리건의 주장을 보완적으로 활용하여 동물권리운동의 이론적 기반을 살펴보고, 그들이 동물권을 중심으로 생명권을 어떻게 확장하는지에 대해 논의한다. 그리고 이들 동물권리 이론가 및 운동가가 설정한 이성정치의 한계를 지적하며, 동물권리운동에서의 감정정치의 필요성을 피력한다. 따라서 동물권리 논쟁은 다루지 않는다. 다음으로는 동물권리운동이 설파하는 윤리적 채식주의의 논거를 살펴보고, 그러한 인식이 행동으로 이어지는 것을 제약하는 먹기의 감정적 이율배반에 대해 고찰한다. 더 나아가 윤리적 채식주의의 또 다른 확장 가능성을 생태주의와 페미니즘에서 찾고, 마지막으로 동물권리운동의 생명정치를 확장시키는 데서 감정동학이 어떠한 의미를 갖는지를 탐색한다.

동물권리의 윤리학과 동물 정치

동물해방이론: 동물복지운동에서 동물권리운동으로

　우리 사회에는 동물권리가 아닌 동물복지라는 용어도 낯설어하는 사람들이 많다. 하지만 동물복지운동의 역사는 깊다. 서구에서 농장의 가축이나 역축(役畜)과 관련한 동물학대를 방지하기 위해 '동물잔혹행위방지협회'와 '휴메인소사이어티(Humane Society)'가 설립된 것은 19세기에 들어서면서였다. 오늘날에도 여전히 매우 왕성한 활동력을 자랑하는 동물복지운동은 일반적으로 동물의 사육조건을 개선하는 데 중점을 둔다. 동물복지 운동가들은 동물이 고통, 두려움, 외로움을 느낄 수 있다고 믿는다. 하지만 이들은 인간과 동물 간에는 자연적 위계가 존재하기 때문에 인간이 책임 있는 자세로 동물을 이용하는 것은 문제가 되지 않는다고 주장한다. 이들은 식품이나 의복, 과학이나 정치적 안정 등을 목적으로 동물을 인간사회에서 이용할 수 있다는 사실을 인정하는 대신 동물을 최대한 인도적으로 다루어야 한다고 피력한다(그랜트, 2012: 25).

 1975년에 출간된 피터 싱어의 『동물해방』은 동물복지운동을 동물권리운동으로 전환하는 데 결정적인 역할을 했다. 싱어의 동물해방론은 "모든 동물은 평등하다"는 대전제하에 평등의 원리를 인간이 아닌 동물에게로 확대하는 것으로부터 시작한다. 하지만 그가 직접 언급하듯이, 여기서 평등은 도덕적 이념이지 사실에 관한 단언이 아니다(싱어, 2012: 33). 왜냐하면 사실 우리가 모든 인간이 평등하다고 말할 때에도 우리 인간은 체형과 몸집, 도덕적 능력과 지적 능력, 자비심과 타인의 욕구에 대한 민감성, 효과적으로 의사소통할 수 있는 능력, 쾌락과 고통을 경험할 수 있는 능력 등에서 개인적인 차이가 있기 때문이다. 그리고 실제로 모든 인간 존재가 실제로 평등하다면 평등은 요구할 필요조차 없는 것이기 때문이다. 따라서 싱어에 따르면, 평등의 원리는 평등한 또는 동일한 '처우'를 요구하는 것이 아니라 단지 평등하게 '배려'하기를 요구할 뿐이다(싱어, 2012: 29).

 그렇다면 우리가 동물에게도 도덕적 고려를 해야만 하는 근거는 무엇인가? 싱어가 제시하는 답은 '이익 평등 고려의 원칙(principle of equal consideration of interests)'이다. 싱어는 이를 논증하기 위해 제러미 벤담(Jeremy Bentham)의 테제, 즉 "모든 개별 존재들의 이익은 다른 존재들의 이익과 다를 바 없이 고려의 대상이 되어야 하며 또한 동일한 비중이 주어져야 한다"는 테제에 의거한다(싱어, 2012: 33). 벤담은 이 테제를 자신의 공리주의의 원리에 기초하여 정당화한다. 벤담에 따르면, 어떤 존재가 평등한 배려를 받을 권리가 있는지를 가늠하는 핵심적인 특징은 이성적으로 사고할 수 있는 능력이나 대화를 나눌 능력이 있는가가 아니라 고통을 느낄 수 있는 능력이 있는가 하는 것이다. 고통을 느낄 수 있는 능력은 종의 생존 가능성을 높여주는 것으로, 적어도 이익을 갖기 위한 전제조건이다(싱어, 2012: 37). 따라서 싱어는 다음과 같이 주장한다. "만약 어떤 존재가 고통을 느낀다면, 그와 같은 고통을 고려하지 않는 것은 도덕적으로 정당화될 수 없다. 평등의 원리는 그 존재가 어떤 특성을 갖건 그 존재의 고통을 다른 존재의 동일한 고통과 동등하게 취급할 것을 요구한다"(싱어, 2012: 38~39).

싱어에 따르면, 종차별주의(speciesism) — 자신이 소속되어 있는 종의 이익을 옹호하면서 다른 종의 이익은 배척하는 편견 또는 왜곡된 태도 — 는 인간이 아닌 동물들은 고통을 느낄 능력을 갖추고 있지 못하기 때문에 이익을 갖지 않는다고 인식하는 것에서 기인한다. 그렇다면 동물은 진정 고통을 느끼는가? 싱어는 동물들이 느끼는 고통의 실제 사례를 거론하기에 앞서 고통의 성격에 대한 논의를 통해 그것을 입증한다.

> 고통이란 의식상태를 지칭하는 것으로, 이는 정신적인 사건이다. 고통은 그 자체로 관찰할 수 없다. 몸을 뒤흔든다거나 고함을 지른다거나 담뱃불에서 손을 치우는 등의 행위 자체는 고통이 아니다. 두뇌활동에 대한 신경학자의 기록 또한 그 자체에 대한 관찰이 아니다. 고통이란 본인이 느끼는 그 무엇이며, 우리는 다양한 외적 표시들로부터 타인들이 고통을 느낀다고 미루어 짐작할 수 있을 따름이다. …… 다른 사람들이 고통을 느낀다는 것은 추정에 불과하다. 하지만 이러한 추정은 합리적인 것으로, 우리가 고통

을 느끼는 상황에서 다른 사람들이 어떻게 행위하는가를 관찰함으로써 이루어지게 되는 추정이다. …… 만약 다른 사람들이 고통을 느낀다는 것을 의심하지 않는다면, 다른 동물이 고통을 느낀다는 것 또한 의심해서는 안된다.(싱어, 2012: 41~42, 49)

따라서 싱어는 "만약 아무런 이유 없이 아기에게 일정량의 고통을 주는 것이 잘못이라면 우리는 아무런 이유 없이 말에게 동일한 양의 고통을 주는 것 또한 마찬가지로 잘못되었다고 생각해야 한다"라고 주장한다. 왜냐하면 고통과 괴로움은 그 자체로 나쁘며, 따라서 고통 받는 존재의 인종이나 성, 또는 종과 무관하게 고통은 억제되거나 최소화되어야 하기 때문이다(싱어, 2012: 49~50, 52).

이러한 싱어의 동물해방론이 갖는 가장 큰 의미는 동물 착취를 종식시키려는 응집력 있는 국제운동을 고취시켰다는 것이다(그랜트, 2012: 28). 이를테면 『동물해방』이 출간되고 나서 '동물해방전선(Animal Liberation Front)'이 창립되었고, 이후 10여 년 동안 여러 동물해방 조직이 생겨났다. 그뿐만 아니라 싱어의 저작을 계기로 동물의 처우에 관한 수백 편의 연구물이 출간되는 한편, 동물권리를 둘러싼 철학적·법적 논쟁들이 촉발되었고, 동물복지가 과학의 한 분야로 성장했다.

동물해방운동의 급진적이고 과격한 행동 ― 이 운동의 실천가들은 동물을 구출하기 위해, 그리고 때로는 연구실이나 축사, 도살장, 모피동물 사육장 등 동물 착취를 일삼는 시설을 공격하기 위해 불법적인 직접 행동도 불사한다 ― 과 달리 '고통 최소화의 원리'에 의거하는 싱어의 동물해방이론은 그리 급진적이지 않다. 실제로 그는 자신의 표현으로 '중도적 입장'을 취한다. 싱어는 이렇게 말한다.

우리는 중도적 입장을 취해야 한다. 여기서 중도적 입장이란 '종차별주의를 피하면서 장애를 갖는 사람들이나 노쇠한 사람들의 생명을 현재의 돼지나 개의 생명만큼 하찮게 만들지 않는 입장' 또는 '돼지와 개의 생명을 존엄한 것으로 만들어 그들을 극도의 비참함 속에 몰아넣는 관행이 잘못되었다고 생각하게 하는 입장'을 말한다. 우리가 해야 할 일은 인간 아닌 동물들을 도덕적 관심의 영역으로 끌어들이는 것이며, 어떠한 사소한 목적을 위해서라도 그들의 생명을 소모품 처리하듯 다루지 않는 것이다.(싱어, 2012: 57)

싱어의 이러한 입장은 동물해방이론이라기보다는 오히려 '동물복지이론'에 더 가깝다는 비판을 받기도 한다. 왜냐하면 싱어의 논리를 따라가다 보면, 결국 우리는 동물에게 이익이 되는 방향으로, 즉 동물의 고통을 완화하고 즐거움을 주는 쪽으로 행위하라는 주문을 받게 되기 때문이다. 다시 말해 싱어의 입장은 인간의 구속으로부터 모든 동물을 해방하라거나 그들의 권리를 인간과 동일한 수준으로 존중할 것을 요구하는 주장인 것이 아니라 현재 공장식 동물농장이나 제약회사의 실험실 등지에서 비참하게 죽어가고 있는 동물들을 좀 더 나은 환경에서 다룰 필요가 있다는 호소, 곧 그 동물들의 복지 조건을 개선하라는 말과 다름없다는 것이다(허남결, 2005: 185).

보다 급진적인 동물권리이론은 톰 리건으로부터 나온다. 싱어에게서는 도덕적 고려의 대상이라고 하더라도 서로 다른 존재들은 서로 다른 권리를 가진다면(싱어, 2012: 29), 리건에서는 본래적 가치(inherent value)를 지닌 모든 존재는 동등한 도덕적 고려의 대상이 된다. 이러한 리건의 논의는 원래는 인간에게만 적용되었던 칸트(Kant)의 '내재적 가치(intrinsic value)' 개념을 '본래적 가치' 개념으로 확장한 것이다. 칸트에 따르면, 모든 인간은 '목적 그 자체로 존재한다'는 의미에서의 내재적 가치를 갖는다. 내재적 가치란 다른 누군가의 평가라든지 계약이나 합의에 의해 주어지는 것이 아니라 본래부터 객관적으로 존재하는 가치이며, 인간이 동등한 권리를 갖는 것도 바로 이 내재적 가치 덕분이라 할 수 있다(김일방, 2015: 176). 하지만 칸트에서는 이성적이고 합리적인 인간만이 목적적인 존재로서 도덕적 고려의 대상이 되며, 그 자체로 목적을 가질 수 없는 비합리적인 동물은 도덕적 지위나 의무를 가지지 못한다(김학택, 2018: 45).

하지만 리건은 이러한 칸트식의 정의에 대해 이성적 능력을 결여한 인간 존재의 문제를 제기하면서, '삶의 주체(subject of a life)'가 되는 모든 존재 — 인간과 포유동물 — 는 본래적 가치를 지니며 이는 도덕적 고려의 대상이 되어야 한다고 주장한다. 리건이 볼 때, 삶의 주체라는 것은 단지 살아 있다거나 의식을 가지고 있다는 것 이상을 함의한다.

> 만약 어떤 개체가 믿음과 욕구를 가진다면, 지각력, 기억력, 미래 — 자신의 미래를 포함하여 — 의식을 가진다면, 쾌락과 고통의 느낌을 수반하는 감정적 삶을 산다면, 선호 및 복지와 관련하여 이해관계를 가진다면, 자신의 욕구와 목적을 추구하기 위해 행동할 능력이 있다면, 시간이 지나면서 정신물리학적 정체성을 가진다면, 그리고 자신이 다른 존재들에 대해 유용하다거나 다른 누군가의 이익의 대상이 되는 것과 무관하게 자신의 경험적 삶을 살아간다는 의미에서 개별적 복지를 가진다면, 그 존재는 삶의 주체이다.(Regan, 1983: 243)

리건은 이러한 삶의 주체 기준을 충족하는 존재들은 독특한 종류의 가치, 즉 본래적 가치를 가지며, 단순한 용기(用器)로 여겨지거나 다뤄져서는 안 된다고 주장한다. 그리고 이러한 본래적 가치는 무조건적(categorical) 개념이다. 본래적 가치는 가지거나 가지지 않은 것이지 중간은 없다. 더

구나 본래적 가치를 가지고 있는 존재 모두는 그것을 평등하게 가지고 있다. 본래적 가치는 정도에서 차이가 나타나지 않는다(Regan, 1983: 240~241).

리건은 이러한 삶의 주체들 ― 인간과 비인간 동물 모두 ― 을 대하는 방식으로 '존중의 원칙'을 제시한다. 다시 말해 그는 본래적 가치를 지니는 개체들은 그 개체의 본래적 가치를 존중하는 방식으로 대우해야 한다고 주장한다(Regan, 1983: 248). 그리하여 그에게서 동물권리를 침해하는 모든 행위는 부도덕한 것이 된다. 따라서 리건은 비도덕적인 방법으로 식용 고기를 대량생산하는 동물농장뿐만 아니라 동물을 대상으로 하는 각종 과학 실험도 '무조건 폐기할 것'을 주장한다. 그에게 있어서 동물의 복지를 고려하거나 실험 방법을 개선하려는 노력 등은 문제의 본질을 흐릴 뿐 근본적인 해결책이 되지 못한다. 리건은 오직 이 모든 것을 동시에 '전면적으로 제거하는' 정책의 시행을 요구한다(허남결, 2005: 189). 싱어가 동물을 위하여 더 크고 깨끗한 동물 우리를 원한다면, 리건은 동물 우리를 비우고 동물을 자유롭게 만들고자 한다(유선봉, 2008: 445). 동물권리운동은 내용상으로는 용어상의 동물해방이론에 더 가깝다. 이것이 바로 이 장에서 동물권리운동이라는 표제를 단 이유이기도 하다.

동물권리운동의 가치정치: 이성 대 감정

앞서 칸트에 대한 논의에서 언급했듯이, 인간의 동물 학대를 정당화하는 논리는 동물은 이성을 가지지 않는다는 것이었다. 하지만 현대 동물행동학의 연구들은 동물 또한 지적 능력과 감정을 가진다는 사실을 누적적으로 확인하고 있다. 따라서 가치정치의 입장에서 본다면, 동물에 대한 전통적인 논의는 인간 이외의 동물로부터 생명을 약탈하는 행위를 정당화하기 위해 동물이 가진 그러한 능력을 우리의 인식에서 배제해 왔다고 할 수 있다. 그렇다면 동물권리운동은 동물에 대한 우리의 인식에서 그러한 동물의 능력을 다시 복원시키고 있는가? 그 답은 그렇지 않다는 것이다. 우리는 바로 이 문제에서 동물권리운동의 한계를 찾는다.

동물을 이성 없는 존재로 바라보는 시각은 르네 데카르트(Rene Descartes)에서도 나타난다. 일반적으로 데카르트는 동물과 같은 이성적이지 않은 모든 존재는 감각, 곧 쾌락이나 고통조차 느낄 수 없는 '생물학적 로봇(biological robot)' 또는 '의식적인 기계장치(conscious automata)'에 불과하다고 주장한 것으로 인식된다. 왜냐하면 비물질적인 정신이야말로 감각의 원천이기 때문이다(허남결, 2005: 8; 데카르트의 견해에 대해 이와 반대되는 입장을 취하고 있는 것으로는 김성한, 2009를 보라). 이러한 견해는 데카르트에 대한 싱어의 해석에서 분명하게 드러난다.

> 그[데카르트]에 따르면, 동물은 기계이며, 자동인형에 지나지 않는다. 그들은 쾌락이나 고통뿐 아니라 그 무엇도 경험하지 못한다. 만약 그들을 칼로 벤다면 비명을 질러댈 것이며, 뜨거운 쇠를 닿게 하려 할 때 이를 피하려고 몸부림칠 것이다. 하지만 데카르트에 따르면, 이러한 모습들은 그러한 상황에서 동물들이 고통을 실제로 느끼고 있음을 의미하는 것이 아니다. 그들은 그저 시계의 경우와 동일한 원리의 지배를 받을 뿐이다.(싱어, 2012: 341~342)

하지만 데카르트는 또한 다음과 같이 말한다. "내 입장은 동물을 박해하라는 것이 아니다. 단지 사람들 …… 의 행동에 눈감아주고자 할 따름이다. 이렇게 말하는 이유는 그러한 입장이 동물을 먹거나 죽일 때 죄를 범하는 것이 아닌가 하는 사람들의 의혹을 풀어줄 수 있기 때문이다"(싱어, 2012: 342~343에서 인용). 이렇듯 데카르트는 동물에게서 이성과 감정을 제거하여 동물의 생명권을 박탈함으로써 인간이 자신의 도살 행위와 육식에서 느끼는 죄책감을 정당화해 줄 뿐이다. 칸트에서도 인간은 동물을 자비롭게 대해야 하지만, 그 이유는 동물에게 잔인한 사람은 사람들을 대할 때에도 잔인하기 때문이다. 이들 철학자에게 남아 있는, 동물에 대한 관심은 동물이 아닌 인간을 위한 것이었다.

반면 동물권리 이론가들은 다시 동물에게 생명권이라는 가치를 부여하고자 한다. 즉, 싱어가 동물에게 고통을 느끼는 능력을 돌려줌으로써 생명권을 부여하고자 한다면, 리건은 동물 역시 삶의 주체임을 상기시킴으로써 동물에게 도덕적 권리를 부여하고자 한다. 그렇다면 이 동물권리 이론가들은 이성주의적 인간중심주의에서 벗어나서 그간 철학자들이 동물에게서 생명권과 도덕적 권리를 박탈하기 위해 동물에게서 제거했던 이성 – 지능과 인지 능력 – 과 감정을 동물에게서 복원시키고 있는가? 그렇지 않다. 그들은 여전히 철학적 윤리학자답게 철저히 이성주의 내에서 자신의 주장을 과학적·논리적·지적으로 논증할 뿐이다. 그들은 독자들이 자신들의 그러한 논증을 '깨닫고' 그러한 인식을 실천해 주기를 바란다.

하지만 우리가 동물의 감정에 대해 논의해 온 역사는 아주 길다. 인간과 동물의 감정에 대해 진지하게 관심을 가진 최초의 과학자로 칭송받는 찰스 다윈은 일찍이 "포유동물은 (크든 작든) 불안, 슬픔, 우울, 절망, 기쁨, 사랑, '따뜻한 느낌', 심술, 부루퉁함, 단호함, 증오, 분노, 경멸, 모욕, 혐오, 죄책감, 자만심, 무력감, 참을성, 놀람, 경악, 두려움, 공포, 부끄럼, 수치심, 겸손 등 갖가지 감정을 경험한다"(베코프, 2008: 71에서 인용)는 사실을 관찰하고, 서로 다른 종 간의 차이는 종의 차이라기보다는 정도의 차이라고 주장했다. 현대 동물행동학자들 또한 동물들의 수많은 감정을 관찰해 왔다. 그들에 따르면, 우리가 동물들의 감정을 알지 못한다고 해서 동물이 감정이 없다고 단정할 수는 없다. 마크 베코프는 다음과 같이 반문한다.

> 인간이든 인간이 아니든 마찬가지로 무릇 동물들은 놀이를 하거나 짝을 만날 때 즐거워하지 않는가? 동물들도 절친한 친구를 잃은 후에 슬퍼하지 않는가? 늑대들은 서로 만나면 꼬리로 앞뒤로 원을 그리며 흔들고 껑껑거리며 뛰어오르는데, 이 행동이 기쁨을 드러내는 것이 아니고 무엇이겠는가? 코끼리들은 또 어떤가? 환영 의식을 거행할 때 그들은 귀를 펄럭이며 뱅뱅 돌면서 이른바 '인사 소동'이라고 알려진 괴성을 질러댄다. 이런 것이 기쁨의 표현이 아니고 무엇이겠는가? 마찬가지로 동물들이 무리를 떠나거나 친구가 죽은 후에 시무룩한 모습을 보이거나 먹지도 않고 심지어 죽기까지 하는 것을 볼 수 있다. 그런 감정을 슬픔이 아니라면 무엇이라고 불러야 하겠는가?(베코프, 2008: 34)

이러한 관찰을 통해 베코프는 모든 종의 동물은 유사한 중요한 감정을 공유하고 있는 것이 분명하다고 말한다. 하지만 훈련된 동물행동학자들의 예리한 관찰로만 동물의 감정을 알아챌 수 있는 것은 아니다. 일반인들 역시 동물들의 감정을 알고 있다. 베코프에 따르면, "동물들이 자신의 감각을 표현할 때, 그들의 감정은 마치 분수에서 물이 쏟아져 나오듯이 자연스럽게 흘러나온다. 동물들은 있는 그대로 여과되지 않는 감정을 자유롭게 드러낸다. 그들의 기쁨은 매우 순수하고 전염성이 강하며, 그들의 슬픔은 한없이 깊고 참혹하다. 그들의 열정은 흘러넘쳐 우리를 슬픔과 기쁨에 빠뜨리곤 한다. 만약 동물들이 자신의 감정을 드러내지 않는다면, 사람들은 그들과 유대 관계를 맺지 못할 것이다. 우리가 애완동물과 특별한 관계를 형성하는 것은 우리 자신의 정서적 욕구를 위해서만이 아니라 [우리가] 동물의 정서적 욕구를 인식하기 때문이다"(베코프, 2008: 52~53). 이러한 사실들은 동물이 감정을 가지지 않은 것이 아니라 이성주의자들이 동물에게서 감정을 박탈했다는 것을 의미한다.

싱어 역시 이러한 사실을 알고 있다. 그는 동물행동 연구자들의 연구에 기대어 "고통, 두려움, 성냄, 사랑, 기쁨, 놀람, 성적 흥분, 그 외 다른 많은 정서 상태를 전달하기 위해 사용하는 기본 신호들은 오직 인류 종만이 갖는 독특한 것이 아니다"라고 분명하게 언급한다(싱어, 2012: 48). 그러나 그는 자신의 책 전반에서 우리 인간이 어떻게 동물에게 고통을 가하는지만을 집요하게 추적하며, 동물의 감정에 대해서는 애써 눈을 감는다.

하지만 그가 동물의 감정만 도외시하는 것은 아니다. 그는 인간의 감정 역시 자신의 논의를 정당화하는 과정에서 배제하고자 한다. 싱어는 "나는 고기를 먹기 위해 말이나 개를 도축하는 것 못지않게 그러한 목적을 위해 돼지를 도축하는 것에 대해서도 분노가 치밀어 오른다"라고 말하면서도, 동물에 대한 잔혹 행위에 반대하는 사람들이 현실에서 "감정적이고 정서적인 성향을 지닌 '동물 애호가'로 묘사"되는 것에 대해 경계감을 드러낸다. 왜냐하면 그와 같은 감정주의적 묘사들이 "심각한 정치적 도덕적 논의로부터 인간 아닌 존재들에 대한 처우 문제를 전체적으로 배제하는 결과를 낳았다"고 믿기 때문이다. 따라서 싱어는 희생당하는 동물에 대해 자신이 '동등 이익 고려'라는 동일한 도덕적 원칙을 적용할 것을 주장하는 것은 "감정이 아닌 이성의 요구"라고 역설한다(싱어, 2012: 인용 순서대로 17, 16, 18).

동물의 도덕적 지위에 대해 논의하면서 동물에 대한 감정적 접근을 경계하는 것은 리건도 마찬가지이다. 그는 『동물권리를 위한 주장』의 서문에서 이렇게 말한다. "동물의 이익을 위해 일하는 사람들은 모두 '비합리적이다', '감상적이다', '감정적이다'라는 지긋지긋한 비난에 상당히 익숙하기 때문에, 우리는 우리가 감정에 빠져 있거나 감상적인 것처럼 보이지 않도록 일치된 노력을 함으로써만 그러한 비난이 거짓이라는 것을 보여줄 수 있다. 그리고 그것은 우리에게 지속적으로 이성적 탐구를 할 것을 요구한다"(Regan, 1983: xii). 그리고 리건은 다른 곳에서는 "동물이 가진 동등한 본래적 가치를 인정하도록, 그리고 그것을 통해 동물이 가진 동등하게 존경받을 권리를 인정하도록 강요하는 것은 감상이나 감정이 아니라 이성이다"라고 주장한다(Regan, 1986: 187).

이러한 인식은 동물운동가들에게서도 나타난다. 그들은 자신들이 속한 단체의 철학자들이 제시하는 '합리적' 주장으로 간주하는 것에 의지하고 운동에서 '감정주의'를 멀리한다. 즉, 이들 운동가는 동물 학대를 다루는 '합리적' 접근방식을 지지한다. 그들은 자신들의 동물보호 활동에 대해 애써 과학적 또는 철학적으로 정당화한다. 그들은 애완동물(원문 그대로)에 대해 연민을 드러내기보다는 모든 동물의 권리와 정의(正義)를 주창한다(그로브스, 2012: 318, 322). 그 이유는 무엇인가? 동물운동가들은 감정적이 되는 것은 자신들을 너무나도 비전문적이고 너무나도 비합리적으로 또는 너무나도 여성적으로 보이게 한다고 믿기 때문이다. 반면 그들은 동물보호와 관련하여 이성을 근거로 하는 철학이나 과학적 이유보다는 동물에 대한 자신들의 감정에 의거하는 사람들을 동물애호가 또는 동물복지주의자라고 칭한다. 그리고 그들은 복지주의자들을 비이성적이라고 생각한다. 왜냐하면 그들은 애완동물을 보호하면서도 고기를 먹고 가죽옷을 입기 때문이다(그로브스, 2012: 328, 329).

그렇다면 동물윤리학자와 동물권리 운동가들은 감정의 역할을 전혀 인정하지 않는가? 그렇지는 않다. 그들 역시 동물에 대한 동정심과 분노와 같은 감정이 동물의 고통과 관련하여 사람들의 관심을 유발하는 수단임을 인정한다. 이를테면 싱어는 동물이 받는 고통에 대한 자신의 묘사가

"노여움과 분노의 정서"를 유발하기를 기대하는가 하면(싱어, 2012: 17), 리건은 "동물의 고통을 끝내라고 요구하는 것, 즉 동물을 체계적으로 억압하는 것의 배후에 있는 힘과 습관을 극복할 것을 요구하는 것은 우리의 머리가 아니라 우리의 마음"이라고 말한다(Regan, 1986: 189).

그리고 동물권리 운동가들 역시 거리 캠페인에서는 동물들이 고통 받는 모습을 담은 사진들을 전시하면서 시민들로부터 공감과 연민, 동정심과 분노를 끌어내고자 한다. 그리고 그러한 감정이 활동가와 지지자를 충원하는 데서 중요한 역할을 한다는 것을 잘 알고 있다(재스퍼, 2016: 제7장). 하지만 그들은 동정심과 같은 감정이 가진 충동성, 비일관성, 협애성, 변덕 가능성 때문에 감정은 일관적이고 확고한 행위의 지침이 되지 못한다고 본다. 그들이 보기에, 감정은 이성을 보조할 뿐이다(최훈, 2015: 297).

이렇듯 동물권리 이론가들과 운동가들은 공히 감정정치를 경시하고 이성정치에 매진한다. 그렇다면 이성의 정치는 그들의 궁극적인 목적대로 윤리적 채식주의를 낳을 수 있을까? 아래에서는 먹기의 감정동학을 통해 이 문제를 검토해 보고자 한다.

동물권리운동과 먹기의 감정동학

채식의 이성정치: 윤리적 채식주의

싱어의 지적대로, 현대 도시사회에서 대부분의 사람이 인간이 아닌 동물과 마주치는 주요한 형태는 식사이다. 동물을 음식으로 이용하는 것은 아마도 가장 오래되고 가장 널리 퍼져 있는 동물 이용방식일 것이다. 그리고 이는 동물을 이용하는 가장 기본적인 방식이며, 동물이 우리의 필요와 이익을 충족시키기 위해 우리가 사용해야 할 물건이라고 보는 윤리의 주춧돌이기도 하다(싱어, 2013: 108). 하지만 동물권리 이론가들의 입장에서 보면, 이러한 인간의 육식 방식은 심각한 도덕적 문제를 야기한다. 따라서 이들은 육식은 비윤리적 식습관으로, 마땅히 거부되어야 한다고 주장한다.

특히 리건에 따르면, 동물은 인간과 마찬가지로 의심할 바 없이 삶의 주체이고 사육과 도살에 의거하는 육식은 '악화의 원리(the worse-off principle)'를 위배하기 때문에 윤리적으로 정당화될 수 없다. 리건은 자신이 말하는 악화의 원리를 다음과 같이 기술한다.

> 특별한 고려사항을 논외로 하는 상황에서, 우리가 무고한 다수의 권리를 침해할지 아니면 무고한 소수의 권리를 침해할지를 결정해야만 할 때, 그리고 어떤 다른 선택지가 선택될 경우 소수가 직면하는 해악이 그 소수를 악화시키는 정도가 다수가 직면하는 해악이 그 다수를 악화시키는 정도보다 클 때, 우리는 다수의 권리를 침해해야 한다.(Regan, 1983: 308)

리건의 이 악화의 원리는 쉽게 설명하면 선택에 따라 해악을 받는 대상의 수가 많고 적음이 아니라 그에 따른 해악의 크고 작음에 의거하여 해악을 적게 받는 쪽의 권리가 침해받아야 한다는 것이다. 이 원리를 육식에 적용하면, 인간이 고기를 먹지 못해 생기는 해악은 고기 맛을 즐기지 못하는 것이 전부이다. 하지만 이 해악은 인간이 육식을 했을 때 동물에게 가해지는 해악, 즉 동물의 목숨과 비교했을 때 그 정도가 훨씬 적다. 그러므로 동물을 죽여서 그 고기를 먹는 것은 정당화될 수 없다(최훈, 2015: 51). 왜냐하면 리건은 싱어처럼 동물도 고통이나 쾌락을 경험할 수 있다고 보는 데 머무는 것이 아니라 그 고통과 쾌락을 경험하는 존재 그 자체가 실재적 가치를 갖는다고 보기 때문이다(맹주만, 2009: 51). 따라서 리건은 만약 우리가 먹는 동물이 이익을 갖는 종류의 존재라면 채식주의는 필수적이라고 주장한다(Regan, 1975: 212).

반면 싱어는 동물의 살해보다는 동물이 고통과 쾌락을 느끼는 능력에 초점을 맞추기 때문에, 그에게서는 고통 없이 사육되거나 도살될 경우 육식의 가능성이 존재할 수 있다. 싱어는 이렇게 말한다. "엄밀한 논리라는 측면에서 보았을 때, 동정이라는 견지와 식도락적 견지에서 동물의 이익을 고려하는 데에는 아무런 모순이 없을지도 모른다. 동물에 고통을 가하는 데 반대하면서도 고통 없이 죽이는 데는 반대하지 않는다면, 모든 고통으로부터 벗어나 살았고 순간적으로 고통 없이 도축된 동물은 계속 먹을 수 있을 것이다"(싱어, 2012: 278).

하지만 그는 곧 이렇게 부언한다. "상당한 고통을 주지 않으면서 식용 가축을 대규모로 사육하기란 실질적으로 불가능하다. 집약적인 방식이 사용되지 않는 전통적인 축산에도 거세, 어미와 새끼의 분리, 가축 무리의 해체, 낙인찍기, 도축장으로의 수송, 그리고 최종적으로 도축 등이 포함되어 있다. 동물들이 이로 인한 고통을 겪지 않고 식용으로 사용된다는 것을 상상하기란 어렵다"(싱어, 2012: 279). 따라서 그는 다음과 같이 결론짓는다.

> 실천이라는 측면에서 볼 때, 그리고 심리적인 측면에서 볼 때, 인간 아닌 동물들을 배려하면서 동시에 그들을 계속 먹을거리로 삼을 수는 없다. 단지 어떤 특정 유형의 음식으로 미각을 만족시키기 위해 다른 생물의 목숨을 빼앗을 수 있다면, 이때 그 생물은 우리의 목적을 위한 수단 그 이상일 수 없다. 얼마 안 가 우리는 아무리 강한 연민을 느낀다고 해도 결국 돼지, 소, 그리고 닭을 우리가 이용할 무엇으로 간주하게 될 것이다. (싱어, 2012: 278)

그는 계속해서 다음과 같이 말한다. "평생을 새장에 처박혀 지내는 암탉이 낳은 알을 계속해서 먹으면서, 또는 어미로부터 떨어져서 제대로 먹지도 못하고 마음껏 다리를 뻗고 누워볼 자유마저 박탈당한 송아지 고기를 계속 먹어대면서 스페인의 투우, 한국의 보신탕, 또는 캐나다의 새끼 물개 도살을 반대하는 것은 집을 흑인에게 팔지 말라고 이웃에게 말하면서 남아프리카의 인종차별을 비난하는 경우와 다를 바 없다"(싱어, 2012: 283).

싱어는 채식주의자가 된다는 것은 단순히 상징적인 제스처만이 아니라고 주장한다. 그가 볼 때, 채식주의자가 된다는 것은 인간 아닌 동물의 살해와 고통을 종식시키는 방향으로 나아가기 위해 우리가 취할 수 있는 매우 실천적이고 효과적인 행보라고 할 수 있다. 왜냐하면 일단 육식을 탈피하면 그런 사람들은 미각의 하찮은 욕구를 만족시키기 위한 도축을 용인하지 않을 것이기 때문이다. 또한 죽이는 것이 아니라 고통을 야기하는 것만을 거부하는 사람들도 푸줏간과 슈퍼마켓에서 고기를 사지 말아야 하는 것은 하나의 도덕적 의무이다. 왜냐하면 그렇게 하지 않을 경우 우리 모두는 사실상 공장식 축산의 존속과 번영, 그리고 성장에 이바지하는 셈이며, 음식용으로 사육되는 동물들에게 자행되는 다른 모든 잔혹 행위에 대해서도 직간접적으로 기여하는 것이기 때문이다(싱어, 2012: 282).

싱어는 독자들로 하여금 고기를 포함하는 잡식성 식생활로부터 채식주의 식생활로 전환하게 하는 것이 자신의 목표라고 하면서, 식물로 만든 요리의 좋은 맛과 영양가 있는 품질은 땅에서 제공된 것이며, 그러한 요리는 땅이 생산한 것을 낭비하지 않으며, 감각 능력이 있는 존재의 죽음을 요구하지도 않는다고 주장한다. 그러면서 육식과 채식을 이렇게 대비시키며 채식주의의 장점을 묘사한다.

채식을 할 경우, 음식과 식물, 그리고 자연 사이에 새로운 관계가 형성된다. 살코기는 우리의 식사를 오염시킨다. 아무리 그럴듯하게 꾸미려 해도, 저녁 식사의 메인 요리가 피가 뚝뚝 떨어지는 도축장에서 온 것이라는 사실만큼은 숨길 수 없다. 이를 제대로 처리하지 않고 냉동하지 않을 경우 이내 썩어서 악취를 풍긴다. …… 반면 식물 음식은 이와는 전혀 다르다. 우리는 준비가 되어 있는, 그리고 먹어도 몸에 전혀 해가 없는, 땅으로부터 온 음식을 먹는 것이다. 우리는 고기로부터 미각이 무뎌지는 대신 땅에서 곧장 가져온 신선한 채소를 먹음으로써 매우 커다란 기쁨을 누리게 된다. (싱어, 2012: 307~308)

하지만 싱어 역시 누군가가 채식주의의 논변이 옳다는 것을 머리로 깨닫는다고 하더라도 그처럼 지적으로 확신하는 것과 자신의 평생의 습관을 타파하는 것 간에는 틈새가 있다는 점을 인정한다. 그리고 궁극적으로 확신을 실천에 옮기는 것은 각자의 몫이라고 말한다. 그러한 실천이 얼마나 어려운 것인가는 싱어가 동물윤리학을 개척한 선구적인 인물일 뿐만 아니라 그 자신이 이전의 식습관을 포기하고 몸소 채식을 실행하는 실천적 이론가로 추앙받고 있다는 사실이 역설적으로 보여준다. 그렇다면 우리는 이론상으로는 동물권리이론에 동의하면서도 그 이론을 실제로 실천하지 못하는 이유는 무엇인가? 아래에서는 이를 먹기의 감정동학을 통해 해명하고자 한다.

잡식동물의 딜레마: 감정적 이율배반

생물학적 및 행동적 측면에서 인간은 잡식동물로 분류된다. 인간은 자신에게 필요한 영양분을 동물과 식물 모두에서 얻고, 또 전적인 초식동물이나 확고한 육식동물의 특징을 이루는 각종 생리학적 분화기관을 드러내지 않기 때문이다(비어즈워스·케일, 2010: 89). 이 잡식동물은 항상 무엇을 먹을 것인지를 고민할 수밖에 없다. 우리는 동물권리이론을 마주할 때도, 그리고 그 이론을 실천하는 운동가들 앞에서도 잡식동물의 딜레마에 직면한다. 즉, 우리는 동물의 고통에 대해 공감하면서도 육식에 대한 욕구를 동시에 느낀다. 왜냐하면 우리 인간은 수만 년 동안 윤리적 고통을 인지하지 않고 줄곧 고기를 먹어왔기 때문이다. 이러한 모순을 만들어내는 구조를 싱어는 다음과 같이 묘사하고 있다.

> [우리는] 어렸을 적부터 고기를 먹기 시작한다. …… 매우 흥미롭게도 처음부터 동물 고기를 즐겨 먹는 아이들은 별로 없다. …… 주목해야 할 점은 먹고 있는 것이 죽은 동물의 몸뚱이라는 것을 알기 훨씬 이전부터 우리가 동물의 고기를 먹는다는 것이다. …… 한편 아이들은 자연스레 동물을 사랑하며, 우리 사회는 아이들이 개와 고양이, 그리고 껴안고 싶은 느낌이 드는 동물 인형을 사랑하는 마음을 갖도록 장려한다. …… 즉, 아이들은 동물에 대해 한 가지 태도를 갖는 것이 아니라 육식을 하면서 동물을 사랑하는 두 가지 상반된 태도를 동시에 갖게 되는 것이다. 양자는 나누어진 채 조심스레 공존하고 있어서 아이들이 두 가지 태도가 갖는 근본적인 모순으로 인해 갈등하는 경우는 거의 없다.(싱어, 2012: 362~363)

싱어는 고기를 먹는 습관은 고기가 몸에 좋다고 생각하는 부모의 잘못된 편견에 근거한 '강요된 사회화'의 결과임을 주장하며, 독자들에게 동물의 고통을 인식시킴으로써 잡식동물의 딜레마를 더욱 심각하게 느끼게 하고자 한다. 그러나 싱어의 『동물해방』이 스테이크 하우스에서 일부러 혼자 저녁 식사를 하면서 그 책을 읽은 마이클 폴란(Michael Pollan)까지 (계란과 유제품을 먹는) 채식주의자로 만드는 등(폴란, 2008) 채식주의의 열풍을 일으키기도 했지만, 채식주의자는 여전히 전체 인구 중에서 소수이다. 그렇다면 육식을 하는 대다수는 어떻게 이러한 '인지적' 부조화를 극복할 수 있는 것인가?

우선 거론할 수 있는 것은 동물윤리학적 지식들이 우리에게 동물의 고통을 일깨우고 육식의 비윤리성을 강조하지만, 우리의 전체 음식 문화는 여전히 육식을 포함하는 우리의 전통적인 식생활을 정당화하고 있다는 것이다. 그리고 사람들은 이제 데카르트처럼 동물에게 영혼이 없다고 생각하지는 않지만, 잡식동물인 우리 인간이 무엇을 먹을 것인지를 음식의 '근원'이 무엇인지에 의해서가 아니라 생물학적 미각에 의해, 다시 말해 윤리적 근거에 의해서가 아니라 맛에 의해 선택하는 것은 '종교적' 채식주의자가 아닌 한 자연스러운 것으로 간주되어 왔다. 사람들은 맛을 중심으로 식탁공동체를 형성했고, 한 사회에서 선호하는 음식들은 가장 강력한 사회적 아교가 된다(폴란, 2008: 375). 따라서 채식주의자가 된다는 것은 사회적 소외자가 된다는 느낌을 동반한다. 동물권리에 관해 여러 권의 책을 쓴 한 채식주의 철학자는 자신의 "식탁에서 고기가 사라진 대신 고민이 차려졌다"라는 말과 함께 자신이 특강 후에 함께하는 식사 자리에서 겪게 될 불편함을 예견하고 다음과 같이 표현한다.

> 강연과 질문이 끝나면 일곱 시쯤 될 테니 함께 저녁을 먹으러 갈 것이 틀림없다. 고깃집에 가면 어떻게 하지? 혼자 조용히 상추쌈에 밥만 먹으면 되겠지만, 이날은 내가 주빈(?)이니 그럴 수도 없다. 애써 좋은 곳을 예약해 놓았는데 손님이 싫다고 하면 주최 측이 얼마나 민망해할까? 선약이 있어 미안하다고 할까? 그것도 안 되지, 이런 특강은 끝나고 뒤풀이에서 더 깊이 있는 토론이 이어지므로 강의만으로는 내 할 일을 다 하는 게 아니다. 그럼

> 아예 고깃집은 가지 말자고 먼저 말할까? 아냐. 식사 계획도 없는데 먼저 그런 말을 하면 얼마나 우스울까? 옆구리 찔러 밥 달라는 꼴이잖아……. (최훈, 2012: 9~10)

그는 윤리적인 사람이 되기 위해서는 불편을 감수해야 한다고 말한다. 이러한 불편함은 채식주의자들이 식탁에서 자신을 인정해 주거나 배려해 주는 것에 대해 고마움의 감정을 드러내는 것에서도 쉽게 확인할 수 있다. 이처럼 채식주의는 육식의 세계에서는 윤리적 올바름을 실천한다고 존중받기보다는 사회적 소외감을 초래하는 반면, 반대로 육식을 한다는 것은 공동체의 일원임을 확인시켜 준다.

다른 한편 채식주의를 방해하는 것 중의 하나가 음식 문화 속에서 고기가 갖는 상징성이다. 아마도 고기는 인류문화의 광범한 스펙트럼을 가로질러 가장 보편적으로 귀중한 음식을 대표할 것이다. 우리 같은 잡식동물에게 고기는 각별히 높은 영양가를 지닌 음식으로, 특히 단백질의 원천으로 해석되어 왔다(비어즈워스·케일, 2010: 332). 따라서 고기는 '적절한 식사'에서 빠질 수 없는 중심 요소였다. 적절한 식사에서 고기의 존재는 실제로 그 식사를 규정하는 요소이고, 다른 모든 요소 – 주로 채소로부터 나온 – 는 고기에 부속된다. 그리고 실제로 다른 요소는 접시 위에 정성들여 차려진 음식에서 조연의 역할을 하는 것으로 간주된다. 그중에서도 붉은 고기는 가장 탐나고 가장 위세 있는 형태였다(비어즈워스·케일, 2010: 364~365).

반면 영양학적 지식이 발전하면서 이러한 고기의 상징성이 싱어가 말하듯 하나의 잘못된 편견이라는 것을 입증되어 왔고, 그리하여 고기의 그 같은 상징적 성격 역시 약화되어 왔다. 그뿐 아니라 영양학적 지식은 고기가 건강에 해롭다는 점 역시 밝혀내어 왔다. 이는 인간의 육류 소비를 줄이는 데서 뿐만 아니라 채식주의를 선택하는 데서도 중요한 동기 중 하나로 작용했다. 하지만 이는 육식을 다른 동물에 대한 부당한 착취로 바라보는 '윤리적' 채식주의가 아니라 어원적 의미에서의 채식주의(어원적으로 채식주의자는 야채를 먹는 사람이 아니라 활기차게 살기 위해 동물 음식을 피하는 사람을 의미한다)(김일방, 2012: 155), 즉 건강을 이유로 채식하는 '식이적' 채식주의이다.

다른 한편 채식주의는 육류산업의 적이다. 동물권리 이론가와 운동가들은 공장식 축산과정에서 동물들이 겪는 고통과 도살의 잔인함을 부각시키기 위해 무척이나 애를 쓴다. 이를테면 싱어는 육계의 사육과정에서 매우 널리 사용되는 '부리 자르기' 관행을 그의 표현으로 '덤덤하게', 그러나 충격적으로 묘사한다.

> 농장 경영인들은 닭들이 서로 깃털을 쪼아대지 못하게 하도록 하기 위해 닭의 윗부리를 태워 없애곤 한다. 이러한 투박한 기술은 얼마 있지 않아 개량 납땜인두를 사용하는 방법으로 대체되었으며, 오늘날에는 특별히 고안된 칼날의 절단기 같은 장치가 흔히 이용되는 장비이다. 병아리들의 부리가 이 장치에 삽입되고, 날카로운 칼날이 부리의 끝을 잘라낸다. 매우 빠르게 진행되는 이 과정은 1분당 열여섯 마리를 처리한다. 작업이 이처럼 빠르게 이루어진다는 사실은 칼날의 온도와 날카로움이 고르지 못하여 닭의 부리가 적절히 절단되지 않는다는 것을 의미하고, 결과적으로 닭에게 심각한 상해가 초래될 수도 있다. …… 추가적으로 닭은 부리가 없어짐으로써 장기적으로 타격을 입게 된다. 이처럼 부리가 절단된 닭들은 여러 주 동안 제대로 먹지도 못하고 체중이 감소한다. 이러한 현상이 나타나는 이유에 대한 가장 설득력 있는 설명은 상처를 입은 부리가 계속해서 고통을 야기한다는 것이다.(싱어, 2012: 182~183, 184)

운동가들이 영상을 통해 보여주는 이러한 충격적인 모습은 그러한 광경을 지켜본 사람들로 하여금 동물권리에 대한 인식을 갖게 하기보다는 단지 역겨움을 느껴 육식을 중단하는 '심미적' 채식주의자가 되게 하기도 한다. 하지만 싱어도 잘 알고 있다시피, 육류 식품산업은 그 흔적을 없애기 위해 노력한다. 슈퍼마켓이나 식당에서 식품 또는 음식을 사거나 먹는 것은 오랜 '학대 과정의 종착점'임에도 불구에도 이 상태에서는 동물들이 좀처럼 피를 흘리지 않는다. 깔끔하게 포장된 육류 제품에서는 살아 숨 쉬고 걸어 다니며 고통 받는 동물이 쉽게 연상되지 않는다. 이것이 바로 우리로 하여금 동물을 도덕적 고려의 밖에 두게 하고, 그리하여 동물을 우리의 욕구를 충족시키는 도구로 보는 것에 죄책감을 느끼지 않게 한다. 하지만 싱어는 이것이 고기가 동물에서 왔다는 사실을 부정하지는 않는다고 주장한다. 이것이 싱어가 '윤리적' 채식주의를 주장하는 이유이다.

사람들이 잔혹한 고기 생산과정에서 받은 도덕적 충격이 곧바로 육식의 거부로 이어지지 않는 이유를 우리는 감정 메커니즘에서도 찾을 수 있다. 그것이 바로 우리가 '도덕적 충격'에 의해 느끼는 고통이라는 감각은 영원히 지속되지 않기 때문에, 그러한 충격으로 인해 일순간 우리의 육식 욕구가 사라질 수도 있지만, 그러한 충격이 우리로 하여금 언제나 채식을 선택하게 하지는 않는다는 것이다. 만약 고통이라는 감각이 영원히 지속된다면, 우리 인간은 아마도 고통 자체로 인해 생존을 위협받게 될 것이다. 이 고통에서 벗어날 수 있게 하는 것이 바로 '망각'의 메커니즘이다. 그리고 육류식품의 포장과 조리는 이 망각을 촉진하는 기제이다. 폴란의 지적대로, "닭에서 치킨너깃에 이르는 과정은 이 세상을 망각으로 이끄는 여정과 같다"(폴란, 2008: 26). 이는 우리로 하여금 육식을 동물과 접촉하는 것이 아니라 음식과 접촉하는 일로 생각하게 한다. 캐럴 애덤스(Carol J. Adams)에 따르면, 동물은 도살을 통해 '부재 지시 대상'이

되기 때문이다(애덤스, 2018: 146, 104).

그러나 도덕적 충격이 윤리적 깨달음으로 이어진다고 하더라도, 먹기 감정의 이율배반은 '감정적' 부조화를 야기한다. 동물의 고통과 동물 살해는 우리에게 불쾌감을 야기하지만, 그 산물들은 또한 인간에게 쾌락을 가져다준다. 싱어는 이러한 감정적 부조화를 해소하는 방식으로 미식의 쾌락주의를 버리고 '도덕적' 메뉴를 선택할 것을 주장한다. 싱어는 자신의 이러한 입장에 설득력을 더하기 위해 어린 송아지 고기, 즉 빌(veal)을 생산하는 과정에 대해 묘사한다. 빌은 어미에게서 젖을 떼기 전에 도축된 송아지 고기로, 풀을 먹기 시작한 송아지 고기에 비해 훨씬 색이 엷고 부드럽다. 송아지 고기 생산업자는 그러한 희소한 고기를 인위적인 환경에서 대량으로 생산하는 방법을 고안했다. 송아지들은 몸을 돌릴 수 없는 좁은 우리에 갇혀서 다음과 같은 방식으로 사육된다.

> 헛간에는 지푸라기나 깔짚이 깔려 있지 않다. 왜냐하면 송아지들이 그것을 먹어 치워 고기의 연한 색깔을 망쳐 놓을 수 있기 때문이다. 그들은 오직 도축될 때에만 우리를 벗어날 수 있다. 송아지들은 비타민, 미네랄, 그리고 성장 촉진제가 첨가된 탈지분유로 된 완전 액체 사료만으로 사육된다. …… 신속한 성장을 위해 …… 가능한 음식을 많이 먹게 하기 위해 대부분의 송아지에게는 물이 제공되지 않는다. 그들은 오직 식사 ― 분유와 지방이 첨가된 영양가 있는 우유 대용 식품 ― 를 통해서만 수분을 섭취하게 된다. 그들이 먹고 자는 축사의 온도는 따뜻한 상태를 유지하므로, …… 송아지는 땀을 흘림으로써 수분을 잃게 되며, 이로 인해 갈증을 느낀다. 그리하여 송아지는 또다시 과식을 하게 되는 것이다. …… 그렇게 송아지는 16주를 더 산다. 갓 태어난 송아지의 체중은 41킬로그램 남짓 나간다. 그런데 그러한 시스템 속에서 사육된 송아지는 16주가 지나면 181킬로그램까지

나가게 된다.(싱어, 2012: 233, 239~240)

  이 인용문에서 싱어가 의도하는 것은 동물의 이익과 생산자의 이익을 대비시킴으로써 이러한 생산과정의 추악함을 부각하는 동시에, 이 송아지들은 불행하고 건강하지 못한 동물이며 연한 핑크빛 고기는 사실상 빈혈에 걸린 송아지 고기라는 점을 적나라하게 보여주는 것이다. 싱어가 볼 때, 이러한 고기를 원하는 것은 일종의 속물적 허영심일 뿐이다(싱어, 2012: 237). 사람들은 단백질이 필요해서 또는 생존을 위해 송아지 고기라는 '쾌락주의적' 메뉴를 찾는 것이 아니라 자신의 허영심을 충족하기 위해 동물에게 고통을 가하는 것이다. 싱어가 볼 때, 그러한 제품의 소비자들은 동물 학대의 공범이다.
  하지만 미식의 쾌락주의는 부르디외가 말하는 '구별 짓기'의 주요한 기제의 하나이다(Bourdieu, 1984). 싱어는 윤리적으로는 우리가 고기를 먹음으로써 누리는 쾌락이 동물이 누릴 즐거움을 능가하지 못할 것이라고 주장하지만(싱어, 2013: 194), 현실에서는 다시 동물의 고통이라는 감각과 구별 짓기의 욕구가 대립한다. 잡식동물의 딜레마는 우리를 다시 한번 미식의 쾌락과 그것이 덤으로 주는 고급 취향이라는 인식 앞에서 주춤거리게 만든다. 건강하지 못한 음식을 먹고 즐길 때 발생하는 질병과 죽음의 위험을 감수하게 하는 것도 바로 쾌락이다. 그리고 이것을 비난할 자격이 있는 사람은 없다. 취향은 좋고 싫음의 문제이지 옳고 그름의 문제가 아니기 때문이다. 쾌락의 추구와 고통 회피는 개별 개체에는 공리주의적 지상 명령이지만, 타 개체에는 학대와 착취의 근원이다. 윤리는 모든 생명체에 가해지는 고통을 줄일 것을 명령하지만, 개별 개체는 끝없는 쾌락의 추구를 욕망으로 요구받는다. 이것이 잡식동물의 '감정적 이율배반'이다.

게다가 이른바 미식 재료의 대량생산은 메넬(Mennell, 1985)이 말하는 '사치의 민주화'를 가져왔다. 다른 한편 고기의 상징성은 약화되었지만, 미용을 무기로 하는 부속고기 마케팅은 과거 혐오스러운 음식으로 인식되던 내장, 껍질, 코, 꼬리까지를 여성에게 인기 있는 메뉴로 바꾸어놓았고, 젊은이들 사이에서는 그러한 음식을 즐기는 것이 하나의 '놀이'가 되고 있다. 이러한 상황은 한편에서는 윤리적 채식주의를 증가시키면서 다른 한편에서는 육식의 소비를 증가시키는 역설적인 상황을 낳고 있다.

채식주의의 또 다른 친구들: 생태주의와 페미니즘

하지만 윤리적 채식주의에는 또 다른 친구들이 있다. 그것이 바로 생태주의와 페미니즘이다. 이 셋은 논리의 측면에서는 서로 다투기도 하지만, 채식주의를 고무한다는 점에서는 친구들이다. 싱어 역시 생태주의에 대해서는 논급하지만, 페미니즘-채식주의에 대해서는 『동물해방』에서 직접 언급하지 않는다. 하지만 페미니즘-채식주의는, 캐럴 애덤스(2018)가 분명히 밝히듯이, 윤리적 채식주의를 지향한다.

먼저 생태주의와 관련하여 살펴보자. 싱어가 주로 공장식 축산의 사육과 도축 과정에서 동물에게 가해지는 고통에 초점을 맞춘다면, 생태주의적 입장에 있는 학자들은 공장식 축산이 생태계에 미치는 악영향에 집중한다. 제레미 리프킨(Jeremy Rifkin)은 자신의 저서 『육식의 종말(Beyond Beef)』 '머리말'에서 싱어가 허용했던 방목 행위가 생태계에 미치는 파괴적인 결과를 다음과 같이 묘사한다.

> 소의 수는 갈수록 증가하는 추세이며, 이는 지구의 생태계에 혼란을 가져오고 6대륙의 거주지들을 황폐하게 하고 있다. 그 무엇보다 소의 증가는

현재 남아 있는 열대우림을 파괴하는 주요한 요인이 되고 있다. 중앙·남아메리카의 수백만 에이커에 달하는 고대 열대우림 지역이 소 방목용 목초지로 개간되고 있다. 또한 소 방목은 사하라 이남 및 미국과 오스트레일리아 남부 목장 지대에서 활발히 진행되고 있는 사막화의 주된 요인이다. 반건조 지역과 건조 지역에서의 과잉 목축으로 인해 4대륙에는 메마른 불모지가 생겨나고 있다. 나아가 사육장에서 흘러나온 축산 폐기물이 지하수 오염의 주요 원인이 되고 있으며, 소는 지구 온난화의 주범이기도 하다. 소가 내뿜은 메탄은 지구 온난화를 초래하는 잠재적인 가스로서 지구 대기에서 열기가 빠져나가는 것을 차단하는 역할을 한다.(리프킨, 2002: 8)

리프킨은 이어서 육식이 인간에게 초래하는 폐해에 대해서도 묘사한다.

> 축우를 포함하여 여타 가축들은 미국에서 생산되는 모든 곡물의 70%를 소비한다. 지구상에서 생산되는 전체 곡식의 1/3을 축우와 다른 가축들이 먹어 치우고 있는 반면 수없이 많은 사람이 기아와 영양실조에 허덕이고 있다. 개발도상국의 농토가 생계용 양식 곡물 생산에서 상업용 사료 곡물 생산으로 전용됨에 따라 수많은 농부가 대대로 물려받은 조상의 땅으로부터 쫓겨나고 있다. 인간들은 기아에 시달리고 있지만, 소와 다른 가축들은 실컷 곡물을 먹고 있다.(리프킨, 2002: 8~9)

리프킨은 이러한 모순적인 상황이 인간이 소의 은혜를 입고 있다고 믿고 소의 번식의 힘을 숭배하던 것에서 소를 조작 가능한 자원으로 탈바꿈시키고 자연과 동료를 지배하는 힘을 얻기 위해 소고기를 먹은 것에서 초래되었다고 파악한다. 그는 이제 소고기를 먹지 않는 선택을 함으로써 이 창조물과 새로운 계약을 맺어야 한다고 주장한다. 이는 싱어와 같은 결론으로 이어진다. 리프킨에 의하면, 현대식 비육장과 도살장에서 소가 당하는 고통과 모욕에서 소를 해방시키는 것은 위대한 상징적·실천적 의미를 지닌 인도적인 행위이다. 또 뿔 제거, 거세, 발정 억제, 호르몬 주입, 항생제 과다복용, 살충제 살포, 자동화된 도살장으로부터 소를 해방시키는 것은 참회의 행위이다. 또한 그것은 우리 현대인이 자연을 지배하려는 억제되지 않는 힘을 추구하는 과정에서 온갖 피조물에게 해악을 끼쳤음을 솔직하게 인정하는 길이기도 하다(리프킨, 2002: 347~348).

리프킨은 육식을 끊는 행위는 자연을 더 이상 정복하고 길들여야 할 적이 아니라 우리가 거주하는 공동체로 간주하게 할 것이고, 다른 생물들도 더 이상 희생물이나 물질적 대상으로 취급되지 않고 자연과 생물권을 형성하는 좀 더 큰 생활 공동체의 협력자이자 참여자로 대접받게 할 것이라고 내다본다. 그는 육식의 종말이 가져올 유토피아를 다음과 같이 묘사한다.

> 육식을 끊는 행위에는 모든 대륙의 자연을 대대적으로 회복시키는 생태계적 르네상스가 동반될 것이다. 미 서부 방목지는 다시 생명을 되찾아 예전의 강이 다시 흐르고, 그 물이 대평원을 가로지르며 수천의 상처받은 강기슭 지역을 소생시킬 것이다. 천년의 야생화들과 다년생 번치그래스가 싹을 틔우고 꽃이 만발할 것이며, 서부 평원을 푸릇푸릇한 융단으로 뒤덮을 것이다. 넓은 잎 양버들이 또다시 평원에 그늘을 드리우고 숱한 토착 새들의 보금자리가 될 것이다. 개울가 샘이 소생하고 민물송어와 다른 토착 물고기들을 불러들일 것이다. 엘크, 무스, 가지뿔영양, 영양, 로키양 등 평원의 대형 초식동물들이 서부 방목지에서 다시 번성하여 수백만 에이커의 초원에 흩어질 것이다. 코요테, 늑대, 스라소니, 쿠거, 살쾡이 등 육식동물들도 번성해 광대한 서부 방목지에 다시 찾아와 급증한 초식동물들이 생태계 질

서에 혼란을 가져오지 않도록 본연의 역할을 다시 수행할 것이다. [그들이] 버팔로, 야생마, 당나귀와 초원을 공유하면서 서부를 다시 떠돌아다닐 것이다.(리프킨, 2002: 348~349)

이 긴 인용문은 목가적 낭만주의의 모습을 보이기도 하지만, 이 속에는 채식주의가 가져올 또 다른 생태적 불균형을 우려하는 사람들에 대한 비판이 담겨 있기도 하다. 또한 리프킨은 육식을 포기하는 것이 인간에게 가져다줄 이익에 대해서도 논의한다.

상업적 축산단지의 해체로 부자들은 너그러워질 것이고 빈자들은 곤경에서 벗어나게 될 것이다. 곡물로 사육한 소고기를 없애고 식품 사슬의 아래쪽에 위치한 음식을 먹으면 심장질환, 암, 당뇨병 발병을 현저히 감소시킬 것이다. 수많은 사람이 보다 건강해지고 긴 수명을 누릴 것이며, 건강관리에 투입되는 막대한 자금이 절약될 것이다. 동시에 더 많은 농경지와 더 많은 곡물이 빈자에게 제공될 것이다. 인류를 위한 곡물을 재배하여 토지를 '해방시키면' 북적거리는 도시 빈민촌에서 농촌으로 대대적인 이동이 촉발될 것이다. 조상의 땅으로 되돌아온 수많은 농민은 소규모 자급자족 농업을 다시 시작할 것이고, 대지로부터 직접 수확한 산물로 가족을 부양하게 될 것이다.(리프킨, 2002: 350~351)

이러한 맥락에서 리프킨은 결론적으로 "육식 문화를 초월하는 것은 우리 자신을 원상태로 돌리고 온건하게 하고자 하는 징표이자 혁명적 행동"이라고 표현한다(리프킨, 2002: 351). 가치정치의 측면에서 본다면, 이러한 리프킨의 생태주의-채식주의는 '채식주의 신체'(애덤스, 2018)의 건강성이라는 면에서는 인간이 가지고 있는 원초적인 '자연주의의 꿈'을 표현하는 동시에 빈자의 곤경에 대한 우려를 표현한다는 점에서 '정의 운동(justice movement)'의 일원이기도 하다. 이러한 점에서 생태주의-채식주의는 또한 싱어의 테제, 즉 "동물해방은 인간해방이기도 하다"라는 테제를 더욱 분명하게 보여주는 것이기도 하다.

또한 싱어는 페미니즘에 대해서는 직접 언급하지 않지만, 그가 동물해방을 노예해방 및 여성해방과 동일한 맥락에 있는 것으로 상정하고 있다는 점에서 페미니즘-채식주의로의 확장은 예견되는 것이었다. 이런 점에서 페미니즘과 채식주의를 결합시키고 있는 캐럴 애덤스의 『육식의 성정치(The Sexual Politics of Meat)』는 싱어의 『동물해방』의 연장선에 있다고 할 수 있다. 애덤스 역시 자신의 책을 "최근 출간된 여러 동물 옹호 이론 중 하나"라고 분명하게 밝히고 있다. 그녀에 따르면, '육식의 성정치'는 "여성을 동물화하고 동물을 성애화하고 여성화하는 태도"뿐만 아니라 "남성은 고기가 필요하며 고기를 요구할 권리가 있다는 가정, 그리고 고기를 먹는 행위는 사내다움에 연관된 남성적 행위라는 가정"을 일컫는다(애덤스, 2018: 17, 18). 그녀는 특히 후자의 모습을 다음과 같이 묘사한다.

> 고기는 늘 권력을 쥔 자가 먹었다. 유럽의 귀족사회는 온갖 고기로 가득 찬 음식을 소비한 반면, 노동자들은 합성 탄수화물을 소비했다. 식습관은 계급 구분을 명확히 해주며, 가부장제에 기초한 구분도 확실히 한다. 2류 시민인 여성이 먹는 음식, 그러니까 채소, 과일, 곡식 등은 가부장제 문화에서 2류 식품으로 여겨진다. …… 고기는 남자의 음식이고 육식은 남성적 행동이라는 신화가 모든 계급에 스며든다.(애덤스, 2018: 78)

닉 피데스(Nick Fiddes)에 따르면, 우리의 먹을거리 체계에서 고기가 갖는 우위성은 인간이 자연에 대해 갖는 권력의 원리를 여실히 보여준다.

그에 따르면, 인간 문명은 우리가 다른 생물을 죽이고 먹음으로써 그것을 지배할 수 있는 능력을 행사하면서 시작되었다(Fiddes, 1991: 225~226). 이는 동물의 고기는 그것에 수반되는 동물의 착취 '에도 불구하고'가 아니라 바로 그 착취 '때문에' 먹을거리로 높이 평가받고 있음을 의미한다. 그리고 그 고기의 공급원은 용맹한 남성이었고, 그 고기는 또한 남성의 사내다움의 원천이었다. 그리하여 또한 고기는 남성의 영양식품이 되었다.

그 결과 남성은 관습상 희소 음식 자원과 관련하여 특권적인 위치를 차지하고 있었고, 이는 남성 가장의 경우 특히 그랬다(Delphy, 1979). 이를테면 전통적인 메뉴에서 비교적 희소한 품목인 가축의 고기는 주로 남성을 위해 비축되었고, 설령 나누어 먹더라도 상등급 부위는 남성에게 할당되었다. 실제로 전통적인 농민문화는 성인 남성이 직접적인 생리적 측면에서 그런 고기를 '필요로 하는' 것으로 특징지어졌다. 게다가 대체로 남성은 여성보다 더 많은 양의 음식을 필요로 하는 것으로 인식되었고, 이런 생각을 정당화하는 방식 중 하나가 에너지 소비의 차이를 강조하는 것이었다. 하지만, 델피가 입증하듯이, 이런 관념은 상이한 노동 형태 속에서 증가하는 에너지 필요량을 현실적으로 계산한 데 근거한 것이 아니라, 오히려 특정한 일의 젠더화된 성격과 관련된 것이었다(비어즈워스·케일, 2010: 136).

애덤스는 가부장제 사회의 일상생활에서 고기의 상징성이 작동하는 방식을 그녀가 자주 듣는 말, 즉 "나는 채식주의자이지만 남편은 고기를 먹여야 해요"라는 말로 간단하게 입증한다. 애덤스에 따르면, "동물의 살점을 먹는 행위는 우리에게 동물성 단백질을 필요로 한다는 미신, 그리고 고기와 힘이 비례한다는 미신을 따른 결과"이며, "고기를 잡아먹는 행위는 가부장제적 가치들의 거울이자 표상이다. 육식은 모든 식사에서 남성 권력을 다시 각인시킨다. …… 만약 고기가 남성 지배의 상징이라면, 고기의 현존은 여성 권리의 박탈을 의미한다"(애덤스, 2018: 350).

애덤스는 페미니즘-채식주의 비판이론은 이렇듯 여성과 동물이 가부장제 체계에서 비슷한 처지에 놓여 있다는 자각, 즉 주체가 아닌 대상으로 취급된다는 사실에서 시작된다고 주장한다. 다시 말해 채식주의는 여성과 동물을 대상화하는 남성적 세계를 거부하는 방식이다(애덤스, 2018: 317, 319). 애덤스에 따르면, 채식주의를 탐색하는 과정은 세 부분으로 이루어진다(애덤스, 2018: 328~336). 첫째 단계는 고기의 무의미성을 폭로하는 것으로, 이는 고기가 음식이 아니라 동물의 사체라는 사실을 깨닫게 한다. 둘째 단계는 동물과의 관계에 이름을 부여하는 것으로, 이는 식탁에 차려지는 고기와 살아 있는 동물 간의 연관성, 자신과 다른 동물 간의 연관성, 우리의 윤리와 식사 간의 연관성, 육식에 내재한 불필요한 폭력을 인정하는 것이다. 채식주의 탐색의 최종 단계는 육식 세계 비난하기로, 이는 육식이 남성 권력과 연관되어 있다는 점에서 가부장제 사회를 비난하는 것이기도 하다. 따라서 애덤스는 가부장제 소비문화를 뒤흔들기 위해서는 가부장제 육식을 중단해야 한다고 주장한다.

애덤스에 따르면, 페미니즘의 통찰과 채식주의의 통찰이 결합하여 만들어내는 '초목 세계'는 분열이 아닌 유기적 통합의 세계, 폭력이 아닌 조화의 세계, 지배가 아닌 조화로운 삶의 세계이다. 따라서 그녀는 정의의 가치가 호모 사피엔스라는 종을 넘어서야 하며, 따라서 착취당하는 인간이 착취당하는 비인간 존재들에 공감하고 그들을 도와야 한다고 주장한다. 이처럼 생태주의와 페미니즘은 서로 결합하며 동물권리 문제를 더욱 부상시켜 왔다. 피데스는 일찍이 "고기에 대한 평판이 급격하게 쇠퇴한 것은 …… 새로운 가치의 진화를 보여주는 전조일 수도 있다"라고 말한 바 있지만(Fiddes, 1991: 233), 이제 동물권리는 하나의 가치정치로서의 위상을 굳건히 한 것으로 보인다. 왜냐하면 동물권리운동은 얼마 전까지만 해도 가장 먼 주변에 있었지만, 이제 문화적 주류로까지 급부상했다는 점을 누구도 부인할 수 없을 것이기 때문이다.

생명정치의 확장을 위하여

우리는 일반적으로 먹을거리를 놓고는 윤리를 따지지 않는다. 하지만 우리가 항상 그랬던 것은 아니다. 토착 수렵·채집인들을 보면, 대개 누가 언제 어떤 동물을 죽일지에 대해 정교한 규칙체계를 갖추고 있었다(싱어·메이슨, 2008: 15). 일부 종족은 사냥에 앞서 사냥할 동물들에게 용서를 구하는 의식을 치르기도 했다. 그리고 일부 종족은 새로 죽인 코끼리의 모욕당한 정신을 달래기 위해 정교한 의례를 거행하기도 했다(Coon, 1976: 140~144). 지난 세기 중후반부터 서구 학계에서는 그간의 공백을 넘어 동눌 먹을거리에 대해 다시 윤리의 문제를 제기했고, 운동가들은 동물권리운동을 본격화하기 시작했다.

사실 사회운동의 역사는 권리 확장 과정이었다고 할 수 있다. 노예해방운동, 노동계급운동, 흑인민권운동, 여성운동은 각기 노예, 노동자, 흑인, 여성의 정당한 권리를 확보하고자 하는 노력이었다. 브라이언 터너는 일찍이 『시민권과 자본주의(Citizenship and Capitalism)』에서 "인간의 무분별한 이용에 대응하여 자연을 보호하려는 사회운동은, 19세기 사회운동들이 여성과 노동계급에게 권리를 부여한 것과 마찬가지로, 동물과 유기체에 권리를 부여한다"라고 지적한 바 있다(터너, 1997: 137). 이는 우리의 논의의 맥락에서는 인간에 의해 인간을 위한 사물로 강등된 동물이 인간의 감각적 실천을 통해 인간과 마찬가지인 하나의 생명체로 복원되고 있음을 의미한다. 그리고 이제 동물권리운동은 동물에게 데카르트가 박탈한 '영혼'을 부여한다. 이는 그간 인공적으로 그어져 온 생명권의 경계를 변화시키는 노력으로, '생명정치'의 확장을 의미하기도 한다(렘케, 2015: 19를 참조하라).

동물이 생명권을 박탈당한 이유는 인간이 동물을 먹는다는 것 때문이었다. 식탁에 오르는 것은 그 무엇이든 인간에게서 생명의 가치를 상실했다. 그것들은 오직 인간의 생명을 위해서만 가치를 가졌다. 반면 집 안에서 인간과 함께 생활하는 개와 고양이 같은 동물은 법의 보호까지 받는다. 더 나아가 동물권리운동은 평등이라는 보다 높은 가치를 기치로 채식주의를 주장하고 초목의 유토피아를 꿈꾼다. 그러나 먹을거리의 선택은 개인적이다. 그리고 싱어의 지적대로, 먹을거리의 선택은 인간 행동의 일부일 뿐이며, 그것만으로 그들이 도덕적 인간인지 아닌지를 판단할 수는 없다(싱어·메이슨, 2008: 22).

모든 사회운동은 자신이 추구하는 가치를 확산시키는 것을 자신의 먹을거리로 하여 성장한다. 동물권리 이론가와 운동가들의 노력은 자신이 먹는 것이 동물의 삶과 어떻게 연결되어 있는지에 대해 더 많이 '생각'하게 해왔다. 그렇지만 동물권리운동은 식탁 앞에서 멈춰서기 일쑤이다. 이는 동물권리운동의 이성정치가 갖는 한계, 즉 운동전략의 한계에서 비롯되는 것이기도 한 것으로 보인다.

철학적 동물권리 이론가들은 동물행동 연구자들과 달리 철저히 이성중심적 윤리학을 제창한다. 하지만 사람들로 하여금 그들의 삶을 바꾸게 하거나 동물 문제를 정치적 핵심 분야로 부각시키는 일은 합리적 논증만으로 충분하지 않다. 수많은 동물이 인간의 욕구를 만족시키기 위해 무수한 착취를 당한다는 것 때문에 소비 습관을 바꾸는 사람은 매우 소수이기 때문이다(펠뤼숑, 2019: 33, 35). 그뿐만 아니라 "모든 동물을 평등하게 대우하라"라는 동물윤리의 대전제는 비인간 동물뿐만 아니라 인간에게도 그대로 적용되지 않는다. 차별과 불평등이 우리 사회를 지배하고 있다는 것은 누구도 부정할 수 없다.

반면 동물행동 연구자들은 인간과 동물의 감정을 중시한다. 마크 베코프는 『동물 권리 선언』에서 "동물들이 인간에 의해 불필요하게 겪는 고통과 괴로움, 외로움, 슬픔, 나아가 죽음에 이르게 하는 모든 행위를 멈추어야 한다"라고 선언하면서, 동물에게 온정과 애정을 베풂으로써 현 상황을 극복하자고 역설한다. "개인 각자가 자신의 삶 속에 온정과 연민, 존경, 존엄, 사랑을 엮어 넣음으로써 살아 있는 모든 생명을 위한 긍정적 변화를 이끌어낼 수 있다"고 믿기 때문이다(베코프, 2011: 11~12, 278). 따라서 베코프는 우리에게 '탄소 발자국'을 줄이고 '온정 발자국(compassion footprint)'을 늘리는 정치적·윤리적 선택을 할 것을 촉구한다. 그리고 그는 감정적 힘이 자본주의 먹을거리 시장이 돌아가는 방식을 바꿀 수 있을 것이라고 예견한다. 하지만 사람들이 자신과 함께 살고 있는 개와 고양이에 대해 가지는 애정과 온정은 또다시 식탁 앞에서 멈추며, 심지어 자신의 반려동물에게 다른 동물의 고기를 먹이로 준다.

이러한 역설적인 상황은 이론적 지식이 행위의 실천으로 나아가지 못하기 때문에 발생한다. 왜 그러한가? 그것은, 앞에서도 한 번 언급했듯이, 스테판 메스트로비치의 지적대로 지식은 행위를 낳기에 충분하지 않기 때문이다(메스트로비치, 2014: 15). 행위를 낳기 위해서는 지성과 감정이 결합되어야 한다. 하지만 동물권리 이론가와 운동가들은 이 둘을 계속해서 분리시키거나 한쪽만을 강조하고자 한다. 이를테면 이성주의적 동물윤리학자들은 특히 동물에 대한 인간의 동정심을 동물보호론자들의 사치품쯤으로 여기고, 동물행동학자들은 지각과 깨달음이 없더라도 감정에 대한 과학이 사람들의 행동 변화를 가져올 것이라고 기대한다.

이성과 감정은 왜 운동에서 이처럼 대립하는가? 이성과 감정은 어느 하나가 다른 하나를 지배하거나 통제하는 것은 아니지만, 서로 다른 논리에 의해 작동하기 때문이다. 분석적으로 구분하자면, 이성은 '옳고 그름'을 판단하는 양식인 반면, 감정은 '좋고 싫음'을 분별하는 양식이다. 특히 개인의 차원에서 육식과 채식 사이에서 음식을 선택하는 문제로 넘어오면, 윤리적 측면에서의 옳음과 그름의 문제는 취향의 면에서의 좋음과 싫음의 문제와 더욱 격심하게 대립한다.

고기 음식 선택에서 동물권리이론의 윤리적 옳음의 수용(육식의 윤리적 그름)과 육식의 취향적 싫음의 결합 대 동물권리이론의 윤리적 옳음의 거부(육식의 윤리적 옳음)와 육식의 취향적 좋음이 결합할 때는 분명하게 윤리적 채식주의자 대 육식주의자의 유형학이 성립한다. 그리고 동물권리이론의 윤리적 옳음의 거부와 육식의 취향적 싫음이 결합할 경우, 이것은 비록 윤리적 채식주의자는 아니지만 식이적 채식주의의 유형을 낳는다. 하지만 동물윤리이론의 윤리적 옳음의 수용과 육식의 취향적 좋음이 결합할 경우, 사람들을 우리가 앞서 살펴본 잡식동물의 딜레마에 처하게 한다. 하지만 잡식동물에서 채식주의자로의 전향 가능성도 바로 여기서 발견된다. 즉, 동물권리운동이 지향하는 궁극적인 목적인 윤리적 채식주의는 동물윤리이론의 경우에서는 동물권리이론이 옳다는 인식이 고기 취향을 벗어나게 할 때 달성된다. 또한 동물행동학적 접근의 경우에서는 육식의 취향적 싫음이 동물권리이론의 윤리적 옳음에 의해 정당화될 때 식이적 채식주의에서 윤리적 채식주의로의 전환이 일어날 수 있다. 따라서 동물권리 운동가들에게는 이러한 전환이 일어나게 하기 위한 실천적 전략을 수립할 것이 요구된다.

감정동학의 측면에서 보면, 이 같은 채식주의로의 전환이 일어나기 위해서는 먼저 우리가 동물의 고통에서 느끼는 감정이 반사적 감정(reflex emotion)에서 도덕 감정(moral emotion)으로 전환되어야 한다. 반사적 감정은 동물의 고통에 대한 분노와 도살 과정에서 느끼는 놀람과 혐오와 충격 등 우리의 육체적·사회적 환경에 대한 즉각적인 반응으로, 보통은 빨리 나타났다가 금방 가라앉는다(Jasper, 2018: 4). 따라서 쉽게 망각된다. 반면 도덕 감정은 수치심, 죄책감, 자부심, 분노, 격분, 동정심과 같은 도덕적 직관이나 원칙에 근거한 승인이나 불승인의 느낌을 의미한다. 이를테면 동물의 불행에 대한 동정심이나 부정의에 대한 분노와 같은 감정뿐만 아니라 육식의 거부를 실천할 때 느끼는 만족감 역시 도덕 감정의 한 형태이다. 이러한 도덕 감정은 빈번하게 행위의 원동력이 된다(Jasper, 2018: 5; 또한 김왕배, 2024도 보라). 또한 도덕 감정은 즉각적 감정이 어떤 관념이나 사람들에게 광범위하게 적용되는 지속적인 감정인 감상(sentiment)으로 전환되는 과정을 포함한다(재스퍼, 2016: 232n). 이 전환에서 필요한 것이 바로 이론적 지식과 윤리이다. 우리가 살펴보았듯이, 동물권리이론이 실천적 한계를 가지고 있음에도 불구하고 그 이론이 가진 의미를 부정할 수 없는 것도 바로 이 때문이다.

하지만 이것도 이론적인 차원의 논의일 뿐이다. 현실에서는 이성적 사고와 감정적 행동의 모순은 쉽게 발견된다. 이를테면 연구실에서 동물실험에 몰두하던 어떤 과학자는 자신의 시름을 반려동물에게서 달랜다. 또 어떤 사람은 자신의 반려동물과 함께 고깃집에 들어간다. 하지만 이는 인간에 내재하는 이중적 감정 구조에서 비롯되는 것만은 아니다. 대니얼 벨(Daniel Bell)이 『자본주의의 문화적 모순(The Cultural Contradictions of Capitalism)』에서 논증하듯이, 현대 소비자본주의가 우리로 하여금 "낮에는 '금욕자'이고 밤에는 '탐닉자'이게" 하는 것처럼(벨, 2021: 188), 우리 시대에 동물윤리는 머릿속에서는 동물에 대해 온정을 가지라고 말하지만 그간의 육식 문화와 식습관은 마음속에서 여전히 고기 탐닉을 유혹한다. 윤리는 우리에게 음식 선택에서 생태학적이거나 정치적인 선택을 요구하지만, 잡식동물로 진화한 인간의 육체는 우리로 하여금 고기 갈망의 욕구를 저버리기 어렵게 한다. 이는 우리 시대의 또 다른 '문화적 모순'이다. 이 두 가지 가치 논리는 이론적으로 대립하지만, 이성과 감정이라는 두 바퀴에 의해 행동하는 인간에게 이 같은 긴장 속에서 사는 것은 불가피한 운명인지도 모른다. 하지만 그 바퀴들의 기울기가 역사의 수레가 나아가는 방향을 정할 것이다.

동물 학대와 육식의 지배가 여전한 상황에서 동물윤리의 가치정치를 실천하는 학자들은 여전히 안타까운 마음을 드러내지만, 우리 사회가 이제 적어도 동물 학대를 지지하지 않는 쪽으로 나아가고 있음은 분명하다. 이런 점에서 싱어는 이론적으로 동물복지이론을 동물권리이론으로 진전시켰다는 것에서뿐만 아니라 그가 실제로 동물복지에 관한 관심을 크게 불러일으켰다는 것에서도 가치정치에 크게 기여했다고 봐야 할 것이다. 우리 대다수가 동물해방에 참여하여 윤리적 채식주의자가 되게 하는 것이 싱어가 마음속에 설정한 최종 목적이겠지만, 동물복지주의자들 또한 동물의 고통을 줄이는 데 동참함으로써 그 여정에서 아주 중요한 진전을 이루어냈다는 것 역시 부정할 수 없는 사실이다. 그렇기에 우리는 일부 논자처럼 더 큰 목표를 달성하기 위해 그 이전 단계의 진전 — 즉, 동물복지주의자들의 노력 — 을 비난하거나 부정해야 할 이유는 전혀 없다. 그렇다고 하더라도 육식이 사라지지는 않겠지만, 자신의 가치를 강요하거나 다른 가치를 비난하지 않는 것이 가치정치의 미덕이 아니던가?

참고문헌

강대석·이춘성·최영기. 2010. 『대통령의 맛집』. 21세기북스.
강욱모. 2018. 「보편적 복지국가 논쟁」. ≪현상과 인식≫ 42(3): 41~72.
고경일 외. 2004. 『잊을 수 없는 밥 한 그릇』. 한길사.
고든, 콜린 엮음. 1991. 『권력과 지식: 미셸 푸코와의 대담』. 홍성민 옮김. 나남.
고영남. 2010. "차별 없는 무상급식은 학생 인권의 첫걸음". https://nanuri21.tistory.com/238.
고프닉, 애덤(A. Gopnik). 2014. 『식탁의 기쁨』. 이용재 옮김. 책 읽는 수요일.
공제욱. 2008. 「혼분식 장려운동'과 식생활의 변화」. 공제욱 엮음. 『국가와 일상: 박정희 시대』. 한울, 141~189쪽.
구재진. 2007. 「최인훈 소설에 나타난 노스탤지어와 역사 감각」. ≪한국문학이론과비평≫, 11권 1호.
구활. 2010. 『죽어도 못 잊을 어머니의 손맛』. 이숲.
국가기록원. "금기와 자율". http://theme.archives.go.kr/next/tabooAutonomy/kindOfTaboo07.do
_____. "혼식과 분식으로 밥상을 바꿔라". http://theme.archives.go.kr/next/koreaOfRecord/EncourageSoul.do
그랜트, 캐서린(C. Grant). 2012. 『동물권: 인간의 이기심은 어디까지인가?』. 황성원 옮김. 이후.
그로브스, 줄리안 맥알리스터(J. M. Groves). 2012. 「동물권리와 감정정치: 동물권리운동에서 일반 민중의 감정구성」. 제임스 굿윈 외 엮음. 『열정적 정치: 감정과 사회운동』. 박형신·이진희 옮김. 한울, 317~343쪽.
김광억. 1994. 「음식의 생산과 문화의 소비: 총론」. ≪한국문화인류학≫ 26.
김기경. 1973. 「식생활 개선의 문제점」. ≪식품공업≫ 13: 14~16.
김대호. 2010. 「무상급식과 보편주의, 그리고 역동적 복지국가」. ≪복지동향≫ 140: 12~18.
김대호·김태일. 2010. 「무상급식과 보편주의」. 『비판과 대안을 위한 사회복지학회 학술대회 발표논문집』, 36~59쪽.
김동준. 1973. 「혼분식의 필요성과 아미노산」. ≪식품공업≫ 13: 37~42.
김민희·김민호·오한모. 2016. 「기업의 공정무역행위가 소비자들의 제품구매의도에 미치는 영향: 한국 소비자들의 커피 브랜드 태도에 관한 실험을 중심으로」. ≪무역학회지≫ 41(5): 1~14.
김선업·김홍주·정혜경. 2016. 「한국사회 음식 문화의 현대적 전개」. ≪사회사상과 문화≫ 19(2): 195~231.
김선희. 2010. 「2010 행복한 급식혁명: 이제 차별 없는 행복한 밥상을 차리자」. ≪시민과 세계≫ 17: 130~143.
김성한. 2009. 「데카르트의 동물론: 동물의 감각과 감정」. ≪과학철학≫ 12(2): 37~61.
_____. 2011. 「동물원 옹호 논의에 대한 비판적 재고」. ≪철학탐구≫ 29: 135~163.
김양수. 2011. 「음식문화의 보편화 그리고 슬로푸드 운동」. ≪철학과 문화≫ 23: 131~149.
김연명. 2011a. 「무상복지 논쟁의 의의와 쟁점」. ≪월간 복지동향≫ 149: 4~6.

_____. 2011b. 「한국에서 보편주의 복지국가의 의미와 과제」. ≪민주사회와 정책연구≫ 19: 15~41.
김영배. 2011. 「친환경 무상급식의 새로운 역사 만들기」. ≪월간 복지동향≫ 150: 55~58.
김영상. 1983. 「보리 혼식의 영양과 가치」. ≪새농민≫ 23(1).
김영순. 2011. 「보편적 복지국가를 위한 복지동맹」. ≪시민과 세계≫ 19: 14~33.
김왕배. 2019. 『감정과 사회: 감정의 렌즈를 통해 본 한국사회』. 한울.
_____. 2024. 『도덕감정의 사회학』. 한울
김용철. 2010. 『맛객의 맛있는 인생』. 청림출판.
김이석. 2015. 「무상급식 논란, 무엇이 문제인가」. ≪월간 공공정책≫ 115: 19~21.
김일방. 2012. 「채식주의의 윤리학적 근거」. ≪철학논총≫ 68: 147~169.
_____. 2015. 「동물의 권리를 둘러싼 논쟁: 리건(T. Regan)과 코헨(C. Cohen)의 견해를 중심으로」. ≪환경철학≫ 20: 173~197.
김종덕. 2002. 「패스트푸드의 세계화와 슬로우푸드 운동」. ≪지역사회학≫ 4(1): 87~106.
_____. 2003. 『슬로푸드 슬로라이프』. 한문화.
_____. 2012. 『음식문맹자, 음식시민을 만나다』. 따비.
_____. 2015. 「생물다양성 위기와 슬로푸드 운동의 대응」. ≪인문논총≫ 37: 49~71.
김준. 2010. 「다시 못 올 것에 대하여: 노동자 구술증언 속의 '향수' 또는 '과거의 낭만화」. ≪사회와 역사≫, 85집.
김진석. 2010. 「복지 담론에 대하여」. ≪황해문화≫ 69: 279~304.
김춘동. 2016. 「한국 빵 문화 변천의 사회문화적 과정」. ≪민주주의와 인권≫ 16(4): 201~230.
김피플. 2020. "혼술을 왜 할까요?". 브런치 매거진 '시시한 여행'. https://brunch.co.kr/@zpr zpr22/19.
김학택. 2018. 「동물의 도덕적 지위에 대한 칸트의 입장」. ≪철학사상문화≫ 27: 42~57.
김혜진·에릭 모드랜드. 2007. 『이걸 안 먹고 죽을 수 있을까』. 책생각.
김홍중. 2008. 「골목길풍경과 노스탤지어」. ≪경제와 사회≫, 77호.
김환표. 2006. 『쌀밥전쟁: 아주 낯선 쌀의 역사』. 인물과사상사.
김흥주. 2004. 「슬로우푸드 운동과 대안식품체제의 모색」. ≪농촌사회≫ 14(1): 85~118.
깁슨, 제임스(J. Gibson). 2016. 『지각체계로 본 감각』. 박형생·오성주·박창호 옮김. 아카넷.
나라야난, K. R.(K. R. Narayanan). 2007. 「민주주의의 나눔」, 프랑수아즈 비레 뒤크로 엮음. 『너와 나를 위한 아름다운 약속 나눔』. 김혜연 옮김. 솔.
남찬섭·이명진. 2013. 「공공성의 재구성과 생활공공성의 등장」. ≪아세아연구≫ 56(2): 75~110.
냅, 캐럴라인(Caroline Knapp). 2017. 『드링킹, 그 치명적 유혹』. 고정아 옮김. 나무처럼.
네슬, 매리언(Marion Nestle). 2011. 『식품정치: 미국에서 식품산업은 영양과 건강에 어떤 영향을 미치는가?』. 고려대학교 출판부.
니어링(H. Nearing)·니어링(S. Nearing). 2000. 『조화로운 삶』. 류시화 옮김. 보리.
니어링, 헬렌(H. Nearing). 2018. 『헬렌 니어링의 소박한 밥상』. 공경희 옮김. 디자인하우스.
다윈, 찰스(C. Dawin). 2014. 『인간과 동물의 감정표현』. 김홍표 옮김. 지식을 만드는 지식.
더 그라프(John De Graaf)·왠(David Wann)·네일러(Thomas Naylor). 2004. 『풍요의 시대, 소비중독바이러스 어플루엔자』 박웅희 옮김. 한숲.
더글러스, 메리(M. Douglas). 1997. 『순수와 위험』. 유제분·이훈상 옮김. 현대미학사.
더들리, 로버트(Robert Dudley). 2019. 『술 취한 원숭이: 왜 우리는 술을 마시고 알코올에 탐닉하는가?』. 김홍표 옮김. 궁리.
뒤르켐, 에밀[뒤르케임, 에밀(E. Durkeim)]. 2012. 『사회분업론』. 민문홍 옮김. 아카넷.
＿＿＿＿. 2020. 『종교생활의 원초적 형태』. 민혜숙·노치준 옮김. 한길사.
드루아, 로제 폴(Roger-Pol Droit). 2007. 「사상과 케이크」. 프랑수아즈 비레 뒤크로 엮음. 『너와 나를 위한 아름다운 약속 나눔』. 김혜연 옮김. 솔.
래시, 크리스토퍼(C. Lasch). 2014. 『진보의 착각』. 휴머니스트.
랭, 올리비아(O. Laing). 2017. 『작가와 술』. 정미나 옮김. 현암사.
럽턴, 데버러(D. Lupton). 2015. 『음식과 먹기의 사회학: 음식, 몸, 자아』. 박형신 옮김. 한울.
＿＿＿＿. 2016. 『감정적 자아: 나의 감정은 사회에서 어떻게 만들어지는가』. 박형신 옮김. 한울.
렘케, 토마스(T. Lemke). 2015. 『생명정치란 무엇인가』. 심성보 옮김. 그린비.
리즈먼, 데이비드(D. Riesman). 1999. 『고독한 군중』. 이상률 옮김. 문예출판사.
리트비노프(M. Litvinoff)·메딜에이(J. Madeley). 2007. 『인간의 얼굴을 한 시장경제, 공장무역』. 김병순 옮김. 모티브.
리포베츠키, 질(Gilles Lipovetsky). 2009. 『행복의 역설』. 정미애 옮김. 알마.
리프킨, 제러미(J. Rifkin). 2002. 『육식의 종말』. 신현승 옮김. 시공사.
마음컬러리스트. 2016. "퇴근 후, '혼술'보다 더 위로가 되어 주는 것". 브런치 매거진 '한눈팔기의 재발견'. https://brunch.co.kr/@annmy1005/17.
매쿼이드, 존(J. McQuaid). 2017. 『미각의 비밀』. 이충호 옮김. 문학동네.
맹주만. 2007. 「피터 싱어와 윤리적 채식주의」. ≪철학탐구≫ 22: 231~258.
＿＿＿＿. 2009. 「톰 레간과 윤리적 채식주의」. ≪근대철학≫ 4(1): 43~65.
메르클레, 하이드룬(H. Merkle). 2005. 『식탁 위의 쾌락: 부엌과 식탁을 둘러싼 맛있는 역사』. 신혜원 옮김. 열대림.
메스트로비치, 스테판(S. G. Meštrović). 2014. 『탈감정사회』. 박형신 옮김. 한울.
모건, 데이비드(D. H. Morgan). 2012. 『가족의 탐구』. 안호용 옮김. 이학사.
모스, 마르셀(M. Mauss). 2002. 『증여론』. 이상률 옮김. 한길사.
문재철. 2002. 「영화적 기억과 문화적 정체성에 대한 연구」. 중앙대학교 첨단영상대학원 박사학위 논문.
뮐(M. Mühl)·폰 코프(D. von Kopp). 2017. 『음식의 심리학』. 송소민 옮김. 반니.
밀러, 클라우스(K. Müller). 2007. 『넥타르와 암브로시아: 먹고 마시는 것에 대한 인류학적 기원』. 조경수 옮김. 안티쿠스.
민주당무상급식추진특별위원회. 2010. 『민주당 무상급식추진특별위원회 지역본부 출범식 및 간담회: 자료집』.
민츠, 시드니(S. Mintz). 1998. 『음식의 맛 자유의 맛』. 조병준 옮김. 지호.
밀러, 로라(L. Miller). 2020. 『자연식품의 정치: 기업과 사회운동』. 박형신 옮김. 한울.
바르트, 롤랑(R. Barthes). 1997. 『현대의 신화』. 이화여자대학교 기호학연구소 옮김. 동문선.
바바렛, J. M.(J. M. Barbalet). 2007. 『감정의 거시사회학: 감정은 사회를 어떻게 움직이는가?』. 박형신·정수남 옮김. 일신사.
바우만, 지그문트(Z. Bauman). 2009. 『유동하는 공포』. 함규진 옮김. 산책자.
바흐친, 미하일(M. Bakhtin). 2001. 『프랑수아 라블레의 작품과 중세 및 르네상스의 민중문화』. 이덕형 옮김. 아카넷.
박상미. 2003. 「맛과 취향의 정체성과 경계 넘기: 전지구화 과정 속의 음식문화」. ≪현상과 인식》, 가을.
박상희. 2008. 「박정희 정권의 국가주의적 총동원 체제에 대한 비판적 연구: 혼분식장려정책을 중심으로」. 인하대학교 정치외교학과 석사학위 논문.
박영규. 1967. 「'보릿고개'는 사라져가다: 역사상으로 본 우리나라 춘궁기의 양상」. 《지방행정》 16(162): 88~95.
박완서. 2004. 「이 세상에 맛없는 음식은 없다」. 고경일 외. 『잊을 수 없는 밥 한 그릇』. 한길사.
박자영. 2004. 「상하이 노스탤지어: 중국 대도시문화현상 사례와 관련 담론 분석」. 《중국현대문학》 30.
박재환. 1999. 「술, 노동, 커뮤니케이션」. 박재환 외. 『술의 사회학』. 한울.
_____. 2009. 「일상생활 속의 음식」. 박재환 외. 『일상과 음식』. 한울.
박정배. 2013. 『음식강산1: 바다의 귀한 손님들이 찾아왔다』. 한길사.
_____. 2015. 『음식강산3: 고기 굽는 화롯가에 이야기 꽃이 핀다』. 한길사.
박형신. 2000. 「새로운 사회운동의 이론적 이해: 기원, 전개, 전망」. 박형신 외. 『새로운 사회운동의 이론과 현실』. 문형.
_____. 2010. 「먹거리 불안·파동의 발생메커니즘과 감정동학」. 《정신문화연구》 119: 161~193.
박형신·이진희. 2008. 「먹거리, 감정, 가족동원: 미국산 쇠고기 수입반대 촛불집회의 경우」. 《사회와 이론》 13: 147~183.
박형신·정수남. 2015. 『감정은 사회를 어떻게 움직이는가: 공포감정의 거시사회학』. 한길사.
박홍규. 2010. "무상급식은 인권이다". 《경향신문》(2010.3.11).
버킷, 이안(I. Burkitt). 2017. 『감정과 사회관계』. 박형신 옮김. 한울.
베일리, 베스(B. Bailey). 2015. 『데이트의 탄생』. 백준걸 옮김. 앨피.
베코프, 마크(M. Bekoff). 2008. 『동물의 감정』. 김미옥 옮김. 시그마북스.
_____. 2011. 『동물 권리 선언』. 윤성호 옮김. 미래의 창.
벡, 울리히(U. Beck). 2006. 『위험사회』. 홍성태 옮김. 새물결.
벤더빌트, 톰(T. Vanderbilt). 2016. 『취향의 탄생』. 박준형 옮김. 토네이도.
벨, 대니얼[벨, 다니엘(Daniel Bell)]. 2021. 『자본주의의 문화적 모순』. 박형신 옮김. 한길사.
부르디외, 피에르. 2005. 『구별짓기』 최종철 옮김. 새물결.
브라운, 키스(K. R. Brown). 2014. 『꿈정의(?)이란 무엇인가: 뮤화 도덕 그리고 소비』. 이은숙 옮김. 김영사.
브리야 사바랭, 장 앙텔므(J-A. Brillat-Savarin). 2004. 『브리야 사바랭의 미식예찬』. 홍서연 옮김. 르네상스.
비어즈워스(A. Beardsworth)·케일(T. Keil). 2010. 『메뉴의 사회학: 음식과 먹기 연구로의 초대』. 박형신·정헌주 옮김. 한울.
상소, 피에르[쌍소, 피에르(P. Sansot)]. 2014. 『느리게 사는 것의 의미』 강주헌 옮김. 공명.
성기항. 1972. 「지난날의 학교급식과 오늘의 자세」. 《한국영양학회지》 5(2): 47~51.
세은. 2020. "혼술의 힘: 누구에게도 간섭받지 않는 여유로운 한 잔의 술". 브런치 매거진 '잃어버린 자존감을 찾아서'. https://brunch.co.kr/@coffeejoha/21.
손봉석. 2018. 「미혼남녀 '혼술하기 좋은 곳' 2위 동네 선술집, 1위는?」. 《스포츠경향》 http://sports.khan.co.kr/bizlife/sk_index.html?art_id=201809301836003&sec_id=564001#csidx1235d158a49733fa4d52006f9781df5.
솔트, 헨리(H. S. Salt). 2017. 『동물의 권리』. 임경민 옮김. 지에이소프트.

송인주. 1999. 「1960-70년대 국민식생활에 대한 국가개입의 양상과 특징: '혼분식장려 운동'을 중심으로」. 서울대학교 사회학과 석사학위 논문.
쉔(M. Schoen)·로버그(K. Loberg). 2014. 『편안함의 배신』. 김성훈 옮김. 위즈덤하우스.
쉴링, 크리스(C. Shilling). 1999. 『몸의 사회학』. 임인숙 옮김. 나남출판
슈라이버, 다니엘(D. Schreiber). 2018. 『어느 애주가의 고백: 술 취하지 않는 행복에 대하여』. 이덕임 옮김. 스노우폭스북스.
슘페터, 조지프(J. Schumpeter). 2011. 『자본주의, 사회주의, 민주주의』. 변상진 옮김. 한길사.
스콜리에, 피터(P. Scholliers). 2009. 「새로운 것과 전통: 미식법을 이루는 새로운 풍경」. 폴 프리드먼 엮음. 『미각의 역사』. 주민아 옮김. 21세기북스.
스펜스, 찰스(C. Spence). 2018. 『왜 맛있을까: 옥스퍼드 심리학자 찰스 스펜스의 세상에서 가장 놀라운 음식의 과학』. 윤신영 옮김. 어크로스.
시마무라 나쓰(島村奈津). 2013. 「슬로푸드의 풍요로움: 이탈리아 식문화로부터 얻은 교훈」. 쓰지 신이치 편저. 『슬로라이프의 달인들』. 허문경 옮김. 한울.
신경숙. 2004. 「어머니를 위하여」. 고경일 외. 『잊을 수 없는 밥 한 그릇』. 한길사.
신광영. 2012. 「현대 한국의 복지정치와 복지담론」. ≪경제와 사회≫ 95: 39~66.
신예희. 2006. 『까칠한 여우들이 찾아낸 맛집 54』. 조선일보 생활미디어.
신중섭. 2010. 「무상급식의 정치철학적 함의」. ≪철학과 현실≫ 85: 150~163.
실링(C. Shilling)·멜러(P. Mellor). 2013. 『사회학적 야망』. 박형신 옮김. 한울.
싱어(P. Singer)·메이슨(J. Mason). 2008. 『죽음의 밥상』. 함규진 옮김. 산책자.
싱어, 피터(P. Singer) 엮음. 2012. 『동물과 인간이 공존해야 하는 합당한 이유들』. 노승영 옮김. 시대의 창.
싱어, 피터(P. Singer). 2012. 『동물해방』. 김성한 옮김. 연암서가.
_____. 2013. 『실천윤리학』. 황경식·김성동 옮김. 연암서가.
쓰지 신이치(つじ 信一). 2007. 『천천히가 좋아요』. 이문수 옮김. 나무처럼.
_____. 2010. 『슬로 이즈 뷰티풀: 슬로 라이프를 제창한 쓰지 신이치 교수의 '느림' 미학』. 권희정 옮김. 일월서각.
애덤, 바바라(아담, 바바라(B. Adam)]. 2009. 『타임워치: 시간의 사회적 분석』. 박형신·정수남 옮김. 일신사.
애덤스, 캐럴(C. J. Adams). 2018. 『육식의 성정치』(출간 25주년 기념판). 류현 옮김. 이매진.
애슬리(B. Ashley)·홀로스(J. Hollows)·존스(S. Jones)·테일러(B. Taylor). 2014. 『음식의 문화학』. 박형신·이혜경 옮김. 한울.
애커먼, 다이앤(D. Ackerman). 2004. 『감각의 박물학』. 백영미 옮김. 작가정신.
앨런, 스튜어트 리(S. L. Allen). 2005. 『악마의 정원에서: 죄악과 매혹으로 가득 찬 금기 음식의 역사』. 정미나 옮김. 생각의 나무.
엘리아스, 노르베르트 (N. Elias). 1996. 『문명화과정 I』. 박미애 옮김. 한길사.
여지훈. 2015. 「한국의 복지균열 부상에 관한 연구: 2009년 무상급식 갈등국면을 중심으로」. ≪현대정치연구≫ 8(1): 181~217.
연윤희. 2019. 「1960년대 대중 서사의 가난과 타자의 윤리」. ≪우리문학연구≫ 62: 483~513.
오연희. 1972. 「밥보다 빵을」. ≪여성동아≫ 1972년 3월호.
오재환. 1999. 「신과 인간 융합의 접점」. 박재환 외. 『술의 사회학: 음주공동체의 일상문화』. 한울.
와인스타인, 미리엄(M. Weinstein). 2006. 『가족식사의 힘』. 김승환 옮김. 한스미디어.

위젤, 엘리(Elie Wiesel). 2007. 「머리말: 나눔의 정신」. 프랑수아즈 비레 뒤크로 엮음. 『너와 나를 위한 아름다운 약속 나눔』. 김혜연 옮김. 솔.
유선봉. 2008. 「동물권 논쟁: 철학적·법학적 논의를 중심으로」. ≪중앙법학≫ 10(2): 435~468.
유지상. 2004. 『잘나가는 그들은 여기서 먹는다』. lee's com.
유진규. 2018. 『맛의 배신』. 비틀비.
윤명희. 1999. 「알코올 연줄의 한국사회」. 박재환 외. 『술의 사회학』. 한울.
_____. 2004. 「음식의 발견」. ≪오늘의 문예비평≫ 52: 101~123.
_____. 2009. 「이미지음식의 소비와 커뮤니티의 창조」. ≪문화와 사회≫ 6: 205~234.
윤찬영. 2010. 「무상급식 논쟁, 섣부른 이데올로기 싸움 아니기를」. ≪월간 복지동향≫ 138: 68~70.
윤홍식. 2011. 「보편주의를 둘러싼 주요쟁점: 보편주의 복지정책을 위한 시론」. ≪한국사회복지학≫ 63(2): 57~79.
이계성. 2010. 「전교조 무상급식 주장은 좌익혁명과 급식노조 설립 목적」. ≪한국논단≫ 5월호: 74~79.
이권능. 2015. 「무상급식의 정당성에 대해」. ≪월간 공공정책≫ 115: 15~18.
이기식. 2011. 「식사문화의 계급성: 차별화 시도와 동질화 추구」. ≪외국어로서의 독일어≫ 29: 73~98.
이덕우. 2012. 「근대화 이후 외식에 관한 시대적 담론과 인식의 변화」. ≪중앙민속학≫ 17: 65~99.
이만갑. 1974. 「식량난의 현실과 전망: 2 사회적인 면에서」. ≪한국영양학회지≫ 7(2): 11~13.
이상훈. 1998. 「술의 사회학」. 일상문화연구회 엮음. 『일상 속의 한국문화』. 나남.
이순성. 2014. 「공감, 지구적 정의, 동물권리」. ≪환경철학≫ 18: 61~90.
이순자. 2014. 『따뜻한 밥상: 음식에 담긴 사랑·정성·나눔의 가치』. 청강문화산업대학교 출판부.
이승하. 2009. 「어머니가 해주시는 밥」. ≪좋은 생각≫, 8월호.
이영근. 2003. 『죽기 전에 꼭 먹어봐야 할 소문난 맛』. 중앙M&B.
이웅재. 2014. 「함께 밥 한 끼 먹기」. ≪문예운동≫ 가을호: 172~174.
이종기. 2000. 『술, 술을 알면 세상이 즐겁다』. 한송.
이태수. 2015. 「보편적 복지논쟁 2라운드」. ≪월간 복지동향≫ 195: 5~13.
이혜규. 2017. 「음주자 유형별 정신건강 분석: 혼술 대 집단음주의 비교연구」. ≪알코올과 건강행동연구≫, 18(2): 1~14.
이효영·임혁·김혜숙·김민정. 2019. 「스트레스와 혼술과의 관련성: 부산시의 구도심과 구도심을 제외한 부산 지역을 중심으로」. ≪보건의료산업학회지≫ 13(3): 149~162.
인태정. 2009. 「맛·길·멋의 오디세이」. 박재환 외. 『일상과 음식』. 한울.
일루즈, 에바(E. Illouz). 2014. 『낭만적 유토피아 소비하기: 사랑과 자본주의의 문화적 모순』. 박형신·권오헌 옮김. 이학사.
일상성·일상생활연구회. 1999. 『술의 사회학: 음주공동체의 일상문화』. 한울.
_____. 2009. 『일상과 음식』. 한울.
임순미. 2011. 「무상급식 논쟁을 통해 본 보수의 담론, 진보의 담론」. ≪한국정치학회보≫ 45(2): 251~279.
임인숙. 2002. 「한국사회의 몸 프로젝트: 미용성형 산업의 팽창을 중심으로」. ≪한국사회학≫

36(3): 183~204.
임정택 외. 2008. 『바퀴와 속도의 문명사』. 연세대학교 출판부.
임철규. 2009. 『귀환』. 한길사.
잉글하트, 로널드(R. Inglehart). 1996. 「새로운 사회운동의 가치, 이데올로기 그리고 인지적 동원」. 달턴·퀴흘러 엮음. 『새로운 사회운동의 도전』. 박형신·한상필 옮김. 한울.
_____. 2023. 『조용한 혁명: 탈물질주의 가치의 출현과 정치 지형의 변화』. 박형신 옮김. 한울.
재스퍼, 제임스(J. M. Jasper). 2016. 『저항은 예술이다: 문화, 전기, 그리고 사회운동의 창조성』. 박형신·이혜경 옮김. 한울.
정덕현. 2016. "혼밥, 혼술, 쏟아지는 나홀로 문화". ≪법원 사람들≫. https://www.scourt.go.kr/portal/gongbo/PeoplePopupView.work?gubun=44&sDate=201610&seqNum=1502.
정한울. 2011. 「서울시민의 무상급식 인식 지형 분석과 주민투표 전망」. ≪EAI 오피니언 리뷰≫: 1~19.
정한진. 2008. 『왜 그 음식은 먹지 않을까: 세계의 금기음식 이야기』. 살림.
조대엽. 2011. 「작은 민주주의, 친환경 무상급식」. 조대엽·김영배·이한빈. 『작은 민주주의, 친환경 무상급식』. 너울북.
조미숙. 2010. 「밥과 건강한 식생활」. 『동아시아식생활학회 학술발표대회논문집』, 17~24쪽.
조연혜·최순호. 2017. 「느림의 미학: 허필환 할머니의 김장과 사뎅이 된장국」. ≪샘터≫ 563: 66~69.
조흥식. 2010. 「친환경 무상급식 운동의 성취와 연대의 특성」. ≪시민과 세계≫ 18: 26~39.
주래프스키, 댄(D. Jurafsky). 2015. 『음식의 언어』. 김병화 옮김. 어크로스.
주영하. 2000. 『음식전쟁, 문화전쟁』. 사계절.
주영하·김혜숙·양미경. 2017. 『한국인, 무엇을 먹고 살았나: 한국 현대 식생활사』. 한국학중앙연구원출판부.
짐멜, 게오르크(G. Simmel). 2005. 『짐멜의 모더니티 읽기』. 김덕영·윤미애 옮김. 새물결.
_____. 2013. 『돈의 철학』. 김덕영 옮김. 길.
최상기. 2010. 「많은 예산 드는 무상급식 전면 시행 주장은 무리」. ≪부산발전포럼≫ 124: 38~41.
_____. 2016. "'혼술남녀' 혼자이되 혼자인 게 아니다". ≪서울경제≫. https://www.sedaily.com/NewsVIew/1L2KQV8SYA.
최신해. 1960. 「분식으로 우량아 육성」. ≪여원≫, 5월호.
최원기. 2004. 「한국인의 음주 문화: 일상화된 축제의 탈신성성」. ≪역사와 사회≫, 66: 100~119.
최은아. 2009. 「감각의 문화사 연구: 미각」. ≪카프카연구≫ 21: 301~323.
최일남. 2004a. 「전주해장국과 비빔밥」. 고경일 외. 『잊을 수 없는 밥 한 그릇』. 한길사.
_____. 2004b. 『석류』. 현대문학.
최창모. 2016. 『금기의 수수께끼』. 한길사.
최훈. 2012. 『철학자의 식탁에서 고기가 사라진 이유』. 사월의 책.
_____. 2015. 『동물을 위한 윤리학』. 사월의 책.
_____. 2019. 『동물 윤리 대논쟁』. 사월의 책.
카슨, 레이첼(R. Carson). 2011. 『침묵의 봄』. 김은령 옮김. 에코리브르.
캠벨, 콜린(C. Cambell). 2010. 『낭만주의윤리와 근대 소비주의정신』. 박형신·정헌주 옮김.

나남.
케슬러, 데이비드(D. Kessler). 2010. 『과식의 종말: 탐욕스런 식욕을 어떻게 통제할 것인가』. 이순영 옮김. 문예출판사.
코니한, 캐럴[코니한, 캐롤(C. Counihan)]. 2005. 『음식과 몸의 인류학』. 김정희 옮김. 갈무리.
콜린스, 랜달(R. Collins). 1995. 「사회구조에 있어 감정의 역할」. 이성식·전신현 편역. 『감정사회학』. 한울.
쿨란스키, 마크(M. Kurlansky). 2009. 『맛의 유혹』. 이은영 옮김. 산해.
터너, 브라이언(B. Turner). 1997. 『시민권과 자본주의』. 서용석·박철현 옮김. 일신사.
_____. 2010. 「몸의 사회학: 전반적 개관」. 브라이언 터너 엮음. 『현대사회이론의 흐름』. 박형신 외 옮김. 한울.
파일러, 부르스(B. Feiler). 2014. 『가족을 고쳐드립니다: 작은 불편에도 큰 불행에도 흔들리지 않는 가족 만들기』. 이영아 옮김. 알에이치코리아.
퍼트넘, 로버트(R. Putnam). 2009. 『나 홀로 볼링』. 정승현 옮김. 페이퍼로드.
페트리니, 카를로(C. Petrini). 2008. 『슬로푸드, 맛있는 혁명』 김종덕 옮김. 이후.
펠뤼숑, 코린(C. Pelluchon). 2019. 『동물주의 선언』. 배지선 옮김. 책공장더불어.
편집실. 1969. 「왜 쌀밥만 먹으면 몸에 해로운가」. ≪육군≫ 제130호, 5월호.
포센트, 빈스(V. Poscente). 2008. 『속도의 시대』 이현숙 옮김. 멜론.
폴란, 마이클(M. Pollan). 2008. 『잡식동물의 딜레마』. 조윤정 옮김. 다른 세상.
푸레디, 프랭크(F. Furedi). 2011. 『우리는 왜 공포에 빠지는가?: 공포문화 벗어나기』. 박형신·박형진 옮김. 이학사.
_____. 2013. 『공포정치: 좌파와 우파를 넘어서』. 박형신·박형진 옮김. 이학사.
프리드먼, 폴(P. Freedman). 2009. 「서문: 요리의 신역사」. 폴 프리드먼 엮음. 『미각의 역사』. 주민아 옮김. 21세기북스.
핑켈스타인, 조안(J. Finkelstein). 2019. 『레스토랑의 사회학: 욕구와 근대 정체성의 형성』. 박형신 옮김. 한울아카데미.
하야미즈 켄로(速水健朗). 2015. 『음식좌파 음식우파』. 이수형 옮김. 오월의봄.
한성우. 2016. 『우리 음식의 언어』. 어크로스.
함인희·이동원·박선웅. 2001. 『중산층의 정체성과 소비문화』. 집문당.
해리스, 마빈(M. Harris). 1992. 『음식문화의 수수께끼』. 서진영 옮김. 한길사.
_____. 2000. 『식인와 제왕』. 정도영 옮김. 한길사.
허남결. 2005. 「동물의 권리에 대한 윤리적 논의의 현황」. ≪불교학보≫ 43: 173~199.
홀트-히메네스, 에릭(E. Holt-Giménez). 2019. 『한 미식가의 자본주의 가이드: 우리가 먹는 것의 정치경제학 이해하기』. 박형신 옮김. 한울.
홉스봄, 에릭(E. Hobsbawm) 외. 2004. 『만들어진 전통』. 박지향·장문석 옮김. 휴머니스트.
홍나리·김인신. 2017. 「소비자의 공정무역커피 구매의도 결정과정 분석: 사회적 규범과 개인적 규범의 관계 규명을 중심으로」. ≪관광레저연구≫ 29(1): 353~371.
홍미숙. 2002. 『추억이 그리운 날에는 기차를 타고 싶다』. 한국문학도서관.
홍성민. 2012. 『취향의 정치학』. 현암사.
홍승우. 2004. 「음식에 대한 열 가지 공상」. 고경일 외. 『잊을 수 없는 밥 한 그릇』. 한길사.
홍쌍리. 2008. 『밥상이 약상이라 했제』. 청년사.
황교익. 2010. 『미각의 제국』. 따비.
황병일. 1999. 「소비자행동과 광고에서 향수에 관한 연구」. ≪광고홍보연구≫ 6(2): 87~103.

○○○. 2017. "혼술, 다녀왔습니다". 'STYLER'. https://www.stylermag.co.kr/?p=8633.
≪광주드림≫ 2010.8.11. "[트렌드] 〈21〉 대한민국 맛집 열풍".
≪시사IN≫. 2009.1.5. "맛있다, 아니다 누구 말이 진짜일까".
≪한겨레≫. 2005.3.23. "전국민이 식탐증에 걸린 나라".
KBS 〈30분 다큐〉. 2009.5.7. "당신 오늘도 맛집에 낚였습니까?".
연합뉴스. 2017.7.30. "'혼밥' 자주 하나요 … 건강 잃고 우울증 걸릴 수도".

Barthes, R. 1997. "Toward a Psychosociology of Contemporary Food Consumption." in Carole Counihan and Penny Van Esterik(eds.). *Food and Culture*. New York: Routledge. pp.28~35.
Beck, U. 1992. *Risk Society: Towards a New Modernity*. London: Sage.
Biltekoff, C. 2013. *Eating Right in America: The Cultural Politics of Food and Health*. Durham and London: Duke University Press.
Blau, P. M. 1964. *Exchange and Power in Social Life*. New York: Wiley.
Blaxter M. and Paterson E. 1983. "The goodness is out of it: the meaning of food to two generations." in A. Murcott(ed.) *The Sociology of Food and Eating*. Aldershot: Gower.
Blumer, H. 1969. *Symbolic Interactionism: Perspective and Method*. Berkeley: University of California Press.
Bourdieu, P. 1984. *Distinction: A Social Critique of the Judgement of Taste*. London: Routledge and Kegan Paul.
Boym, S. 2001. *The Future of Nostalgia*. New York: Basic Books.
Burkitt, I. 2012. "Emotional Reflexivity: Feeling, Emotion and Imagination in Reflexive Dialogues." *Sociology*, 46(2): 458~472.
Burnett, J. 1989. *Plenty and Want: A Social History of Food in England from 1815 to the Present Day*. third edition, London: Routledge.
Charles, N. and M. Kerr. 1988. *Women, Food and Families*. Manchester: Manchester University Press.
Coon, C. S. 1976. *The Hunting Peoples*. Harinondsworth: Penguin.
Cooper, D. 1972. *The Death of the Family*. Harmondsworth: Penguin.
Corbin, A. 1986. *The Foul and the Fragrant: Odour and the French Social Imagination*. Cambridge, MA: Harvard University Press.
Davis, F. 1979. *Yearning for Yesterday: A Sociology of Nostalgia*. New York: The Free Press.
Delphy, C. 1979. "Sharing the same table: consumption and the family." in C. Harris(ed.). *The Sociology of the Family*. Sociological Review Monograph Number 28. pp.214~231.
DeVault, M. 1991. *Feeding the Family: the Social Organization of Caring as Gendered Work*. Chicago, IL: University of Chicago Press.
Douglas, M. 1972. "Deciphering a meal." *Daedalus* 101(1): 61~81.
Durkheim, E. 1976. *Elementary Forms of Religious Life*. London: Allen and Unwin.
_____. 1982. *The Rules of Sociological Method*. London: The Macmillan Press.
Duruz, Jean and Gaik Cheng Khoo. 2015. *Eating Together: Food, Space, and Identity in*

Malaysia and Singapore. London: Rowman & Littlefield.
Elias, N. 1978. *The Civilizing Process*. New York: Urizen.
Ellis, R. 1983. "The way to a man's heart: food in the violent home." in A. Murcott(ed.), *The Sociology of Food and Eating*. Aldershot: Gower. pp. 164~171.
Elster, J. 1985. *Making Sense of Marx*. New York: Cambridge University Press.
Falk, P. 1991. "Homo Culinarius: Towards an Historical Anthropology of Taste." *Social Science Information*, 30(4): 757~790.
Falk, P. 1994. *The Consuming Body*. London: Sage.
Featherstone, M. 1991. *Consumer Culture and Postmodernism*. London: Sage.
Fiddes, N. 1991. *Meat: A Natural Symbol*. London: Routledge.
Finkelstein, J. 1989. *Dining Out: A Sociology of Modern Manners*. Cambridge: Polity Press.
_____. 1991. *The Fashioned Self*. London: Polity.
Fischler, C. 1980. "Food Habits, Social Change and the Nature/Culture Dilemma." *Social Science Information*, 19(6): 937~953.
_____. 1988. "Food, self and identity." *Social Science Information*, 27(2): 275~292.
Fish, Jonathan S. 2013. "Homo duplex revisited: A defence of Émile Durkheim's theory of the moral self." *Journal of Classical Sociology*, 13(3): 338~358.
Goffman, E. 1959. *The Presentation of Self in Everyday Life*. New York: Doubleday.
_____. 1963. *Behaviour in Public Places*. New York: Free Press.
Gronow, J. 1993. "What is 'good taste'?" *Social Science Information*, 32(2): 279~301.
Henderson, F. 2004. *Nose to Tail Eating: A Kind of British Cooking*. London: Bloomsbury Publishing PLC.
Hirschman, A., 1982, *Shifting Involvements: Private Interest and Public Action*. Wiley-Blackwell.
Hochschild, A. 1983. *The Managed Heart: Commercialization of Human Feeling*. Berkeley: University of California Press.
Honneth, A. 1995. *The Struggle of Recognition: The Moral Grammar of Social Conflicts*. London: Polity
Hughes, J. 2010. "Emotional Intelligence: Elias, Foucault, and the Reflexive Emotional Self." *Foucault Studies*, 8: 28~52.
Illouz, E. 2007. *Cold Intimacies: The Making of Emotional Capitalism*. Cambridge: Polity Press.
_____. 2012. *Why Love Hurts: A Sociological Explanation*. London: Polity Press.
Jacobsson, K. and J. Lindblom. 2016. *Animal Rights Activism: A Moral-Sociological Perspective on Social Movements*. Amsterdam: Amsterdam University Press.
Jasper, J. M. 2018. *The Emotions of Protest*. Chicago: The University of Chicago Press.
Jasper, J. M. and Dorothy Nelkin. 1992. *The Animal Rights Crusade: The Growth of a Moral Protest*. New York: Free Press.
Johnson, M. 2007. *The Meaning of the Body: Aesthetics of Human Understanding*. Chicago: University of Chicago Press.
Julier, A. P. 2013. *Eating Together: Food, Friendship and Inequality*. Urbana: University of Illinois Press.
Marx, K. 1967. *Capital: A Critique of Political Economy*, vol 1. New York: International

Publishers.
Mennell, S. 1985. *All Manners of Food: Eating and Taste in England and France from the Middle Ages to the Present*. Oxford: Basil Blackwell.
Mennell, S., A. Murcott and A. H. Van Otterloo. 1992. *The Sociology of Food: Eating, Diet and Culture*. London: Sage.
Miller, W. 1997. *The Anatomy of Disgust*. Cambridge. MA: Harvard University Press.
Murcott, A. 1982. "On the social significance of the 'cooked dinner' in South Wales." *Social Science Information*, 21(4/5): 677~696.
_____. 1983. "Cooking and the Cooked: a note on the domestic preparation of meals." in A. Murcott(ed.) *The Sociology of Food and Eating*. Aldershot: Gower. pp. 178~185.
Regan, T. 1975. "The Moral Basis of Vegetarianism." *Canadian Journal of Philosophy*, 5(2): 181~214.
_____. 1983. *The Case for Animal Rights*. Berkeley: University of California Press.
_____. 1986. "A case for animal rights." in M.W. Fox and L.D. Mickley(eds.), Advances in animal welfare science 1986/87. Washington, DC: The Humane Society of the United States. pp. 179~189.
_____. 2001. *Defending Animal Rights*. Urbana: University of Illinois Press.
Ritzer, G. 1993. *The McDonaldization of Society*. Newbury Park, Calif.: Pine Forge Press.
Ross, A. 1989. *No Respect: Intellectuals and Popular Culture*. London: Routledge.
Rozin, P. 1976. "The Selection of Food by Rats, Humans and Other Animals." in J. S. Rosenblatt, R. A. Hinde, E. Shaw and C. Beer(eds). *Advances in the Study of Behaviour*, Vol. 6. London/New York: Academic Books. pp. 21~76.
Sahlins, M. 1972. *Stone Age Economics*. Chicago, IL: Aldine Publishing Company.
Scitovsky, T. 1977. *The Joyless Economy: The Psychology of Human Satisfaction and Consumer Dissatisfaction*. Oxford University Press.
Simoons, F. J. 1961. *Eat Not Thus Fish: Food Avoidances in the Old World*. Madison, Wisconsin: University of Wisconsin Press.
Stern, B. 1992. "Historical and personal nostalgia in advertising text: the fin de siècle effect." *Journal of Advertising*, 11(4): 11~22.
Twigg, J. 1979. "Food for Thought: Purity and Vegetarianism." *Religion* 9(Spring): 13~35.
Urry, J. 1990. "Time and Space in Giddens' Social Theory." in C. Bryant and D. Jary(eds.). *Giddens's Theory of Structuration: A Critical Appreciation*. London: Routledge.
Visser, M. 1986. *Much Depends on Dinner: The Extraordinary History and Mythology, Allure and Obsessions, Perils and Taboos, of an Ordinary Meal*. London: Penguin.
_____. 1991. *The Rituals of Dinner: The Origins, Evolution, Eccentricities, and Meaning of Table Manners*. New York: Grove Widenfeld.
Warde, A. 1997. *Consumption, Food and Taste: culinary antinomies and commodity culture*. London: Sage.
Willis, P. 1990. *Common Culture: Symbolic Work at Play in the Everyday Cultures of the Young*. Milton Keynes: Open University Press.

찾아보기

주제어

ㄱ
가족
  상상적 공존체로서의 가족 59
  이산공동체로서의 가족 59
가치
  가치 투쟁 254
  가치정치 243~246, 279
  내재적 가치 288
  본래적 가치 288
감각 87, 97~98
감사 163
감정 87, 198, 280, 317
  감정공동체 134
  감정작업 156
  감정적 성찰성 161
  동물의 감정 291~293
  반사적 감정 317
감정정치 244
  감정순행적 정치 247
  감정역행적 정치 247
개인화 167
고통 285
공포 271
  공포정치 214, 219, 241
그레이징 128, 250
근대 소비 24
기억의 탈각화 65

ㄴ
낭만적 유토피아 소비 22
녹색혁명 269
느림 252

ㄷ
단골손님 20~21
대화
  대화 권력 39
  대화 자원 37~38
도덕 감정 317
동물권리운동 284~289
동물복지운동 283

ㄹ
레스토랑 137

ㅁ
맛집 열풍 20, 33
맛집 탐방 34
  맛집 탐방자 20~21
망각 304
맥도날드 햄버거 255, 257
먹기 민주주의 43
먹기공동체 131~132
먹을거리 불안 260
메뉴 다원주의 20, 60
무상급식 226~228
문명화 과정 101, 182
물질대사의 균열 269
미각 87
미식 28
미학 86

ㅂ
배려 162
보편주의 229
복지
  보편적 복지 232
  선별적 복지 232
부르주아적 감수성 17
붉은 고기 103
비만 267~268
빠름 250

ㅅ
사치의 민주화 22, 307
사회적 자본 175~176
상상 69, 198
새것 애호증(네오필리아) 32, 91
새것 우려증(네오포비아) 32, 91
생물학적 가속 270
선별주의 230
소셜 다이닝 157~160
속내 감추기 146
속도 250
술 170~174, 176, 184
  술의 감정 방정식 180~183
술자리 194~195
  의례 술자리 170~173
  접대 술자리 176~177
슬로라이프 운동 267
슬로푸드 248, 256~257, 273

슬로푸드 운동　248~249, 257, 259~262, 267~268, 271~272, 274~275
식사 초대　141
식사공동체　137
식생활 정치　214
신의　164

ㅇ
악화의 원리　296
어머니의 손맛　17, 49~50, 55, 60~61, 69
　어머니의 손맛 찾기　62, 71, 73
　어머니 손맛 향수의 향수화　72~73
어유　251, 253
연합행위　134
열망하기　31
영상자아　155
예의 있는 무관심　187
외식　136
위반의 쾌락　91, 182
육식의 성정치　311
음식
　선물로서의 음식　142~143
　음식 권력관계　41
　음식 권력투쟁　41
　음식 권위　40
　음식 금기　89, 91
　음식 지식　39~40
　음식정치　209, 213
음식 열풍
　매운 음식 열풍　23
　이국 음식 열풍　23
이성　317
이익 평등 고려의 원칙　284
이중 인간　160
인정투쟁　177
일상생활의 미학화　84

ㅈ
자연식품　278
　자연식품 운동　278
잡식동물　299
　잡식동물의 감정적 이율배반　306
적절한 식사　127~128
존중의 원칙　289
종차별주의　285

ㅊ
채식주의　298, 302
　생태주의-채식주의　310
　식이적 채식주의　303, 317
　심미적 채식주의　304
　윤리적 채식주의　303~304
　페미니즘-채식주의　311, 313
취향　80

음식 취향　75~77, 79, 81, 83, 85

ㅋ
컴포트 푸드　59
쾌락 나눔　43
쾌락주의
　근대적 쾌락주의　24~25, 69
　자기 환상적 쾌락주의　24, 30, 69, 71
　전통적 쾌락주의　24~25, 69, 71

ㅍ
패밀리 레스토랑 열풍　22
패스트푸드　255, 273
평등의 원리　284~285
포틀래치　142
포퓰리즘　243
프랑켄푸드　270

ㅎ
향수　64, 66
　음식 향수　53, 59, 65, 67~68
혼밥　154~157
혼분식 장려운동　215~216, 226, 242
　분식 장려운동　223, 225
　혼식 장려운동　216~222, 225
혼술　184, 188, 196, 202~204
홀로임　197
희망의 정치　214, 241~243

인명

고프먼, 어빙(Erving Goffman)　115, 187
구활　68
그람시, 안토니오(Antonio Gramsci)　219
그로브스, 줄리안 맥알리스터(Julian. McAllister. Groves)　282
김선업　124
김용철　40
김이태　101
김홍주　124
냅, 캐롤라인(Caroline Knapp)　173, 180~182, 194
네슬, 매리언(Marion Nestle)　209
네일러, 토머스(Thomas Naylor)　43
넬킨, 도로시(Dorothy Nelkin)　282
니어링, 스콧(Scott Nearing)　265
니어링, 헬렌(Helen Nearing)　265, 277
다윈, 찰스(Charles Darwin)　111, 291
더 그라프, 존(John De Graaf)　43
더글러스, 메리(Mary Douglas)　90, 125~126
데이비스, 프레드(Fred Davis)　46, 64, 66
데카르트, 르네(Rene Descartes)　290~291, 301, 314

두르즈, 진(Jean Duruz) 123
뒤르켐, 에밀(Émile Durkheim) 89, 159~160, 170, 173, 175, 185
듀이, 존(John Dewey) 86
드루아, 로제 폴(Roger-Pol Droit) 43
드볼트, 마조리(Marjorie Devault) 122, 128
랭, 올리비아(Olivia Laing) 197
럽턴, 데버러(Deborah Lupton) 52, 77, 104~105, 113~114, 122, 142
레딘, 마이크(Mike Reddin) 231
로버그, 크리스틴(Kristin Loberg) 193
로진, 폴(Paul Rozin) 99
루소, 장 자크(Jean-Jacques Rousseau) 265
리건, 톰(Tom Regan) 283, 287~289, 291, 293, 295~296
리즈먼, 데이비드(David Riesman) 177
리포베츠키, 질(Gilles Lipovetsky) 36
리프킨, 제레미(Jeremy Rifkin) 307~308, 310
린드블럼, 조나스(Jonas Lindblom) 282
마르크스, 카를(Karl Marx) 208, 269
머콧, 앤(Anne Murcott) 127
메넬, 스티븐(Stephen Mennell) 22, 44, 82, 117, 122, 307
메르클레, 하이드룬(H. Merkle) 39, 136
메스트로비치, 스테판(Stjepan Meštrović) 177, 222, 316
모건, 데이비드(David Morgan) 128
모스, 마르셀(Marcel Mauss) 142
모토카와 타츠오(本川達雄) 264
뮐러, 클라우스(K. Müller) 149
바르트, 롤랑(Roland Barthes) 77, 102
바우만, 지그문트(Zygmunt Bauman) 271
바흐친, 미하일(Mikhail Bakhtin) 126
박완서 69
버넷, 존(Burnett John) 211
버킷, 이안(Ian Burkitt) 87, 155, 161, 198, 246
베코프, 마크(Marc Bekoff) 282, 292, 316
벡, 울리히(Ulrich Beck) 261, 268
벤담, 제러미(Jeremy Bentham) 284~285
벨, 대니얼(Daniel Bell) 318
보베, 조제(José Bové) 258
보임, 스베틀라나(Svetlana Boym) 46
부르디외, 피에르(Pierre Bourdieu) 17, 75, 80~86, 122
브리야 사바랭, 장 앙텔므(Jean Anthelme Brillat-Savarin) 28, 39, 149
블라우, 피터(Peter Blau) 141
블루머, 허버트(Herbert Blumer) 86, 134
비서, 마거릿(Margaret Visser) 143
비어즈워스, 앨런(Alan Beardsworth) 60
비테코프, 샬럿(Charlotte Biltekoff) 209
살린스, 마셜(Marshall Sahlins) 141
상소, 피에르(Pierre Sansot) 252
솔트, 헨리(Henry Salt) 282

쇤, 마크(Marc Schoen) 193
슈라이버, 다니엘(Daniel Schreiber) 179, 182~183
슘페터, 조지프(Joseph Schumpeter) 235
스턴, 바버라(Barbara Stern) 65
스펜스, 찰스(Charles Spence) 75
시마무라 나쓰(島村奈津) 258
시토프스키, 티보(Tibor Scitovsky) 32
싱어, 피터(Peter Singer) 96, 282~287, 290~291, 293~296, 298~300, 302, 304~307, 311, 315, 319
쓰지 신이치(つじ 信一) 264, 277
애덤스, 캐럴(Carol J. Adams) 304, 307, 311~312
애커먼, 다이앤(Diane Ackerman) 100
야콥슨, 셰르스틴(Kerstin Jacobsson) 282
엘리스, 리안(Rhian Ellis) 141
엘리아스, 노르베르트(Norbert Elias) 76, 84, 100~101, 117, 122, 133, 139, 182, 245
왠, 데이비드(David Wann) 43
워드, 앨런(Allen Warde) 45, 82, 122, 140, 145
윌리스, 폴(Paul Willis) 180
윤명희 123
이기식 123
이상훈 168
일루즈, 에바(Eva Illouz) 22, 130, 138, 161, 198
잉글하트, 로널드(Ronald Inglehart) 222, 244, 254
재스퍼, 제임스(James. M. Jasper) 282
정혜경 124
정혜경 123
존슨, 마크(Mark Johnson) 86
주래프스키, 댄(Dan Jurafsky) 123
주영하 123
줄리어, 앨리스(Alice Julier) 123
짐멜, 게오르크(Georg Simmel) 73, 97~98, 106~107, 121, 132, 146, 163~165, 186
찰스, 니키(Nickie Charles) 141
최원기 168
최일남 50
카슨, 레이첼(Rachel Carson) 269
칸트, 이마누엘(Immanuel Kant) 83, 288, 287, 289, 291
캠벨, 콜린(Colin Campbell) 24, 30, 68, 71
커, 매리언(Marion Kerr) 141
케일, 테레사(Teresa Keil) 60
코니한, 캐럴(Carole Counihan) 138
코르뱅, 알랭(Alain Corbin) 110
콜린스, 랜들(Randall Collins) 37
쿠, 가이크 젱(Gaik Cheng Khoo) 123
쿨리, 찰스(Charles Cooley) 155
터너, 브라이언(Bryan Turner) 131, 314
트위그, 줄리아(Julia Twigg) 103

퍼트넘, 로버트(Robert Putnam) 175
페트리니, 카를로(Carlo Petrini) 258~259, 274~275
포센트, 빈스(Vince Poscente) 251
폴란, 마이클(Michael Pollan) 300, 304
폴크, 파시(Pasi Falk) 129, 131~132
푸레디, 프랭크(Frank Furedi) 208
푸코, 미셸(Michel Foucault) 41~42
플라티나, 바르톨로메오(Bartolomeo Platina) 27
피데스, 닉(Nick Fiddes) 311, 313
피츠제럴드, 스콧(Scott Fitzgerald) 197
핑켈스타인, 조앤(Joanne Finkelstein) 17, 83~84, 122, 130, 137~138
한성우 123
해리스, 마빈(Marvin Harris) 85, 141
허시먼, 앨버트(Albert Hirschman) 31
헨더슨, 퍼거스(Fergus Henderson) 117
호네트, 악셀(Axel Honneth) 177
호메로스(Homeros) 125
혹실드, 앨리 러셀(Arlie Russell Hochschild) 116, 156, 265
홍승우 68
휴즈, 제이슨(Jason Hughes) 161

책제목

『감각의 박물학(A Natural History of the Senses)』 100
『구별 짓기: 취향 판단의 사회적 비판(Distinction: A Social Critique of the Judgement of Taste)』 75, 80, 122
『까칠한 여우들이 찾아낸 맛집 54』 26
『대통령의 맛집』 29
『동물 권리 선언(The Animal Manifesto)』 282, 316
『동물과 인간의 감정표현(The Expression of the Emotions in Man and Animals)』 111
『동물과 인간이 공존해야 하는 합당한 이유들(In the Defence of Animals)』 282
『동물권리를 옹호하며(Defending Animal Rights)』 282
『동물권리를 위한 주장(The Case for Animal Rights)』 282, 293
『동물의 권리(Animals' Right)』 282
『동물해방(Animal Liberation)』 96, 284, 286, 300, 307
『돼지, 코에서 꼬리까지 모두 먹기(The Whole Beast: Nose to Tail Eating)』 117
『드링킹, 그 치명적 유혹(Drinking: A Love Story)』 180
『따뜻한 밥상』 143
『레스토랑의 사회학: 욕구와 근대 정체성의 형성(Fashioning Appetite: Restaurants and the Making of Modern Identity)』 122
『맛객의 맛있는 인생』 40
『문명화과정(The Civilizing Process)』 76, 122
『미각의 생리학(Physiologie du goût)』(『브리야 사바랭의 미식예찬』) 28, 149
『미국의 먹기 권리: 음식과 건강의 문화정치(Eating Right in America: The Cultural Politics of Food and Health)』 209
『밥의 인문학』 123
『술의 사회학: 음주공동체의 일상문화』 168
『슬로 이즈 뷰티플』 277
『슬로푸드 일본』 258
『시민권과 자본주의(Citizenship and Capitalism)』 314
『식인과 제왕(Cannibals and Kings)』 141
『식탁 위의 한국사』 123
『식품정치(Food Politics)』 209
『어느 애주가의 고백(Nüchtern: Über das Trinken und das Glük)』 179
『오디세이아(Odysseia)』 125
『올바른 쾌락과 건강에 대하여(De honesta voluptate et valetudine)』 27
『외식: 근대 매너의 사회학(Dining Out: A Sociology of Modern Manners)』 122
『우리 음식의 언어』 123
『육식의 성정치(The Sexual Politics of Meat)』 311
『육식의 종말(Beyond Beef)』 307
『음식의 모든 매너(All Manners of Food)』 82, 122
『음식의 언어(Language of food)』 123
『음식인문학』 123
『이걸 안 먹고 죽을 수 있을까』 26
『일상과 음식』 123
『자본주의의 문화적 모순(The Cultural Contradictions of Capitalism)』 318
『작가와 술(The Trip to Echo Spring)』 197
『잘나가는 그들은 여기서 먹는다』 26
『죽어도 못 잊을 어머니의 손맛』 68
『증여론(The Gift)』 142
『함께 먹기: 말레이시아와 싱가포르에서의 음식, 공간, 정체성(Eating Together: Food, Space, and Identity in Malaysia and Singapore)』 123
『함께 먹기: 음식, 우정, 불평등(Eating Together: Food, Friendship and Inequality)』 123
『헬렌 니어링의 소박한 밥상(Simple Food for Good Life)』 277
『현대의 신화(Mythologies)』 102

알리는 글

이 책은 필자가 이미 학술지에 발표한 논문을 일부 수정하여 구성한 것이다. 각 장의 논문 제목과 수록된 학술지는 다음과 같다.

제1장, 박형신(2011). 「맛집 열풍의 감정동학과 사회동학」. ≪사회와 이론≫ 18.
제2장, 박형신(2015). 「음식향수: '어머니 손맛'의 사회동학과 감정동학」. ≪사회사상과 문화≫ 18(2).
제3장, 박형신(2018). 「음식취향의 미학 투쟁: 감각과 감정의 대립」. ≪사회와 이론≫ 33.
제4장, 박형신(2017). 「식사와 사회적 연대: '함께 먹기'의 감정사회학」. ≪사회사상과 문화≫ 20(3).
제5장, 박형신(2021). 「혼술의 감정동학: 탈사회 시대의 하나의 취향?」. ≪감성연구≫ 23.
제6장, 박형신(2019). 「음식과 먹기의 감정 정치: 공포와 희망의 변증법」. ≪사회와 이론≫ 35.
제7장, 박형신(2020). 「슬로푸드 운동의 가치 정치와 감정동학」. ≪사회와 이론≫ 37: 89~126.
제8장, 박형신(2021). 「동물권리 운동의 가치 정치와 먹기의 감정동학」. ≪사회와 이론≫ 40.

박형신

고려대학교 문과대학 사회학과를 졸업하고 같은 대학교 대학원 사회학과에서 석사 및 박사학위를 취득했다. 그간 고려대학교에서 초빙교수, 연세대학교에서 연구교수 등으로 일하면서 사회이론, 감정사회학, 음식과 먹기의 사회학 분야의 연구를 진행했다. 지금은 고려대학교에서 강의하며, 숙명여자대학교 인문학연구소에서 음식 취향의 형성에 관한 연구를 진행하고 있다. 지은 책으로는 『정치위기의 사회학』, 『감정은 사회를 어떻게 움직이는가』(공저), 『에바 일루즈』, 『로맨스 이니그마』(공저) 등이 있고, 옮긴 책으로는 『고전사회학의 이해』, 『은유로 사회 읽기』, 『감정과 사회관계』, 『음식과 먹기의 사회학』, 『어빙 고프먼의 사회이론』, 『지그문트 바우만의 사회이론』 등이 있다.

한울아카데미 2576

감정은 우리의 먹기를 어떻게 틀 짓는가
먹기의 감정사회학

지은이 박형신
펴낸이 김종수
펴낸곳 한울엠플러스(주)
편집 신순남

초판 1쇄 인쇄 2025년 4월 10일
초판 1쇄 발행 2025년 4월 25일

주소 10881 경기도 파주시 광인사길 153 한울시소빌딩 3층
전화 031-955-0655
팩스 031-955-0656
홈페이지 www.hanulmplus.kr
등록번호 제406-2015-000143호

Printed in Korea.
ISBN 978-89-460-7576-4 93300

※ 책값은 겉표지에 표시되어 있습니다.